Christiane Kling-Mathey

Gräfin Hatzfeldt

1805 bis 1881
Eine Biographie

Verlag J.H.W. Dietz Nachf.

ISBN 3-8012-0142-2

In der Raste 2, D-5300 Bonn 1
Umschlag: Karl Debus, Bonn
Satz: Fotosatz Froitzheim, Bonn
Druck und Verarbeitung: May & Co., Darmstadt

Printed in Germany 1989

Für
Klaus und Philipp
Marianne und Volker

Inhalt

Einleitung

»Verschüttete Geschichte«: Ein Frauenleben im 19. Jahrhundert

»Hatzfeldt-Trachenberg, Sophie Josepha Gräfin von. ∗Trachenberg 10. Aug. 1805, †Wiesbaden 25. Jan. 1881, dt. Sozialistin. Mutter von Paul Graf von H.-Wildenburg; um die Majoratsstreitigkeiten zwischen den Linien H.-T. und H.-Wildenburg zu beenden, wurde sie mit dem Grafen E. von H.-Wildenburg verheiratet und nach einem zehnjährigen Prozeß 1851 geschieden, den ihr späterer Freund F. Lassalle geführt hatte, mit dessen politischen Zielen sie sich identifizierte.«

So ist es nachzulesen in der neunten Auflage von Meyers Enzyklopädischem Lexikon. Grundsätzlich nichts Bemerkenswertes, würde man sagen, eben ein typischer Lexikonbeitrag. Abgesehen davon, daß in dem kurzen Beitrag schon zwei faktische Fehler enthalten sind[1], muß bei genauerem Lesen doch eines besonders stutzig machen: In der ohnehin schon relativ knappen Lebensbeschreibung der Gräfin tauchen allein drei Männer als aktive Figuren auf, wohingegen von Sophie von Hatzfeldt selbst fast nur in passivischer Form gesprochen wird. Womit wir es hier zu tun haben, ist eindeutig. Es handelt sich um das klassische Frauenbild, nach dem sich eine Frau über den Mann (sei es den Vater, den Ehemann oder aber den Geliebten) und die Kinder, besser gesagt die Söhne definiert. Daß sie auch aus sich selbst heraus eine gesellschaftliche und individuelle Identität erfährt und erlebt, wird bei einer solchen Art der Betrachtung glattweg negiert.

Frauengeschichte, soweit sie sich nicht an »großen Männern« und ihren Taten festmacht (und auch in diesem Fall nur bedingt), ist zu großen Teilen unbekannte Geschichte, die erst noch zu schreiben ist.[2] Obwohl Frauen die Hälfte der Menschheit ausmachten und ausmachen, wurden sie als das »Andere«, als eine Art Abweichung hingestellt, ihre Existenz als eine Form historischen »Randdaseins« betrachtet. Dabei wurde häufig übersehen, daß Frauen *und* Männer aktiv Mitwirkende bei der Formung von Gesellschaft, von ihrer Gesellschaft, waren und sind.

Lediglich jedoch die Leistungen der Männer wurden zumeist aufgezeichnet, tradiert und als »Geschichte« bezeichnet; der weibliche Beitrag zur Geschichte wurde in überwiegendem Maße unterschlagen, selbst handelnde und aktive Frauen vielfach ausgespart und ausgelassen.

»Männer machen die Geschichte« – so hat es schon Heinrich von Treitschke, einer der, wenn auch nicht unumstrittenen, »großen Männer« der deutschen Historiographie, vor einem anderen Hintergrund und mit einer anderen Intention zum Ausdruck gebracht. Geschichte wurde und wird auch heute meistenteils erzählt aus der Perspektive des Mannes, die als die alleingültige und quasi objektive deklariert wird. Dieser Perspektive fallen die meisten Frauen und ihre Belange zum Opfer. Karin Hausen drückt das wie folgt aus:

»Im allgemeinen Verständnis von Geschichte wurde bis vor kurzem das historisch Bedeutende so abgesteckt, daß nur diejenigen Räume und Zeiten des gesellschaftlichen Geschehens einbezogen waren, die für das Handeln und die Interessen von Männern entscheidende Bedeutung hatten oder haben. Zwischen dem Männerbereich des Öffentlichen und dem Frauenbereich des Privaten wird eine Trennlinie angenommen, die das vermeintlich Relevante vom Nicht-Relevanten scheidet und Frauen mit ihrer typischen Lebenssituation in Haushalt und Familie aus der Geschichte ausgrenzt. Zur Geschichte zugelassen blieben dann allenfalls solche Frauen, die ähnlich den Männern als hervorragende Persönlichkeiten öffentliches Ansehen erlangten, sich in Parteien, Verbänden und Vereinen organisierten oder außerhäusliche Erwerbsarbeit leisteten. Doch zumeist galt das generell für Frauen übliche historische Vergessen auch diesen Frauen.«[3]

Männer und Frauen haben eine voneinander verschiedene Geschichte, erleben, erfahren und verarbeiten Geschichte höchst unterschiedlich. Das hat – genauso wie das Verhältnis der Geschlechter zueinander – Konsequenzen für ein gesellschaftliches Gesamtbild und sollte nicht mehr länger ausgeklammert bleiben, auch in der Forschung.

Unsere historische Wahrnehmung verändert sich, wenn nicht mehr nur »Menschen«, sondern neben Männern auch Frauen in der Geschichte gesehen werden. Dabei kann es aber nicht in erster Linie darum gehen, vorhandene Lücken zu füllen oder aber lediglich den Beitrag von Frauen zur sogenannten »allgemeinen« Geschichte, zu deren Prozessen und Institutionen, darzustellen. Vielmehr muß Frauenforschung, wie sie seit dem Ende der 60er Jahre in den USA und seit den

70er Jahren auch in Europa betrieben wird, über einen rein additiv-kompensatorischen Ansatz sowie über kontributorische Frauengeschichte hinausgehen – auch wenn solche Studien nach wie vor äußerst notwendig sind.[4] Das bedeutet nicht zuletzt auch ein Infragestellen herkömmlicher Wert- und Relevanzkriterien und zudem ein Aufsuchen bisher vernachlässigter historischer Orte. Alles in allem macht es, um es mit den Worten der Historikerin Gisela Bock zu sagen, einen »anderen Blick« auf die Geschichte unumgänglich, einen Blick, der zunächst auf das Sichtbarmachen von Frauen abzielt.[5]

»Frauen sind ein Geschlecht. Sie müssen als solches historisch konzipiert und Geschlecht muß als grundlegende Kategorie sozialer und historischer Realität, Wahrnehmung und Forschung eingeführt werden. Die Bedeutung der Geschlechter muß integraler Bestandteil des historischen Erkenntnisinteresses sein.«[6]

Wichtige Einsichten und Hilfsmittel hat die neue historische Frauenforschung bisher vor allem aus der Sozialgeschichte bezogen. In den 60er Jahren entdeckten bundesrepublikanische Historiker die bis dahin vernachlässigten Unterschichten als geschichtswürdigen Gegenstand. Fixiert blieb man allerdings auch in der Geschichte der Arbeiterbewegung weiterhin allein auf den sogenannten »kleinen Mann« (dem sich nur in selteneren Fällen die »kleine Frau« hinzugesellte) oder aber auf Schichten- und Klassenmodelle, die mit Frauen als versteckter Größe operierten und wenig zu ihrer Sichtbarmachung beitrugen. Ähnlich sahen die Vorgehensweisen und Ergebnisse in der Mobilitätsforschung, der historischen Demographie und in der historischen Familienforschung aus, wo Frauen und ihre spezifischen Belange nach wie vor in den meisten Fällen (und Modellen) unsichtbar bleiben. Historische Frauenforschung hat demgegenüber nicht nur den Anspruch zu vertreten, »einer Schein-Objektivität die Subjektivität einer Frauenperspektive entgegenzusetzen«;[7] vielmehr muß sie sich vor allem mit dem inhaltlichen Anspruch auseinandersetzen, die Erfahrungen von Frauen zu rekonstruieren.

Genau an diesem Punkt nun setzt die vorliegende Arbeit an. Der Plan, eine biographische Arbeit zu schreiben, noch dazu über eine adlige Dame des vorigen Jahrhunderts, mag im heutigen Forschungszusammenhang und nach den vorhergehenden Auslassungen wie ein überkommener Anachronismus erscheinen. Die Zeit der Biographien schien bis vor noch gar nicht so langer Zeit längst der Vergangenheit anzugehören. Ihre Blütezeit hatte die (deutsche) Biographie vor allem im letzten Jahrhundert, insbesondere dann auch in den Jahren des sogenannten »Zweiten Reichs« erlebt.[8] An den Taten großer Männer und ihrer wegweisenden Bedeutung für die Gesellschaft besaß sie zumeist das größte Interesse. Auch heute noch unzweifelbar beeindruckende Schilderungen großer Einzelpersönlichkeiten aus diesen Tagen bezeugen die lange Zeit vorherrschende individualisierende Geschichtsauffassung, die der Persönlichkeit einen bestimmenden, wenn nicht sogar *den* ausschlaggebenden Platz in der Geschichte zuwies. Ihre kulturelle Rechtfertigung verlor eine solchermaßen motivierte Biographik, die sich zudem an den führenden Schichten orientiert hatte, jedoch im Rahmen eines egalitären politischen und gesellschaftlichen Systems, nicht zuletzt auch nach den Erfahrungen dieses Jahrhunderts. An ihre Stelle traten die Strukturen, die »Verhältnisse«; die Bedeutung der Persönlichkeit wurde in der historischen Forschung immer geringer bewertet, wenn nicht gar völlig negiert.[9]

Unabhängig von der vorherrschenden Skepsis im Bereich der Fachwelt konnte sich die Biographie, insbesondere in ihrer populär gehaltenen Form, in der Öffentlichkeit aber über Jahre hinweg ein ungebrochenes Interesse erhalten. Ein Bedürfnis nach identitätsstiftenden und -fördernden Vorbildern schien diesem Phänomen nicht selten zugrundezuliegen. Davon konnte auch die historische Fachwelt auf Dauer nicht absehen. Seit dem Ende der 70er, Anfang der 80er Jahre – als ein Stichdatum wäre das Erscheinen der Bismarck-Biographie Lothar Galls zu nennen – ist die Diskussion über, aber auch die Produktion von historischen Biographien aufs neue in Gang gekommen. Die methodischen Überlegungen, zu einem großen Teil beeinflußt und vorangetrieben von der literarischen Biographie und der germanistischen Biographieforschung, sind mittlerweile zu neuen (und zum Teil auch sehr aufregenden) Ergebnissen gelangt, gerade im Hinblick auf ihren interdisziplinären Ansatz, auf die einzugehen hier aber nicht unbedingt der Platz ist.[10]

Daß die biographische Arbeit über einzelne Frauen bei der Erforschung von Unterschicht- und Oberschichtfrauen gleichermaßen wichtig ist, braucht nicht eigens betont zu werden. Immer noch, auch heute, geht es zunächst einmal um das »Sichtbarmachen« der versteckten, schweigenden und verschwiegenen, »gewöhnlichen« und »besonderen« Frauen. Die Betrachtung dieser vielen einzelnen Frauen erst vermag sie als ganzes Geschlecht aus dem »Dunkel der Geschichte« (Sheila Rowbotham) zu lösen. Dabei geht es heutzutage immer weniger allein um die wenigen, vermeintlich großen und berühmten Frauen, genauso wenig um die bloße Herausstellung von Vorkämpferinnen einer besseren Frauenwelt – auch wenn das Interesse gerade an solchen weiblichen Biographien nach wie vor groß ist und somit auf das künstlich erzeugte Defizit an ›positiven‹ weiblichen Vorbildern, die zur Identifikation einladen, hinweist. Vielmehr geht es nun um die Herausarbeitung der historischen und sozialen Bedingtheit von Weiblichkeit generell, um die Spurensicherung von Frauen überhaupt. Das bedeutet allerdings nicht nur die rein faktische Erforschung der weiblichen Lebensbedingungen in der Vergangenheit, sondern hat auch das Ziel und den Zweck, über die Bedingungen der eigenen (weiblichen) Identitätsbildung aufzuklären.

Eine der vielen Vergessenen und Verdrängten ist auch Sophie von Hatzfeldt, diese hohe Adlige mit Ambitionen in der Arbeiterwelt, die nahezu das gesamte 19. Jahrhundert mit all seinen umwälzenden Entwicklungen und Umbrüchen, geistiger, politischer und gesellschaftlicher Art, miterlebt hat. Wie gering das historische Interesse an einer Frau wie ihr letztlich war, dokumentiert sich kaum anschaulicher als durch die Tatsache, daß nicht einmal ihr Name in vielen, auch heutigen Fällen korrekt wiedergegeben wird.[11] Geblieben ist ein eher idealisiertes, ästhetisiertes und mythisiertes Bild von der Gräfin, das mit dem gleichzeitigen Vorgang ihrer Verdrängung aus der »eigentlichen« Geschichte einhergeht. Das hat nicht nur mit der von Männern geprägten Form der Geschichtsschreibung zu tun, sondern es weist zudem auf ein Charakteristikum der deutschen Arbeiterbewegung hin. Zu Recht konstatiert die Historikerin Gisela Bock: »Programme, Organisationsformen und Elitebildung in der Arbeiterbewegung waren von Männern bestimmt, und ihre ›männlichen‹ Züge sollten nicht nur klassengeschichtlich, sondern auch geschlechtergeschichtlich untersucht werden.«[12]

Es gehörte beispielsweise zu den Grundsätzen der Lassalleaner anzunehmen, daß die Situation der Frau nur durch eine Verbesserung der Situation des Mannes positiv verändert werden könne. »Konsequent verwarfen sie alle Arbeit, die ›außerhalb der weiblichen Sphäre‹ lag, forderten statt Fabrikarbeit der Frauen deren Erwerbstätigkeit im Haus und schlugen als ›Kampfmaßnahme gegen widersetzliche Arbeiterinnen

... Abwehrstreiks der Männer‹ vor. Solche Maßnahmen schienen ihnen die ›vermehrte Beschäftigung männlicher Arbeitskräfte, eine Verminderung der Arbeitslosigkeit und eine Erhöhung der Männerlöhne‹ zu garantieren. Der Verweis auf die ›weibliche Sphäre‹, den sie gemeinsam mit Konservativen und Liberalen aussprachen, setzte die Anerkennung ökonomischer Abhängigkeit der Frau vom Manne mitsamt ihrer ideologischen Rechtfertigungen voraus.«[13]

Die Oberflächlichkeit, mit der die Beziehung zwischen den Geschlechtern in Theorie und Praxis der deutschen Arbeiterbewegung der sechziger Jahre des 19. Jahrhunderts überwiegend behandelt wurde, muß erstaunen, bedeutet sie doch einen nicht zu übersehenden Rückschritt, verglichen mit den Theorien insbesondere der französischen Frühsozialisten.[14] Auch einer der intellektuellen Köpfe der deutschen Arbeiterbewegung, Karl Marx, handelte das Geschlechterverhältnis eher nebensächlich ab, wenn er auch betonte, daß »große gesellschaftliche Umwälzungen ohne das weibliche Ferment unmöglich sind«.[15] Psychologische Momente, irrationale Vorurteile, das Festhalten an der überkommenen Rollenverteilung wurden in ihrer Bedeutung nicht erkannt.[16] Die alte Vorstellung von einem spezifisch weiblichen, naturbedingten und unveränderlichen Wesen, obwohl der marxistischen Auffassung von der Prägung des Menschen durch seine Gesellschaft widersprechend, wurde auch in der deutschen Arbeiterbewegung zu dieser Zeit kaum in Frage gestellt. Das muß erwähnt werden, denn es erklärt, warum es den politisch aktiven Männern – auch den Linken – so schwer fiel, mit einer bisher vorrangig unter sexuellen Gesichtspunkten gewerteten Personengruppe auf gleicher Ebene, unter ähnlichen Voraussetzungen zusammenzuarbeiten. Im männlich besetzten Terrain der Politik hatten es Frauen dementsprechend schwer. Das gilt auch (vielleicht sogar erst recht) für eine aus dem Rahmen fallende Erscheinung wie die der Gräfin, deren politisches Engagement nur bedingt akzeptiert und toleriert wurde und die zu einem vieldiskutierten Streitpunkt in den Reihen der Arbeiter und Arbeiterführer avancierte. Nicht zuletzt um die Darstellung dieser sowohl politischen, aber nicht weniger geschlechtsbezogenen Auseinandersetzungen zwischen Sophie von Hatzfeldt und dem Allgemeinen Deutschen Arbeiterverein (ADAV) geht es in dieser Untersuchung.

Zunächst galt es, die persönlichen und politischen Spuren Hatzfeldts aufzuspüren und sie dann, gleichsam Mosaikstein für Mosaikstein, zu einem Gesamtbild zusammenzusetzen. In der zahlreichen Literatur über die deutsche Arbeiterbewegung muß man allerdings lange suchen, ehe man überhaupt ergiebige Informationen über Sophie von Hatzfeldts politisches Engagement finden kann. Da liest man manches zwar über sie und ihr Verhältnis zu Ferdinand Lassalle, die politisch aktive Frau Sophie von Hatzfeldt dagegen wird oft übergangen oder aber sehr kurz abgetan. Hinzu kommt noch, daß Hatzfeldt in der Forschungsliteratur, wenn überhaupt, dann eher wie ein »böser Geist« auftritt. Einer Dämonin gleich, kannte sie angeblich kein anderes Interesse, als den Verein zu stören und zerstören. Aus fehlgeleiteten Emotionen, versteht sich. Verdammt oder aber milde belächelt, wenn nicht totgeschwiegen, trifft Sophie von Hatzfeldt das Schicksal vieler anderer politisch aktiver Frauen. Was sie wirklich dachte, fühlte und tat, ist in der Literatur nur durch einen Schleier von Vorurteilen, Klischees und vorgefertigter Meinungen und Bilder zu erahnen.

Dabei handelt es sich im Fall der Gräfin Hatzfeldt sogar noch um einen relativen Glücksfall, der ein solches Schicksal kaum zur Folge hätte haben müssen. In eine große und über die Jahrhunderte hinweg einflußreiche, adlige Familie hineingeboren, gehört sie nicht zum Heer der namenlosen Frauen, deren Existenz in den Quellen kaum abzulesen ist. Statt dessen fand ein Großteil ihres umfassenden schriftlichen Nachlasses den Weg in das Familienarchiv der Grafen Hatzfeldt auf Schloß Schönstein an der Sieg zurück. Dort, wo sie selbst kurzfristig gelebt hatte, wenn auch nicht sonderlich glücklich, liegen heute ihre zahlreichen Briefe und Unterlagen in enger Nachbarschaft mit den Papieren ihres bekannten Sohnes, des preußischen Diplomaten Paul von Hatzfeldt. Sie bieten weitreichenden Aufschluß über ihr Leben, insbesondere auch über ihre engen Beziehungen zum ADAV. Ihre Einflußnahme auf den Verein läßt sich nahezu lückenlos rekonstruieren, vor allem in Kombination mit den Beständen des Archivs der Sozialen Demokratie in Bonn sowie denjenigen des Internationalen Instituts für Sozialgeschichte in Amsterdam. Nicht zuletzt aus diesem Grund nimmt die Darstellung der ADAV-Entwicklung einen großen Platz in der vorliegenden Arbeit ein. Handelt es sich doch schließlich auch darum, die lange Zeit negierte oder verkannte Form der weiblichen Einflußnahme auf eine Institution der deutschen Arbeiterbewegung kenntlich zu machen, die Geschichte des ADAV quasi zurechtzurücken. Als Manko erweist sich in diesem Zusammenhang allerdings, daß gerade für die politisch aktive Zeit Hatzfeldts kaum persönliche Zeugnisse vorhanden sind,[17] so daß der biographische Aspekt zwangsläufig in den Hintergrund treten muß. Es bleibt in den meisten Fällen nur zu erahnen, wie die Gräfin unmittelbar auf die einzelnen Ereignisse innerhalb der Konstituierungsphase der deutschen Sozialdemokratie reagierte.

Ein wichtiger, wenn nicht sogar der bedeutendste Bestandteil des persönlichen Nachlasses der Gräfin existiert heute nicht mehr im Original. Es ist der gesamte Schriftverkehr Sophie von Hatzfeldts mit Ferdinand Lassalle. Ausgelagert im Krieg nach Potsdam wie so viele Archivalien damals, ist sein weiteres Schicksal bis zum heutigen Tag ungeklärt geblieben, das Material bis heute verschwunden. Glücklicherweise bedeutet dies im Fall der Gräfin aber nicht den völligen Verlust dieses wertvollen historischen Materials. Bereits in den 20er Jahren erschien nämlich die von Gustav Mayer, einem der bekanntesten Chronisten und Historiker der deutschen Arbeiterbewegung, betriebene sechsbändige Standardausgabe des brieflichen Nachlasses Lassalles. Auch wenn Mayer eine heute nicht mehr unbedingt in allen Teilen rekonstruierbare Selektion und Kürzung des Materials vornahm, so besitzen wir doch im vierten Band der Ausgabe eine sorgfältig bearbeitete und kommentierte Zusammenstellung des Briefwechsels zwischen der Gräfin und Lassalle.[18]

Alles in allem also: eine erstaunlich günstige Ausgangslage, zumindest was das Quellenmaterial anbelangt. Es zeigt eine außergewöhnliche und für ihre Zeit nahezu modern anmutende Frau. Geht man von dem schönen Diktum Johann Gottfried Herders aus, daß jedes Individuum in seinem Jahrhundert steht wie ein Baum in seinem Erdreich, so trifft das auf die Gräfin nur bedingt zu. Zwar fühlte sie sich in ihrem Innersten tief verwurzelt mit den Traditionen ihrer feudalen Herkunft, befangen in den Normen und Werten der alten Welt; andererseits aber war sie in vielem, wie zum Beispiel in Sachen Meinungsfreiheit und Unabhängigkeit der Lebensform, ihrer Zeit immer weit voraus. Dieses spezielle Frauenleben aus dem 19. Jahrhundert darzustellen – mit all seinen Bedingungen, Voraussetzungen, Facetten, Brüchen und Widersprüchen – war ein vorrangiges Ziel dieser Darstellung. Erkennbar werden sollte der gesamte Lebenslauf, nicht nur in seiner rein chronologischen Abfolge, sondern auch in seiner Verquickung von Privatem und Öffentlichem. Genauso wichtig erschien die Hervorhebung der engen Zusammenhänge zwischen den einzelnen Lebensphasen der Gräfin. Ob die Zeichnung des Individuums Sophie von Hatzfeldt mit all seinen spezifischen Eigenarten und Wesenszügen, seinen Wünschen und Sehnsüchten, deren Realisierung nicht zuletzt auch die gesellschaftlichen Realitäten entgegenstanden, allerdings seiner Charakteristik und Spezifik in allem Genüge tut, mag offen bleiben.

Sophie von Hatzfeldt ist an der Unvereinbarkeit ihrer Vorstellungen und Lebensziele mit den Möglichkeiten ihrer Zeit und Person gescheitert. Sie war niemals bereit, die das Frauenleben der damaligen Zeit prägenden Konstanten immer und in allen Belangen als die ihren anzunehmen und anzuerkennen. Das machte sie zur Außenseiterin, die ohne letztes Ziel und sicheres Netz ihr Leben leben mußte und die in keiner der Welten – sei es in den hochadligen, mächtigen Kreisen ihrer Herkunft, noch in den Reihen der Arbeiter und ihrer Führer – wirklich akzeptiert war. Es war vor allem ihre lebenslange Suche nach einer Aufgabe, einem sinnvollen Ziel, die sie zur fanatischen Anhängerin Lassalles und seiner Ideen, die auch die ihren waren, machte und sie dazu veranlaßte, noch im hohen Alter die Strapazen des politischen Kampfes auf sich zu nehmen. Ferdinand Lassalle prägte diese Frau, beeinflußte sie. Keineswegs aber war sie ein von ihm kreiertes Geschöpf, als das sie bisher fast immer dargestellt wurde. Die Quellen zeigen vielmehr eine kluge und selbständige Frau von großem Stolz und Selbstbewußtsein, die die Konsequenzen ihrer Handlungen sah und sie bereitwillig auf sich nahm, in dem Gefühl, so sich selbst und den eigenen Ansichten und Vorstellungen stets treu zu bleiben.

I. Wenn Vetter und Kusine heiraten – Ein Beispiel feudaler Ehepraxis

Viel ist es nicht, was man über die kurze Kindheit und Jugendzeit Sophie von Hatzfeldts – abgesehen von reinen Fakten – zu sagen weiß. Am 10. August 1805 wurde sie in Berlin[1] als drittes von insgesamt sieben Kindern in eine Familie hineingeboren, die seit Jahrhunderten zu den führenden und reichsten des Landes gehörte, ursprünglich aus dem Hessischen stammte und mittlerweile über große Besitztümer im Westen und im Osten Deutschlands verfügte.[2] Ihr Vater, Fürst Franz Ludwig von Hatzfeldt-Schönstein zu Trachenberg (1756–1827) war 1795, nach kurkölnischen und kurmainzischen Anfängen, in den Dienst Preußens getreten, wo er im Verlauf seiner Karriere vom militärischen Lager in das der Diplomaten überwechselte.[3] Einer nicht minder bedeutenden Herkunft war die Mutter Sophies, die einer bekannten preußischen Militär- und Beamtenfamilie entstammte. Friederike Karoline Sophie Gräfin von der Schulenburg-Kehnert (1779–1832), über zwanzig Jahre jünger als ihr Mann, war die Tochter des preußischen Generals der Kavallerie und Geheimen Staats-, Kriegs- und Kabinettsministers (und Freundes Friedrich d. Gr.), des Grafen Friedrich Wilhelm von der Schulenburg-Kehnert (1744–1815), und dessen dritter Gemahlin Wilhelmine von Arnstedt (1755–1801).[4]

Schon in jungen Jahren hatte die damals noch gar nicht so lange verheiratete Fürstin Hatzfeldt ihre Zivilcourage und ihren persönlichen Mut bewiesen – Eigenschaften, die von ihren Kindern anscheinend nur die Tochter Sophie geerbt hatte. 1806, im Jahre der vernichtenden Niederlage der preußisch-sächsischen Armee in der Doppelschlacht bei Jena und Auerstedt, hatte Sophies Vater vertretungsweise die »Guvernörstelle« in Berlin erhalten, die bis dahin sein Schwiegervater bekleidet hatte. Hatzfeldt unterhielt in dieser Funktion während der französischen Besetzung der Stadt ein heimliches »Einverständniß« mit dem Fürsten Friedrich Ludwig von Hohenlohe-Ingelfingen, dem Befehlshaber der Truppen von Jena, das ein unglücklicherweise abgefangener Brief dem siegreichen Kaiser Napoleon zur Kenntnis brachte. Daraufhin verhängte ein Kriegsgericht die Todesstrafe über den Fürsten Hatzfeldt. Dies war

Sophies Vater, Ölgemälde, Johann Friedrich August Tischbein zugeschr.

der Moment, in dem die hochschwangere junge Fürstin eine Audienz bei dem Kaiser erbat, die sie auch im Schloß des Prinzen Ferdinand von Preußen erhielt und um deren Ablauf sich innerhalb kürzester Zeit eine rührende Anekdote bildete. Angeblich soll sich nämlich die junge Frau dort in höchster Not dem französischen Kaiser zu Füßen geworfen und die Unschuld ihres Mannes beteuert haben – worauf ihr Napoleon das corpus delicti vor Augen führte. Geistesgegenwärtig und mit dem Mut

Sophies Mutter, Ölgemälde von Johann Heinrich Schroeder

der Verzweiflung habe sie sofort den Brief genommen, ihn einfach ins Feuer geworfen – und den Kaiser in »aller Unschuld« gefragt, wo denn nun der Beweis für die Schuld ihres Mannes sei. Napoleon, von dem Mut und der Kühnheit der Frau beeindruckt, gab den Fürsten daraufhin frei.[5]

Sophie und ihre beiden älteren Schwestern Louise (1800–1835) und Helene (1801–1838) waren damals noch viel zu klein, um den bemerkenswerten Auftritt ihrer Mutter wahrnehmen, geschweige denn überhaupt diese schöne Geschichte begreifen zu können. Aber auch in den existierenden Briefen der Geschwister – die allerdings alle aus sehr viel späterer Zeit stammen, die Eltern waren bereits tot – taucht die tapfere Mutter nicht auf, wie generell Erwähnungen der Eltern sehr rar ausfallen. Wenn überhaupt, so wird nur über den Vater gesprochen, den »vortrefflichen Vater ..., der wie jeder verständige Mann von dem Gesichtspunkt ausging, dass Liebe, Theilnahme und Familieneinigkeit hoch über alles gestellt werden muss«.[6]

Das Familienoberhaupt der Hatzfeldts, 1806 gerade dem sicheren Tod entronnen, entfloh den gefährlichen Umständen und wandte sich ruhigeren Fahrwassern zu: Er wurde Diplomat, ging 1818 als Gesandter Preußens nach Den Haag und 1822 an den kaiserlichen Hof nach Wien, wo er fünf Jahre später im Alter von 71 Jahren starb.[7] Seit Tilsit hatte der patriotische »Wahlpreuße« zu den erklärten Franzosenfreunden und vor allem zu den Gegnern der nationalen »Jakobiner« gehört, sich mit Sehnsucht, wie der Historiker Hermann Oncken es formulierte, des goldenen Zeitalters vor der Revolution erinnert.

Nicht zuletzt das Diplomatendasein ihres Vaters, den Treitschke einst den »greisen Heißsporn der reaktionären Partei« genannt hatte, dürfte Sophie in ihrer Entwicklung beeinflußt haben, zumindest was deren zahlreiche Schauplätze anbelangt. Es ist anzunehmen, daß sie ihre Kindheit und Jugend – neben einigen wenigen Aufenthalten in der schlesischen Familienresidenz Trachenberg – wohl zum größten Teil in dem damals bereits etwa 200.000 Einwohner zählenden Berlin oder auf den eher ruhigen rheinischen Besitzungen ihres Vaters, auf Schloß Allner, oberhalb des rechten Siegufers unfern Siegburgs, verbracht haben wird.[8] Den Haag und Wien werden als zeitweise Aufenthaltsorte hinzugekommen sein und nicht unwesentlich zur Horizonterweiterung der jungen Prinzessin aus der engsten Oberschicht des preußischen Staates beigetragen haben. Dennoch zeigt das einzige existierende Jugendbildnis Sophie von Hatzfeldts, eine miniaturartige Zeichnung, ein eher schüchtern in die Welt blickendes zartes Mädchen.[9]

Über das Familienleben als solches, Sophies Verhältnis zu den Eltern und Geschwistern, Inhalte und Organisation ihrer Erziehung existieren keinerlei Informationen, aber es ist zu vermuten, daß sie im wesentlichen mit der üblichen feudalen Praxis in Einklang standen – zumal das Milieu ihrer Familie in stärkstem Maße dem Ancien Régime verhaftet

Jugendbildnis Sophies, Zeichnung

war. Einmal nur erwähnt Sophie genauer, daß sie gemeinsam mit der knapp zwei Jahre jüngeren Schwester Clara erzogen worden sei, Clara, »mit der sich alle glücklichen Erinnerungen meines Lebens verknüpfen, die mir während langer Zeit viel Liebe erwiesen«.[10]

Mit gerade siebzehn Jahren wurde die Jugendzeit Sophies abrupt und auf gewaltsame, aber nicht ungewöhnliche Weise beendet. Sie sollte – als erstes aller Hatzfeldt-Kinder überhaupt und sogar vor ihren beiden

Edmund von Hatzfeldt

älteren Schwestern, was völlig gegen den Brauch war – heiraten. Der Werber dürfte ihr noch nicht einmal unbekannt gewesen sein, handelte es sich doch um ihren 24 Jahre alten Vetter Edmund, der demselben Geschlecht wie sie, allerdings dem gräflichen Zweig, entstammte und der im Wasserschloß Kalkum (im Norden Düsseldorfs) den Mittelpunkt seiner ausgedehnten Besitzungen am Niederrhein und im Rheingau besaß. Am 10. August 1822 heiratete sie den »zu Calcum wohnenden

Königlich preußischen Kammerherrn«, Edmund Gottfried Cornelius Friedrich Hubert Graf von Hatzfeldt-Wildenburg, Weis- oder Kinsweiler zu Trachenberg, Mitbesitzer der Standesherrschaft Wildenburg-Schönstein, »Exzellenz ledigen Standes«, ohne freilich zu ahnen, worauf sie sich damit eingelassen hatte.[11] Aus Gründen der Familienräson wurde die damals anscheinend noch recht kindliche, geistig wie körperlich unreife und noch allgemein für »beschränkt« geltende Sophie verheiratet und aus dem ihr vertrauten Kreis herausgerissen – »zu noch größerer Emporbringung des uralten von Hatzfeldt'schen Namens und Geschlechtes und zur ewigen Festung der zwischen den beiden hohen Familien bestehenden fried- und freundschaftlichen Verhältnisse«.[12] Zweifellos sollten mit dieser Verbindung die internen Vermögensverhältnisse der beiden Zweige, die Majoratsstreitigkeiten der fürstlichen und der gräflichen Linie familiär geregelt werden.[13] Gewundert hatte man sich allerdings in der Familie, warum Edmund ausgerechnet die kleine Sophie erwählt hatte und nicht Helene oder Louise, die dem Alter des Bräutigams sehr viel näher standen. Grund für Edmunds Entscheidung war – ein offenes Geheimnis – die Existenz und der Ratschlag einer gewissen Gräfin Nesselrode-Ehreshoven, zu welcher der Graf schon seit längerer Zeit in einem sehr vertrauten Verhältnis stand, das er auch nach seiner Hochzeit nicht aufzugeben gewillt war. Von der jungen, unerfahrenen Sophie erwartete das »illegale« Paar die wenigsten Schwierigkeiten. Vergeblich hatte der Fürst, dem diese Zustände schließlich auch nicht verborgen geblieben waren, seinen zukünftigen Schwiegersohn ersucht, »seiner Gattin mit der reinsten zärtlichsten Liebe und *Treue* lebenslänglich beizuwohnen«,[14] eine Verpflichtung, die sonst von dem geltenden französischen Gesetz dem Ehemann nicht auferlegt wurde. Wie wenig sich der Graf an solche Versprechungen allerdings gebunden sah, zeigte sein Verhalten vom ersten Ehetage an, ja eigentlich schon seit der offiziellen Verlobungszeit. Noch als erwachsene Frau nahm Sophie Hatzfeldt es ihren Eltern übel, sie offenen Auges in ihr Unglück gestoßen, anstatt diese Ehe verhindert zu haben. »Meine Eltern haben das *größte Unrecht* gegen mich begangen, sie haben mich als Kind von 16 Jahren des Vorteils wegen in eine Ehe verkauft, von der sie *wußten,* daß sie den Umständen nach, unter denen sie geschlossen, sehr unglücklich für mich sein mußte«, sollte sie sich Jahre später verbittert gegenüber einem ihrer eigenen Kinder äußern.[15]

24 Jahre lang lebte Sophie von Hatzfeldt in einer mehr als unglückli-

chen Ehe, wenn überhaupt gemeinsam mit dem ungeliebten Ehemann, dann auf den Schlössern Kalkum und Schönstein oder aber im Düsseldorfer Palais der Familie am Karlsplatz. Zu keiner Zeit besaß sie, wenn schon kein Liebesverhältnis, so noch nicht einmal eine freundschaftliche Vertrauensbeziehung zu ihrem Mann, der sie nicht nur von Anfang an mit unzähligen Frauen jeden Standes und jeden Metiers betrog (was an sich ja noch nichts Außergewöhnliches in feudalen Kreisen gewesen wäre!), sondern der sie zudem unzähligen Schikanen, gesellschaftlicher wie ökonomischer Natur, aussetzte. Er ließ sie in Bedienstetenzimmern wohnen, verbot ihr den Ausgang, kontrollierte ihren Besuch, entzog ihr jegliche Finanzen und scheute selbst vor physischen Tätlichkeiten nicht zurück. Rücksichtnahme ließ sein Verhalten von Beginn an vermissen, und sogar vor der Geschmacklosigkeit, während der schweren ersten Entbindung seiner verstörten Frau im Nebenzimmer mit seiner Geliebten erotischem Zeitvertreib nachzugehen, schreckte er nicht zurück.[16]

Lediglich der Scheu Edmunds vor seiner Großmutter, »die einige Autorität über ihn besaß und viel auf eine zahlreiche Nachkommenschaft hielt«, hatte Sophie die seltenen nächtlichen Besuche ihres Mannes zuzuschreiben, die zumindest in vier Fällen den gewünschten Erfolg zeitigten. Bereits am 27. Dezember 1823 erlebte die junge Gräfin ihre erste Entbindung – eine Zangengeburt, die sie auf 18 Tage lang zwischen Leben und Tod schweben ließ. Das Kind, notgetauft auf den Namen Marie Antonie Anne, starb nach fünf Minuten. Ihm folgten am 9. April 1825 der Sohn Alfred, am 29. Oktober 1828 die Tochter Melanie und am 8. Oktober 1831 der Jüngste, Paul. Alle ihre Kinder kamen, laut standesamtlicher Bescheinigung, in Düsseldorf zur Welt. An ihnen hing das Herz der ansonsten so Vernachlässigten, und sie scheint ein für die damalige Zeit und für ihre Kreise erstaunlich enges Verhältnis zu ihren kleinen Kindern besessen zu haben.[17] Das wußte auch ihr Mann, und er konnte seiner Frau mit nichts effektiver drohen als damit, ihr die Kinder völlig zu entziehen. Einfluß auf deren Erziehung gestand er der Mutter von vornherein nicht zu.

Allein gelassen von allen Seiten, gedemütigt, enttäuscht und ohne moralische Unterstützung (so waren ihre Eltern ja bereits 1827 und 1832 verstorben, die Geschwister hatten mittlerweile auch fast alle geheiratet), flüchtete sich Sophie von Hatzfeldt, soweit es die rigiden Lebensumstände überhaupt zuließen, in ständiges Reisen und in amouröse Abenteuer. Was ihrem Gatten zustand, so mag sie gedacht haben, warum sollte es nicht auch für sie gelten? Und dennoch: das war es sicher nicht, was sie von einem erfüllten und glücklichen Leben erwartet hatte – sie, die laut eigener Aussage die Welt sehr geliebt hatte, solange sie jung war; die »sehr schön, fetiert und aduliert wie nicht bald jemand« gewesen war und aus dem »geräuschvollsten Weltleben in die tiefste Einsamkeit« versetzt worden war.[18] Schon seit 1833 lebte das Paar mehr oder weniger getrennt. 1837, nach mittlerweile fünfzehnjähriger Ehe, tauchten die ersten konkreten Scheidungspläne auf, doch der Wunsch der Geschwister Sophies, einen Prozeß zu verhindern, stand diesen entgegen. Die Schwäger vor allem plädierten für eine temporäre Trennung, die von Sophie Hatzfeldt – inzwischen zu einer schönen und imposanten Frau herangereift – ohnehin schon praktiziert wurde, indem sie nämlich von einem Bad zum anderen reiste, ständig auf der Flucht vor ihrem ungeliebten Zuhause und dem Gatten, der keinen Zweifel daran ließ, wie gern er sie abwesend sah. Begleitet wurde sie bei den meisten ihrer Reisen von den beiden kleinen Kindern, zumindest aber von Paul. Doch zeigt sich in den Briefen der Kinder, wie stark sie unter der Trennung der Eltern litten.[19] Die ständig latente Angst Sophie Hatzfeldts, ihre Kinder zu verlieren, erfuhr eine gewaltsame Bestätigung durch die Realitäten, als ihr der Ehemann im Jahr 1838 den jüngsten Sohn Paul in Baden-Baden »durch einige Banditen von der Promenade rauben« ließ. Sophie von Hatzfeldt bewies allerdings Nerven und entführte das Kind kurzerhand zurück. Den Ablauf der Kindesentführung weiß Franz Mehring mit eindrucksvollen Worten zu schildern, die uns eine energische und kühne Frau vor Augen führen:

»Sobald die Gräfin durch das Ausbleiben des Kindes und seiner bestochenen Wärterin Verdacht schöpfte, suchte und fand sie schnell entschlossen die Spur der Entführer, sandte Estafetten voraus, um die Poststationen zu benachrichtigen, jagte selbst mit den schnellsten Gäulen hinterher, die sie auftreiben konnte, holte die Verbrecher in Hattersheim ein und rief die schnell zusammenströmende Bevölkerung an, vor deren drohender Haltung die Banditen das Kind wieder herausgaben.«[20]

Sophie von Hatzfeldt war für die Zukunft gewarnt. Dennoch hat sie es nicht verhindern können, daß auch Tochter Melanie – der Älteste, Alfred, war ihr schon lange entzogen – 1838 gegen ihren Willen und mit der heimlichen Hilfe ihrer eigenen Schwester Herminie von Landsberg (1809–1889) auf die väterliche Anordnung hin nach Wien gebracht wurde, wo man sie den Salesianerinnen zur weiteren Erziehung übergab. In der streng abgekapselten, religiös bestimmten Umgebung des Klosters, das ihr jeglichen (unkontrollierten) Umgang mit der Mutter, ja selbst Briefe von und an diese verbot, verlor sich das eh schon verträumte und zur Melancholie neigende Mädchen vollends in seinen religiösen Schwärmereien und beklemmenden Wunschvorstellungen von einem harmonischen Familienleben – ohne daß die Mutter, die ihre Tochter vom Jahr 1840 an für die nächsten sechzehn Jahre nicht mehr wiedersehen sollte, hätte eingreifen können.[21] Das schrieb diese nicht zuletzt dem Einfluß ihrer Geschwister zu, die damit ihr letztes Vertrauen verloren hatten. Ihren Ratschlägen schenkte die Gräfin von nun an kaum mehr Beachtung, ihren Beteuerungen kaum noch Glauben.

Wäre es allein nach Hermann (1808–1874), dem älteren ihrer beiden jüngeren Brüder gegangen, der mittlerweile die Nachfolge des Vaters als Familienoberhaupt angetreten hatte und auf Trachenberg residierte, so hätte sich Sophie Hatzfeldt aus der Welt zurückziehen und in aller Stille leben sollen. Das zumindest hätte in seinen Augen den Ruf und die Ehre des Namens, welcher unter der skandalträchtigen Ehe der Schwester seiner Meinung nach anscheinend gelitten hatte, wieder etwas hergestellt. »Dir würde ich raten, liebe Sophie«, beginnt er den umsichtigen, ganz die Interessen der Familie verfolgenden Ratschlag an die aufbegehrende Schwester, »Dich mit der äußersten Vorsicht zu benehmen. . . . Als wahrer Freund . . . muß ich Dir rathen, Dein Leben ganz zu ändern und Dich an einem nicht gar zu weit von hier [Düsseldorf] entfernten Orte häuslich niederzulassen und still zu leben, dies ist durchaus nötig.«[22] Vier Jahre später – die Jahre 1840/41 hatte Sophie in völliger Abgeschiedenheit und ohne jeden gesellschaftlichen Verkehr auf Kalkum verbringen müssen, quasi in »Gefangenschaft«, während Edmund mit einem Teil der Kinder auf Schloß Schönstein residierte – forderte Bruder Hermann zudem von ihr, »dass Du Dich de bonne grâce in den Calcumer Aufenthalt findest, dass Du wenigstens die äusseren Formen der gebührlichen Höflichkeit und der Achtung der eheherrlichen Autorität gegen Deinen Mann beobachtest . . .«[23] Ihre »Leidenschaftlichkeit« und ihren »Eigensinn«, Eigenschaften, die ihr und ihren Kindern angeblich nur schadeten, sollte sie – so forderte er – endlich ablegen, ihre »unweibliche Heftigkeit« unterdrücken.[24] Ende 1841, nach dem Abschluß eines förmlichen Vertrages zwischen den Ehegatten, hatten sich die Zustände derartig zugespitzt, daß Hermann gar drohte, wenn sie nicht den »Weg der Ruhe, der Mässigung, des

Friedens, des Anstandes und der Unterwerfung«[25] betrete, so sehe man sich gezwungen, ihr die zu ihrer Disposition stehenden Geldmittel zu verweigern. Sollte auch dies nicht helfen, so wollte sich der besorgte Bruder vollends von der ungehorsamen Schwester lossagen.

Von ihrer Familie – die zwar durchaus das schlechte Verhalten ihres Schwagers wahrnahm, es aber nicht riskierte, konsequent gegen dasselbe vorzugehen, da man sich auch finanziell verquickt sah – konnte Sophie von Hatzfeldt spätestens seit Anfang der 40er Jahre keine anderen Töne mehr erwarten. Schwager Roth von Schreckenstein (1789–1858), der von 1828 bis 1835 mit ihrer ältesten Schwester Louise verheiratet war, mahnte sie, »auf dem Wege der Nachgiebigkeit, Duldung und Versöhnung« zu verharren[26] – ungeachtet aller Verletzungen und schlechten Erfahrungen, die sie mit ihrem Gatten gemacht hatte und immer noch machte und von deren Qualität die Familie wußte, zumal die Ehe in der »Chronique scandaleuse« der Gesellschaft der damaligen Zeit eine beträchtliche Rolle spielte und genügend Gesprächsstoff lieferte. Die jüngste Schwester Herminie sah von Anfang an Sophies einzige Chance in einem »tadelfreien Leben« und appellierte an ihr Pflichtgefühl gegenüber den Kindern.[27]

Wie sehr Sophie Hatzfeldt mit ihrem eigenwilligen, weniger auf den Namen und die Herkunft als auf die eigene Person, die eigenen Wünsche und Vorstellungen bezogenen Verhalten aus dem Rahmen der fürstlichen Familie fiel, das verdeutlicht besonders ein direkter Vergleich Sophies mit ihren jüngeren Schwestern Clara (1807–1858) und Herminie (Louise und Helene waren ja bereits verstorben). Obwohl sicherlich unter ähnlichen Verhältnissen und Bedingungen großgezogen und aufgewachsen, verkörpern diese drei Schwestern zwei völlig unterschiedliche Frauentypen. Auf der einen Seite sind da Clara und Herminie, die sich vollkommen den gesellschaftlichen Anforderungen an das perfekte weibliche Verhalten angepaßt und die auch den feudalen Verhaltenskodex internalisiert haben; die gelernt haben, taktisch und diplomatisch vorzugehen, immer nur indirekt, niemals auf geradem Wege etwas für sich zu fordern; die sich unterordnen, niemals »heftig« sind und statt dessen alles still ertragen. Ihnen gegenüber steht die »große Schwester« Sophie, die aufbrausend, geradeheraus ist und auf ihr Recht pocht;[28] die es ablehnt, falsch zu spielen und – vor allem – ganz eigennützig denkt, nämlich auch an sich selbst. Herminie und besonders Clara trugen ihr Leid leise und mit vermeintlicher Würde,[29] Sophie schrie es hinaus und wird wahrscheinlich schon sehr früh verstanden haben, daß sie sich damit alles andere als Freunde schaffte. Der »kräftigsten weiblichen Waffe, des Duldens«[30] hat sie sich dennoch niemals bedienen wollen.

Lediglich bei ihrem jüngsten Bruder Maximilian (1813–1859), der seit 1838 preußischer Legationssekretär war und 1849 als Gesandter Preußens nach Paris ging, fand Sophie Hatzfeldt immer so etwas wie Mitgefühl und aktive Hilfsbereitschaft. Aber auch der gefühlsbetontere und unter der Familiensituation leidende Bruder[31] brachte den Grund all ihres Leidens auf die praktische Formel, »dass Du Dir ... so viel Unglück bereitet hast, indem Du eigentlich nur immer Deinem Sinn und nicht dem Rate Deiner Verwandten hast folgen wollen«, stellte also Sophie selbst als die Stifterin all ihres Unglücks dar.

Was an dem Verhalten der Schwester allem Anschein nach so störte, das war ihre mangelnde Bereitschaft, sich den äußeren Formen und Verhaltensregeln ihres Standes (wie verlogen auch immer sie sein mochten) anzupassen. Sie selbst hat ihre Außenseiterinnenposition innerhalb der Familie schon früh verspürt, und es war nicht umsonst gerade Bruder Max, dem gegenüber sie 1846 ihre düsteren Zukunftsvisionen äußerte: »Ihr mögt mich noch so sehr unterdrücken, ich werde doch der schwarze Stein in der Familie sein.«[32]

Seit dem Ende der 30er Jahre war es zwischen Sophie und Edmund immer wieder zu neuen, hauptsächlich von ihr initiierten Versöhnungs- und eher geschäftsmäßigen Verständigungsversuchen gekommen, an denen vor allem die Brüder der Gräfin teilnahmen. Ihren Höhepunkt fanden die Unterhandlungen mit dem sogenannten »Altenkirchener Vertrag« (5. oder 8. Juli 1841)[33], an dem allerdings nur die Männer der Familie, auch die angeheirateten, beteiligt waren und der einer Ausschaltung Sophie Hatzfeldts gleichkam. Zwar gewährte der Graf nun seiner Gattin zumindest eine jährliche Rente von 8.000 Talern, aber sie durfte nicht alleine über diese Mittel verfügen. Schlimmer noch: »Der Fürst von Hatzfeldt übernimmt ... mit der Leitung der Geldangelegenheiten seiner Schwester zugleich allein die Controlle über die Art und Weise, wie die Gräfin die ihr bewilligten Geldmittel anwendet, und derselbe soll nach seinem Ermessen das ihm zugestandene Recht der Controlle benutzen, um Unheil, Streitigkeiten und thörichte Unternehmungen zu verhüten ...«[34]

Die Hauptbasis des Abkommens war, wie Max Hatzfeldt betonte,

»dass Du nicht selbst mehr in Deiner Sache richten noch kämpfen sollst, sondern Dich stets an Hermann wenden sollst, der alsdann mit den anderen sehen wird, was zu tun ist«.[35] Gegen die Mißachtung der Vertragsbedingungen durch Edmund, der (anders als vereinbart) nach wie vor völlig selbstherrlich entschied, was mit den Kindern zu geschehen habe und sie ihrer Mutter vorenthielt, setzte sich Hermann von Hatzfeldt freilich nicht ein.

Sophie selbst sah in dem Abkommen überhaupt keinen Fortschritt, im Gegenteil: ihr Leben verlief ihrer Meinung nach unerträglich wie bisher, die Kinder wurden ihr nach wie vor entzogen, ihre Stellung in der Welt empfand sie als eine schimpfliche, ihre Finanzen waren alles andere als gesichert.[36] Am schlimmsten trafen sie die neuesten Pläne des Gatten für Paul, das letzte ihr verbliebene Kind, der nach dem Willen des Vaters (und seiner Onkel) in der Potsdamer Kadettenanstalt zu einem lebenstüchtigen Mann erzogen werden sollte, wohingegen sie selbst ihn am liebsten im Wiener Theresianum gesehen hätte.[37] Wohl konnte sie gegen den Willen ihres Mannes nichts ausrichten, aber sie zog zumindest in die unmittelbare Nähe des Jungen, um nicht völlig den Kontakt zu ihm zu verlieren. Und sie zögerte auch nicht, den ständig kränkelnden und zur Auskurierung freigestellten Paul ohne die Einwilligung ihres Gatten einfach mit nach Italien zu nehmen, wo man gemeinsam (anscheinend sogar in Begleitung des Geliebten der Gräfin, dem Grafen Bassenheim)[38] den Winter 1842/43 verbrachte. Sie weigerte sich zudem, den Sohn bei der Berliner Kadettenanstalt wieder abzuliefern (zumal in Berlin eine Scharlachepidemie grassierte) und zog statt dessen mit ihm nach Trachenberg, in die Residenz des Bruders Hermann, der – wenn auch zähneknirschend – den beiden finanziell Unversorgten für einige Monate »Asyl« gewährte.

Welche Dimension die Auseinandersetzung der Ehegatten inzwischen angenommen hatte, zeigte sich an dem persönlichen Eingreifen des preußischen Königs, Friedrich Wilhelm IV., den Graf Hatzfeldt in eigener Sache zum Fürsprecher gewonnen hatte. Am 27. Oktober 1843 wurde Paul von einem Hauptmann des Königs gemäß Allerhöchster Kabinetts-Ordre zurückgeholt und in das verhaßte Kadettenkorps nach Berlin gebracht, was allem Anschein nach nicht ohne Gewalt ablief. Angeblich soll die Gräfin den Abgesandten sogar mit der Pistole in der Hand empfangen und bedroht haben. »Ohne mein Wissen und gegen meinen Willen«, so heißt es in der Beschwerde Hermann Fürst Hatzfeldts, welcher der schlesischen Ritterschaft vorstand, an den obersten Landesherrn, »sind in früher Morgenstunde Militär- und Polizeibeamte in mein friedliches Haus gedrungen und haben unter Androhung von Gewalt sich des Sohnes meiner Schwester bemächtigt, die an dem Herde ihres Bruders ein Asyl gefunden hatte. Dieses Ereignis erhielt gleich im Augenblick der Ausführung die aller größte Publizität, und groß ist das Aufsehen, das dasselbe in der Provinz macht.«[39] Fürst Hermann, dem sein Schwager diesmal auch zu weit gegangen war, hatte sich schließlich in seinem eigenen Hause dem Willen »seiner Majestät« gebeugt, die fortan noch weniger gut zu sprechen war auf die Familie Hatzfeldt und deren Skandale, welche den Ruf »einer der ersten Familien des Landes« (noch dazu einer katholischen im überwiegend protestantischen Preußen!) langsam aber sicher in seinen Augen zu zerstören drohten.

Sophie von Hatzfeldt war empört – zumal nun auch von königlicher Seite jeder weitere Einfluß der Mutter auf das Kind unterbunden worden war. Ihre Verbitterung und ihr Unwille, sich mit den Geschehnissen abzufinden, nahmen zu. Außerdem entstanden ihr immer größere finanzielle Probleme durch die Zahlungsunwilligkeit ihres Mannes. Der zwölfjährige Paul wandte sich heftig gegen die väterliche Fürsorge, indem er dem Vater einen zornigen Schmähbrief zukommen ließ, der selbst König Friedrich Wilhelm IV. die Zornesröte ins Gesicht steigen ließ.[40] Um so erstaunlicher muten die von der Gräfin selbst initiierten Versöhnungsversuche des Jahres 1845 an. Gemeinsam mit einem Schwager, dem Grafen August von Nostitz, dem Mann ihrer Schwester Clara und Generaladjutanten des Königs, hatte Edmund von Hatzfeldt im März des Jahres dem Fürsten Pückler die stark verschuldete schlesische Standesherrschaft Muskau für 1.700.000 Taler abgekauft. Auf diese neue Örtlichkeit richtete Sophie Hatzfeldt ihre letzten Hoffnungen für einen Neuanfang der Familie, und sie kämpfte gerade dort für die Durchsetzung der Interessen ihres auf Reisen weilenden Gatten, den Schwager Nostitz – mit königlicher Duldung[41] – auszustechen trachtete. Sie, die einzige laut eigener Einschätzung, »die diesen Leuten [wie Nostitz] ohne Scheu die Spitze bietet«,[42] hatte dementsprechend gründliche Erkundigungen über die finanziellen Verhältnisse Nostitz' eingezogen und dabei wohl vor allem auf die Informationen eines Freundes zurückgegriffen, der im königlichen Kreis ein und aus ging. Bei diesem Vertrauten handelte es sich allem Anschein nach um den bekannten

Schloß Trachenberg, Lithographie von Dunker

Reiseschriftsteller und Gartenkünstler Hermann Fürst Pückler, der seit dem Verkauf seines Besitzes (bei dem er den Grafen Hatzfeldt als wenig seriösen Geschäftsmann erfahren hatte) mit der Gräfin freundschaftlich verbunden war.[43]

Erstmalig werden in der Angelegenheit Muskau aber auch Sophie von Hatzfeldts Geschäftssinn, ihr Organisationstalent und ihre Fähigkeit, mit Menschen – auch der »niederen Stände« – umzugehen, deutlich.[44] Geschickt wußte sie mit Hilfe von Geldspenden und Dorffesten die Gunst der Bevölkerung auf sich und somit ihren Gatten zu ziehen – sehr zum Leidwesen des Schwagers und der ehrgeizigen Schwester Clara, die sich selbst am liebsten als alleinige Herrin des vor allem aufgrund seiner Gartenanlagen bekannten Muskau gesehen hätte. Voller Zuversicht äußerte Sophie Hatzfeldt sich damals gegenüber ihrem zeitweiligen Vertrauensmann und gleichzeitigem Mittler zu ihrem Gatten, dem Hatzfeldtschen Domänendirektor Johann Joseph Wachter:

»Jetzt ist der Wendepunkt des Schicksals unseres ganzen Hauses. Wenn der Graf auf die Leute, die nichts wollen als ihn auf jede Weise benützen, mehr hört und meine gut und ehrlich gemeinten Vorschläge zurückweist, so habe ich mir nicht mehr vorzuwerfen, daß ich etwas dabei versäumt hätte.«[45]

Sie zeigte sich nunmehr sogar bereit, einer Annullierung ihrer Ehepakten zuzustimmen, wenn sie nur ein friedliches und freundliches Verhältnis zu ihrem Gatten erhalten würde, den sie ansonsten in Nichts »genieren« wollte – bis auf die Kinder. Deren Zukunft lag ihr nach wie vor am Herzen, besonders die der in Wien eingesperrten einzigen Tochter Melanie, die – von Krankheit und Melancholie befallen – jedes Wort verweigerte und für deren Situation die Mutter großes Gespür bewies.

»Es kann hier nichts mehr helfen, als eine gänzliche Veränderung der Lebensart und Umgebung, die sorgfältige Liebe ihrer Eltern und Geschwister, Zerstreuung, alles was die durch verkehrte Frömmelei in ihr unterdrückte Jugend und Lebenslust wieder beleben kann, wenn es nicht schon zu spät.«[46]

Ihrem Ältesten, dem mittlerweile zwanzigjährigen Alfred, stellte sie die Chancen einer Aussöhnung der Eltern vor Augen – insbesondere dann, wenn er sich bereit zeigte, im Sinne der Mutter auf den Vater einzuwirken. Sich selbst keineswegs von Schuld lossprechend, gestand sie ihrem Sohn:

»Mein Wille war immer derselbe, doch mag ich mich bis jetzt in der Wahl der Mittel vergriffen haben, und bin ich auch gern bereit, die Hälfte der Schuld auf mich zu nehmen und zu erklären, daß es meine wie Deines Vaters Pflicht ist, die Vergangenheit und uns selbst dabei vergessend, uns die Hand zu reichen, um vereint unsere größte Pflicht zu erfüllen, was nur auf diesem Weg möglich, vereint für das Wohl unserer Kinder zu sorgen . . .«[47]

Ihre Hoffnungen legte Sophie Hatzfeldt auf ein »Versöhnungsgespräch« in Köln, an dem niemand außer dem Paar selbst teilnehmen sollte,[48] und doch hätte sie eigentlich schon gewarnt sein müssen, als sie die ausführlichen Verhaltensinstruktionen des Domänendirektors Wachter las, der vielleicht schon zu diesem Zeitpunkt wieder die Fronten gewechselt hatte und erneut für den Grafen agierte:

»Namentlich bitte ich Sie im Interesse der guten Sache und Ihrer Kinder, nicht hochfahrend aufzutreten, denn passives Verhalten versöhnt und gewinnt den Mann; nicht von Rechten zu reden, denn die Rechte der Frauen sind kleiner, und diese stehen sich daher viel besser, wenn sie auf der Basis der Billigkeit verhandeln; am wenigsten aber heftig und böse zu werden, da das ruhig und geduldig leidende sanfte Weib alles wie eine Madonna besiegt, während die zornige Frau wie die Furie abstößt und nicht einmal zur Gegenwehr reizt, da der echte Mann nur mit Männern kämpft usw.«

Als wenn er geahnt oder gewußt hätte, daß er hier ein für die Angesprochene nicht ganz so passendes Bild gezeichnet hatte, fügte Wachter vorsichtigerweise hinzu:

»Geht Ihnen das alles auch nicht von Herzen, so spielen Sie Komödie, die Gewohnheit wird dieses Benehmen später zur zweiten Natur machen, Ihr Verhältnis gut und möglich machen und Ihre Kinder und Familie beglücken, und wenn Sie das recht ernstlich bedenken und befolgen, so kann der gute Erfolg nicht zweifelhaft sein.«[49]

Vom Glück der Frau ist hier in aller Selbstverständlichkeit keine Rede. Aus der vermeintlichen zukünftigen »Komödie« war schon längst eine Tragödie geworden. Bereits im folgenden Jahr verkaufte Edmund von Hatzfeldt den Pücklerschen Besitz wieder (an Prinz Friedrich der Niederlande) – ohne Rücksicht auf die Pläne und Vorstellungen seiner Frau, der er zudem die gewünschte Aussprache verweigerte. An eine Aussöhnung konnte nun auch die Gräfin nicht mehr glauben. 1846 wurde der Scheidungsprozeß Hatzfeldt gegen Hatzfeldt eröffnet.

II. Der Prozeß

»Ich will es Dir zugeben, ich habe bis jetzt immer meine Sache ungeschickt genug angefasst; ich habe den prinzipiellen Fehler begangen, mein *Gefühl* sprechen zu lassen und an das *Eurige* zu appellieren. *Gefühl* ist aber eine schlechte Waffe. Aus der Welt der Gefühle habe ich mich in die *geltenden Gesetze* zurückgezogen. Ich habe den Sturm der Gefühle zur Ruhe gebracht. Ich werde dafür mit kalter, unwiderleglicher Logik verfahren. ... Wie ich Dir ... schon mündlich gesagt, tue ich jetzt *nichts,* nicht das *geringste* mehr ohne fremden Rat und Beistand mehr. Vielleicht merkst Du das auch an der Sicherheit meiner jetzigen Schritte. Misstrauisch gemacht durch Euch gegen meine eigene Einsicht bediene ich mich der einiger gesetzkundiger Männer, die mit einer sicheren Logik eine ganz unbezweifelte Bildung verbinden. Dadurch habe ich aus meiner Denkungs- und Handlungsweise das Schwankende verbannt, das immer der Charakter einer Frau ist. Wenn früher Vorwürfe und Vorstellungen, Deine besonders, auch wenn sie noch so unbegründet waren, innerlich mich immer wankend machten, wenn ich es auch äußerlich verbarg, so macht jetzt alles, was nicht wahr ist, keinen Eindruck mehr auf mich, und was ich weiß, das weiß ich jetzt ... Ich finde meine Lage faktisch wie sie de jure nicht sein sollte. Ich finde mich in meinen wesentlichsten Rechten als Mutter gekränkt ... Ich will das Gesetz zur Herstellung des Rechtszustandes anrufen ... Kann ich aber jene Bedingungen erfüllt sehen ohne Prozeß, so würde es mir selbst eine große Beruhigung sein, meiner Familie einen Rechtshandel zu ersparen, der ein Mitglied derselben so sehr kompromittieren muß. Auch meiner Kinder wegen wünsche ich es von ganzem Herzen. Bringt man mich aber zum Äußersten, so werde ich auch den Mut haben, es zu tun, aber als dazu gezwungen, habe ich keine Verantwortung ...«[1]

Als Sophie von Hatzfeldt diese bestimmten und eindeutigen Zeilen an ihren Bruder Hermann schrieb, da war es fast schon ein halbes Jahr her, daß sie in Berlin durch Vermittlung eines Bekannten, des Kriegsfeuilletonisten Archibald Graf Keyserling, drei junge Männer kennengelernt hatte, die als ihre »drei Musketiere« Berühmtheit erlangen sollten: den aus einer bekannten Bankiersfamilie stammenden Assessor am

Berliner Kammergericht Felix Alexander Oppenheim, den Arzt Arnold Mendelssohn, einen Enkel des Philosophen Moses Mendelssohn, und schließlich Ferdinand Lassalle, den aufstrebenden, sich bis dahin der Philosophie widmenden Sohn einer jüdischen Kaufmannsfamilie aus Breslau.[2] Vor allem die Bekanntschaft mit dem gerade von der Universität kommenden Lassalle, der erst zwanzig Jahre alt war und schon in äußerst erfolgreicher Weise den Dichter Heinrich Heine in einem Erbstreit beraten und vertreten hatte,[3] sollte das zukünftige Leben der mittlerweile vierzigjährigen Gräfin in ausschlaggebendem Maße bestimmen und verändern. Ehrgeizig, geistreich und voller Pläne war der junge Schlesier vor allem, der sich sofort auf die Seite Sophie Hatzfeldts schlug, als er von ihrem Unglück gehört hatte, und der sie von nun an unterstützte im Kampf um ihr Recht und gegen ihren mächtigen und reichen Gatten. Galt es doch in diesem Fall nicht nur, einer einzelnen Frau aus ihrer persönlichen Misere herauszuhelfen, sondern vielmehr dem überkommenen feudalen System mit all seinen Machinationen und Ungerechtigkeiten, deren Opfer in den Augen Lassalles die Gräfin war, den Krieg zu erklären.

»Ich sah vor mir, in der Person eines einzelnen individuellen Lebens, die Verkörperung aller empörenden Ungerechtigkeiten der veralteten Welt, die Verkörperung aller Mißbräuche der Macht, der Gewalt und des Reichtums, gerichtet gegen den Schwachen, allen Druck unserer sozialen Ordnung. ... Ich sah den vollen Egoismus, die ganze Feigheit der aristokratischen Welt, welche dieses edle Wesen ihren herzlosen und angefaulten Vorurteilen opferte.«[4]

So ließ Lassalle noch zu Anfang der 60er Jahre die auch für ihn folgenschwere Begegnung mit der Gräfin in bewegten Worten Revue passieren.

Erstmals hatte Sophie von Hatzfeldt in dem jungen Breslauer einen Menschen gefunden, der ihr Unglück erkannte, verstand und etwas dagegen tun wollte – und der zudem klar sah, daß hinter ihrem individuellen Schicksal durchaus mehr stand, nämlich ein übergreifendes soziales Problem. Nicht zuletzt dieses Gefühl mag ihr die Kraft gegeben haben, den Kampf gegen ihren Ehemann und damit auch gegen ihre eigene Familie mit aller Konsequenz zu beginnen und auch durchzuhalten. 1846, im Jahr ihres Kennenlernens, fingen für Hatzfeldt und Lassalle acht bewegte, von Skandalen und Prozessen, finanziellen und privaten Problemen geprägte und durchzogene Jahre an. Vor 36 rheinische Gerichtshöfe führte der juristisch bis dahin gänzlich ungeschulte Lassalle die Sache der Gräfin, ehe die Ehe der Hatzfeldts 1851 endgültig geschieden und – was noch wichtiger war – 1854 ein finanzieller Vergleich zwischen beiden Eheleuten erreicht werden sollte. Viel ist über diese skandalumwitterte Ehescheidung schon zu Lebzeiten der Gräfin gesprochen und geschrieben worden, so daß dieser Lebensabschnitt Hatzfeldts noch heute zu den am besten dokumentierten gehört – schon allein, wenn man nur die umfangreichen gedruckten Prozeßbroschüren beider Seiten in Betracht nimmt.[5] Aus diesem Grund kann hier ruhig auf eine minutiöse und detailreiche Zeichnung der Scheidung und ihrer einzelnen Etappen zugunsten einer übergreifenden Darstellung verzichtet werden.

Ausschlaggebend für die endgültige Entscheidung Sophie Hatzfeldts, den juristischen Weg gegenüber ihrem Mann einzuschlagen, war[6] – wenn man einmal von der moralischen und ebenso tatkräftigen Unterstützung Lassalles absieht – der Versuch des Grafen, das letzte ihr verbliebene Kind Paul durch Erpressung an sich zu binden und von der Mutter zu trennen. Keinen Zweifel offenlassend, war der knapp Fünfzehnjährige von seinem Vater über seine Möglichkeiten in Kenntnis gesetzt worden:

»Ich kann und werde . . . nur dann für Deine Zukunft sorgen, wenn Du Dich unter meine väterliche Gewalt und Leitung stellst. Solltest Du in dieser Beziehung nicht bald, und so lange es noch Zeit ist, Schritte tun, so muß ich annehmen, daß Du entschlossen bist, auch ferner der Leitung Deiner Mutter zu folgen, in welchem Falle Du, was Deine Existenz und dereinstige Stellung in der Welt betrifft, auf keine Unterstützung von mir zu rechnen hast.«[7]

Von reinen väterlichen Gefühlen kann bei diesem Ultimatum kaum noch die Rede sein. Längst hatte sich der Streit um die Kinder zum Machtkampf zwischen den Eltern entwickelt, in welchem der Graf schon aufgrund seiner finanziellen Möglichkeiten von vornherein am längeren Hebel saß und somit seiner Frau ein starkes Auftreten sehr erschwerte. Gerade die Regelung der unsicheren finanziellen Zukunft Pauls – er hatte als jüngstes Kind keinen Anspruch auf die Familienmajorate – war der Gräfin wichtig, und es versetzte sie daher in hellste Aufregung, als sie von den Plänen ihres Mannes erfuhr, einer seiner zahlreichen Geliebten, der Baronin Meyendorff, nach außen hin in Form einer Anleihe eine große, auf Kosten Pauls gehende Schenkung auf die Allodialgüter zu machen. Im August 1846 reiste Sophie Hatzfeldt daraufhin in Begleitung des Grafen Keyserling und des Pfarrers Bochum aus Kalkum nach Aachen, wo sie mit ihrem Mann zusammentraf und von ihm die Aufhebung des Leibrentenvertrages, welcher der Meyendorff jährlich 25.000 Frs. bringen sollte, forderte. Nur scheinbar ging Edmund damals auf diese Forderungen ein, um seiner Frau schließlich jeden Empfang zu verweigern.

In diesem spannungsgeladenen Moment tauchte die Nachricht auf, daß das »als Intrigantin bekannte Weib«, die Baronin von Meyendorff, »Holländerin von Geburt und Frau des Barons Meyendorff, des Bruders des frühern russischen Gesandten in Berlin«[8], mit der Eisenbahn von Aachen nach Köln zu reisen gedachte. Lassalle, der schon einige Zeit vorher gemeinsam mit seinen beiden Freunden Mendelssohn und Oppenheim in die Rheinprovinz gereist war, um »juridische Beweise für die verschwenderische und ausschweifende Lebensweise des Grafen zusammenzubringen«, welche in einem Prozeß auf Ehescheidung Verwendung finden sollten, gab den beiden ihm ergebenen Mitstreitern daraufhin den folgenschweren Auftrag, der gräflichen Mätresse überall hin zu folgen und sie im Auge zu behalten – hätte sie doch wichtiges Beweismaterial ohne weiteres verschwinden lassen können. Unglücklicherweise mißverstanden (?!) Oppenheim und Mendelssohn diese Order dahingehend, die Schenkungsurkunde, welche man natürlich im Gepäck der Baronin vermutete, auf alle Fälle an sich zu bringen. Im Kölner Gasthof »Zur Stadt Mainz« (nahe dem damaligen Postgebäude am südlichen Ende der Hohe Straße), in dem sich alle drei einquartiert hatten, sah man am 20. August den günstigsten Zeitpunkt für ein Eingreifen gekommen: Mendelssohn und Oppenheim entwendeten der angeblichen russischen Spionin Meyendorff kurzerhand eine Holzkassette, in der sie die aufschlußreichen Dokumente annahmen und entflohen Hals über Kopf. Der Fall, der als sogenannter »Kassettendiebstahl« weithin Beachtung und Publizität fand, entwickelte sich zur Tragikomödie nicht nur für die unmittelbar Beteiligten selbst. Kein einziges Beweisstück war gefunden, dafür aber drei Akteure der weiblichen Hatzfeldt-Seite, inklusive Lassalle, nach Aufdeckung des Falls vor Gericht gestellt worden: Oppenheim, der eigentlich Ausführende, ging mit Freispruch aus der Affäre, während Mendelssohn, der sich freiwillig den Behörden nach seiner Flucht gestellt hatte, verurteilt wurde und sein Leben lang unter den Folgen seines Fehltritts zu leiden hatte.[9]

Lassalle selbst, als intellektueller Anstifter der ganzen Sache verdächtig, wanderte das erste Mal ins Gefängnis und hatte sich vor den Gerichtsassisen zu rechtfertigen, womit die lange Reihe seiner, zum größten Teil politisch begründeten, Anklagen und Haftzeiten ihren Anfang nahm.[10] Das Ereignis machte in ganz Deutschland ungeheures Aufsehen, allerdings nicht unbedingt zum Vorteil der Gräfin und ihrer Sache.

In den Augen ihrer Familie hatte sich Sophie Hatzfeldt damit endgültig desavouiert. Nach dem »unendlichen Skandale« sahen ihre Verwandten keinen anderen Weg mehr offen als den gerichtlichen. Die jüngste Schwester Herminie von Landsberg drückte aus, was wohl alle Geschwister der Gräfin ähnlich empfanden:

»Vor allem aber bitte ich Dich zu berücksichtigen dass, solange Dich die jetzige nichtswürdige Gesellschaft umgibt, ich es nicht wagen darf, mich in Deine Angelegenheiten zu mischen. Rufe Deinen früheren Stolz zurück, und zerreisse diese Deiner unwürdigen Bande – die früher so gefeierte, schöne Gräfin Hatzfeldt wirft sich einer Judengesellschaft in die Arme!«[11]

Wesentlich drohender und ultimativer ließ sich das Familienoberhaupt der Hatzfeldts vernehmen, welches die Schwester ausdrücklich davor warnte, »die Fackel der Zwietracht« in die Familie zu werfen. Der Skandal, so sah der Fürst es, werde ganz allein auf sie zurückfallen, die damit völlig vernichtet sein werde, die Eintracht in der Familie dagegen umso größer werden.

»Du stehst am Rande des Abgrundes, noch einen Schritt weiter, und Du bist rettungslos verloren! Möchtest Du endlich einmal auf die Stimme eines Bruders hören, der es stets ehrlich und gut mit Dir gemeint hat, der innig betrübt ist über Deine unselige Lage, der aber unbedenklich den Weg gehen wird, den Pflicht und Ehre ihm vorzeichnen.«[12]

Sophie von Hatzfeldt war nicht gewillt, den für sie uneffektiven Vorschlägen ihrer Familie weiterhin Folge zu leisten. Als am 23. November 1846 Bruder Max in ihrem Deutzer Hotel erschien und ihr die finanziell gesehen relativ günstigen Vergleichspropositionen der Familie vorlegte, da lehnte sie diese rundweg ab, weil ihre Anerkennung eine endgültige Trennung vor allem von ihrer Tochter Melanie bedeutet hätte.[13] Sie hatte sich für den einmal eingeschlagenen Weg entschieden und ging ihn nun in aller Konsequenz, auch wenn es ihr sicherlich oft schwergefallen sein wird, mit Lassalle zusammenzuarbeiten und seine teilweise recht unorthodoxen Methoden zu akzeptieren. Schon im September hatte sie die Prodigalitätsklage gegen ihren Gatten eingereicht, das heißt, sie stellte den Antrag, »ihn für einen Verschwender zu erklären und unter Kuratel zu stellen«, welcher allerdings schon am 28. September als »nicht gehörig substantiiert« zurückgewiesen worden war.[14] Ihr folgte sofort die Scheidungsklage ihres Mannes.

Was man ihr von seiten der Familie besonders vorwarf, war ihre enge Zusammenarbeit mit einem Bürgerlichen, noch dazu einem Juden, *gegen* ihren Mann, ihre eigenen erlauchten Kreise, die ihren Mitstreiter mit traditioneller Verachtung betrachteten. Das war eine Form des Verrates am Standesethos, die nicht so schnell wiedergutzumachen war, vermischte sie doch genau das, was getrennt voneinander zu bleiben hatte. Insofern muß man den »Abscheulichkeiten der Hatzfeldt-Händel« und dem Umgang mit ihnen eine soziale Bedeutung zusprechen.[15] Man ging im Deutschland des 19. (wie auch des 20.) Jahrhunderts nicht dem Adel zu Leibe wie in Frankreich – und schon gar nicht als Adelsmitglied selbst. Skandalchroniken – und zumal öffentlich gemachte – spielten daher eine ganz andere, nämlich eine sozialpolitische Rolle. Das war Lassalle von Anfang an klar.

»Ich sagte mir, daß die Gräfin ein Opfer ihres Standes sei, ich sagte mir, daß man nur in der übermütigen Stellung eines Fürsten und Millionärs solche Unthaten, solche Beleidigung der Gesellschaft in ihrer sittlichen Tiefe ohne Scheu wage und wagen dürfe . . . Ich verhehlte mir nicht, welche furchtbaren Gegner Rang, Einfluß und Reichtum sind, und daß nur sie stets und stets Alliancen finden in den Reihen der Bureaukratie . . .«[16]

So galt es also zuerst einmal, den politischen Charakter des vermeintlich privaten Ehedramas publik zu machen und die Öffentlichkeit mit Hilfe von Broschüren und Zeitungsartikeln über die Auseinandersetzungen der Eheleute und deren Hintergrund in Kenntnis zu setzen. Einmal zum Politikum geworden, spiegelte der Scheidungsprozeß denn auch die jeweiligen politischen und gesellschaftlichen Machtverhältnisse wider – die zahlreichen unterschiedlichen Gerichtsentscheidungen (vor und nach der Revolution von 1848/49) können als eindeutiges Indiz hierfür bewertet werden. Während die radikale politische Bewegung von vornherein Partei für Sophie von Hatzfeldt ergriffen hatte, stand die alte feudale und reaktionäre Welt nahezu geschlossen hinter Edmund von Hatzfeldt, welcher von seiner Frau und ihrem Rechtsvertreter nicht nur als moralisch fehlender Ehe- und Privatmann, sondern auch in seiner autoritären gesellschaftlichen Position zum Ziel ihrer Angriffe wurde. Im April 1847, als die Vertreter der preußischen Provinzial-Landtage in Berlin zum »Vereinigten Landtag« zusammentreten sollten, da ließen die Gräfin und Lassalle nichts unversucht, den Grafen von einer Teilnahme an diesem auszuschalten. Ihre, wenn auch nicht von Erfolg gekrönten Versuche gingen sogar so weit, Edmund von Hatzfeldt aufgrund eines neuen Bescholtenheitsgesetzes, das dem Landtag vorlag, generell ausstoßen zu lassen.[17] Damit nicht genug: Im Sommer des Jahres begaben sie sich gemeinsam zur Schönsteinschen Standesherrschaft des Grafen an die Sieg, wo sie einen empörten Bauernsturm auf das alte Schloß veranlaßten und zudem eine Beamtenrevolte initiierten – mit dem Ziel, die Autorität des wenig beliebten Standesherrn in seinem eigenen Herrschaftsbereich zu untergraben. An anderer Stelle wird darauf noch einmal genauer zurückzukommen sein.

Die Auseinandersetzung der beiden Ehegatten hatte zusehends einen dramatischen Charakter angenommen, und nicht zuletzt ist in der Vertiefung und Verbreitung des Hatzfeldtkrieges während des Jahres 1847 ein wichtiges Symptom für die Auflösung des alten Preußen zu erkennen. Es muß daher nicht verwundern, daß die Gerichtsentscheidungen bis zu den Revolutionstagen von 1848/49 hauptsächlich zugunsten der Gräfin ausfielen, die unter anderem in der demokratischen Presse einen starken Mitstreiter gefunden hatte. Dabei ist neben Karl Marx und der »Neuen Rheinischen Zeitung« vor allem an Karl Grün, den sozialen Schriftsteller und »wahren Sozialisten« des Vormärz, zu denken. Er besaß Einfluß auf die radikalsten Zeitungen am Rhein, wie die Mannheimer oder die Trierer Zeitung, und ließ seine Beziehungen im Sinne der Gräfin und Lassalles spielen.

Allerdings hatte sich der Kassettendiebstahl, dem erst 1848 der legendäre Kassettenprozeß Lassalles gefolgt war, von vornherein als folgenschwerer Mißgriff für die weitere Prozeßführung erwiesen, da durch ihn das sozialpolitische Moment aus dem Blickwinkel geriet und ein Ruch von Kriminalität den Umgang und die Sache der Gräfin von nun an umgab. Dennoch: Die politische Atmosphäre, aber auch die juristischen Voraussetzungen, waren den Verfolgten und Schwachen im Rheinland günstig; Richter und erst recht Geschworene traten dem Adel mit bürgerlichem Selbstgefühl entgegen.[18] Das bekam auch der reiche, aber übel beleumdete Graf Hatzfeldt zu spüren.

Nach dem Scheitern der Revolution, die mit sich eine Vielzahl von Hoffnungen begrub, sahen Hatzfeldt und Lassalle nur noch wenige Chancen, den Ablauf der »Tendenzprozesse« positiv beeinflussen zu können. Der Graf war nach der gewaltsamen Niederschlagung der revolutionären Kräfte und dem Sieg der alten Mächte unversehens in eine überlegene Position geraten und brauchte die Öffentlichkeit nicht mehr zu fürchten.[19] Die Politik arbeitete ihm von nun an in die Hände. Von dem Moment an steuerte er auf eine Scheidung hin, die ihn der Alimente sofort enthoben hätte, während er die Gütertrennung lange hinauszögern konnte. Für das finanzielle Durchhaltevermögen der Gräfin hätte dies das Aus bedeutet. Schon 1847 hatte sie sich, nahezu mittellos, wie sie war, gezwungen gesehen, Teile ihres Schmucks zu verpfänden.[20] Ihr Mann weigerte sich einfach, die Zahlung ihrer Apanage fortzusetzen, in der Hoffnung, sie damit mürbe machen zu können. Von Oktober 1846 bis Mai 1848 hatte Sophie von Hatzfeldt von ihm für sich und Paul keinen einzigen Taler erhalten. Eine Fortführung der Prozesse war der mittlerweile verschuldeten Gräfin nur durch die großzügige Unterstützung des Grafen Westphalen möglich geworden, der ihr als Freund im Februar 1847 ein großes, zinsloses Darlehen von 17.000 Talern gewährt hatte, ohne dabei sicher sein zu können, dieses Geld jemals wiederzusehen.[21] Selbst der Vater Ferdinand Lassalles, Heyman Lassal, sah sich zeitweise gezwungen, den eigenen Sohn und dessen Mandantin nebst deren Sohn Paul durch hohe, auch ihn selbst überfordernde finanzielle Zuwendungen über Wasser zu halten.[22]

Abgesehen von den ständigen Bestechungen, Erpressungen, Überwachungen und Verhaltensformen ähnlicher Art, die das Klima der Prozeßjahre prägten und zum Instrumentarium beider Seiten gehörten,[23] war es vor allem die ständige finanzielle Not, unter der Sophie von Hatzfeldt in dieser Zeit besonders litt. 1850 – die Ehe war noch nicht geschieden, geschweige denn die Finanzen geregelt – äußerte sie sich gegenüber ihrer Tochter in einem umfangreichen, bekenntnishaften und um Verständnis für ihre Situation werbenden Schreiben in eben diesem Sinne:

»So wurde nun alles gegen mich, die ich ganz allein stand, in Bewegung gesetzt, was Geld, Influenz und Protektion, Bestechungen und Verfolgungen aller Art, auch Verleumdungen [angeht]. Die Prozesse wurden nicht geführt und abgeurtheilt, sondern unterdrückt, überall wurde mir der Beweis abgeschnitten und der schauderhafteste

Justizmord an mir begangen, um einer reichen und mächtigen Familie zu gefallen, oder, wie man sich ausdrückte, die Ehre des Namens zu retten!! Wenn Du meine Geschichte erfährst, wirst Du begreifen, dass es kein Recht in der Welt gibt als wie das Geld, dass man damit ungestraft jedes Verbrechen begehen kann, dass das Geld allein in der Welt Ehre und Recht verleiht. Was ich in diesen vier Jahren gelitten, können keine Worte beschreiben, nur das Bewusstsein meines Rechts hielt mich lange aufrecht. Ich hatte ein geringes Einkommen, welches die Prozesskosten zu Dreiviertel verschlangen. Ich hatte Paul zu versorgen und zu erziehen, und dem durfte es an nichts fehlen, das hatte ich mir gelobt und habe es gehalten. Ich habe Not gelitten, so sehr, dass ich manchmal nicht wusste, wo ich das Geld für das Mittagessen des anderen Tages hernehmen sollte, dass ich oft weder Schuhe, Strümpfe noch Kleid hatte. Es fehlte mir an dem Notdürftigsten. Ich musste selbst Nächte durch schreiben und arbeiten, im schlechtesten Wetter krank, wie ich war, zu Fuss für meine Geschäfte auslaufen, und dabei die schweren Sorgen!«[24]

Fürwahr ein rasanter Abstieg für die einstmals gefeierte, den Luxus kennende und nunmehr von ihren Standesgenossen und Standesgenossinnen zumeist gemiedene Gräfin! Für den Rest ihres Lebens war Hatzfeldt gezeichnet von dieser Erfahrung des Mangels und der relativen Not. Sie hatte zu haushalten gelernt, und übertriebener Aufwand sollte in ihrer Lebensführung auch später, als sie finanziell abgesichert war, nicht mehr zu finden sein. Einer der wenigen, der wußte, was das hieß, war Karl Marx. Sophie von Hatzfeldt war deklassiert, von ihrer Gesellschaft verstoßen – genau wie Marx' Frau Jenny, die eine geborene von Westphalen war und zeitlebens unter der drückenden finanziellen Not der Familie litt.

In privaten und persönlichen Dingen eher zurückhaltend, mußte es Sophie von Hatzfeldt besonders viel Überwindung kosten, die rücksichtslose und vor keinem Tabubruch zurückschreckende Darstellung und Behandlung ihrer und des Grafen gemeinsamer Vergangenheit halbwegs gelassen und ruhig über sich ergehen zu lassen. Es kam zu einer »wahren Fabrikation von Zeugenaussagen, Eiden und Meineiden, Gegenklagen und Rekursen« (Na'aman). So viel schmutzige Wäsche der Adelswelt, wie sie allein in den Prozeßschriften beider Parteien, die vom Ton her eher an Schmähschriften erinnern, gewaschen wurde, bekam man ansonsten nicht so schnell vor Augen geführt! Insbesondere das

»Liebesleben« der jeweils anderen Seite war der Gegenstand immer neuer Erörterungen. Der Blick durchs Schlüsselloch ließ im Falle der Hatzfeldts keine »Bettritze« aus. Diener und Zofen beider Seiten konnten sich während der Prozeßjahre eine »goldene« Nase verdienen, wenn sie nur die passenden Zeugenaussagen abgaben. Bereits 1847 hatte Graf Hatzfeldt eine Schmähschrift gegen seine Frau in Paris erscheinen lassen, und im folgenden Jahr war es ihm anscheinend gelungen, den wenig angesehenen Düsseldorfer Literaten Isidor Momma für seine Zwecke zu gewinnen.[25] Sein Sohn Paul, so ließ er durch von Stockum zudem verbreiten, sei gar nicht sein wirklicher Sohn, sondern die Frucht eines verbotenen Liebesverhältnisses seiner Frau.

Der Höhepunkt im Kampf beider Eheleute war erreicht, als Sophie von Hatzfeldt für zwei Monate im Kölner Frauengefängnis (damals noch auf der Schildergasse) einsitzen mußte. Am Abend des 20. Mai 1849 wurde sie an ihrem Kölner Aufenthaltsort verhaftet und in Begleitung eines Polizeikommissars und zweier Gendarmen zum Arresthaus gebracht. Ihre Verhaftung erfolgte gesetzwidrig, weil an einem Sonntag und in Abwesenheit von ihrem normalen Wohnort. Lassalle befand sich zu dieser Zeit wieder einmal selbst in Haft und erfuhr erst später brieflich von dem Ereignis.[26] Schon vor mehr als einem Jahr hatte man Sophie von Hatzfeldt zu zwei Monaten Gefängnis verurteilt, weil sie in einer Klageschrift gegen ihren Gatten, die sie nach rheinischer Gepflogenheit hatte drucken lassen, angeblich die beiden Schwestern Hons in Düsseldorf beleidigt haben sollte. Ganz offensichtlich stand hinter dieser Intrige – wie so oft zuvor – ihr Gatte, zu dessen fleißigsten und agilsten Mitarbeitern in Sachen Prozeß damals sein Geschäftsführer gehörte, der Düsseldorfer Kaufmann Franz August von Stockum, welcher in den Augen Lassalles schon 1848 (in seiner »Kassettenrede«) nichts anderes als der »Hauptmann einer organisierten Zeugenbestecherbande« gewesen war.[27] Obwohl Lassalle von einer Instanz an die andere appelliert hatte, war das Urteil am 7. März 1849 rechtskräftig geworden. Bis zum Mai allerdings hatte sich die Gräfin noch nicht gestellt, und es war augenscheinlich, daß man von Behördenseite aus die jüngsten politischen Auftritte Hatzfeldts (über die noch zu sprechen sein wird) zum Anlaß nahm, sie zur Abbüßung ihrer Strafe zu zwingen. Von seiten ihrer Familie hatte Sophie von Hatzfeldt keine Hilfe mehr zu erwarten, und es verletzte sie besonders, daß ihr mittlerweile erwachsener Sohn Alfred aus rein egoistischen Gründen ein Eintreten für seine Mutter ablehnte.

»Er [Alfred] liess mich, seine Mutter, eine kranke Frau, ins Gefängnis schleppen unter den Abschaum der Menschen, wo es ihn nur 500 Taler gekostet hätte, es zu verhindern, weil es seinen Vater geärgert hätte, wenn er ihn um diese süsse Rache gebracht hätte.«[28]

Wie sehr sie unter der ungewohnten und harten Umgebung des Gefängnisses gelitten hatte, macht ein zwei Jahre später geschriebener Brief an ihre Tochter Melanie deutlich.

»Ich war krank, durch viele ärztliche Atteste erwiesen musste ich ein Bad gebrauchen, trotzdem musste ich zwei Monate in einem vergitterten Kämmerchen, drei Schritte lang, ohne Bedienung, ohne Pflege zubringen, ausgesetzt allen Insulten und Härten, die in solchen Häusern, wo gewöhnlich nur Verbrecher sind, gebräuchlich. Doch gegen diese letzteren wurde ich durch die Würde meines Betragens, welche mir die Verehrung und Rücksicht selbst dieser verbrecherischen Menschen sicherte, geschützt, und durch die Einsicht des Direktors der Anstalt, der das mir zugefügte Unrecht begriff, und dem ich in dieser Hinsicht volle Gerechtigkeit widerfahren lasse.«

Um diese Zeit etwa hatte sich zudem der letzte noch verbliebene Vertraute der Gräfin aus den Reihen ihrer Standesgenossen (abgesehen vom Fürsten Pückler), Graf Clemens von Westphalen, von ihr und Lassalle zurückgezogen. Auch bei dem streng katholisch gesinnten, weithin angesehenen Magnaten, welcher zum hohen westfälischen Adel gehörte, hatte letzten Endes die Standeskonvention über Mitgefühl und Gerechtigkeitssinn gesiegt. War von ihm noch Anfang Juli 1847 der Versuch unternommen worden, den König für die Sache der Gräfin zu gewinnen, so bestimmte ihn jetzt vor allem die Teilnahme der Gräfin und Lassalles an der demokratisch revolutionären Bewegung des Herbstes 1848 und des Frühjahrs 1849, sich von beiden zu distanzieren. Selbst auf Jahre später stattfindende Wiederanknüpfungsversuche der alten Bekannten reagierte er nur noch ablehnend.[29]

Sohn Paul und Lassalle waren mittlerweile die einzigen Menschen, auf die sich die Gräfin noch verlassen konnte, auf die sich ihre Gefühle konzentrierten und mit denen sie seit 1848 auch das Haus teilte. Abgesehen von den ihr langsam über den Kopf wachsenden Schriftgeschäften und den ständigen Gläubigerbesuchen hatte sich die Gräfin nicht mehr in der Lage gesehen, der ständigen Überwachungsversuche ihres Mannes, der bezahlte »Spione« in ihr Haus schickte, allein Herrin zu werden. Lassalle zog daraufhin zu ihr und Paul. Als ihr Generalbevollmächtigter,

Sophie von Hatzfeldt (wahrscheinlich Ende der 40er/Anfang der 50er Jahre)

Kassierer und Sekretär war Lassalle zusehends auch in die Rolle ihres privaten Vertrauten hineingewachsen, zu dessen selbstgewählter Aufgabe es gehörte, ihre pessimistische Stimmung positiv zu beeinflussen.[30] Dennoch war Hatzfeldt selbst es, die – trotz aller Niedergeschlagenheit – niemals ihren Durchhaltewillen aufgab – ganz im Gegensatz zu Lassalle, der in einigen Momenten Anzeichen von Schwäche gezeigt hatte und zur Nachgiebigkeit bereit gewesen wäre.[31]

Als am 30. Juli 1851 endlich das Scheidungsurteil rechtskräftig wurde und nur noch die Regelung der finanziellen Verhältnisse auf dem Plan stand, mußte sich Sophie von Hatzfeldt jedoch eingestehen, daß sie inzwischen auch noch ihr drittes Kind an ihren Mann verloren hatte. Bereits zu Ende des Jahres 1849 – der junge Graf hatte sich zuvor genauso wie seine Mutter für die demokratische Sache in den politischen Kampf geworfen – zeigte Paul erste Ablösungstendenzen. In dem Moment, in dem es um die konkrete Planung seiner Zukunft ging (er war immerhin fast zwanzig Jahre alt), gewannen der Vater und mit ihm dessen Reichtum in demselben Maße an Attraktivität für ihn, wie die Mutter umgekehrt an Bedeutung für ihn verlor. Aus stark opportunistischen Gründen brach Paul radikal mit seiner jüngsten politischen Vergangenheit (inklusive Lassalle), für die er seinem Vater sogar eine Art Abbitte zu leisten gewillt war. Er verließ seine Mutter, die formell auf ihn verzichtete, und zog nach Dortmund, wo er sein Abitur vorbereitete.[32] Für ihn wie seinen Bruder Alfred zählte nur noch die Ruhigstellung der unbequemen Mutter, die immer wieder in den Schlagzeilen auftauchte und das eigene Fortkommen hinderte.

»Ich habe nicht Lust, es länger zu ertragen, daß die Leute mit Fingern auf mich zeigen und fragen: warum duldet der Sohn es, daß solche Leute seine Mutter irreführen? Denn das ist das Urteil der Welt. Für Dich hat man das größte Interesse, und heute noch würde man Dich mit offenen Armen aufnehmen: aber diese Leute haben Dir den Hals gebrochen, und wenn dem nicht gesteuert wird, so werden sie Dich zu Grunde richten. Das *will* und *werde* ich nicht dulden. Vor allen Dingen muß daher den Prozessen ein Ende gemacht werden ...«[33]

Den Prozessen wurde kein Ende gemacht, auch wenn Sophie Hatzfeldt langsam aber sicher der Sinn ihrer jahrelangen Kämpfe fraglich wurde. Opportunismus zählte nicht zu den Eigenschaften der Gräfin, deren Rechtsgefühl nach wie vor vor einer Herausforderung stand. Sie, die ein großes Vermögen mit in die Ehe gebracht hatte, wollte nun unter keinen Umständen auf eine Gütertrennung verzichten – und erst recht nicht von der Gunst ihres Mannes und Alfreds in Zukunft abhängig sein.

Als am 12. August 1854 nach zwei Dutzend Prozessen vor 36 Gerichten und nach erfolgreicher Bestechung des gräflichen Geschäftsführers von Stockum schließlich ein für Sophie von Hatzfeldt relativ günstiger Vergleich zustandegekommen war, da war zwar die finanzielle Zukunft

Jugendbild des Grafen Paul von Hatzfeld-Wildenburg. Zeichnung aus dem Jahre 1852.

Hatzfeldts wie Lassalles gesichert, und sie hatte endlich ihr Recht bekommen – ansonsten aber hatte sie nicht viel hinzugewonnen, sondern eher nur verloren.[34] 1852 hatte sie den Zeitungen entnehmen können, daß ihre beiden Ältesten Alfred und Melanie Hochzeit gefeiert hatten – ohne sie, dafür aber in Anwesenheit des Vaters, versteht sich.[35] Falschen Versprechungen ihres zukünftigen Schwiegersohnes Max von Nesselrode Glauben schenkend, der ihr eine Änderung der Familienverhältnisse in Aussicht gestellt hatte, gab sie ihre Einwilligung zur Hochzeit Melanies, die am 12. Juli 1852 in Wien stattfand. Die Zuneigung und Aufmerksamkeit ihrer nach wie vor in einer Scheinwelt lebenden und auf seiten des Vaters stehenden Tochter konnte sie dadurch nicht erlangen.

Schlimmeres noch hatte Alfred ihr angetan, der sich schon zu Anfang der Prozesse auf die Seite ihres Mannes geschlagen hatte. Von ihm als dem ökonomisch abgesicherten Nachfolger ihres Mannes auf Kalkum, der zudem noch durch Schenkung die Standesherrschaft Schönstein erhalten hatte, die Hälfte des ihr zustehenden Unterhalts fordernd, hatte sie eine Alimentationsklage gegen ihn eingereicht, die Alfred sofort mit einer Gegenklage beantwortete, in welcher es hieß:

»Eine Mutter aber, deren Ehe infolge ihrer Aufführung getrennt wird, die auch demnächst in notorischer Verbindung mit der berührten Persönlichkeit lebt und handelt, den Vater verfolgt, das Vermögen ihrer Kinder womöglich ruiniert, den Sohn selbst in den zartesten Angelegenheiten des Lebens ohne alle Veranlassung kränkt und beleidigt, kann von diesem Sohn keine Alimente fordern, kann nicht verlangen, daß ihr dieser Zuschuß zu den Kosten eines Prozesses gegen den Vater leiste ...«[36]

In diesem, wie Sophie von Hatzfeldt es nannte, »Exzess von Infamie« hatte er seiner Mutter unter anderem auch ein verschwenderisches, luxuriöses Leben vorgeworfen und sie eines Angriffs auf die Familie bezichtigt. Er hatte ihr hiermit innerhalb kürzester Zeit gleich zweimal unmißverständlich gezeigt, wo seine Sympathien und Interessen lagen. Diese Form des Hochmuts und des Eigennutzes sollte sie ihm ihr Leben lang nicht verzeihen. Ihrem Sohn Paul die Angelegenheit darstellend, schrieb sie:

»Mit der *allerhärtesten* Verachtung blicke ich jetzt auf ihn [Alfred], und jetzt bin *ich* es, die erklärt, keine Versöhnung darf jemals hier mehr eintreten, wenn ich meine eigene Achtung bewahren will. Der Sohn ist *tot* auf immer ...«[37]

Mit einer fast schon an kindlichen Trotz gemahnenden Hartnäckigkeit und Sturheit versuchte sie dennoch mehr als einmal, die Anerkennung, das Verständnis und die Zuwendung ihrer beiden ältesten Kinder zu erzwingen. Ohne Erfolg. Sinnloser hätten ihre Bemühungen und ihr Einsatz der letzten Jahre nicht beschieden werden können. Gerade diejenigen, um derentwillen sie alle Strapazen des Prozessierens (zumindest zu Anfang) auf sich genommen hatte, waren ihr damit endgültig verloren gegangen, die Kinder zu den ärgsten Feinden ihrer Mutter geworden.

»In den tiefsten Haß hat sich in mir die so unbegrenzte Liebe für Alfred und Melanie verkehrt, sie sind nur noch meine Henker, die mit der ausgesuchtesten Grausamkeit mich gemartert haben.«[38]

Mit knapp fünfzig Jahren stand sie vor den Trümmern eines so hoffnungsvoll begonnenen Lebens, das ihr bis auf eine 24jährige unglückliche Ehe bisher lediglich acht unruhige und zum Teil demütigende Prozeßjahre gebracht hatte. Ihren Glauben an sich selbst und die Rechtmäßigkeit ihrer Sache hatte sie allerdings über die Jahre retten, wenn nicht sogar steigern können – wenn auch ein Zug der Bitterkeit und der Resignation von nun an nicht zu leugnen ist. »Ich altere zusehends, aber der Mut und die Willenskraft bleiben Gott sei Dank.«[39]

Fast muß es nach alledem wie eine Ironie des Schicksals anmuten, daß Graf Edmund von Hatzfeldt 1871, also fast zwanzig Jahre nach den Scheidungsprozessen und drei Jahre vor seinem Tod, ein Schuldbekenntnis ablegte, in dem der mittlerweile sterbenskranke, behinderte und von der Pflege Fremder völlig abhängige Mann von seiner ehemaligen Frau Verzeihung zu erlangen hoffte.

»Vor Gott meinem Schöpfer und Erlöser bereue ich mein ganzes Leben, insbesondere mein unwürdiges Familienleben. Ich bitte Gott um Verzeihung und gleichzeitig meine Frau, an deren Unglück ich Hauptschuld trage, wie auch ich ihr von Herzen verzeihe.«[40]

III. 1848–1854: Revolution und Reaktion in Düsseldorf

Sophie von Hatzfeldt ist während ihrer Prozeßjahre zu einer engagierten Verfechterin der demokratischen Sache geworden. Sie und Lassalle sah man als Vertreter einer unverhüllten republikanischen Agitation im Köln-Düsseldorfer Raum an. Wo es galt, öffentlich für die Belange der Demokratie einzutreten, waren sie zur Stelle, und es scheint nicht übertrieben, Sophie Hatzfeldts Schicksal als ein mit der Revolution von 1848/49 verbundenes zu betrachten.[1] Freilich wurde ihr politischer Einsatz bisher zumeist als ein »Nebenprodukt« ihrer Prozeßführung betrachtet, die Einflußnahme ihres juristischen Vertreters und persönlichen Freundes Lassalle als die bestimmende gewertet. Die Gräfin festlegend auf die Rolle einer einfachen Mitläuferin, übersahen schon viele ihrer Zeitgenossen und noch mehr die nachfolgenden Forscher, daß Politik und soziale Fragen (und insbesondere die Diskussion über derartige Themen) nichts Neues im Leben der Gräfin darstellten. Anders als in diesem Sinne wäre eine an sie gerichtete Warnung ihres Bruders Hermann, dem Anfang des Jahres 1846 allem Anschein nach Lassalles Erscheinen im Berliner Salon der Schwester zu Ohren gekommen war, kaum zu interpretieren:

»Wie man hört, sollen viele Fremde bei Dir Zutritt haben, – verzeihe daher, wenn ich Dir aufrichtig rate, von der Politik nicht zu sprechen und äusserst vorsichtig in Deinem Benehmen wie in der Auswahl Deiner Gesellschaft zu sein. Du sprichst manchmal sehr lebhaft und könntest dadurch in Verlegenheit geraten.«[2]

Schließlich kannte man ja die Vorlieben und Schwächen der Schwester lange genug!

Nicht umsonst hatten sich auch schon während ihrer Ehezeit die verschiedensten Personen immer wieder primär an Sophie von Hatzfeldt gerichtet, wenn es darum ging, sogenannte soziale Ungerechtigkeiten, die im Namen ihres Mannes geschehen waren, wieder aufzuheben. Pfarrer Fowinkel, ihr enger Vertrauter während der schweren Kalkumer Jahre, erwähnte mehr als einmal die treuen Bauern auf Kalkum, welche die Gräfin ehrten wegen ihrer Gut- und wohl auch

Großherzigkeit und Partei ergriffen für die Frau, die – ähnlich ihnen selbst – dem Grafen in einer schwachen Position gegenüberstand.[3]

Sophie von Hatzfeldt machte es ihrem Mann Edmund während der Prozeßzeiten nicht schwer, sie »überall bei denen, die in unseren Sachen zu entscheiden hatten, ... als entschiedene Republikanerin darzustellen und so unseren Prozess zu einer Parteisache zu machen«.[4] Freilich der »falschen« Partei in den Augen der Gräfin, die ja selbst von Anfang an gemeinsam mit Lassalle den politischen Charakter ihres Kampfes betont hatte – eines Kampfes gegen die alte Gesellschaft und ihre Vorurteile, gegen Willkür und Rechtsmißbrauch, für die Freiheit und Selbstbestimmung des Individuums. Im Rahmen dieses Kampfes hatten die Gräfin und Lassalle von Anfang an keine Gelegenheit ausgelassen, dem Grafen und mit ihm der Partei der ›Konstitutionellen‹ empfindliche Schläge zu versetzen. So war Lassalle im Frühjahr des Jahres 1847, kaum daß er aus dem Gefängnis entlassen war, sofort nach Berlin gereist, um dem Grafen Hatzfeldt die Teilnahme am ›Vereinigten Landtag‹ unmöglich zu machen. Das Bescholtenheitsgesetz, das dort eines der wichtigsten zur Verhandlung kommenden Themen war, sollte dafür den Ansatzpunkt bilden. Sozusagen als Schulbeispiel für die mögliche Anwendung dieses Gesetzes wollte Lassalle den Grafen dargestellt sehen – unter anderem mit der Hilfe des Grafen Westphalen, wie er hoffte. Daß er selbst erfolglos versuchte, sich in die Versammlung der oppositionellen Mitglieder des ›Vereinigten Landtags‹ einzuschleichen, zeigt deutlich, daß er vor keiner noch so gewagten Aktion zurückschreckte.[5]

Nicht ganz so effektvoll, aber dafür nicht weniger effektiv sah das Vorgehen der Gräfin zu dieser Zeit aus. Schon während des Gefängnisaufenthaltes Lassalles hatte sie Kontakt aufgenommen zu den Bauern des Kreises Schönstein im Siegerland, der zur Hatzfeldtschen Standesherrschaft Wildenburg-Schönstein gehörte. Bereits zu Anfang des Jahres hatten diese Bauern eine Beschwerde an den König von Preußen wegen Bedrückung durch den Grafen Hatzfeldt eingereicht. Nun wollten sie dieselbe auch vor dem ›Vereinigten Landtag‹ vertreten. Das nötige Reisegeld für ihre Deputation wollte ihnen die Gräfin Hatzfeldt zukommen lassen, die allerdings zu diesem Zeitpunkt wieder einmal völlig mittellos war. Wie schon in anderen Fällen zuvor war es Heyman Lassal, der gezwungenermaßen einsprang, da ihm ansonsten der Liebesentzug seines einzigen Sohnes drohte, der dem Vater in dieser Finanzfrage ein Ultimatum gestellt hatte.[6]

Die gemeinsame Aktion seiner Frau und ihres juristischen Beraters, insbesondere die Berliner Agitation Lassalles, werden dem Grafen nicht gerade wenig Unannehmlichkeiten bereitet haben. Um so erleichterter mag er gewesen sein, als sich der Kampf wieder auf die Standesherrschaft Schönstein konzentrierte. Dort war er der »Herr«, vertrat quasi den preußischen Staat. Seine Frau und deren Bevollmächtigter bekamen die Reichweite seiner Macht- und Einflußsphäre auf den – immer noch gemeinsamen – Schönsteinschen Besitztümern des gräflichen Paares zu spüren. Graf Edmund hatte seinen Untergebenen verboten, die Gräfin auf dem Schloß aufzunehmen, an welchen Befehl diese sich strikt hielten. Selbst als der eigene standesherrliche Richter des Grafen angeordnet hatte, das in der Standesherrschaft gelegene Schloß Crottorf gewaltsam aufzubrechen, um der Gräfin Zutritt zu verschaffen, da stellten sich sogar die Gendarmen gegen die richterliche Obrigkeit und deren Vollziehungsbeamte. Sophie von Hatzfeldt wiederum gelang es, die bäuerliche Bevölkerung hinter sich zu bringen.

Lassalle gefiel diese Form des gemeinsamen Auftretens mit der Gräfin, von deren Verhalten gegenüber den Bauern er nur in Tönen der Hochachtung sprach. In der für ihn typischen exaltierten Art gab er seinem Vater eine den Ereignissen jedoch sicherlich gerecht werdende Schilderung der Vorgänge.

»Mein Lebtag habe ich nicht soviel gelacht, als diese letzten acht Tage in der Standesherrschaft. Die Sache wäre gar nicht so zum Lachen gewesen, denn in diesem allgemeinen Beamtenaufruhr war man eigentlich nicht so recht seines Lebens sicher, wenn wir, die Gräfin und ich nehmlich, nicht immer etwa 200–400 Bauern als Bedeckung und Leibwache mit uns umhergeführt. Nie habe ich solchen Enthusiasmus und solche Anhänglichkeit gesehen, wie diese Bauern für die Gräfin haben. Es kostete sie ein Wort, einen einzigen Befehl, und alle Schlösser des Grafen dort lägen in Trümmern und die Beamten mit ihm selber hingen an den höchsten Fichten! Die Bauern baten zitternd um den Befehl, stürmen zu dürfen, doch wurde er verweigert, und sie gehorchten der Frau wie Soldaten einem Feldherrn. Die Gräfin hat sich aber durchaus in den Kopf gesetzt, daß Militär-Macht die Schlösser nehmen soll, nicht ihre Bauern, und so mußte denn die dumpftosende Bevölkerung ihre Wuth bezwingen, und die schon aus den Bergwerken requierirten Brechstangen ungebraucht wieder bei Seite legen.«[7]

Wenn auch Sophie von Hatzfeldt und ihrem Sohn Paul der Zutritt zu

Sophie mit Paul und Ferdinand, Kölner Karikatur-Flugblatt, 1849

dem Schloß mit Gewalt verwehrt worden war, so war es doch zumindest gelungen, die Autorität des Grafen auf seiner Standesherrschaft zu untergraben. Dies muß sicherlich im Zusammenhang mit der von der Gräfin unterstützten Bauernadresse und der anschließenden Deputation nach Berlin gesehen werden. Schon im folgenden Jahr wendeten sich die Wahlmänner des Standesgebietes Wildenburg-Schönstein mit einer Petition an die Deutsche Nationalversammlung, die sich hauptsächlich gegen die standesherrliche Praxis des Grafen Hatzfeldt richtete.[8]

Man sieht also: Schon zu Beginn ihrer Zusammenarbeit erwiesen sich die Gräfin und Lassalle als ein durchaus effektives Gespann auch auf dem politischen Sektor. Während er sie immer wieder ermutigt haben wird, in diesem (auch politischen) Sinne fortzufahren, war sie es wohl, die sein Verhältnis zu Marx und somit zu einer der Zentralfiguren der demokratischen Bewegung, der »Partei Marx«, vermittelte. Sophie von Hatzfeldt kannte den Chefredakteur der in Köln sitzenden »Neuen

Rheinischen Zeitung« noch von Brüssel her. 1847 hatte er ihr dort ein überaus positives Einführungsschreiben für den seit 1843 bekannten Dichter Georg Herwegh ausgestellt, in dem es unter anderem anerkennend über die Gräfin hieß: »Die Frau hat für eine *Deutsche* viel Energie entwickelt in dem Duell mit ihrem Mann.«[9]

Voller Ambitionen hatte sich Lassalle in den politischen Kampf gestürzt, doch die enge Verquickung von Prozeßführung einerseits und jeglicher politischer Agitation andererseits erwies sich schon recht bald als nachteilig für ihn. Im Unterschied zu den meisten anderen Protagonisten der 48er Revolution erlebte Lassalle den größten Teil ihres Verlaufes, sozusagen ihre Höhepunkte, hinter Gittern, nicht zuletzt aufgrund seiner Prozeßführung für die Gräfin. Das ist mit ein Grund dafür, daß wir Sophie von Hatzfeldt häufig ohne seine Begleitung in der Öffentlichkeit auftreten sehen. So gehörte sie beispielsweise zu den Zuschauern beim Kölner Prozeß gegen Friedrich Anneke und Andreas Gottschalk, führende Köpfe des Kölner Arbeitervereins, die bereits im Juli des Jahres verhaftet worden waren und erst am 23. Dezember 1848 freigesprochen wurden. Einem der Berichterstatter vom Prozeß fiel eine Frau auf, »die die Würde des Gerichts nicht achtend, während der Rede der Angeklagten Beifall klatschte: es war Sophie Gräfin Hatzfeldt«.[10] Lassalle saß dieweil in Untersuchungshaft – wegen in Neuss ausgesprochener Aufreizung zum Steuerstreik.

1848 waren Sophie und Paul von Hatzfeldt zusammen mit Ferdinand Lassalle endgültig nach Düsseldorf gezogen, und es gelang ihnen innerhalb kürzester Zeit, Fuß zu fassen in der bis zu diesem Zeitpunkt eher ruhigen politischen Szene Düsseldorfs, das zu diesem Zeitpunkt ca. 24.000 Einwohner hatte.[11] Das gilt vor allem für die Gräfin. »Eine wahre Juno von Gestalt und edlen Zügen, trat sie als begabte geistreiche Frau und bezaubernde Schönheit, ein Stern erster Größe, in das gesellschaftliche Leben Düsseldorfs.« Grund zum Reden, wenn nicht sogar zum Klatschen bot die ungewöhnliche Wohn- und Aktionsgemeinschaft von Anfang an genug, deren Abenteuer schnell die Runde machten. Ein zeitgenössisches Kölner Karikatur-Flugblatt[12] zeigt das Gespann in trauter Dreisamkeit die Straße entlang flanierend: die stattliche, wohl »behütete« und aufwendig gekleidete Gräfin mit der unvermeidlichen Zigarre im Mundwinkel, in der Mitte zwischen den beiden jungen Männern, dem hageren, geradezu schlaksigen Paul und dem im Vergleich zu den beiden anderen äußerst klein geratenen und übertrieben jüdisch gezeichneten Lassalle, der sich im festen Griff Sophie Hatzfeldts befindet und neben der selbstbewußten Gräfin eher etwas dümmlich in die Gegend schaut.

Öffentlich zum Volke zu reden, »ihre Tendenzen mit großer Vorliebe besonders den Bummlern und Tagedieben aufzutischen«,[13] scheute sich die Gräfin Hatzfeldt nicht, wie der Düsseldorfer Zeitgenosse und zeitweilige Nachbar der Dame Wilhelm Herchenbach kritisch in späteren Zeiten anmerkte. Bewußt habe sie beispielsweise auf die Arbeiter spekuliert, als sie ihnen eine Petition ihrerseits an den König zur Unterzeichnung vorlegte, in welcher gebeten wurde, ihr die Gefängnisstrafe, zu der sie verurteilt war in Sachen Hons, zu erlassen – »denn sie sei eine Wohlthäterin der Arbeiter und habe sich um dieselben sehr verdient gemacht«.[14] Höhnisch fügt Herchenbach, der ein führendes Mitglied des Düsseldorfer politischen Katholizismus war, hinzu, daß die Arbeiter anscheinend nur wenig geneigt waren, ihre Unterschrift zu geben – die versprochene deutsche Fahne, »die sie auf ihr Häuschen aufstecken konnten«, selbst die in Aussicht gestellte tüchtige Zeche hätten nicht genügend Ansporn geboten. Ob die Petition letztlich überhaupt zur Absendung nach Berlin kam (wie eine schon im Frühjahr 1848 vom Fürsten Pückler unterstützte Petition der Gräfin), ist bis heute ungeklärt.

Wie den meisten Frauen ihrer Zeit war auch Sophie von Hatzfeldt ein Hervortreten in den formellen politischen Organisationen und Institutionen nicht möglich, und so scheint sie sich auf ein rein privates, individuelles, aber nichtsdestoweniger effektives Auftreten in der Öffentlichkeit beschränkt zu haben. Anders als zum Beispiel Mathilde Franziska Anneke, die im nur wenige Kilometer entfernten Köln zunächst die »Neue Kölnische Zeitung« redigierte und diese – nachdem sie wegen ihrer radikalen Richtung verboten worden war – als »Frauen-Zeitung« weiterführte,[15] stellte Hatzfeldt sich selbst wie auch die Sache in gut inszenierten Auftritten in Szene. Sie verstand es, von sich reden zu machen und einen gewissen Nimbus um ihre Person zu verbreiten. Wenn man Herchenbach Glauben schenken darf, dann hielt sie vom Balkon ihres Hauses (in der Elisabethstraße) fulminante Reden an den »allerniedrigsten Theil der Arbeiter«[16] und wußte diese zu begeistern nicht zuletzt mit persönlichen Solidaritätsversicherungen. »Ich habe alles verlassen, um dem Volke zu dienen, und bin Proletarierin wie ihr. Da steht mein Freund, da mein Sohn. Schützt uns gegen die aristokratische Reaktion, die uns zerreißen möchte«[17], soll sie pathetisch auf einer der damaligen Volksversammlungen ausgerufen haben, und nicht wenigen mag das resolute und mutige Auftreten dieser adligen Dame gegenüber ihren eigenen Standesgenossen sehr imponiert haben. Wie groß muß zudem die Hoffnung auf Veränderung der Lage gewesen sein, wie emotionsgeladen und euphorisch die Stimmung im Lande, um selbst eine Gräfin (abgesehen von aller persönlichen Exzentrik!) zu Gefühls- und Meinungsäußerungen solcher Art animieren zu können?

Vor allem durch ihren Sohn Paul erhielt Sophie von Hatzfeldt damals Aufschluß über das, was im organisierten Bereich der politischen Bewegung vor sich ging. Schon im Juni 1848 war Paul, guter Sohn einer couragierten Mutter und mittlerweile siebzehn Jahre alt, zum Kassierer des Düsseldorfer Volksklubs gewählt worden, der neben dem Verein für demokratische Monarchie und dem Düsseldorfer Arbeiterverein zu den wichtigsten politischen Organisationen der Stadt gehörte und sich hauptsächlich aus Angehörigen mittlerer Schichten rekrutierte. Zu den selbstgesetzten Aufgaben des etwa 800 bis 900 Mitglieder zählenden Vereins gehörte die »Besprechung und Beförderung aller politischen und socialen Interessen des Volks, nicht einzelner bevorzugter Klassen«[18] – eine Zielsetzung, die auch der Gräfin entgegengekommen sein dürfte. Im August bereits wurde Paul als einer von drei Delegierten des Volksklubs zum rheinischen Demokratenkongreß abgesandt, der zur Zeit des Dombaufestes in Köln stattfand (13./14. August 1848). Auch von den dort diskutierten Interna hatte die Gräfin also sicherlich Kenntnis.

Währenddessen war Lassalle völlig außer Gefecht gesetzt: Von Februar bis August 1848 saß er in Untersuchungshaft wegen intellektueller Urheberschaft des Kassettendiebstahls, der vom 5. bis 11. August verhandelt wurde und mit einem Freispruch Lassalles endete. Mit der Vorbereitung des Prozesses und der Versorgung Lassalles im Gefängnis war Sophie von Hatzfeldt in dieser Zeit hauptsächlich beschäftigt. Als ihr Bevollmächtigter am 5. August 1848 in Köln aus dem Gefängnis vor die Geschworenen gebracht werden sollte, da war sie wieder einmal den Behörden unangenehm aufgefallen: Sie hatte dem vorbeifahrenden Lassalle eine Kußhand zugeworfen, wobei allerdings auch ein Taler in dem Wagen gelandet sein soll. Das war natürlich vom Staatsprokurator als Versuch, die begleitenden Polizisten zu bestechen, gedeutet worden. Sophie von Hatzfeldt mußte vor das Zuchtpolizeigericht, wurde am 17. März 1849 jedoch freigesprochen.[19]

Erstmalig nach seinem Freispruch trat Lassalle auf einer großen Volksversammlung in Worringen am 17. September 1848 wieder in der Öffentlichkeit auf. Zu diesem Zeitpunkt hatte sich die politische Situation in Düsseldorf bereits verschärft, wozu auch die Gräfin allem Anschein nach beigetragen hatte. Als König Friedrich Wilhelm IV. der Beamten- und Garnisonsstadt am 14. August einen Besuch abstattete, da wurde er bei der Fahrt durch die Straßen ausgejohlt und sogar mit Pferdeäpfeln beworfen. Am 3. September berichtet der Polizeiinspektor Huthsteiner dem Regierungspräsidenten über »den bei Anwesenheit des Königs hier vorgekommenen Unfug« wie folgt:

»Es geht daraus [aus den Ermittlungen] zur Genüge hervor, daß eine gewisse Parthei diesen Unfug angezettelt und ausgeübt hat, indem von ihren Mitgliedern theils eine Menge Straßenbuben zum Pfeifen und Lärmmachen angereizt, theils ein solcher Unfug von ihnen selbst ausgeübt worden ist. Es sind kurz vor resp. am 14. v. M. von vielen anständig gekleideten Herren in Läden und Konditoreien viele Pfeifchen angekauft worden ... Von vielen Seiten wurde auch die Gräfin Hatzfeldt und ihr Sohn Paul bezichtigt, an Straßenbuben p. Pfeifchen, Geld und rothe Bänder vertheilt zu haben; der angestrengtesten Mühe ungeachtet hat dies aber nicht constatiret werden können.«[20]

Als dann auch noch am 29. August der erst im Mai aus London zurückgekehrte Dichter Ferdinand Freiligrath, der mit seinem Poem »Die Toten an die Lebenden« für eine Aufheizung der Stimmung gesorgt hatte, verhaftet wurde, schlugen die Wellen der Empörung hoch. Lassalle und Paul von Hatzfeldt gehörten mit zu einer 25köpfigen Düsseldorfer Deputation, die schon am nächsten Tag bei einer Solidaritätskundgebung für Freiligrath gewählt worden war und gemeinsam mit einer Abordnung des Kölner Arbeitervereins vom Oberprokurator Schnaase am 31. August eine Aufklärung der Hintergründe sowie die schnelle Abwicklung der Untersuchung verlangte.[21] Zudem wandte man sich mit einer von Lassalle verfaßten Adresse an Generalprokurator Nicolovius; bereits am 3. Oktober wurde Freiligrath unter dem Jubel seiner Anhänger freigesprochen.

In der hauptsächlich vom Düsseldorfer Volksklub und dem Kölner Arbeiterverein organisierten Agitationskampagne des Herbstes 1848 sieht man Sophie von Hatzfeldt Seite an Seite mit Sohn und Freund in der Öffentlichkeit erscheinen. Sie begleitete Lassalle zu allen wichtigeren Veranstaltungen, ihre Anwesenheit wurde registriert – und das nicht nur von den Polizeibehörden. Schon eine Woche vor der Volksversammlung bei Worringen hatten die Düsseldorfer auf den Rheinwiesen bei Neuss am 10. September eine große Zusammenkunft organisiert, an der 8.000 bis 10.000 (?) Demokraten aus Düsseldorf, Neuss, Krefeld, Gladbach, Duisburg und Essen teilnahmen. Unter anderen trat auch Lassalle dort auf und sprach über die Errungenschaften der Revolution. In zwei Adressen an die Frankfurter Nationalversammlung war energisch die Aufhebung des dänischen Waffenstillstands und des Bürgerwehrgesetzes gefordert worden. Die vierte Versammlung wurde am 8. Oktober 1848 in Gerresheim abgehalten. Dort forderten ca. 5.000 Menschen, unter ihnen auch die Gräfin, die rote Republik, in welcher für das Wohl des Volkes gesorgt werde. Lassalle verlangte das Ausscheiden der Linken, vor allem des Düsseldorfer Abgeordneten Wesendonck, aus der Nationalversammlung, da gegen die Rechten doch nichts zu erreichen sei. »Der Wagen, in welchem die Gräfin Hatzfeldt, ihr Sohn und Lassalle saßen, war auf der Vorderseite mit einer rothen, zu beiden Seiten mit deutschen Fahnen geschmückt. Er begleitete den Zug bis zum Wehrhahn, wo er abbog und die Insassen auf einem andern Wege in ihre Wohnung brachte.«[22] Auch bei der am 22. Oktober auf dem Lande in Derendorf stattfindenden Versammlung waren die Gräfin und ihr Sohn zugegen. Man verabschiedete eine Adresse an die Wiener, in der man diese aufforderte, Absolutismus und Kaisertum abzuschaffen, den Reichstag aufzulösen und eine provisorische Regierung zu wählen, um so der Revolution und der internationalen Verbrüderung der Völker zum vollen Sieg zu verhelfen.[23]

Von November 1848 bis Mai 1849 allerdings, also in der turbulentesten Zeit überhaupt, saß Lassalle wieder in Untersuchungshaft. Ihm wurde zum Vorwurf gemacht, das Volk zur Ausführung der Steuerverweigerung aufgereizt zu haben. Am 22. November, dem Tag, an dem erstmalig der Belagerungszustand über Düsseldorf verhängt wurde, verhaftete man ihn. Zum Schutz der gemeinsam errungenen Freiheiten konnte er nicht mehr viel beitragen. Der Auflösung der Bürgerwehr folgten zahlreiche Haftstrafen; auch Paul von Hatzfeldt wurde Anfang Dezember zum Gericht vorgeladen.

Die wiederholten Haussuchungen in den Räumlichkeiten der beiden Hatzfeldts und Lassalles während dieser Zeit förderten jedoch nichts schwer Belastendes zutage – allem Anschein nach hatten die Düsseldorfer Demokraten frühzeitig einen Tip erhalten über die bevorstehende

Verhängung des Belagerungszustandes. Bereits vor dessen Proklamierung war Sophie von Hatzfeldt bei dem Kommandanten der Düsseldorfer Bürgerwehr, dem Kaufmann Lorenz Cantador, erschienen und hatte diesen von dem Gerücht in Kenntnis gesetzt, daß sich angeblich fünfzig Jäger verabredet hätten, um ihr Haus zu demolieren.[24] Cantador nahm diese Mitteilung ernst und ließ die Wohngegend der Gräfin von seinen Männern patrouillieren. Am Morgen des 22. November hatte Hatzfeldt fluchtartig das Terrain verlassen – freilich nicht, ohne zu vergessen, alle Türen und Schränke zu verschließen. Schutzlos, wie sie nach Lassalles Verhaftung und dem politisch erzwungenen Untertauchen ihres Sohnes war, mußte sie sich an eher Fremde wenden. Cantador, nunmehr selbst unter Anklage stehend, gab zu Protokoll, daß die Gräfin Hatzfeldt »nach Erklärung des Belagerungszustandes« am frühen Morgen zu seiner Schwester gekommen sei, »um Schutz zu suchen, weil sie befürchtete, daß sie in ihrem Hause angegriffen würde«. Eine versiegelte Kassette, die sie mitgebracht hatte, war wohl noch am selben Tag auf ihren Auftrag hin zu einem Anwalt geschafft worden.

Ohne daß sie dem etwas hätte entgegensetzen können, mußte Sophie von Hatzfeldt im folgenden Jahr mit ansehen, wie ihr Mann versuchte, die Gunst der Stunde für sich zu nutzen, um Paul zurückzugewinnen: Seine Frau und deren Bevollmächtigten handlungsunfähig im Gefängnis wissend, versuchte Graf Edmund am 23. Mai 1849, seinen Sohn durch Polizeigewalt zu unterwerfen. Die Zeitumstände schienen wie gemacht für dieses Vorhaben, denn Paul war infolge seiner Beteiligung am Maiaufstand in Düsseldorf aus der Stadt ausgewiesen. Von Köln aus heimlich dort ankommend, weil er verwandtschaftliche Hilfe für seine im Kölner Frauengefängnis sitzende Mutter suchte, war er am Bahnhof erkannt und sogleich verhaftet worden. Der Divisionskommandeur ließ ihm die (nur scheinbar eindeutige) Wahl zwischen Haft oder Freiheit – denn letztere war nur unter der Bedingung der Aussöhnung mit seinem Vater und Unterwerfung unter die Autorität desselben zu erreichen.[25] Ein letztes Mal wußte sich Paul von Hatzfeldt noch dem Einfluß des Vaters zu entziehen. Seinen Plan, in die Pfalz zu ziehen, um sich am dortigen Aufstand für die Reichsverfassung zu beteiligen, ließ er nicht zuletzt aufgrund der nachhaltigen Warnungen und Ermahnungen von seiten Lassalles fallen, der den jungen Mann zur Rücksicht auf seine schon stark belastete Mutter aufforderte.[26] Schon im folgenden Jahr wechselte Paul allerdings völlig die Fronten, vergaß seine politischen

Ambitionen und verlor damit eine seiner letzten und wichtigsten verbindenden Gemeinsamkeiten mit der Mutter.[27]

Als Lassalle selbst endlich wieder in die Düsseldorfer Geschehnisse eingreifen konnte, da waren die letzten radikalen Volkserhebungen am Rhein, in Berlin, Dresden und vor allem in Baden und der Pfalz blutig niedergeschlagen und die monarchischen Kräfte längst wieder auf den Plan getreten. In Berlin hatten Reaktionäre wie Brandenburg und Wrangel die Macht, die Chancen der Frankfurter Nationalversammlung gehörten längst der Vergangenheit an. Dennoch blieb Hatzfeldts Haus auch weiterhin – mehr noch vielleicht sogar als während der Revolutionszeit – eines der wenigen Refugien demokratischer Agitation und ein Zufluchtsort für viele politisch Verfolgte. Wenn Not am Mann war, dann war Sophie von Hatzfeldt helfend zur Stelle, und sie hat es nie an persönlichen Solidaritätsbekundungen und selbstlosen Hilfeleistungen fehlen lassen. Letztlich wird man sogar sagen können, daß ihre eher unauffällige »Basisarbeit« mehr zur Unterstützung der demokratischen Bewegung beigetragen hat als alle noch so spektakulären Auftritte in der Öffentlichkeit.

Schon Heinrich Bürgers, Mitarbeiter der »Neuen Rheinischen Zeitung« und seit 1848 als Hauslehrer ihres Sohnes angestellt (Bürgers Schwester Lina stand in den Diensten der Gräfin), fand im Haus der Gräfin Asyl und wurde von ihr gegen eine Haussuchung geschützt, welche auf eine Denunziation Graf Edmunds hin erfolgte. Von den Turbulenzen, die sich während dieses Polizeiauftritts in den Räumlichkeiten Sophie Hatzfeldts abspielten, liefert die »Neue Rheinische Zeitung« vom 4. November 1848 ein aufregendes Bild. Bei allem Ernst der Lage versäumt es der Kommentator der Geschehnisse aber nicht, das Agieren der Polizeibeamten mit der gehörigen Prise Spott und Ironie darzustellen. Nicht nur von Eingeweihten wurde sicherlich der tiefere Sinn seiner Auslassungen ohne weiteres verstanden.

»Nachmittags [am 1. November] kurz vor 5 Uhr erscheint ein Polizeikommissar mit zwei Sergeanten und einem Gensd'armen am Hause der Gräfin von Hatzfeldt, erzwingen mit Gewalt und unter Mißhandlung des erschreckten Hausmädchens, welches die Tür nicht öffnen will, den Eintritt und stürmen die Treppe hinauf. Kaum hatte die Gräfin, welche sich grade beim Diner befand, Zeit, durch den Lärm avertirt, vom Tisch aufzuspringen und sich mit Hrn. Lassalle und ihrem Sohne vor die Thür des Speisezimmers zu postiren, in welchem sich Hr.

Bürgers jedenfalls wohl befunden haben würde, wenn er wirklich im Hause war. Die heranstürzende Polizeimannschaft begehrte stürmisch Einlaß ins Zimmer, um Herrn Bürgers zu sehen. Die Gräfin erklärte, daß nach den in der unlängst publizirten Habeas-Corpus-Akte enthaltenen Bestimmungen über die Unverletzlichkeit des Domizils, die Polizei nur dann gegen den Willen des Hausbesitzers in ein Haus eindringen dürfe, wenn sie einen richterlichen Befehl vorzeige, der sie dazu ermächtige. Die Polizisten aber erwiederten (sic!), dies seien überflüssige Formalitäten, sie seien herbeordert, um eine Haussuchung zu halten, und würden das mit Gewalt durchsetzen.«[28]

Gewalttätigkeiten scheinen auch wirklich stattgefunden zu haben: Fäuste flogen, die Gräfin selbst wurde herumgestoßen und mit dem Säbel bedroht. Schließlich mußten die Beamten jedoch unverrichteter Dinge abziehen – nicht ohne allerdings äußerst wirkungsvoll vierzehn Gendarme im gegenüberliegenden Gebüsch zurückzulassen. In der Zwischenzeit hatten sich ca. hundert Menschen, denen der Vorgang zu Ohren gekommen war, vor dem Haus der Gräfin eingefunden.

»Nach einem Hoch auf die Gräfin, ausgebracht um sie für die erlittnen Mißhandlungen zu entschädigen und einem Hoch auf Herrn Bürgers aus Köln wurden die Massen, um diese Artigkeit zu vergelten, ins Haus eingelaßen welches sie einige Minuten drauf wieder verließen. Wäre nun Herr Bürgers wirklich im Haus gewesen, so wird er wohl jedenfalls dasselbe mitten unter dieser mannhaften Bedeckung verlassen und sich in Sicherheit gebracht haben. Die 14 Gensdarmen hielten es nicht für rathsam den Zug als er das Haus verließ zu belästigen, und so erreichten denn alle Mitglieder desselben, wie ich Sie versichern kann, unbehelligt ihr Ziel.«

Ganz so aufregend ging es nicht ständig im Hause der Gräfin zu, das nicht nur Leuten wie Bürgers und dem wegen Majestätsbeleidigung verfolgten Referendar und Mitarbeiter der »Neuen Rheinischen Zeitung« Eduard von Müller-Tellering Asyl bot, sondern mehr noch jahrelang als eine Art »Bildungsstätte« für viele Arbeiter fungierte.[29] Es hatte sich auch in Polizei- und Regierungskreisen schnell herumgesprochen, daß Lassalle und Sophie von Hatzfeldt zu den »Hauptführern der Umsturzpartei« gehörten – zumal, nachdem Marx und Engels und viele andere an der Revolution beteiligten Demokraten deutsche Lande hatten verlassen müssen. Vor diesem Schicksal war Lassalle durch seine ständigen Gefängnisaufenthalte, die ihm spektakuläre politische Auftritte weitgehend unmöglich gemacht hatten, bewahrt worden. Nun jedoch galt er, der sich selbst als den »Letzten der Mohikaner«[30] bezeichnete, bei der Polizei als der »intellektuelle Führer« am ganzen Niederrhein. »Außerordentliche Fähigkeiten, eine hinreißende Beredtsamkeit, eine unermüdliche Thätigkeit, große Entschlossenheit, exaltirte Freiheitsideen, die ausgedehntesten Bekanntschaften, ein sehr gewandtes Benehmen, und durch seine Klientin [die Gräfin Hatzfeldt] ab und zu bedeutende Geldmittel«[31] zeichneten ihn laut Polizeibericht aus.

In der Wohnung der Gräfin, die in Revolutionszeiten wahrscheinlich auch das Ehepaar Marx, Freiligrath und viele andere kommen und gehen sah, fanden unter anderem Vorträge Lassalles über die Entwicklung seit der Revolution von 1789 statt. Auch an persönlichen Hilfeleistungen, nicht nur finanzieller Art (zu denken wäre in diesem Zusammenhang beispielsweise an Karl Marx, Ernst Dronke und Peter Nothjung), ließen es Hatzfeldt und Lassalle nicht fehlen.[32] Als Karl Schapper, der als ein prominentes Mitglied des Kölner Arbeitervereins eine führende Rolle in der revolutionären Bewegung des Rheinlandes gespielt hatte, im September 1849 durch den Zusammenbruch der Revolution in Wiesbaden ins Gefängnis geraten war und zudem noch zur gleichen Zeit seine Frau verloren hatte, da erklärte sich die Gräfin Hatzfeldt genauso wie Freiligrath bereit, eines der nunmehr alleinstehenden Kinder Schappers zu sich zu nehmen.[33] Ebenso ließ man Jahre später auch den Opfern des Kölner Kommunistenprozesses finanzielle Hilfe zukommen.

Jahre später beschrieb Lassalle selbst Karl Marx gegenüber die damalige Situation in seiner unverkennbar vollmundigen Art, die eigene Bedeutung sowie die der Gräfin für die Bewegung dabei ins rechte Licht rückend:

»Kamen sie [die Arbeiter] in Geldnot, so kamen sie zu mir, suchten und fanden stets Hilfe. Ich gab fast immer viel mehr, als ich konnte, gab mit den allergrößten Opfern, aber ich gab, weil weniger nicht half... Hatten sie Überwürfnisse mit der Polizei, so kamen sie zu mir und ich nahm sie unter den Schutz meiner Flügel. Ich stürzte zum Polizeidirektor und erledigte – wie oft – durch Drohungen, die ich keinem anderen geraten hätte, ihre Differenzen. Kamen sie ins Gefängnis, sorgte ich, wenn nötig, für ihre Verteidigung und ernährte inzwischen ihre Familien. ... Mein Haus war ihr Asyl das ganze Jahr. Jeder, der in Werden [Haftanstalt bei Essen] entsprang, ... wurde in mein Haus gebracht, dort mit der größten Kriminalgefahr für mich und die Gräfin tagelang gehütet, mit Pferd und Wagen nach Holland gesandt usw.... Handelte es sich darum, Bücher unter den Arbeitern des ganzen Regierungsbezirks zu verbreiten..., ließ ich auf ihren Wunsch von meinem Buchhändler für 70 Taler Bücher kommen ... und übergab sie ihnen. Jede Neujahrsnacht feierte ich mit ihnen, ihnen Reden über die geschichtliche Entwicklung des Jahres und seinen Gesamtinhalt haltend.«[34]

Zu dem für eine Gräfin äußerst ungewöhnlichen Kreis der im Hause Hatzfeldts und Lassalles ein- und ausgehenden Männer gehörten unter anderem der Arbeiter Weyers, Franz Ferdinand Kichniawy, ein Färber und Kattundrucker, der Material- und Farbwarenhändler Gustav Lewy, der Schneider Carl Schmitz und der Privatsekretär Johann Wilhelm Herbert Real – zum größten Teil Namen, die auch später in den ADAV-Zeiten Lassalles und Hatzfeldts wieder auftauchen sollten.[35] Der Polizei, die ständig mit der Observierung beider und ihres Umgangs beschäftigt war, blieben diese Namen nicht unbekannt.

Immer wieder kam es zu – erfolglosen – Hausdurchsuchungen bei der Gräfin und Lassalle (unter anderem kurz nach der Verhaftung der Zentralbehörde des Kommunistenbundes 1852). Die Berichte aus Köln und Düsseldorf, die an den Minister des Innern abgingen, verraten, wie lebhaft das Interesse der Behörden am Treiben Lassalles und der Gräfin war. Man überwachte ihre Korrespondenz und scheute selbst nicht davor zurück, Spitzel in ihrem Haus einzuführen. Was die Gräfin Hatzfeldt anbelangte, so fürchtete man, sie könnte »einen Teil ihres Einkommens zur Korruption der arbeitenden Klasse verwenden«.[36]

Im November 1851 wurde festgestellt, daß Sophie von Hatzfeldt »in Begleitung des bekannten Lassalle und noch drei Düsseldorfer Herren« von ½6 bis ½12 Uhr abends beim Krefelder Bierbrauer Hermann Zillenbach gewesen ist, der – wie die Polizeibehörden befürchteten – als Agent Lassalles für die »rote Republik« in jener Gegend Propaganda machen sollte.[37] In einem Bericht an das »Hohe Präsidium« der Düsseldorfer Regierung hieß es nur einen Monat später:

»Bekanntlich gehören die hier wohnende Gräfin von Hatzfeld und deren Geschäftsführer, der berüchtigte Literat Laßalle, zu den tätigsten und gefährlichsten Leitern der Umsturzpartei in der Rheinprovinz. In dem Hause dieser beiden verkehren die Koryphäen der Umsturzpartei, und von dort aus gehet die Parole an letztre.«[38]

Im Mai 1852 berichtete man nach Berlin über ein »lukullisches Gelage«, das die Gräfin für eine Anzahl von Proletariern veranstaltet und bei dem sie zum Schluß erklärt haben sollte, so könnten jene es alle Tage haben, wenn nur die Güter der Erde gleichmäßig verteilt wären.

Keiner der Schritte Hatzfeldts und Lassalles wird in den nächsten Jahren unbeobachtet bleiben, und so verdanken wir ausgerechnet Polizeikreisen einen eindrucksvollen Bericht über die ehrenvolle Behandlung der Gräfin Hatzfeldt in Volkskreisen. Noch 1855 konnte ein Polizeikommissar seinem Vorgesetzten folgende Beobachtung mitteilen:

»Euer Hochwohlgeboren beehre ich mich gehorsamst anzuzeigen, daß es mir aufgefallen ist, daß wenn die Gräfin Hatzfeld mit der Köln-Mindener Eisenbahn verreist, sie auf eine ganz auffällige Weise von den diensttuenden Beamten besonders beehrt wird. Der Portier empfängt sie beim Ankommen zur Bahn, löst ihr ein Billet und führt sie zum Wartesaal. Der Zugführer empfängt sie auf dem Perron, führt sie zum Wagen und ist behilflich beim Einsteigen, während dies bei anderen, sogar bei höheren Standespersonen nicht geschieht.«[39]

Grund und Erklärung für dieses außerordentliche Benehmen gegenüber der Gräfin sah derselbe Kommissar darin, daß »sie sich in den Jahren 1848 und 1849 durch ihr gemeines Betragen als eine Frau des Volkes, wie man dazumal zu sagen pflegte, gezeigt hat. Ihr Tun und Treiben aus der vergangenen Zeit ist noch in zu frischem Andenken. Es gibt unter der niederen Volksklasse immer noch Menschen, die derartigen Leuten ihre Huld durch ein zuvorkommendes Benehmen zeigen wollen.«[40]

Von seiten ihrer Standesgenossen, aber auch der meisten »Partei«-Führer, erfuhr Sophie von Hatzfeldt allerdings sehr viel weniger Ehrbezeugung als beim sogenannten Volk. Wie negativ sich vor allem ihre enge Beziehung zu Lassalle auf ihre Standesgenossen einerseits und den gesamten Prozeßverlauf andererseits auswirkte, das wurde schon erwähnt. Die enge Verquickung von Justiz und Politik mußte sich quasi zwangsläufig von dem Zeitpunkt an negativ für die Gräfin und Lassalle auswirken, zu dem der Sieg der Konterrevolution entschieden war. Dennoch hielt Sophie von Hatzfeldt an ihrem Standpunkt fest, wie es einem Brief an ihre Tochter Melanie zu entnehmen ist.

»Es ist den Intriguen des Grafen gelungen, mich überall bei denen, die in unserer Sache zu entscheiden hatten, und vorzüglich in Berlin, als entschiedene Republikanerin darzustellen, und so unseren Prozess zu einer Parteisache zu machen, und so konnte das Resultat nicht zweifelhaft sein. Ich habe es nie geleugnet und werde es nie leugnen, daß mein ganzes Herz sich empört, wenn ich die Not, das Elend, die Unterdrückung der unteren Klassen, den Übermut, die Hartherzigkeit, die Genußsucht der Reichen sehe, die sich alles ungestraft erlauben. Ich habe immer so gedacht und immer auch so *gehandelt* und bereue es auch jetzt nicht, wenn ich auch viel und hart verfolgt bin, so folgen mir auch viele Segenswünsche.«[41]

In einem taktischen Brief an den Bruder seiner Mandantin, Fürst Hermann, heißt es dazu unter anderem von seiten Lassalles:

»Ihre Frau Schwester stand durch Stellung, Ansichten und zumal für die Augen der Richter dadurch, daß sich ihre Familie gänzlich von ihr zurückgezogen hatte, auf der Seite der Revolution – und seitdem haben die Gerichte weder Recht noch Gnade mehr gegen sie gekannt. Seit dem Jahre 1848 hat die Gräfin keinen noch so unverlierbaren Prozeß gewonnen; jedes Urteil fiel zu ihrem Nachteil aus. Das eigentümliche Unglück Ihrer Frau Schwester offenbarte sich auch darin, daß ich, der ihren Schutz hätte bilden sollen, unter diesen Umständen ihr nicht geringen Nachteil zuzog. Der politische Haß, der sich bei der rheinischen Bevölkerung gegen meine Person entzündet hatte, trug sich auf die Gräfin und ihre Sache über.«[42]

Anfangs war man noch bereit gewesen, das politische Auftreten Sophie von Hatzfeldts als einen eher liebenswerten Spleen, einen Ausdruck ihrer schon lange bekannten Exzentrik zu werten und somit zu entschuldigen. Jedoch verlor sich diese Bereitschaft in dem Maße, wie die Gräfin festhielt an ihren politischen Überzeugungen – und an Lassalle. Dem wiederum war die enge Verbindung mit der Gräfin auch alles andere als nützlich, besonders was seine Rolle und sein Ansehen in der politischen Szene anbelangte. Das Mißtrauen, das gegenüber dem anerkannten Führer und Helfer der demokratischen Bewegung eine Begründung suchte, fand sie in den Hatzfeldthändeln. Dabei erwies sich Lassalles gemeinschaftliche Wohnung mit der Gräfin, überhaupt der im ganzen – trotz aller zeitweiligen Not – immer noch aufwendige und »standesgemäße« Lebensstil als Stein des Anstoßes – nicht nur für die offizielle öffentliche Meinung, sondern auch für die demokratische Volksstimmung. Niemand unter Lassalles politischen Freunden war sich so richtig sicher, was bei dem jungen ehrgeizigen Mann denn nun die Hauptsache sei: die demokratische Agitation oder aber die Prozesse der Gräfin und – noch extremer – ob das Geld Sophie von Hatzfeldts der Partei diene oder aber umgekehrt die Partei dem Geld derselben. Für Sophie von Hatzfeldt selbst war diese Frage klar und eindeutig zu beantworten: Das Geld (und vor allem dessen Verwendung!) war einzig und allein ihre private Sache, niemand hatte ihr da reinzureden. Als 1854 – nach dem Abschluß des finanziellen Vergleichs mit ihrem Mann – verschiedene Helfer und Parteigänger ihren Teil für sich forderten, machte die Gräfin unmißverständlich klar, daß bei aller Großzügigkeit erst einmal – nach Jahren der finanziellen Unsicherheit – die Regelung ihres eigenen Auskommens im Vordergrund stand und erst dann an Spenden und Darlehen zu denken war. Es hatte sie zudem sehr getroffen, daß viele Leute sich in der letzten Zeit freundschaftlich an sie herangedrängt hatten, von denen sich im nachhinein herausstellte, daß sie sie nur – finanziell – ausnutzen wollten.

Die Vorstellung, daß die Gräfin ihr Vermögen der »Sache« zur Verfügung zu stellen habe, hatte einige Lassallesche Mitarbeiter, wie den Lehrer Anton Gladbach und Gustav Lewy, mit großen persönlichen Hoffnungen erfüllt. Schmarotzern gleich hängten sie sich an die Gräfin und Lassalle. Als ihre Forderungen vor allem aufgrund der entschiedenen Haltung Hatzfeldts, die nach den enttäuschenden Erfahrungen der letzten Jahre skeptisch geworden war, nur teilweise erfüllt wurden, hetzten sie im Gegenzug gegen Lassalle oder verkauften sich, wie im Falle Gladbachs, als Spitzel an die Polizei. Der Material- und Farbwarenhändler Lewy reiste nach London, um Marx gegenüber ein beeindruckendes Bild der erschreckenden Wandlung Lassalles seit dem finanziellen Vergleich mit dem Grafen zu zeichnen. Der in ständiger finanzieller Not lebende Marx blieb von solchen Auslassungen nicht unberührt. Nicht zuletzt seine eigene Londoner Misere ließ ihn das plötzlich zu Geld gekommene Paar mit anderen Augen sehen. Sophie von Hatzfeldt, die er selbst noch 1848/49 mit Geld und Taten unterstützt hatte, wurde nun zur feudalen Herrin, Lassalle zu einem bedingungslos ihr Untergebenen.[43]

»L[assalle], seit die Gräfin ihre 300.000 Taler erhalten, ganz umgewandelt; die Arbeiter absichtlich zurückstoßend, Sybarit, mit den Blauen kokettierend. Sie werfen ihm ferner vor, daß er beständig die Partei für seinen Privatdreck ausgebeutet und die Arbeiter selbst zu Privatverbrechen benutzen wollte im Interesse des Prozesses. ... Jetzt, wo er gewonnen, statt sich von der Gräfin seine Arbeit zahlen zu lassen und sich unabhängig zu machen, lebe er schmählich unter ihrem Joch als homme entretenu, without any pretext whatever.«[44]

Schon Jahre vorher hatte sich die Skepsis der Arbeiter gegenüber Lassalle und der Gräfin Hatzfeldt bereits in anderer Form gezeigt. Mitte Juni des Jahres 1850 hatte Marx durch den Solinger Arbeiter Klein den Führern des Kölner Kreises des Bundes der Kommunisten vorgeschlagen, Ferdinand Lassalle als Mitglied in den Bund, mit dem er schon lange sympathisierte, aufzunehmen. Daraufhin schrieb der Zigarrenarbeiter Peter Gerhard Röser, Leiter des Kölner Kreises, am 18. Juni 1850 einen ablehnenden Brief an Marx. Dort hieß es unter anderem, daß die Kölner Kommunisten Lassalle nicht in den Bund aufnehmen könnten, da »er noch immer aristokratische Grundsätze hegt und für das allgemeine Wohl der Arbeiter nicht so begeistert ist, wie er sein sollte«.[45] Diese Abweisung Lassalles und letztlich auch ihrer selbst hat Sophie von Hatzfeldt den Männern des Kölner Kreises noch Jahre später, Lassalle war bereits verstorben, arg verübelt.

Düsseldorf war dem Paar um die Mitte der fünfziger Jahre, nicht nur aus diesem atmosphärischen Grund, zu eng geworden. Vor allem Lassalle, aber auch die »Babylonierin«[46], wie die Gräfin in der Korrespondenz der »Partei« unter anderem genannt wurde, empfanden es an der Zeit, sich nach etwas Neuem umzusehen.

IV. Sophie von Hatzfeldt und Ferdinand Lassalle: Höhen und Tiefen einer ungewöhnlichen Lebensgemeinschaft

Über Sophie von Hatzfeldt und Ferdinand Lassalle, die Jahre ihres Zusammenlebens sowie die Art ihrer Beziehung ist schon immer viel geschrieben und spekuliert worden. Das fing bereits zu Lebzeiten des Paares an und beschäftigte auch noch nach ihrem Tode ganze (Forscher-)Generationen.[1] Stets versuchte man, dieses ungewöhnliche Verhältnis in all seinen Erscheinungen zu deuten, zu erklären, auf einen Nenner zu bringen. Was, so fragte man sich immer wieder aufs Neue, mag den jungen Lassalle veranlaßt haben, sich für eine zwanzig Jahre ältere Frau in einen jahrelangen, vermeintlich sinnlosen Kampf zu werfen? Was band diese Menschen so eng aneinander – trotz aller noch so großen Schwierigkeiten? Viele Fragen, auf die die Antworten eher stereotyp ausfielen, wenig Gespür zeigten für die Kompliziertheit seelischer Vorgänge und ihrer Auswirkungen. Daß zudem in diesem Zusammenhang viel seltener nach Sophie von Hatzfeldt und ihren Motiven gefragt wurde, sich als hochgeborene Dame mit einem jungen aufstrebenden Bürgerlichen eng zu liieren, sei nur am Rande vermerkt.

Als sich der zwanzigjährige Ferdinand Lassalle und die vierzig Jahre alte Sophie von Hatzfeldt 1846 in Berlin kennenlernten, da standen beide – ganz unabhängig voneinander gesehen – am Beginn einer neuen Lebensphase. Die Gräfin war endgültig entschlossen, sich von ihrem Mann zu trennen; Lassalle hatte seine universitären Studien in Berlin abgeschlossen, das Material für eine größere wissenschaftliche Arbeit bereits gesammelt. Betroffen von dem Schicksal der Gräfin, empört über eine Gesellschaft, die solche Mißachtungen und Ungerechtigkeiten erlaubte, ließ Lassalle von heute auf morgen alles stehen und liegen, um sich ganz allein der gräflichen Angelegenheit zu widmen. Freilich, daß daraus ganze acht Jahre werden sollten, konnte zu Anfang niemand ahnen, geschweige denn die politische Entwicklung mit all ihren Auswirkungen auf die Prozeßsache voraussehen. Noch im nachhinein hat man Lassalle vorgeworfen, die besten und wichtigsten Jahre seines Lebens anstelle der Politik einer so skandalösen und profanen Sache wie

Ferdinand Lassalle

den Hatzfeldthändeln gewidmet zu haben. »Verhängnisvoll«[2] habe sich das Auftauchen der Gräfin Hatzfeldt auf das weitere Schicksal Lassalles ausgewirkt, ihn acht Jahre seines Lebens gekostet. Von Opfern Lassalles ist hier viel die Rede, ohne dabei zu bedenken, was Sophie von Hatzfeldt in die Waagschale warf und riskierte.

Was den jungen Lassalle zu einem solchen folgenschweren Schritt bewogen haben mag, stand dagegen mehr als einmal im Mittelpunkt angestrengter Überlegungen. Abgesehen von den detaillierten Auskünften, die er selbst zu diesem Lebensabschnitt gab, konzentrierte man sich vor allem auf das Moment der persönlichen Anziehungskraft, rechnete mit der Kraft der Erotik.[3] Sophie von Hatzfeldt war auch noch mit vierzig (und das war keine gewöhnliche Sache in der damaligen Zeit!) eine überaus attraktive Frau und wußte Männer nach wie vor zu verwirren und beeindrucken:

»Eine majestätische Gestalt, in deren edel geformten Gliedern ein gewisser Rhythmus vorherrschte, welcher mehr als einen Mann ergriff und gewann, schön geschnittene Gesichtszüge, schweres goldiges Haar, ein vornehmes natürliches Benehmen, ein ruhiges Wesen, eine einfache verständige Art sich auszudrücken – das waren die Waffen dieses als eine gefährliche Sirene viel besprochenen Weibes.«[4]

Doch auch Lassalle in seinem jugendlichen Eifer und Ehrgeiz war eine gewisse Attraktivität nicht abzusprechen. So beschrieb man ihn beim Eintritt in die Düsseldorfer Szene:

»Er war von mittlerer Größe und schmächtigem Körperbau, mit einem geistvollen Gesicht, scharfen Zügen, einer sehr hohen ausdrucksvollen Stirn, schwarzem kurzlockigem Haar und kleinem schwarzen Schnurbart. Trotz seiner großen Jugend war er schon damals einer der feurigsten und gefährlichsten Redner. Begabt mit einer seltenen Dialektik, wußte er seine Zuhörer zu fesseln und hinzureißen.«[5]

Nur die wenigsten konnten akzeptieren, daß Lassalle in solchem »adligen Weiberkram« ein gesellschaftspolitisches, über den Bereich des Privaten hinausreichendes Phänomen sah. Statt dessen zog man sein sogenanntes ritterliches Verhalten zur Erklärung heran, betonte seine idealistischen, reinen Motive und bedauerte ihn schließlich dafür, in solch skandalösen Gefilden gelandet zu sein, die sich nur negativ auf seinen Ruf auswirken konnten.[6] Daß bei Lassalles Eintreten in den Hatzfeldtkampf – wenigstens im Unterbewußtsein – auch das mitgespielt haben wird, was Oncken »die Anziehungskraft der gesellschaftlichen Sphäre«[7] nennt, wurde meistens übersehen. Die Gräfin und die Aura, die sie um sich zu verbreiten wußte, werden den nach Höherem, nach gesellschaftlicher Anerkennung Strebenden nicht wenig fasziniert haben. Zudem schmeichelten sie seiner Eitelkeit. Für den Sohn eines jüdischen Seidenhändlers östlicher Herkunft, der schon in Berlin einem seiner Stellung nach eher überzogenen Lebensstil nachzugehen pflegte, war die Gräfin also auch ein Sprungbrett in eine andere Welt hinein.

Von ihr konnte er nur lernen in Fragen der Lebensführung und der formalen Kultur.

Daß der Hatzfeldtprozeß auch – trivial gesagt – zur Sicherstellung der finanziellen Zukunft Lassalles, seines Lebensunterhaltes überhaupt diente, war vielen eine peinliche Erkenntnis. Von Anfang an hatten die Gräfin und er, unabhängig von ihrer persönlichen Beziehung zueinander, ihre gemeinsame sozusagen geschäftliche Zusammenarbeit vertraglich geregelt. Der gern idealisierte Lassalle wußte also durchaus, neben allen noch so großherzigen Motiven, auch seine realen und handfesten Interessen durchzusetzen und abzusichern. Tatsächlich erhielt er seit dem Vergleichsabschluß 1854 eine stattliche Jahresrente von 4.000 Talern, die es ihm ermöglichte, sein Leben weitgehend unabhängig von allen materiellen Einschränkungen zu führen.

Nie wird Lassalle aber, und das ist vielleicht sogar der wichtigste Punkt überhaupt, der Gräfin vergessen haben, daß sie an ihn geglaubt hatte zu einer Zeit, als er noch keinen Namen besaß. Durch ihr Vertrauen hatte sie ihm quasi erst die Möglichkeit geboten, seine wahren Fähigkeiten der Öffentlichkeit zu präsentieren – ihm, der bei aller Eitelkeit und Selbstwertschätzung doch immer auch stark abhängig war von der gefühlsmäßigen Unterstützung anderer. Noch in seinem berühmten, Jahre später geschriebenen »Bekenntnisbrief« brachte er das zum Ausdruck.

»Und ich, ein junger, machtloser Jude, erhob mich gegen die furchtbarsten Mächte – ich allein gegen die ganze Welt, gegen die Macht des Ranges und der ganzen Aristokratie, gegen die Macht eines unbegrenzten Reichtums, gegen die Regierung und gegen die Beamten aller Art, welche stets die natürlichsten Verbündeten von Rang und Namen sind, gegen alle nur möglichen Vorurteile.« »Sie hat ihr Schicksal in meine Hand gelegt; und zwar nicht heute, wo ich einen begründeten Ruf habe, sondern damals, als ich ein junger Mensch von zwanzig Jahren, zwar talentvoll, aber anscheinend machtlos und unbekannt in der Welt war.«[8]

Sophie von Hatzfeldt hatte zum Zeitpunkt ihres Kennenlernens Jahre der Unzufriedenheit, der Einsamkeit und großen persönlichen Unglücks hinter sich. In der Gefahr, sämtliche Kinder und somit einen ihrer wichtigsten Lebensinhalte überhaupt zu verlieren, allein gelassen und unverstanden von ihren Geschwistern, mußte es ihr geradezu wie eine Erlösung erscheinen, in Lassalle endlich einmal einen ernsthaften Mitstreiter gefunden zu haben. Die Jahre des Prozessierens taten ihr übriges. Sie können als das Substrat dieser ungewöhnlichen Lebensgemeinschaft bezeichnet werden. Lassalle war immer bei ihr geblieben – was auch geschehen war –, und das vergaß ihm die Gräfin ihr Lebtag nie. Das enge Zusammenleben beider, egal welcher Natur auch immer es gewesen sein mag (und ich will mich hier nicht in die lange Reihe der Spekulierenden einreihen), schweißte sie zusammen, blieb nicht ohne Folgen für die eine und den anderen. Sophie von Hatzfeldt nahm Anteil an den Gedanken und Ideen Lassalles, wurde sogar animiert, es ihm gleich zu tun. Hier, bei ihm, war es ihr endlich erlaubt, das, was sie immer schon gedacht und gefühlt hatte, auch auszudrücken. Sie lernte in dieser Zeit ein Leben kennen, das ihrer feudalen Herkunft völlig zuwiderlief. Sie lebte in einfachen Häusern oder gar nur Wohnungen anstatt in Schlössern und auf Landsitzen und mußte zeitweise – was für eine Frau ihres Standes sehr ungewöhnlich war – ohne jegliches Personal auskommen. Ihre persönlichen Kontakte, das waren zum größten Teil Bürgerliche, in ihrem Haus verkehrten neben einer Handvoll Intellektueller ungebildete und einfache Menschen, zudem Radikale und Demokraten. Politik wurde zum Tagesthema Nummer eins, aktives politisches Eingreifen zur Regel. In der Kunststadt Düsseldorf erlebte sie in der 48er Zeit echtes vitales Engagement für eine Sache, hatte sie die Hoffnung, daß etwas von den alten überkommenen Formen aufbrechen könnte. Mit einem Glücksgefühl wird sie gesehen haben, daß ihr Sohn Paul diese neuen Erfahrungen gemeinsam mit ihr machte und auch teilte.

Bei aller Ambition für die Sache konnte sie aber ihre Erziehung und vor allem ihre bei aller Emotionalität auch rational abwägende Persönlichkeit nie verleugnen. So war sie schon in der Düsseldorfer Zeit die »kluge, besonnene Beraterin« Lassalles, den sie im Sinne einer überlegenden Mäßigung beeinflußte und von allzu großen und unüberlegten Spontaneitäten abhielt. In dieser Richtung zumindest äußerte sich Lassalle selbst, und es ist anzunehmen, daß er Selbstbeherrschung, Takt und Zurückhaltung – wenn auch nur bedingt – erst bei ihr lernte.

»Sie hat mich viel besser gemacht, als ich war. Ich kann wohl sagen, daß ich ein ausgezeichnetes und warmes Herz hatte, aber ich hatte auch die Laster der Kraft. Ich hatte in mir wilde Instinkte, einen fürchterlichen Zorn, eine grenzenlose Leidenschaftlichkeit; ich konnte grausam hart sein und ohne Mitleid. Sie hat mir alles dies abgewöhnt. Sie hat in mir die guten Instinkte entwickelt und die anderen unterdrückt.«

Sophie von Hatzfeldt hatte sich in die Gedankenwelt Lassalles eingelebt und kannte mit der Zeit seine schwachen Seiten, genauso wie auch Lassalle mit den ihren umzugehen wußte – unabhängig von der, laut seiner eigenen Aussage, schon von Anfang an vorhandenen Übereinstimmung ihrer Charaktere, ihrer Art zu fühlen und in ihren geistigen Anlagen.[9] Aus ihrem ehemaligen »Kampfbündnis« hatte sich im Laufe der Jahre eine enge und tiefe Freundschaft entwickelt – dies um so mehr als Sophie Hatzfeldt auch noch von ihrem Sohn Paul im Stich gelassen worden war. Mehr noch als der Prozeß mit all seinen Unbilden hatte sie die Abwendung Pauls getroffen, die sich in den Jahren 1850/51 manifestierte und an der ihr ältester Sohn Alfred nicht unbeteiligt war.

»Ich verhehle Dir nicht, daß, was mich von Dir [Paul] betroffen, mich bei weitem am tiefsten gebeugt hat von allem, was ich erfahren. Von dem Augenblick an sind meine Haare gebleicht, ich bin äußerlich und innerlich alt und lebensmüde geworden, denn mein Leben hat keinen Zweck mehr. Es hat mich so tief und unerwartet getroffen, daß auch Du selbst nicht mehr diese Wunde heilen kannst, und dennoch ist immer noch Verzeihen für Dich in meinem Herzen, denn ich kann nie vergessen, was Du mir warst, und Dein Glück wird immer mein größter Wunsch bleiben.«[10]

Jahrelang hatten Lassalle (und dessen eigene Familie) gleichsam den Familienersatz der Gräfin gebildet.[11] Das war für alle Seiten nicht einfach. Der Sohn konnte es partout nicht verstehen, daß seine Mutter auch noch nach der abgeschlossenen Scheidung an einem Menschen wie Lassalle festhielt und dafür sogar ihre eigenen Herkunftskreise stehen ließ. Sophie von Hatzfeldt wiederum konnte es nicht begreifen, daß Paul ihr innerhalb so kurzer Zeit derart fremd geworden war und ihr absolut kein Verständnis mehr entgegenbrachte.

»Jeder Tag entfremdet Dich mir mehr, Du kannst mich nicht mehr verstehen, nicht mehr die Prinzipien erkennen und würdigen, die mich geleitet. Du siehst die Geschichte der letzten Jahre als einen wahnsinnigen Kampfversuch einer irregeleiteten Frau an, anstatt das klare Recht, die tiefe Notwendigkeit anzuerkennen, das höhere Prinzip, nach dem ich nicht anders handeln konnte.«[12]

Daß sie da in Lassalle einen Menschen ganz anderen Kalibers gefunden, darauf wies sie den Sohn mehr als einmal hin.

»Ich kann übrigens nicht dankbar genug sein, daß ich einen Freund habe, der meinem Unglück so treu bleibt, er tut mehr als ein Sohn an mir, und Du kränkst mich tief durch verdeckte nicht edle Angriffe auf ihn. Ich halte sie Deiner jetzigen Verblendung zugute, sonst würden sie nicht für Dein Herz sprechen, jetzt so gegen einen Mann zu sprechen, der so viele Opfer gebracht.«

Wie sehr sie den Menschen Lassalle schätzte und respektierte und daß sie an der Freundschaft zu ihm für immer festhalten wollte, nicht zuletzt aus tiefer Dankbarkeit – auch darüber ließ sie Paul nicht im Zweifel.

»Ich wiederhole Dir nochmals, daß meine Überzeugung feststeht, daß er [Lassalle] nicht nur wie der beste Freund, sondern wie der beste Sohn an mir handelt, daß kein Opfer für mich und mein Wohl ihm zu schwer ist. Geirrt kann er sich in einzelnen Fällen haben, denn davon ist kein Mensch, selbst nicht der größte, frei. Doch dies würde gar nichts an seinem größten Verdienst schmälern. Dies werde ich Dir mit meinem letzten Atemzug auf der Welt wiederholen, so wie ich es Dir aus dem Grabe noch in meinem Testament zurufen werde, daß Du die größte Pflicht der Dankbarkeit gegen ihn hast, wofern Du nicht Deine Mutter völlig verleugnest. Denn er allein hat sie vor Verzweiflung bewahrt, sie ernährt, getröstet, gepflegt. Dies ist seine Handlungsweise gegen mich. Was seinen Charakter im allgemeinen anbetrifft, so glaube mir, liebes Kind, die Calumnien der früheren Jahre finden weder bei Freund noch Feind mehr Glauben. Er ist sehr gehaßt, aber niemand verachtet ihn. Ob seine politischen Gesinnungen die richtigen sind, lasse ich völlig dahingestellt. Aber sie sind seine innige Überzeugung, die er mit seltener Charakterfestigkeit und Aufopferung und Uneigennützigkeit festhält und verteidigt, und diese Charaktere sind in unserer zerfahrenen und verfaulten Zeit sehr selten. ... Er ist von meinem Recht gegen den Grafen überzeugt, er hat die größte Freundschaft gegen mich und achtet meinen edlen Charakter, den ich hauptsächlich meinem Unglück zu verdanken habe, daher opfert er mir seine Jugend, seine Liebe zur Wissenschaft, [hat] seine Tage und Nächte in der aridesten Arbeit in drückenden Sorgen zugebracht. Kein persönliches Opfer würde ihm für mich zu schwer sein, aber das Recht der Menschheit, wie er es richtig oder unrichtig versteht, steht ihm höher als mein individuelles Recht, und dabei opfert er dieses, sobald er glaubt, daß das erste ins Spiel kommt und berücksichtigt dann keinen Schaden, den er mir zufügt. ... Dies hat er mir oft selbst gesagt, und ich weiß auch, daß es wahr ist, es mag sehr traurig für mich sein, aber ich kann deshalb doch nur seinen Charakter achten und vollkommenes Zutrauen in seine

Zuverlässigkeit haben. ... In einer Zeit, wo die fähigen Männer so selten, sollte man nicht hundert Leute wie Graf H[atzfeldt], und wären sie zehnmal Grafen ..., beiseite werfen, um einen solchen Menschen zu gewinnen?«[13]

An dieser grundsätzlichen Haltung Lassalle gegenüber sollte sich auch in den nächsten Jahren auf seiten der Gräfin nichts Grundlegendes ändern – trotz aller zeitweiligen, zum Teil sehr großen Spannungen zwischen dem Freundespaar. Lassalle besaß glänzende Fähigkeiten, war kühn, entschlossen und bereit, für eine einmal als gut und gerecht erkannte Sache bis zum Äußersten zu gehen, selbst wenn ihm persönliche Nachteile daraus erwuchsen. Diese Zuversicht und Kraft hat Sophie von Hatzfeldt ihr Leben lang an ihrem Freund bewundert, und es waren zudem Eigenschaften, die sie auch für sich selbst anstrebte. Und dennoch: Paul, der alles andere als ein energischer Charakter wie Lassalle war und eher, nach eigenen Angaben der Mutter, zu Genußsucht, Weichlichkeit, Hochmut und Egoismus neigte[14] – er war ihr Sohn, und mit ihm hatte sie trotz allem sehr glückliche Zeiten verlebt.

Ihre Anhänglichkeit an ihren Jüngsten, ihre Sorge für seine Zukunft und sein Wohlergehen hat Sophie von Hatzfeldt nie verloren – wie egoistisch und opportunistisch Paul sich auch verhalten mochte. Immer wieder sprang sie ein, wenn dem leichtsinnigen und dem Luxus äußerst geneigten jungen Mann die Schulden über dem Kopf zusammenzubrechen drohten. Sie kümmerte sich (nicht nur finanziell) um die Wohnungseinrichtung des mittlerweile nach Berlin Verzogenen, zog Erkundigungen über seine Geliebten ein und wurde nicht müde, den Sohn zu einer gemäßigteren und weniger oberflächlichen Lebensart aufzufordern. Daß sie zudem auch lenkend und beratend in das Fortkommen seiner Karriere im preußischen Staatsdienst eintrat und ihn jeweils mit den neuesten politischen Informationen und Interna versorgte – all das mag einen da schon nicht mehr verwundern.[15]

Lassalle betrachtete dieses trotz aller Belastungen enge Mutter-Sohn-Verhältnis zeitweise mit großem Argwohn. Nicht zuletzt die ständigen finanziellen Spritzen der Gräfin (die 1857 aufgrund von Fehlspekulationen selbst erhebliche Kapitaleinbußen hatte hinnehmen müssen)[16] für ihren Sohn verärgerten ihn. Immer häufiger kam es zwischen dem Paar deshalb zu Auseinandersetzungen, so daß Sophie Hatzfeldt es schließlich vorzog, gewisse Dinge nur noch heimlich zu verrichten.[17] Die beiden jungen Männer, die aufgrund ihres nur sechs Jahre betragenden Altersunterschiedes Brüder hätten sein können, waren nicht in der Lage, die emotionale Zuwendung von seiten der Gräfin miteinander zu teilen. Noch wichtiger schien ihnen allerdings, ihre Einflußsphären bei der Gräfin voneinander abgesteckt zu wissen. Das hat Sophie Hatzfeldt nicht wenig Leid und Kopfzerbrechen bereitet, fühlte sie sich doch ständig hin- und hergezogen zwischen den beiden ihr wichtigsten Menschen und deren jeweiligen Ansprüchen auf und an sie.

Anders als zu Paul besaß Sophie von Hatzfeldt zu ihren beiden älteren Kindern überhaupt keinen direkten Kontakt mehr. Es hatte sie hart getroffen, daß Melanie und Alfred sich so völlig von ihr abgewendet hatten.[18] Auch wenn dies das Ergebnis einer jahrelangen Entwicklung war, abfinden konnte sich die Gräfin damit nie. Es kränkte sie vor allem, aus rein opportunistischen, zum Teil sogar aus rein finanziellen Gründen von ihren Kindern verleugnet und verraten worden zu sein. Daß ausgerechnet ihre Kinder »Hochmut und Reichtum« ihren »heiligsten Pflichten« der Mutter gegenüber und dem Recht, für das sie selbst ihr Leben lang nicht müde wurde zu kämpfen, vorzogen, verletzte sie sehr.[19] In einem ihrer vielen, immer vergeblichen Briefe an Melanie (hauptsächlich aus der Zeit, als sie sich um einen vernünftigen finanziellen Vergleich bemühte) machte sie ihrer Wut und Enttäuschung Luft und ließ keinen Zweifel daran, daß sie niemals klein beigeben würde.

»Mein Glück ist bereits auf immer von Euch zerstört. ... Und welches ist der Grund, warum Alfred und Du mich so grausam beleidigt und verfolgt? Um mich durch Kummer und Elend zu zwingen, auf mein mir rechtmäßig zustehendes Vermögen zu Gunsten des Grafen Hatzfeldt zu verzichten. Welches Recht habt Ihr, mich dazu zu zwingen? Täuscht Euch nicht, Ihr werdet diesen Zweck niemals erreichen solange ich lebe, und nach meinem Tode noch weniger. So wenig ich am Geld hänge, ich werde auf dieses Vermögen niemals verzichten... Nicht einmal über meine Leiche werdet Ihr es erobern. Wieviel Entbehrungen ich auch bis jetzt getragen, so bin ich entschlossen noch viel mehr zu tragen, ich werde wie eine Bauernfrau mit gänzlicher Aufopferung meiner Gesundheit leben, aber nachgeben werde ich nicht, Ihr werdet mich ins Grab stoßen, aber Euren Zweck nicht erreichen.«[20]

Die seit 1852 verheiratete Tochter Melanie ging auf die ständigen ultimativen Aufforderungen der Mutter, ihr gegenüber zumindest die äußeren Formen zu wahren, nicht ein. Auffällig ist in diesem Zusammenhang die Diskrepanz zwischen dem rein theoretischen Interesse der

Tochter am Schicksal ihrer Mutter, welches sich vor allem in den Briefen an den Bruder Paul zeigt, und ihrem tatsächlichen Handeln, das sich durch absolute Vernachlässigung und Negierung der Mutter auszeichnete. Auch sie hielt Lassalle für die Ursache und den Grund allen Unglücks der Mutter.[21] Unfähig, äußerem Druck zu widerstehen, beugte sie sich den Anordnungen ihres Mannes, der ihr allem Anschein nach verboten hatte, die Mutter aufzusuchen oder überhaupt nur in Kontakt mit ihr zu treten. Von Kindheit an hatte sich Melanie, die die Trennung von ihrer Familie nicht verkraftet hatte, in eine Scheinwelt zurückgezogen. Die Menschen, so wie sie wirklich waren, kamen darin nicht mehr vor, sondern nur noch ihre Wunschbilder von diesen. Religiöser Fanatismus und eine poetisch schwärmerische Sprache bestimmen den Ton ihrer Briefe, die das Ausmaß ihres Unglücks erahnen lassen. Daß ausgerechnet ihre Tochter quasi in zwanghafter Weise ihren äußeren Lebenslauf wiederholen sollte, gehört mit zu den tragischsten Erscheinungen im Leben der Gräfin Hatzfeldt. Melanie, die noch 1851 von sich behauptet hatte, nicht für den Ehestand bestimmt zu sein,[22] lebte seit 1852 in einer Ehe, die von Anfang an durch das egoistische und harte Auftreten Max von Nesselrodes geprägt war und ihr Unglück noch vergrößerte. 1856, kurze Zeit nach der Geburt ihres zweiten Sohnes, kam es zum Zusammenbruch. Tobsuchts- und Wahnanfälle, eine völlige geistige Verwirrung zwangen Melanie für Monate auf das Krankenlager, zum Teil sogar in einem sogenannten »Irrenhaus« bei Bonn. Die psychische Krankheit sollte sie von nun an bis zu ihrem Lebensende begleiten, wenn auch akute Krisen mit eher ruhigen Phasen abwechselten.[23] Als Sophie von Hatzfeldt von dem traurigen Schicksal ihrer Tochter erfuhr, waren alle Vorbehalte der Vergangenheit verschwunden – zumal sie Melanie immer schon als ein Opfer der Umstände gesehen hatte und sehr großes psychologisches Gespür in ihrem Fall bewiesen hatte. Resolut und tatkräftig wie gewohnt kümmerte sie sich um die besten ärztlichen Kapazitäten und konnte ihre Tochter – nach sechzehn Jahren! – das erste Mal wiedersehen oder zumindest in ihrer Nähe sein.[24] Freilich, eine Änderung in dem gestörten Verhältnis zwischen Mutter und Tochter sollte auch diese Zusammenkunft nicht mehr bewirken können.

Seit dem Abschluß des finanziellen Vergleichs mit dem Grafen lebten Sophie von Hatzfeldt und Ferdinand Lassalle eher ruhig und zurückgezogen in ihrem Düsseldorfer Domizil. Seit 1850 quälte sich die Gräfin verstärkt mit Krankheiten herum, die immer häufigere Bade- und Kuraufenthalte notwendig machten und sie zum Teil für längere Zeiträume auf das Krankenlager warfen.[25] Die aufreibenden Prozeßjahre forderten ihren Tribut. Lassalle hatte sich in der Zwischenzeit an die Fertigstellung seiner philosophischen Arbeit über Heraklit gemacht, die während der Prozeßjahre brachgelegen hatte. Auch wenn Sophie Hatzfeldt den Fortschritt dieses Werkes über die Jahre hinweg interessiert verfolgte und Lassalle beim Ordnen der Bücher und Notizen wertvolle Hilfe geleistet hatte,[26] so füllte sie doch die Anteilnahme an der Arbeit Lassalles längst nicht aus und ließ sie in ein Gefühl tiefer Unzufriedenheit und Leere fallen. Acht Jahre hatte sie für ein besseres und unbeschwerteres Leben gekämpft, um sich nun völlig nutzlos, von Krankheiten geschwächt und alleingelassen zu fühlen. Lassalle, das spürte sie, befand sich im Aufbruch zu neuen Ufern, wollte seinem Leben neue Dimensionen geben. Daß er zudem auch in der Liebe neue und eigene Wege ging – unter anderem hatte er mehrere Jahre lang ein Verhältnis mit Agnes Denis-Street, dem sogar eine Tochter entsprang[27] –, wird ihr Gefühl, überflüssig zu sein, noch gesteigert haben, auch wenn Lassalle immer darum bemüht war, sie in seine Liebesbeziehungen mit einzubeziehen. Immer häufiger plagten Verstimmungen und Schwermut Sophie von Hatzfeldt. Ihre Reizbarkeit in Kombination mit dem Jähzorn Lassalles führten mehr als einmal zu häßlichen Szenen zwischen den beiden.

Schon im Sommer 1855, auf einer ihrer Kurreisen, sah Sophie von Hatzfeldt ganz klar, daß in ihrem Verhältnis zueinander eine Veränderung eingetreten war, die sie selbst wie folgt zu deuten suchte:

»Aber das fühle ich, unsere Wege gehen von jetzt ab immer mehr auseinander, denn, und das ist auch der wahre Grund aller Differenzen der Ansichten, Sie sind jung und ich bin alt, Sie sind mutig und streben nach vorwärts, und ich kann Ihnen nicht mehr folgen. So ist es auch, wenn ich an die Zukunft denke, wenn sich Ihnen ein Feld der Tätigkeit öffnete. Wie froh und stolz würde ich nicht einesteils darauf sein, aber zu gleicher Zeit, welche Angst und Sorge! Und für mich würden Sie nicht viel mehr sein können, ganz abgesehen von meinem persönlichen Glück, das doch nur noch in friedlicher Ruhe für mich und vorzüglich in der Ruhe über das Schicksal derer, die ich liebe, bestehen kann.«[28]

Jede Beschäftigung, aber auch weitgehend jeder gesellschaftliche Umgang blieben Sophie von Hatzfeldt verschlossen. Schon 1851 hatte

Paul ihr seine sehr standesbewußte und -gemäße Sicht der mütterlichen Situation zu verstehen gegeben.

»... nicht der Mangel an Reichtum macht allein Deine jetzige Stellung so unangenehm. Es ist die *Stellung zur Welt* – worunter ich natürlich die gebildete, anständige Welt verstehe – welche, durch die Ereignisse der letzten vier Jahre hervorgerufen, Dich zur Einsamkeit zwingt, Dich nötigt, mit Leuten im intérieur umzugehen, deren mangelnde Erziehung – mögen ihre Fähigkeiten noch so groß sein – Dich jeden Augenblick froissiert und demütigt, welche Dich abhängig macht von Personen, die unter natürlichen Verhältnissen nie in Deine Nähe gekommen wären, und die manchmal sogar den einfachsten Respekt vergessen und Szenen hervorrufen, bei deren blosser Erinnerung mir vor Scham und Indignation das Blut noch jetzt ins Gesicht steigt, – dies und noch vieles mehr ist es, was Deine Lage, abgesehen von allen materiellen Nachteilen unerträglich macht und täglich noch unerträglicher machen wird!«[29]

Daß Paul mit dieser Interpretation der Dinge nicht ganz unrecht hatte, wurde ihr im Sommer 1856, während ihres Kuraufenthaltes in Wildbad, besonders deutlich von außen gezeigt. Sie kam sich dort wie ein Paria vor, gemieden und ignoriert von ihren Kreisen, von Ablehnung umgeben, zum Alleinsein (bis auf wenige Ausnahmen) gezwungen. Nicht zuletzt Lassalle wird sie unbewußt die Schuld an diesem Zustand gegeben haben und damit in arge Konflikte mit sich selbst geraten sein. Lassalle hinwiederum, immer noch an ihren ungebrochenen Mut glaubend, gab ihren bösen Gedanken nichtsahnend auch noch Nahrung, wenn er ihr schrieb:

»Freilich mußte ich lachen, als ich las, Sie kommen sich ›wie ein Paria‹ vor, weil Ihre Wildbader Honoratioren tun als kennten sie Sie nicht und schieben das auf das ›Verleumdet- und Verkanntsein‹. Das hat damit gar nichts zu tun ..., sondern wurzelt einfach in der politischen Partei, zu der Sie sich geschlagen haben, und kann Sie folglich weder kränken noch wundern.«[30]

Solange Sophie von Hatzfeldt in Lassalle einen bedingungslosen Rückhalt verspürt hatte, war sie stark genug, die Ablehnung der Gesellschaft zu ertragen. Nun sah die Situation aber anders aus. Die Konflikte mehrten sich. Im Sommer 1856 reiste man noch einmal gemeinsam an den Genfer See – um in Unfrieden voneinander zu scheiden. Lassalle floh daraufhin in den Orient (September bis Dezember 1856), was sowohl ihm als auch der Gräfin den nötigen Abstand zu den letzten Geschehnissen bringen und ihrer gefährdeten Freundschaft neuen Auftrieb geben sollte. Sophie von Hatzfeldt begann in dieser Zeit, trotz aller Traurigkeit, sich nach etwas anderem umzusehen. In völliger Isolierung wollte sie nicht leben, und sie griff daher die zaghaften Versöhnungsversuche von seiten ihrer Familie dankbar auf. Es war vor allem ihre Schwester Clara Nostitz, die der unglücklichen Vergangenheit endlich ein Ende bereiten wollte. Durch eine schwere Krankheit an das Bett gefesselt, hatte sie Sophie nach Berlin eingeladen. Mit großer Erleichterung hatte diese die Einladung ihrer liebsten jüngeren Schwester auf- und angenommen und war nach Berlin gereist, um in ihrer Nähe zu sein – obwohl sie zu ihrem Schwager Nostitz in einem eher gespannten Verhältnis stand.[31] Doch das neue Familienglück sollte nur solange währen, wie Lassalle abwesend war und nicht als vermeintlicher Störenfried die Szene betrat. Kaum hatte er bei seiner Rückkehr aus dem Orient, die ihn über seine Heimatstadt Breslau geführt hatte, die preußische Hauptstadt erreicht, da war es mit der Ruhe aus, waren die alten Probleme wieder da. Ihren Freund in Berlin zu sehen oder gar öffentlich mit ihm auftreten zu können – das sei ganz unmöglich, so wurde Sophie von Hatzfeldt von ihrer Schwester Clara und ihrem Sohn Paul gewarnt. Daß die Vergangenheit alles andere als vergessen und bestimmte Personen zudem einer besonderen Beobachtung unterlagen, wurde der Gräfin mit einem Male wieder deutlich vor Augen geführt. Sie fühlte sich hin- und hergerissen zwischen ihrer Familie und ihrem Freund. Beide Seiten verlangten von ihr die absolute Exklusivität ihres Gefühls und zwangen sie zu einer Entscheidung. Lassalle war es außerdem unverständlich, wie sich die Gräfin wieder so weit mit ihrer Familie hatte einlassen können, und er ersparte ihr nicht den Vorwurf, die unerquickliche Vergangenheit wohl vergessen zu haben.[32] Das alles machte Sophie Hatzfeldt sehr unglücklich, zumal sie keine Lösung der Situation vor Augen sah. Des Lebens und seiner ewigen Probleme müde, hatte sie sich schon gegen Ende des Jahres 1856 geäußert:

»Dieser unversöhnliche Kampf, der über meinem Körper Ruhe und Glück vernichtend hergeht, hat mich des Lebens so überdrüssig gemacht, daß ich oft Stimmungen habe, wo ich meinem Leben, das so vielen ein Hindernis und mir so gar keine Freude, ein Ende zu machen wünschte.«[33]

Das Jahr 1857 sollte bestimmt sein vom Kampf um Berlin – einem

Kampf, in dem die Gräfin erstmalig ernsthaft versuchte, sich dem diktatorischen Willen Lassalles entgegenzusetzen. Dieser hatte schon seit 1855 den Wunsch, seine Zelte in dem mittlerweile eher verschlafenen Düsseldorf abzubrechen und statt dessen in der preußischen Hauptstadt Wohnung zu beziehen. Berlin, das bedeutete für ihn damals alles: sowohl das Sprungbrett für eine wissenschaftliche Karriere wie auch die Sicherung einer zukünftigen politischen Operationsbasis. Und natürlich sollte ihn die »liebe, gute Gräfin« dorthin begleiten, wenn man auch nicht mehr unbedingt unter einem gemeinsamen Dach leben wollte. Sophie von Hatzfeldt wußte genau: Wenn sie zusammen mit Lassalle nach Berlin zöge, dann riskierte sie neue handfeste Konflikte mit ihrer Familie. Und sie wußte auch, daß ihre Familie, das heißt vor allem der hochdekorierte alte Militär Nostitz, Einfluß auf ganz anderen Ebenen besaß als sie und Lassalle zusammen und es für sie nach wie vor ein leichtes sein konnte, den politisch Verrufenen in Berlin ganz unmöglich zu machen. Und dennoch wurde sie von Lassalle, dem es ganz unmöglich schien, sich dem Willen ihrer Familie zu beugen und der Auseinandersetzungen dieser Art liebte, gezwungen, in allein seinem Sinne zu agieren und ihm bei der Beschaffung der Aufenthaltsgenehmigung behilflich zu sein. Daß selbst die Königin sich gegen die gleichzeitige Präsenz der Gräfin und Lassalles in der Stadt aussprach, ließ diesen kalt.[34] »Pünktlichen und blinden Gehorsam« verlangte er von seiner Freundin, ansonsten drohte er mit dem unvermeidbaren Ende ihrer Freundschaft.[35] Diese Form der rücksichtslosen Erpressung ging Hatzfeldt zu weit. Auch um ihre im Sterben liegende Schwester Clara und deren Ruhe besorgt, antwortete sie Lassalle,

»daß alle Sachen, die ich nicht nur diese letzten Monate, sondern seit zehn Jahren erduldet habe, nur einem *Narren* wie mir passieren können, der sich dahin bringen läßt, jeden eigenen Willen und Zweck, jede Persönlichkeit aufzugeben, und ferner, wie ich das Ihnen schon oft gesagt, daß es Ihnen sogar mir gegenüber, sobald es Ihre Heftigkeit gilt, Ihnen irgend etwas nicht nach Ihrem Sinn geht oder ich nicht sklavisch genug, *blindlings* genug gehorche, auf die Wahrheit *gar nicht ankommt.* ... Wäre es ein Majestätsverbrechen gegen Sie, wenn ich aus Rücksicht auf meine Zeit, meine Gesundheit, auf Konflikte, die mich in die peinlichste Lage versetzen, auf die Gesundheit meiner auf so schmerzliche Weise sterbenden Schwester, um mir nicht für später den Aufenthalt in Berlin, wenn nicht geradezu unmöglich, doch jedenfalls unerträglich zu machen, vor allen Dingen aber, um nicht, nachdem alle so kostspielige und mühsame Einrichtungen gemacht, Ihren Aufenthalt zu kompromittieren, meine Meinung geändert hätte? ... Diese immerwährenden Gemütsbewegungen, in die mich Ihre Heftigkeit, Despotismus und wirkliche Rücksichtslosigkeit versetzen, reiben wirklich meine Kräfte auf und machen mich so melancholisch, daß mir nichts anderes wird übrig bleiben, um allen wahrlich unverdienten Vorwürfen zu entgehen und das bißchen Ruhe, das ich so nötig habe zu finden, als mich, von allem entfernt, in eine gänzliche Einsamkeit zurückzuziehen, da für mich nirgends mehr ein ruhiger Platz im Leben.«[36]

Daß ihr schwerer Konflikt sich letztlich um einen zentralen Kernpunkt drehte, war der Gräfin völlig klar. Sie wollte Lassalle aber zumindest die Maßlosigkeit und besonders die verheerenden Konsequenzen seines anmaßenden und diktatorischen Treibens und Forderns bewußt machen.

»Jetzt wende ich mich an Ihr Herz; ich weiß, daß ich durch Krankheit und lange Unselbständigkeit so schwach geworden, daß, wenn Sie *darauf bestehen,* ich gegen meine Überzeugung mit schwerem Herzen dennoch jetzt auf ein paar Tage nach Berlin kommen werde. Aber ich bitte Sie: drängen Sie mich nicht stets in eine so fürchterliche Lage, drängen Sie mich nicht immer zu einer Wahl zwischen Ihnen und Paul; wie diese auch ausfallen möchte, ich wäre rettungslos unglücklich und verloren, und was hätten Sie von einem solchen Sieg? Ich kann Ihnen versichern, daß ich, abgesehen von allen Gründen der Dankbarkeit, eine recht wahre Freundschaft für Sie habe, daß diese niemand erschüttern kann. Aber mißbrauchen Sie nicht die Gewalt, die Sie über mich erlangt haben, um mich unglücklicher zu machen, als es die Verhältnisse nötig machen.«[37]

Obwohl sie sich innerlich weigerte, weiterhin Lassalles »weißen Neger«[38] zu spielen, fühlte sich Hatzfeldt letztlich zu schwach, ihm dauernden Widerstand zu leisten. Lassalle hatte seinen Willen zunächst mit aller Rigorosität durchgesetzt und selbst Wohnung bezogen in Berlin. Müde, resigniert und deprimiert war die Gräfin allein nach Düsseldorf zurückgekehrt und verbrachte den Sommer und Herbst in Begleitung eines ihrer Neffen Loë mit Kuren. Weder war Paul in Baden erschienen, noch erhielt sie Post von Lassalle, was ihr Gefühl der Einsamkeit nur noch steigerte.

»... tausend ... Gründe, die auf solchen Reisen ganz deprimierend auf mich wirken, haben mich in einen Zustand versetzt, wo ich wirklich ganz stupid bin und gar nichts tue als rauchen, Romane lesen und zum Zeitvertreib mich über mich selbst attendriere und weinen. Und nun schreiben Sie mir auch nicht und vergessen mich ganz, wie es scheint. ... Ich bin, als wenn man mich vor den Kopf geschlagen hätte... Meine Geschäfte sogar interessieren mich nicht mehr... Alles vergißt mich, ich könnte sterben, ohne daß einer es wüßte.«[39]

Zu allem Überfluß hatte sie 1857 auch noch herbe finanzielle Verluste hinnehmen müssen, die sie kurzfristig in ökonomische Verlegenheiten brachten. Als am 14. Januar 1858 zudem Clara von Nostitz ihrer Krankheit erlag, sah Sophie von Hatzfeldt das letzte Band zu ihrer Familie zerrissen.[40] Erstmalig dachte sie konkret an Auswanderung, an ein Leben weit weg von ihrer Familie. Schon zu Ende des Jahres 1857 hatte sie geäußert:

»Wenn sie [Clara] nicht mehr da ist, werde ich weit fortgehen, um niemand mehr zur Last zu sein und mir selbst Schmerz zu ersparen. Jetzt noch und vorzüglich *dann* noch länger der Illusion einer wirklichen Vereinigung mit meiner Familie oder auch nur eines äußerlich für mich erträglichen anständigen Verhältnisses nachzujagen, wäre Wahnsinn, es ist *keiner* unter ihnen, der auch nur einen Finger für mich ausstrecken würde.«[41]

Aber auch das Verhältnis zu Lassalle hatte durch die Ereignisse um Berlin einen Bruch erfahren. Lassalle, der ohne Rücksicht auf Verluste seinen Kopf durchgesetzt hatte, versuchte nun, die Gräfin, an deren Zusammenbruch er mit die Hauptschuld trug, wieder aufzurichten. Eine Distanziertheit von ihrer Seite konnte er jedoch nicht ohne weiteres aus der Welt schaffen. Nahezu zwei Jahre, von April 1857 bis zum Frühjahr 1859, sollte das Paar getrennt leben – bis auf wenige vereinzelte Treffen in Hatzfeldts Kurorten. Lassalle bastelte dieweil in Berlin an seiner Karriere; sein »Heraklit« war zu einem großen Erfolg geworden und hatte ihm den Kontakt und die Anerkennung vieler Personen von Rang gebracht. Sophie von Hatzfeldt war, bis auf kurze Aufenthalte in Düsseldorf, zumeist in Sachen Gesundheit unterwegs und außerdem mit der Sicherung der finanziellen Zukunft ihres Sohnes Paul beschäftigt. Ihr Leben lang litt sie unter der Vorstellung, Paul könnten aus seiner ehemaligen engen Beziehung zu ihr gravierende Nachteile erwachsen, und kümmerte sich daher um so intensiver um sein Schicksal.[42]

Tatsächlich sah es mit der Versorgung des jüngsten Hatzfeldt-Kindes nach wie vor schlecht aus, weigerte der Vater Edmund sich doch beständig, hierüber eine feste Abmachung zu treffen. Der Gräfin blieb nichts anderes übrig, als neben allen anderen finanziellen Belastungen auch noch die Versorgung des mittellosen, aber dennoch anspruchsvollen Paul zu übernehmen. Mit Argusaugen beobachtete Sophie Hatzfeldt die Familienverhandlungen, die sich über mehrere Jahre hinzogen, und beriet Paul, wie er sich gegenüber seinem Vater und seinem Bruder Alfred am besten verhielte. Ihren Bruder Hermann bat sie außerdem um Vermittlung in dieser Familienangelegenheit, in die sie sich selbst ja nur indirekt einschalten konnte.[43] Daß Paul ihr dieses uneigennützige Verhalten, das sie auch eigene finanzielle Einbußen in Kauf nehmen ließ, wenig dankte und es zu allem Überfluß auch noch Anlaß zu neuen Auseinandersetzungen mit Lassalle bot, nahm sie resigniert hin. Obwohl ihr Sohn sie in der Öffentlichkeit leugnete, es mied, sich mit ihr sehen zu lassen, aus Angst, der Vater könne ihm das verübeln, ging seine Mutter damals doch immer wieder auf sämtliche seiner Forderungen und Wünsche ein.[44] Unter anderem willigte sie auch ein, nicht nach Berlin zu kommen, weil sie angeblich den Lauf der Verhandlungen nur stören würde. Das war Lassalle Grund genug, der Gräfin erneut das Ende ihrer ohnehin mittlerweile abgekühlten Freundschaft zu prophezeien. Enttäuscht konstatierte er:

»Meine Seele ist matt geworden und sieht ein, daß es nicht mehr geht. Ich ergebe mich also in die Situation, die Sie nun einmal nicht anders wollen, daß unsere intensivere Beziehung, unser kameradschaftliches Verhältnis aufhört und wir in das gleichgültige befreundeter Personen zurücktreten. Schon als Sie voriges Jahr nach Berlin kommen sollten, ging es nicht, Pauls wegen. Nach Wildbad zu Ihnen konnte ich nicht, Pauls wegen. Nach Berlin wieder können Sie jetzt nicht, Pauls wegen. Es wird mir endlich zu viel Paul. Ich quäle mich hier ab, üsiere und abüsiere fast Personen, die es nicht verdienen, Ihretwegen, bin in allem, was ich tue, auf Sie bezogen. Und Sie können nichts von dem, was mir lieb ist, und wiederum nur Ihretwegen lieb ist, tun, Pauls wegen. ... Kann ich nichts für Sie tun, haben Sie für mich keine Zeit mehr übrig, Pauls wegen, so können wir uns auch nichts mehr sein.«[45]

Der Peitsche folgte das Zuckerbrot, wenn der düpierte Freund der Gräfin nur wenige Tage später ihre große Bedeutung und Unersetzlichkeit für ihn beteuerte, ihr die gemeinsam verbrachte Zeit vor Augen führte. Allerdings gipfelte Lassalles weihnachtliches Schreiben in einem äußerst anmaßenden, wenn nicht unverschämten Angebot, die zerbrochene Freundschaft wieder ins Leben zu rufen:

»Unter einer einzigen Bedingung dagegen bin ich bereit, das alte Verhältnis zu Ihnen wieder aufzunehmen: Wenn Sie mir *schriftlich,* auf einem *besonderen Bogen* die Erklärung schicken: ›Daß Sie von nun ab auf Paul und Ihre Familie überhaupt nur soviel Rücksicht nehmen wollen, wie ich *selbst* billigen und für gut finden würde.‹«[46]

Es bleibe ihr nichts anderes übrig, so Lassalles Fazit, als der Bruch oder aber, daß sie sich auf Diskretion seinem Ermessen unterwerfe. Auf dieses Wechselbad der Gefühle, das seine Ergänzung fand in dem ähnlich gelagerten egozentrischen Verhalten ihres Sohnes Paul, antwortete Sophie von Hatzfeldt mit zunehmendem Rückzug in sich selbst. Auch wenn sie rein äußerlich wieder einmal den Forderungen Lassalles klein beigegeben hatte und zu Anfang des Jahres 1859 nach Berlin gekommen war, ließ sie sich von dem gleich wieder Pläne schmiedenden Freund letztlich nichts mehr sagen oder vorschreiben. Sein oftmals unhöfliches, geradezu majestätisches Verhalten ihr gegenüber im Beisein anderer empfand sie als Zumutung und wies den jungen Freund daraufhin in seine Schranken.

»[Es] ist..., glaube ich, nicht in der Ordnung, daß Sie in allen Dingen des täglichen Lebens, selbst solchen, die, wie gesellige Beziehungen und Ansichten darüber, in das Reich sogar des willkürlichen Beliebens fallen, sobald ich andre Meinungen habe und den Ihrigen nicht folge, mir diese imponieren wollen und mich unartig behandeln, selbst ohne Rücksicht vor fremden Leuten, und dieses prinzipmäßig als Ihr Recht aufstellen;... Wenn Sie von mir die weiche Nachgiebigkeit und Ausweichen durch Stillschweigen einer Frau (was überdies doch auch nicht so immer der Fall) verlangen, so haben Sie auch meiner Ansicht nach sehr unrecht. Mein Charakter war von jeher sehr weich, wenn man mich mit Liebe behandelt, aber verhärtet gegen Zwang; jahrelange Kämpfe, wo ich den Mut und die Tragkraft eines Mannes entwickeln mußte und Sie selbst jede Äußerung der Weiche und Empfindung mit Gewalt in mich zurückgetrieben, haben mich hart gehämmert, und ich habe mir dadurch recht teuer das Recht erkauft, daß man mich in dieser Beziehung auch wie einen Mann behandle und auf dem Fuß der Gleichheit und gegenseitigen Rücksichten basiere.«[47]

Lassalle, das wird aber auch aus mehr als einem seiner Briefe aus den

Jahren ihrer räumlichen Trennung deutlich, lag alles daran, der Gräfin in Berlin einen ganz neuen und interessanten Bekanntenkreis zu schaffen. Sie sollte, wäre es nach ihm gegangen, den Verlust ihrer Familie und der adligen Welt überhaupt nicht mehr empfinden. »Ich kann Ihnen jetzt«, so versprach Lassalle der Gräfin schon im Frühling 1858, »die Elite unsrer Berliner Welt, alle unsere Berühmtheiten versammeln und Ihnen die beste Gesellschaft machen, die es hier überhaupt gibt, sowie den interessantesten Frauenkreis, den ich hier getroffen habe. ... Es gibt niemand in Berlin, der Ihnen jetzt eine bessere, zahlreichere und glänzendere Gesellschaft zu bieten vermöchte als ich.«[48]

1859 hatte sich Lassalle überdies auch den passenden räumlichen Rahmen für dieses anspruchsvolle Vorhaben geschaffen, indem er eine hochherrschaftliche Wohnung in der Bellevuestraße bezog, die zum Schauplatz regelmäßiger, viel und gern besuchter privater Abendveranstaltungen wurde. Mit dem Kreis der im Hause Lassalles verkehrenden Persönlichkeiten konnte Sophie von Hatzfeldt wirklich zufrieden sein, denn da wimmelte es nur so von wohlklingenden und bekannten Namen aus Politik, Wissenschaft und Kunst. Innerhalb kürzester Zeit hatte es ihr Freund geschafft, die Berliner crème de la crème um sich zu versammeln. Der Respekt vor dem »Esprit«, wie Theodor Fontane es einst ausdrückte,[49] glich alle Rang- und Standesverschiedenheiten aus. Den Stamm der illustren Gesellschaft bildeten Fürst Pückler-Muskau (der alte Bekannte aus »schlechten« Zeiten!), die Professoren Boeckh und Michelet, der alte General und ehemalige preußische Ministerpräsident von Pfuel (ein Jugendfreund Heinrich von Kleists!), der schon zu Lebzeiten als eine Reminiszenz an die Zeiten des Wiener Kongresses erscheinende Varnhagen von Ense, fast immer in Begleitung seiner Nichte Ludmilla Assing, der »Kladderadatsch«-Herausgeber Ernst Dohm und seine der weiblichen Emanzipation fürsprechende schöne Frau Hedwig (die Urgroßmutter der Gebrüder Mann!), das Schriftstellerpaar Fanny Lewald und Adolf Stahr, die ehemaligen Schul- und Studienfreunde Lassalles Bibliothekar Prietzel und Assessor Hiersemenzel, der junge Nationalökonom Schönberg, Oberbürgermeister Ziegler, der Maler Ludwig Pietsch, der Komponist Hans von Bülow, der ehemalige Steuerverweigerer der preußischen Nationalversammlung Lothar Bucher und – nicht zuletzt – Lassalles Verleger Franz Duncker und dessen Frau Lina.[50] In dieser Runde ging es geistreich und oft auch recht unkonventionell zu, so zum Beispiel, wenn Lassalle die Herren zu einem Haschischabend lud und dabei die Rauschreaktionen seiner Gäste studierte.[51] Und dennoch: mit der Existenz der Gräfin tat man sich auch in diesem Milieu schwer. Als Sophie von Hatzfeldt im Frühjahr 1859 endlich nach Berlin zog und damit sowohl sich selbst als auch vor allem Lassalle einen Gefallen getan hatte (denn *er* und nicht so sehr sie hatte, anders als man es immer zu lesen bekommt, auf diesem Ortswechsel bestanden!),[52] da stellte das auch die Treue und Standfestigkeit Lassalles neuer Freunde auf die Probe. Ganz leicht konnte, so der Zeitgenosse Ludwig Pietsch, keiner soliden bürgerlichen Familie – bei aller Vorurteilslosigkeit – der Entschluß werden, die Freundschaft für Lassalle auch auf die Gräfin Hatzfeldt auszudehnen. Lassalle ließ jedoch von Anfang an keine Zweifel an seiner Haltung aufkommen: »Wer nicht *für sie* ist, ist *gegen mich.«*[53] »So trat denn auch die Gräfin – damals noch immer eine imposante Erscheinung, in welcher man die Spuren der einstigen blendenden Jugendschönheit noch keineswegs völlig verwischt fand, die sie mit dem Aufgebot aller Toilettenkünste und -Mittel an sich zu fesseln bemüht war, – im Frühjahr 1859 in den Kreis der Freunde und ständigen Gäste des Dunckerschen Hauses ein.«[54] Sie mietete eine schöne Wohnung in der Grabenstraße, und es gelang ihr tatsächlich ziemlich rasch und leicht, ungefähr denselben Personenkreis, dem man auch in der Lassalleschen Wohnung am häufigsten begegnete, um sich zu versammeln. Es war Sophie von Hatzfeldt aber dennoch von Anfang an klar, daß ihre Position auch hier keine unumstrittene war und daß sie mit diesem Phänomen wohl ihr Leben lang zurechtkommen mußte.

»Es ist ein nicht zu beseitigendes Vorurteil, daß jemand, eine *Frau* vorzüglich, die aus einer Schicht der Gesellschaft austritt, in der andren nicht wohlgelitten ist; bei mir kommt hinzu, daß ich eine zu bekannte, vielleicht hervorragende Persönlichkeit bin. Hier kommen auch noch spezielle Gründe hinzu, daß die einen mich mit offener und offen ausgesprochener Feindseligkeit empfingen, was mir von vornherein eine schiefe Stellung gab und große Zurückhaltung nötig machte, wenn ich mir nicht gar zu viel vergeben wollte, mir auch von andren Seiten Rücksichtslosigkeit zuzog: andrerseits ist meine Erziehung und Haltung daher in Gesellschaft so verschieden, daß es natürlich, daß das alles nicht zusammengeht. Ich kann mich nur noch ganz auf den Umgang ganz einzelner geistreicher und vorurteilsfreier Leute beschränken.«[55]

In der Wohnung der Gräfin hatte man sich im Bekennen der verwegensten Anschauungen und Meinungen in Sachen der Politik, Religion und Moral nicht den geringsten Zwang aufzuerlegen. Die Gräfin selbst habe angeblich niemals den »ruhigen natürlichen Ton der vornehmen Dame« verloren und in keinem Augenblick die Verkehrsformen einer solchen verleugnet.[56] Mehr noch als in ihrer eigenen Wohnung war sie in der des Freundes anzutreffen, bei dem sie zumeist die zweite Hälfte des Tages verbrachte. Dort »saß sie in seiner Bibliothek, unendliche Mengen von Papiercigaretten rauchend, teilte seine ... Mahlzeiten, präsidierte in großen pompösen Toiletten in enormen und nicht vergeblich decolletierten modernsten Reifrockroben bei seinen großen Diners«[57] und übernahm die Aufgaben der Dame des Hauses.

Nicht jedem gefiel die ständige Teilnahme der Gräfin an allen gesellschaftlichen Ereignissen. Julius Rodenberg (1831–1914), dem Schriftsteller und Journalisten, war es z. B. ganz und gar nicht nach seinem Geschmack, »wenn zum Beschluß dieser Cafés, nachdem die meisten gegangen und nur die Intimen noch geblieben waren, die Gräfin Hatzfeldt eine lange Cigarrendose aus der Tasche ihres Kleides hervorholte und sie mit den Worten: ›Jetzt sind wir Männer unter uns‹ circuliren ließ.«

Ihre Familie blieb nicht unberührt von dem neuen Salonleben der Gräfin, und es kam, wie zu erwarten, zu neuen Verstimmungen. Nach dem Tod ihres jüngsten Bruders Max, des preußischen Gesandten in Paris, am 19. Januar 1859 in Berlin, war es zwischen Sophie von Hatzfeldt und ihrem Bruder Hermann zu einer kurzfristigen Annäherung gekommen.[58] Allerdings fand diese ihre Grenzen an der Unfähigkeit des Bruders, den gesellschaftlichen Umgang seiner Schwester zu akzeptieren. Ihm war zu Ohren gekommen, daß in Lassalles Wohnung ein Diner stattgefunden hätte; anwesend gewesen seien »rothe republicaner« und sie selbst hätte den Vorsitz gehabt bei allen politischen Reden. Über diese angebliche Lüge war Sophie von Hatzfeldt sehr aufgebracht. »Ich kenne hier keine republicaner und bekenne mich zu nichts.«[59] Stattgefunden habe vielmehr ein Diner, bei dem honorige Leute zugegen gewesen seien: das Ehepaar Stahr, Professor Michelet und Frau, Ludmilla Assing, Geheimrat Boeckh, Hofrat Foerster, Ehepaar Duncker, Fürst Pückler und der Ägyptologe Brugsch. Sophie von Hatzfeldt war besonders enttäuscht darüber, daß Hermann noch nach all den Jahren gereizt auf die Nennung von Lassalles Namen reagierte und sich jede Bemerkung ihrerseits über ihre persönlichen Angelegenheiten verbat – sah sie selbst dagegen doch in der offenen Aussprache unter einander nahestehenden Menschen eine Selbstverständlichkeit.[60]

So sehr sich Lassalle auch ins Zeug legen mochte, um der Gräfin zu einem »schönen, genußvollen und harmonischen Abend des Lebens«[61] zu verhelfen – richtig heimisch wurde Sophie von Hatzfeldt in Berlin, das sie noch nie sonderlich geliebt hatte, und mit den neuen Menschen dort nicht. Zudem kam es immer wieder zu Spannungen mit Lassalle (so auch im Januar 1860), hauptsächlich wegen der Verwandtschaft der Gräfin und ihrer Versuche, mit dieser in Kontakt zu treten. Einen zusätzlichen Reizpunkt boten die nun häufiger wechselnden Liebesverhältnisse Lassalles, zumal sie sich im gemeinsamen Bekanntenkreis abspielten und somit fast zwangsläufig die Gräfin mit einbezogen.[62]

Im Sommer des Jahres 1860 hegte Lassalle das erste Mal in seinem Leben ernste Heiratsabsichten. Sein schlimmer Gesundheitszustand hatte einen langwierigen und anstrengenden Kuraufenthalt in Aachen notwendig werden lassen. Anfang September erwähnte Lassalle der Gräfin gegenüber in einem seiner Briefe seine Bekanntschaft mit der jungen Russin Sophie Sontzeff, zu der er in einer kaum nachvollziehbaren heftigen Liebe entbrannte und die er – wenn auch vergeblich – mit allen erdenklichen Mitteln umwarb.[63] Hätte er nicht den bekannten, seitenlangen Manuskriptbrief geschrieben, in dem er in aller Form um die Hand der jungen Russin bat, diese Liebesangelegenheit wäre eine von vielen im Leben Lassalles gewesen. In diesem Brief aber läßt Lassalle sein Leben vor der Geliebten quasi Revue passieren, und dabei nehmen die gemeinsamen Jahre mit der Gräfin natürlich einen besonderen Platz ein. Hier, wie nirgendwo sonst, kann man etwas erahnen von der Qualität der Beziehung zwischen Hatzfeldt und Lassalle, von der Tiefe und Echtheit ihrer Gefühle füreinander, die mit dem lapidaren Hinweis auf ein kompensatorisches Mutter-Sohn-Verhältnis längst nicht vollständig erkannt und erklärt sind.[64] Eine Frau, die sein Leben mit ihm teilen wollte, die mußte sich an dem Maßstab der Gräfin messen lassen, mußte deren Existenz voll und ganz akzeptieren und selbst in das zukünftige Eheleben mit einbeziehen (was umgekehrt natürlich auch auf die Gräfin zutrifft). Das war die obligatorische Bedingung für das Glück Lassalles.

»Jeder Kampf war mir immer angenehm, wenn es sich um sie

handelte, und durch jeden Kampf, den ich für sie hatte, wurde sie mir immer teurer.

Ich liebe sie auch mit der Liebe des zärtlichsten Sohnes, der je existiert hat; ich liebe sie wie eine Mutter, nein! Ich liebe sie noch dreimal mehr als meine zärtlich geliebte Mutter. Das kommt daher, weil sie mir weit näherstehht durch Seelenhöhe und Gefühlsgröße... ich liebe sie wie eine treue Waffengefährtin, die mit mir zehn Jahre des Kampfes und der Gefahren geteilt hat.

Ich liebe sie endlich mit philosophischer Liebe, d. h. ich liebe sie als den schönsten Typus des Menschengeschlechts, als den Typus der leidenden Menschheit... Und glauben Sie mir, jeder Mann, der sie so leidend, ihr Leiden so edel und staunenswert tragen gesehen, wie ich sie sah im Lauf so vieler Jahre, würde sie ebenso lieben und verehren wie ich... Ich würde also mich nie glücklich fühlen, wenn ich sie nicht auch glücklich, zufrieden und froh sehen könnte.«[65]

Die Gräfin und Lassalle hatten vieles gemeinsam erlebt, das sie eng aneinander band. Sie haben sich gegenseitig viele Probleme bereitet, ständige Reibungen und Zusammenstöße standen auf der Tagesordnung. Und dennoch war ihre Lebensgemeinschaft zu einer exklusiven geworden: Für Dritte war da, auch wenn beide es immer wieder versuchten, kein Platz mehr. Eine Frau, die sich mit Lassalle verbinden wollte, mußte sich passiv dem Schicksal ergeben, das der Mann ihr bereitete, und darin zudem ihre höchste Bestimmung sehen.[66] Sophie von Hatzfeldt besaß in dieser, für seine Zeit eher rückständigen Liebes- und Frauenkonzeption Lassalles allerdings eine Ausnahmestellung, die nicht wenig mit Selbstliebe zu tun hatte:

»Sie ist mein eigenes noch einmal verkörpertes Ich. Sie ist identisch mit allen Gefahren und allen Triumphen, allen Ängsten und allen schweißtriefenden Arbeiten, allen Leiden, Anstrengungen und Siegesgenüssen, kurz mit allen Emotionen, die meine Seele je durchgemacht hat. Sie ist so identisch mit meiner Seele selbst.«[67]

An einer Stelle nur in dem ansonsten eher diskreten und – was intime Gefühle anbelangt – sehr zurückhaltenden Briefwechsel zwischen den Freunden wird Lassalle deutlich. 1860, nach mittlerweile vierzehnjähriger Freundschaft und im Begriff, sich in Sophie Sontzeff zu verlieben, gesteht Lassalle in für ihn erstaunlich lapidarer Form, in seinem Leben nur die Gräfin geliebt zu haben.

»... Die einzige Person, die ich je geliebt habe, sind doch Sie gewesen, und das habe ich besonders im Jahre 1848 in meiner Kölner Haft sehr deutlich gefühlt!«[68]

Das gemeinsame Glück Hatzfeldts und Lassalles hatte von Anfang an mit vielen Feinden zu kämpfen, denen ihre Beziehung aus den einen oder anderen Gründen ein Dorn im Auge war. Und schließlich standen sie einander selbst im Wege. Das Zusammensein im alltäglichen Leben erwies sich als immer schwieriger und aufreibender. Dennoch konnte sich keiner von beiden eine Zukunft ohne den anderen vorstellen. Müßig wäre es zu spekulieren, was geschehen wäre, wenn Lassalle tatsächlich geheiratet und die Rolle eines Ehemannes übernommen hätte; wie Sophie von Hatzfeldt mit dieser neuen Situation, ihrer zwangsläufig gewandelten Position fertiggeworden wäre und welche Konsequenzen sie daraus gezogen hätte. So konnte ihre Freundschaft das bleiben, was sie beide nicht müde wurden zu betonen: eine auf ewig feststehende Beziehung, die sich mit keiner anderen auch nur ansatzweise vergleichen ließ.

»Zur Ehre der Menschheit *gibt es* solche Freundschaft, die nichts, was es auch sei, berühren oder erschüttern kann. Wir sind durch Denken und Handeln, durch das ganze Leben so identifiziert, daß seine Erfolge mir wie die meinigen erscheinen und auch er bei allem meiner bedarf... Er braucht die Besprechung mit mir wie mit einem Menschen, der ihn nie mißverstehen kann, der neben dem allergrößten Interesse auch immer volle Wahrheit für ihn hat, der einzige, mit dem er wie mit sich selbst spricht und überlegt.«[69]

V. Italien: Ein Neuanfang nicht nur in der Politik

»Es ist möglich, daß ich in diesem Frühjahr ganz von hier fortgehe, um mich in einem südlichen Klima zu etablieren. Dies wird von meiner Gesundheit und einigem anderen abhängen; oder, wenn das nicht ist, so gedenke ich hier, wenn ich die Personen, die ich will, dafür gewinnen kann, eine große Zeitung zu gründen – zwar nicht unter meinem Namen, wie sich von selbst versteht, aber es wird mir wenigstens ein Interesse und mir Macht zur Abwehr von vielem geben.«[1]

Der 1861 mittlerweile in den preußischen diplomatischen Dienst aufgenommene Paul von Hatzfeldt wird nicht wenig gestaunt haben, als er in Paris von den neuesten Zukunftsplänen seiner Mutter las. Solche an der Öffentlichkeit und der Politik orientierten Ideen hatte sie lange nicht mehr gehegt. Seit dem Abschluß ihrer gesamten Scheidung hatte sich Sophie von Hatzfeldt kaum mehr aktiv in die Geschäfte der Politik eingemischt. Ihre Krankheiten, aber besonders ihre ständigen Konflikte mit Lassalle einerseits und ihrer Familie andererseits hatten ihr die Kraft und zeitweise auch das Interesse dafür geraubt. Lediglich über die Bekanntschaft mit dem berühmt-berüchtigten Geheimagenten Georg Klindworth hatte das Freundespaar in den letzten Tagen seiner gemeinsamen Düsseldorfer Zeit den direkten Zugang zur großen Politik aufrecht erhalten. Klindworth, dessen Bekanntschaft wie die seiner Tochter Agnes Denis-Street Lassalle und Hatzfeldt wohl in der Mitte der fünfziger Jahre gemacht hatten, war einer der vielbeschäftigsten Agenten, die in der Epoche zwischen 1820 und 1875 von der Diplomatie überhaupt beschäftigt wurden.[2] Als Lehrer, Schauspieler, Schmierendirektor und Journalist hatte er die Länder Europas bereist, ehe er in das lukrative Geschäft der Spionage eingetreten war. Der »Staatsrat«, so wie Klindworth in dem Briefwechsel Lassalles und der Gräfin immer genannt wird, der seinen Titel angeblich von Louis Philippe verliehen bekommen haben wollte, zeichnete sich durch überaus große Offenheit nach allen Seiten aus. Die Doppelspionage gehörte zu einer der Spezialitäten dieses »Kondottiere der Diplomatie« (Mayer).

Von ihren Informationen aus erster Hand ließ Sophie von Hatzfeldt in der damaligen Situation vor allem ihren Sohn Paul profitieren, wie auch Marx in London seine »heißen« Informationen über das Paar in Düsseldorf bezog. Europa war von Krisen, Konflikten und Machtkämpfen bestimmt. Alles, was die Gräfin über die Ereignisse im Vorfeld des Krimkrieges Englands und Frankreichs gegen Rußland (1854–1856), die Hintergründe der russisch-türkischen Krise und das Theater hinter den Kulissen der europäischen Diplomatie wußte, gab sie dem Sohn, dem der Einzug in den preußischen Militärdienst drohte, zur Kenntnis – nichts so sehr fürchtend wie diesen »schrecklichen Krieg« und seine Folgen für Europa.[3] In diesem Europa hatte seit dem Scheitern der Revolution von 1848/49 das Prinzip der nationalstaatlichen Organisation und des nationalen Interesses immer stärkeren Widerhall gefunden – auch auf der einzelnen staatlichen Ebene. Dieses nationale Engagement reichte allerdings (beispielsweise im Falle Napoleons III. oder Viktor Emanuels von Piemont-Sardinien) nur so weit, wie es auch dem Interesse des eigenen Staates nutzte. Mit dem Frieden von Paris (1856) war das seit dem Staatsstreich vom Dezember 1851 unter der Herrschaft Napoleons stehende Frankreich als neue Vormacht auf den Plan getreten. In Preußen sprach man seit dem Jahr 1858 von dem Beginn der »Neuen Ära«: Prinz Wilhelm hatte für seinen geisteskranken Bruder Friedrich Wilhelm IV. die Regentschaft übernommen. Davon hatten sich alle vermeintlich fortschrittlichen Kräfte sehr viel versprochen, so unter anderem auch ein Großteil der deutschen Nationalbewegung die Initiative Preußens in der nationalen Frage. Um so enttäuschter reagierte man auf die zunehmend antiparlamentarischen, zum Teil verfassungsfeindlichen Tendenzen der neuen preußischen Regierung.

Für Sophie von Hatzfeldt und Ferdinand Lassalle waren die Jahre 1859 bis 1862 – nicht nur im direkten Vergleich mit der letzten Düsseldorfer Zeit – Jahre der Bewegung. Im Januar 1861 erfuhr Marx in London erstmalig von den Plänen Lassalles, die »Neue Rheinische Zeitung« neu aufzulegen, nicht zuletzt durch ein Memoire der Gräfin Hatzfeldt, die »über 300.000 Taler zu verfügen« hat.[4] Unter anderem auch der Besprechung dieses Zeitungsprojektes des Paares diente Marx' Berlinaufenthalt im Frühjahr 1861. Lassalle, der ihn um seine Mitarbeit gebeten hatte, beherbergte den Exilanten für mehrere Tage in seinem Haus. Aus Marx' Korrespondenz mit Engels aus diesem bzw. einem etwas späteren Zeitraum erfahren wir auch hin und wieder etwas von der Gräfin: so zum Beispiel, daß sie »bei ihrem Schwager, General von Nostitz, die ganze preußische Generalität spricht«.[5] Von ihrer sprichwörtlichen Zivilcourage hatte sie allem Anschein nach kein Gran eingebüßt. »Um die königliche Familie zu insultieren, brachte mich die Hatzfeldt gleich in den ersten Tagen in eine Loge dicht neben die des ›schönen Wilhelm‹ und Konsorten. Drei Stunden Ballett.«[6] Marx war amüsiert. Und in diesem Fall dürfte es sogar Sophie von Hatzfeldt Spaß gemacht haben zu provozieren, besaß sie zu dem alten Bekannten Marx zu diesem Zeitpunkt doch ein recht herzliches Verhältnis. Das scheint wohl auch Lassalle damals nicht entgangen zu sein. In seinem bekannten markigen Ton faßte Marx seine in Berlin gewonnen Eindrücke über das Verhältnis zwischen der Gräfin und Lassalle damals für Freund Engels zusammen:

»Der Bursche [Lassalle] ist furchtbar pathetisch, und so blieb mir nichts übrig, als eine beständige Ironie ihm entgegenzustellen, die seine Eigenliebe um so mehr verletzte, als dadurch die Gräfin, der er sich als Universalgenie imponiert hat, bedenkliche Emanzipationsgelüste von diesem Buddha bekam. Sonderbarerweise hat sich die Hatzfeldt in gewissen Momenten von ihm einen jüdelnden Ton angehört und eingepaukt.«[7]

Dem gemeinsamen Zeitungsprojekt war trotz – oder vielleicht gerade wegen – des zeitweiligen engen persönlichen Kontaktes keine Zukunft beschert. Schon über die Kompetenzverteilungen bzw. das Mitsprache- und Entscheidungsrecht war es zu Auseinandersetzungen gekommen. Mit Sophie von Hatzfeldt jedoch blieb Marx nach wie vor in Kontakt, hegte er doch sogar den Plan, sie »als Privatkorrespondent zu halten in Berlin«.[8] Aus diesen Tagen stammt auch sein Ausspruch, daß er der Gräfin ungleich mehr politischen Verstand zutraue, »abgesehn von ihren guten resourcen«, als dem sich selbst für Marx' Begriffe überschätzenden Lassalle.

Daß es sich bei dieser Verbindung allerdings eher um ein Zweckbündnis denn um eine auf Dauer von herzlichen Gefühlen bestimmte Beziehung handelte, werden die nächsten Kapitel noch deutlich machen. Ihren Sachverstand auf jeden Fall schätzte Marx durchaus.

»Sie ist eine sehr distinguierte Dame, kein Blaustrumpf, sie besitzt viel natürlichen Intellekt und ist sehr lebhaft, an der revolutionären Bewegung stark interessiert und von einer aristokratischen laissez d'aller...«[9]

Dennoch prägte eine gewisse Distanz stets sein Verhältnis zu Sophie von Hatzfeldt, die Marx zudem immer auch mit einem spöttischen

Auge betrachtete. Hier sei außerdem erwähnt, daß die Gräfin im gesamten Kreise Marx, insbesondere in den Augen seiner Frau Jenny, als eine Art »femme fatale« mit anrüchigem Ruf galt, deren Umgebung man nicht zu stark suchen sollte.[10]

Abgesehen von ihrem Zeitungsprojekt und dem kurzen Aufenthalt von Marx in Berlin hielt Hatzfeldt und Lassalle ansonsten nicht sehr viel in der preußischen Hauptstadt. »Italien« lautete statt dessen die hoffnungsfrohe Parole der beiden Freunde in den Jahren 1859 bis 1862. Wie viele Zeitgenossen war auch Lassalle nach den Erfahrungen der Revolutionsjahre davon überzeugt, »daß die innen- wie deutschlandpolitischen Zustände eigentlich nur von außen, durch die Wirkung außenpolitischer Krisen aufgesprengt werden könnten«,[11] wie sie dann in Form des Krimkrieges und des italienischen Krieges auftraten. Bereits 1859 war er – völlig überzeugt davon, daß es schon innerhalb kürzester Zeit zu der von ihm so sehr herbeigesehnten revolutionären Erhebung in Europa kommen werde – mit seiner Broschüre »Der italienische Krieg und die Aufgabe Preußens« an die Öffentlichkeit getreten.[12] Nie zuvor war ihm die politische Gesamtlage in Europa für die Erreichung eines geeinten Deutschlands günstiger erschienen als zum damaligen Zeitpunkt. Davon ausgehend, daß das deutsche nationale Bestreben dem italienischen parallel laufe, mußten die Dinge, so wie sie standen, nur von der italienischen Einigungsbewegung ins Rollen gebracht werden. Vom Losschlagen der Italiener erwartete Lassalle die zwangsläufige revolutionäre Umgestaltung des Balkans und damit letzten Endes die Zertrümmerung Österreichs, das seiner Meinung nach vor allem dem Ziel der deutschen Einheit im Wege stand, was Marx und Engels bekannterweise ja ganz anders sahen.[13] Mit zum Teil unrealistischen Thesen zeichnete Lassalle in seiner Arbeit das Bild eines zukünftigen Bundes der freien europäischen Nationen.

Daß Sophie von Hatzfeldt – wenn auch sehr interessiert und anteilnehmend – der europäischen Situation anfangs viel skeptischer gegenüberstand als ihr Freund Lassalle, zeigt allein ihre Äußerung vom 14. Juli 1859 über den Präliminarfrieden von Villafranca (11. 7. 1859), der Lassalle – anders als sie selbst – völlig überrascht hatte:

»Dieser Napoleon hat ein zu großes Glück, und man muß immer mehr glauben, daß er eine Mission hat und ihm nichts etwas anhaben kann, bis sie erfüllt, und ich glaube, dies ist noch lange nicht der Fall...«[14], wohingegen Lasalle – in unrealistischer Einschätzung der

Lage – den Sturz und das Verderben Napoleons bereits gekommen sah.[15] Erst seit dem Sommer 1860 – im Mai hatte Garibaldi seinen »Zug der Tausend« zur Befreiung Siziliens unternommen, es tat sich also etwas – scheint auch die Gräfin den Fortgang der politischen Entwicklung positiver gesehen zu haben:

»Warum schreiben Sie mir gar nichts über Politik, die doch wieder anfängt, mich mit Garibaldi zu interessieren? Wenn er nur standhaft bleibt und sich nicht von Viktor Emanuel von seinem Weg abbringen läßt. An ihm hängt jetzt das Schicksal der Welt.«[16]

Übertriebene Euphorie, das sieht man jedoch auch an dieser Bemerkung, hielt sie allerdings für unangebracht. Mit sicherem Instinkt für politische Konstellationen sah sie die bevorstehenden Konflikte und Komplikationen in Italien voraus, was nicht zuletzt mit ihrer realistischen Einschätzung der Person Garibaldis zusammenhing. Kurz nach der Landung des ehemaligen piemontesischen Marineoffiziers in Kalabrien teilte sie dem in Aachen zur Kur weilenden Freund ihre Zweifel und Befürchtungen mit:

»Ich fürchte sehr, er [Garibaldi] hat den *günstigsten* Augenblick verpaßt, sich zu lange von der Diplomatie hinhalten lassen, zu lange Zeit zu Vorbereitungen und Beratungen gelassen. Er ist ein *Held,* aber leider kein *Staatsmann* und hat zu wenig *persönliche Ambition.* Auch eine Tugend kann zum Fehler, vorzüglich zum Hindernis werden. Es täte jetzt ein Mann wie Danton not, der auch sagte: ›périssent nos mémoires et que la patrie soit sauvée‹.«[17]

Der Fortgang der politischen Ereignisse in Italien sollte ihr Recht geben. Zwar hatte Garibaldi Anfang Oktober 1860 am Volturno einen großen militärischen Sieg über die zahlenmäßig weit überlegenen bourbonischen Truppen erfochten, und es war zur Gründung des Nationalstaates gekommen; die innere Einigung aber und die geistige wie politisch-soziale Neukonstituierung der Nation, die Garibaldi und seine Anhänger anstrebten, war zunächst einmal überdeckt von der Begeisterung über die endlich errungene staatliche Einheit und besonders über den erheblichen Anteil des Volkes an den jüngsten Ereignissen.

Lassalle, der noch Ende August 1860 revolutionstrunken vom gesicherten Aufstand in Ungarn sprach und selbst für Rußland die »merkwürdigsten Dinge« voraussah,[18] wird Sophie von Hatzfeldt in ihrer eher abwartenden Haltung kaum umgestimmt haben. Mit letzter Gewißheit läßt sich dies allerdings nicht behaupten, denn dafür fehlen uns die

Wilhelm Rüstow

beweiskräftigen Quellen. Kaum jedoch wird die Gräfin ihre Hoffnung in der italienischen Frage verloren haben, und nur zu gerne wird sie sich den Reiseplänen Lassalles, der sich vom Stand der nationalen und revolutionären Bewegung in Italien nun persönlich überzeugen wollte, angeschlossen haben. Im Sommer des Jahres 1861, nach dem Besuch Marx' und dem Scheitern ihres Zeitungsprojektes, hielt es die beiden nicht mehr länger in dem der Aktion so fernen Berlin. Mitten hinein in das Geschehen zog es die zwei, die führenden Männer des Risorgimento wollten sie kennenlernen, sich mit ihnen austauschen und – wenn möglich – direkt auf sie und ihre zukünftigen Handlungen Einfluß ausüben im Sinne der eigenen politischen Vorstellungen. Das waren Pläne so ganz nach dem Geschmack Hatzfeldts, versprachen sie doch Abwechslung auf der ganzen Linie.

Und so trat das Freundespaar im Juli 1861 seine Italienreise an, in der Hoffnung, die wichtigsten Mazzinisten und Parteigänger Garibaldis sprechen zu können. Erste Station der Reise wurde Zürich, wo man die Bekanntschaft unter anderem des exilierten Schriftstellerpaares Emma und Georg Herwegh und die des Militärschriftstellers Wilhelm Rüstow machte, wobei letzterer wie kein anderer dafür prädestiniert schien, die Kontakte zur italienischen Aktionspartei herzustellen. Hatte doch dieser einstige preußische Artillerieoffizier, der sich 1848 der Revolution angeschlossen hatte und seit 1850 im Schweizer Exil lebte, gerade erst im Vorjahr dem italienischen Volkshelden als Chef seines Generalstabs bei dessen berühmtem Zug nach Sizilien wertvolle Dienste geleistet.[19] Nur ungern war Rüstow danach in die Enge seiner kleinbürgerlichen Existenz nach Zürich zurückgekehrt, wo er nun ungeduldig wartete, daß der Krieg in Italien von neuem losgehe und große Dimensionen annehme. Um so energischer und begeisterungsfähiger griff der Garibaldi-Oberst jetzt nach dieser Chance und schloß sich den beiden Durchreisenden sogleich an.

Voller Euphorie trat die »heitere Reisegesellschaft« (Wiede), zu der sich noch die Russin Lydia Idaroff nebst Mutter und Ludmilla Assing gesellten, die Reise nach Italien an.[20] Heiter und unbeschwert ging es in der illustren Gesellschaft trotz aller politischen Motiviertheit und Entschlossenheit zu. Das beweisen die ausgelassenen Reisebriefe Lassalles und Rüstows an die in Zürich zurückgebliebenen Herweghs, die man nur zu gerne an jedem der »unsterblichen Göttergelächter«[21] – wohl nicht zuletzt hervorgerufen durch reichlichen Weinkonsum, schließlich befand man sich ja auf einer »Traubenkur«! – hätte teilnehmen lassen.

»Wir sind Bummler geworden, und ›la bande joyeuse‹, wie Mme. Lydia unsere tolle Gesellschaft passend benannt hat, hat ihre entrée triomphale in Mailand gehalten und tolle Tage da erlebt«,

frohlockte Lassalle im Namen der übrigen Reisenden, die es auch bei allen Vergnügungen nicht versäumten, mit den maßgebenden politischen Führern der Bewegung zusammenzutreffen. In anscheinend idealer Weise verknüpften sich auf dieser Reise die Genüsse sorglos vergnügten Lebens mit den »prickelnden Reizen der politischen Konspiration« (Wiede), und für den im nachhinein Beobachtenden erscheint der gemeinsame Italienaufenthalt der ›politischen Abenteurer‹ als ein kaum zu entwirrendes Konglomerat von sowohl politischen als auch intimpersönlichen Emotionen, deren enge Verquickung miteinander für die folgenden Jahre exemplarisch werden sollte. Vor allem der Tatbestand, daß Sophie von Hatzfeldt und Wilhelm Rüstow einander während der Reise näherkamen,[22] wirkte sich schon bald als störend auf das enge Zusammenleben der Reisenden – insbesondere natürlich der Gräfin und Lassalles – aus. Was er davon hielt, daß der Zürcher Oberst mit leidenschaftlichen Gefühlen, die er vor niemandem verbarg, um die Gunst der Gräfin warb, das ließ Lassalle seine Freundin bereits in Genua spüren. Mit einem solchen engen Verhältnis, wie es sich anbahnte, war er nicht einverstanden, und er lehnte jede Aussprache über dieses Thema kategorisch ab.[23] Peinlich waren jedoch alle Akteure der Situation darauf bedacht – und es scheint ihnen auch zunächst gelungen zu sein –, den politischen Aspekt der Reise über den persönlichen Verstimmungen nicht ins Hintertreffen gelangen zu lassen. Ende Oktober mußte sich Rüstow aufgrund seiner literarischen Pläne, die ihn nach Zürich zurückzwangen, in Venedig zuerst einmal von der Reisegesellschaft trennen. Sowohl Sophie als auch Ferdinand blieben jedoch in engem brieflichen Kontakt mit dem Freund in Zürich, als sie ihre Reise nun ohne anderweitige Begleitung fortführten, und unterrichteten ihn laufend über den Stand der Dinge in Italien.[24]

Lassalle glaubte nach wie vor an einen Entscheidungskampf in Venetien, wie Mazzini ihn plante, und eifrig schürte er die Unternehmungslust der Garibaldianer und Mazzinisten, in diesem Sinne voranzuschreiten. Immer noch fest überzeugt davon, daß die italienischen Unruhen als Kettenreaktion die europäische Revolution für den nationalen Staat und die soziale Demokratie hervorrufen würden, gedachten Lassalle und Rüstow die Sache der Italiener im Falle des Losschlagens mit einer aus den Wehrvereinen gebildeten deutschen Legion unterstützen zu können. Dies galt natürlich insbesondere für den Militär Rüstow.[25] In ähnlicher Weise wird auch Sophie von Hatzfeldt die politische Situation eingeschätzt haben, denn sie war es, die den in Florenz weilenden Vizepräsidenten der auf dem Prinzip der Neutralität beruhenden italienischen ›società operaje del regno d'Italia‹, G. Dolfi, brieflich darüber aufklärte, was Rüstow für die etwaige Bildung einer deutschen Division in Italien vorbereitet habe und vorzubereiten gedenke, und die Auskunft darüber verlangte, wie sich die Dinge in Italien entwickelten.[26]

»Revolution in Pest ist Revolution in Wien. Revolution in Wien ist Revolution in Berlin«[27] – so waren Hatzfeldt und Lassalle noch während ihres gemeinsamen Italienaufenthaltes von dem ungarischen Freiheitshelden Lajos Kossuth, mit dem sie zweimal zusammentrafen, in ihrer Erwartungshaltung bestätigt worden. Auch von Garibaldi hatten sie das Versprechen erhalten, daß er sich – so wie sie es ja erhofften – im nächsten Frühjahr seiner Vergangenheit würdig erweisen werde. Wohl durch Vermittlung Rüstows war es zu einem mehrtägigen Aufenthalt der Freunde auf der Insel Caprera gekommen, auf die sich Garibaldi, verletzt und resigniert, zurückgezogen hatte. Seine mit einer freundlichen Widmung versehene Photographie, die er Sophie von Hatzfeldt bei diesem Besuch überreichte, ist uns leider nicht erhalten, genausowenig wie anderweitige Zeugnisse, die uns unmittelbaren Aufschluß über die Rolle der Gräfin während dieser Reise gäben. Zumindest steht fest, daß sie sich seit diesem ersten Italienaufenthalt für die folgenden Jahre mit Garibaldi und anderen italienischen Aktionisten in losem Brief- und Besuchskontakt befand.

Das Weihnachtsfest 1861 verbrachten die neuen Freunde Hatzfeldt, Lassalle und Rüstow gemeinsam in Zürich. Am zweiten Weihnachtstag war die Gräfin mit Lassalle und den Herweghs – ohne Rüstow! – zu Gast bei dem US-Konsul in Zürich, Karl Ludwig Bernays,[28] wofür sie sich am 30. Dezember mit einer Gegeneinladung revanchierte. Sie gab »in wahrhaft fürstlicher Weise in ihrem Hotel Bau[e]r am See«, in dem auch Richard Wagner bei seinen Zürichaufenthalten zu logieren pflegte, ein großes Diner, das Mathilde Franziska Anneke, eine der damals Geladenen, zu einem begeisterten Schreiben an ihren Mann Fritz nach Amerika veranlaßte.[29]

Sophie von Hatzfeldt – das kann man sicherlich behaupten, auch ohne daß es direkte Zeugnisse dafür gäbe – fühlte sich zu diesem Zeitpunkt und in diesem Ambiente wohl. Hatte sie doch hier, weit weg von dem von ihr so ungeliebten Berlin und der ständigen Beobachtung durch ihre Familie, gesellschaftlichen Verkehr und Umgang mit Menschen, die ihr zusagten und die sie, das war besonders wichtig, respektierten. Die politischen Kontakte befriedigten ihren Ehrgeiz und Aktionswillen, und zudem gab es da einen interessanten Mann, der ernsthaft um ihre Gunst warb. Immer schon hatte *sie* ja den Freund mit anderen Frauen teilen müssen, auch wenn sie in Lassalles Augen stets die erste und wichtigste blieb. Seit dem vorigen Jahr allerdings trug er sich ja erstmalig mit Heiratsgedanken, von denen sie nicht wissen konnte, inwieweit sie ihr selbst und ihrer Position in seinem Leben gefährlich werden konnten. Dies sowie die zeitweiligen schweren Konflikte mit Lassalle und die zunehmende Entfremdung ihres jüngsten Sohnes Paul von ihr waren Faktoren, die ihr privates Leben, überhaupt ihr Gefühlsleben, in der einen oder anderen Form bestimmen und beeinflussen mußten. Zu diesem Zeitpunkt, innerlich offen und motiviert zu einem

Neuanfang, tauchte Rüstow in ihrem Leben auf und umwarb sie mit einer Ausdauer und Leidenschaft, die ihr sehr imponieren und schmeicheln mußten – zumal sie, gerade 56 Jahre alt, das herannahende Alter fürchtete, obwohl sie immer noch schön und höchst attraktiv in den Augen vieler Männer (und Frauen) war.[30] Nur zu gern erwiderte sie das Werben des sechzehn Jahre jüngeren Mannes, und auch Lassalle wird ganz zu Anfang der Liaison weniger Eifersucht als vielmehr Freude über das neue Liebesglück der Gräfin empfunden haben. Schnell jedoch fühlte er sich als der ausgestoßene Dritte, der von ihr Verlassene und um ihre Freundschaft Betrogene, und so war es dann während des Dezemberaufenthaltes in Zürich zu ersten, zum Teil lautstarken Auseinandersetzungen gekommen. Die hatte Hatzfeldt dem Freund sehr übel genommen, hatte er doch in ihren Augen den Rahmen des Schicklichen und Erträglichen weit überschritten. So schrieb sie ihm am 11. Januar 1862:

»Ich will hier gar nicht von unsrem Bruch und dessen Ursachen reden; außer den Mißhandlungen, die diesmal gar zu heftig und rücksichtslos waren, haben Sie *vorzüglich* mir Dinge gesagt ganz *andrer Art,* als es bis jetzt in Ihren Wutausbrüchen geschah. Sie reichten so weit, tief und klar und *speziell* in die *Vergangenheit* zurück, daß sie das Gepräge der völligen Wahrheit trugen ...«[31]

Hatten die beiden Männer anfangs ihre junge Freundschaft von der Beziehung Hatzfeldts zu Rüstow zu trennen gewußt – genauso wie auch sie selbst nichts lieber gesehen hätte als ein friedliches und harmonisches Zusammenleben zu Dritt –, so sah Lassalle Anfang Januar 1862 keine andere Lösung mehr als die Trennung von Sophie von Hatzfeldt. In Unfrieden verließ er am 9. Januar die alte Freundin und den neuen Freund, freilich ohne sich von der Gräfin überhaupt zu verabschieden. Verletzt in seinem Selbstgefühl und wütend zur gleichen Zeit, kehrte er nach halbjähriger Abwesenheit nach Berlin zurück. Es war vereinbart worden, daß von alledem, was zwischen ihnen vorgefallen war und sich verändert hatte, andere Menschen möglichst wenig nur erfahren sollten.[32] So hielt man denn auch die briefliche Korrespondenz weiterhin aufrecht, vermied es jedoch eher, über Gefühle zu schreiben und beschränkte sich hauptsächlich auf den Austausch von geschäftlichen und politischen Informationen. Besonders für Lassalle trifft das zu. Frostig, ja geradezu eisig und teilweise auch verletzend ist der Ton seiner Briefe an Hatzfeldt, während er mit Rüstow nach wie vor in freundschaftlichem Briefkontakt stand.

Sophie blieb in Zürich. Für den Moment hatte also Rüstow gewonnen, ohne freilich zu ahnen, daß ihm damit lediglich ein Pyrrhussieg gelungen war – was die Entwicklung der folgenden Jahre deutlich zeigen wird. Die Intensität seiner Gefühle für Sophie Hatzfeldt erklärte sich nicht zuletzt aus seinem bisherigen persönlichen Unglück. Lassalle und wahrscheinlich noch mehr die Gräfin in ihrer vornehmen Erscheinung verkörperten für ihn – wenn er dabei auch die Realitäten zum Teil falsch einschätzte – all das, was es für ihn selbst nicht gab und was er doch so gern besessen hätte: Reisen, Gesellschaft, Wohlstand, Einfluß, Macht, Unbeschwertheit und Unabhängigkeit – kurzum, in seinen Augen »Glück«. Wie unangenehm und vor allem unbedeutend und trist mußte ihm dagegen sein eigenes Leben in Zürich, fernab von allem Geschehen, erscheinen: langjähriges Exil und bedingt dadurch kaum noch Kontakt zur Familie, eine unbefriedigende Ehe, die Verantwortung für mehrere kleine Kinder und zudem ständige Geldsorgen, die ihn – den zwar anerkannten, aber finanziell weniger erfolgreichen Militärschriftsteller – ohne Pause an den Schreibtisch fesselten und von aktiverer Betätigung, nach der es ihn zeitlebens drängte, abhielten. Nur zu gerne wollte dieser stolze und manchmal sogar herrische Mann, den es immer nach Höherem verlangte, aus dem unfreiwillig aufgesuchten Schatten endlich wieder einmal heraustreten. Lassalle und Hatzfeldt waren die Chance, nach der er voll Hoffnung griff. Sein Leben sollte sich nun endlich ändern – freilich in eine gänzlich andere Richtung, als er es sich selbst je erwartet und erträumt hätte. Für den Augenblick vermeinte er jedoch, auf der anderen Seite zu stehen, so wie er es sich immer gewünscht hatte.

Für Sophie von Hatzfeldt schließlich begann mit dem Ende des Jahres 1861 eine gefühlsmäßig äußerst unruhige und bewegte Zeit. Für mehr als zwei Jahre sollte sie zur Gefangenen einer ungewöhnlichen Dreierbeziehung werden, die sie tiefen Gefühls- und Gewissenskonflikten unterwarf. Da war auf der einen Seite der vertraute Freund, dem sie sich über Jahre hinweg eng verbunden und verpflichtet fühlte und der sich so gar nicht mit der neuen, der *anderen* Stellung innerhalb ihres Lebens abfinden konnte und es lieber zu einem Bruch kommen ließ, als ihre Gunst mit jemand anderem zu teilen. Auf der anderen Seite bedrängte sie der eifersüchtig über ihre Gefühle und Handlungen wachende Liebhaber, der absolut kein Verständnis für ihre tiefe Zuneigung zu Lassalle aufzubringen wußte, so sehr er sich auch immer wieder bemühte. Und da war schließlich sie selbst mit ihren Vorstellungen vom Glück und dessen Realisierung, ihren Ängsten und Sehnsüchten, ihren Hoffnungen und Träumen. Hatte sie schon in den letzten Jahren sehr unter dem Konflikt zwischen ihrem Sohn Paul und ihrem Freund Lassalle gelitten, so sollte diese neue Dreierkonstellation, die sich wie die erstgenannte auch um sie selbst zentrierte, dem Ganzen nur noch die Krone aufsetzen. Ihr immer wieder aufs Neue angestellter Versuch, Freundschaft und Liebe miteinander in Einklang zu bringen, scheiterte vor allem an dem Unvermögen beider Männer, die ihnen von Sophie in diesem Spiel zugedachten Rollen zu übernehmen und auszufüllen. Genausowenig wie sie jedoch selbst in der Lage war, ihre verschiedenartigen Gefühle und Bedürfnisse miteinander in Einklang zu bringen und voneinander abzugrenzen, waren die beiden Männer bereit, ihren absoluten Anspruch auf sie aufzugeben. Zudem – und das mag merkwürdig befremdend klingen in einem solchen Zusammenhang – war die Entscheidung für den einen oder anderen Mann (wenn denn schon an ein harmonisches Zusammenleben mit beiden nicht zu denken war), ungeachtet aller die Entscheidung beeinflussenden gefühlsmäßigen Motive, auch eine politische Entscheidung für die Gräfin. Das wird klar, betrachtet man die weitere Entwicklung der ungewöhnlichen Dreierbeziehung und im Zusammenhang mit ihr den unterschiedlichen politischen Werdegang Lassalles und Rüstows, der auch von der Gräfin eine konkrete Stellungnahme verlangte.

VI. Eine Frau, zwei Männer und die Politik

1. *Oberst Wilhelm Rüstow: Ein Intermezzo im Leben der Gräfin Hatzfeldt*

Noch ehe die Beziehung zwischen Sophie von Hatzfeldt und Wilhelm Rüstow überhaupt richtig beginnen konnte, trug sie bereits den Keim des Scheiterns in sich – so sehr Rüstow auch um sein Liebesglück kämpfen sollte. Sophie fühlte sich nicht mehr wohl in der »klatschenden Zürcher Umgebung«[1], die sich über das ungewöhnliche Liebesverhältnis in unmittelbarer Nähe der hochschwangeren Ehefrau Rüstows das Maul zerriß. Andererseits wußte sie aber auch nicht, wohin sie gehen sollte, da ihr der in Berlin weilende Freund unmißverständlich zu verstehen gegeben hatte, es nicht zu wünschen, daß sie dorthin käme.[2] Rüstow selbst sind die Unrast und Unzufriedenheit der Gräfin nicht verborgen geblieben, denn auch in politischer Hinsicht tat sich nichts – der erwartete italienische Überfall auf Venetien blieb aus. Am 14. Februar schrieb er an Lassalle, freilich nicht ohne einen kleinen stechenden Seitenhieb:

»Die Gräfin [die zuvor einige Tage krank gewesen war] ist schon längst wieder ganz munter. Ich fürchte aber, sie wird nächstens absegeln; sie spricht wenigstens ungeheuer viel von Berlin. Vergebens frage ich sie, was sie dort eigentlich zu suchen hat. Sie behauptet, sie müsse wenigstens für einige Zeit dorthin zurück.«[3]

Am 4. März schließlich hielt es die Gräfin trotz aller noch so feindseligen Briefe Lassalles nicht länger am Ort, zumal die Niederkunft der Frau Rüstows kurz bevorstand und sie diesem in der ohnehin schon heiklen Situation nicht noch unnötige Verlegenheiten bereiten wollte.[4] Zwar litt sie sehr unter dem Bruch mit ihrem alten Freund und ließ ihn das auch wissen, aber nach alledem, was sich Lassalle ihr gegenüber herausgenommen hatte, stellte sie es allein *ihm* anheim, sie in Berlin aufzusuchen oder aber lediglich brieflich mit ihr zu verkehren. Ihn um ein Zusammentreffen bitten, das wollte sie um keinen Preis, dafür hatte er sie durch die Mißachtung ihrer Gefühle zu sehr verletzt.

»Nach dem, wie Sie sich gegen mich geäußert und benommen, bin ich zu tief gekränkt. Und abgesehen davon, was ich überwinden könnte, müßte ich jede Spur von Selbstachtung bis zur Verächtlichkeit verloren haben, wenn ich jetzt noch darum bitten könnte. Das werden Sie wohl einsehen, daß alles nur noch von Ihnen kommen *kann.*«

Vor allem die Tatsache, daß Lassalle den Herweghs und Rüstow seine Kassettenrede und andere Schriftstücke aus der Prozeßzeit Hatzfeldts ohne deren Zustimmung und wider das bessere Wissen, daß er sie damit kränken würde, zugesandt hatte, konnte sie ihm nicht verzeihen – zumal sie die Absicht dieses Vorgehens erkannte. Mit kühlen, gesetzten Worten, aus denen jedoch eine tiefe Traurigkeit und Enttäuschung spricht, weist sie den Freund ob dieses eigenmächtigen und bewußt verletzenden Verhaltens zurecht:

»Sie wußten sehr *wohl,* daß es mir *sehr* unangenehm sein würde, sehr nachteilig auf meine Laune wirken würde, zu wissen, daß man sich, während ich sogar anwesend, mit diesen traurigen und ekelhaften Geschichten beschäftigte; denn ich hatte Ihnen ja wie oft gesagt, daß jede Auffrischung derselben mich in Melancholie brächte und ich ganz weit am liebsten weggehen möchte, wo niemand etwas davon wüßte und ich nicht daran erinnert werden *könnte.* Solange Energie und Handeln nötig war, hielt die Kraftanstrengung aufrecht, jetzt habe ich nur noch Ekel dafür, Trauer für mein ganzes verlorenes Leben. Sie wußten also *sehr* gut, was Sie mir antaten, und diese *Absicht* war nicht schön ...«

Anfang März traf Sophie von Hatzfeldt, nachdem sie zuvor ihren Sohn Paul in Straßburg gesehen hatte, in Berlin ein, und es scheint, daß sie während des gesamten Aufenthaltes, der vor allem der Regelung ihrer finanziellen Angelegenheiten diente und sie häufig mit ihrem Bruder Hermann und ihren Neffen Otto und Hugo Loë zusammenbrachte, kein einziges Mal mit Lassalle zusammenkam.[5] Zu schroff und rücksichtslos hatte er ihr zuvor zu verstehen gegeben, daß er weder Veranlassung noch Bedürfnis habe, sie zu sehen, auch wenn er ihr bei der Abwicklung ihrer Geschäfte selbstverständlich jederzeit zur Verfügung stünde.

»Ich habe keine Veranlassung, zu Ihnen zu kommen. Ich habe weder ein Bedürfnis dazu, noch dort etwas zu suchen; es geht gegen meine Grundsätze. – Wenn Sie mich zu sprechen haben, so bleibt Ihnen unbenommen, zu mir zu kommen. Nicht umgekehrt.«[6]

Feststellend, daß sie also umsonst an die Einsicht und das Verständnis des Freundes appelliert hatte und dieser den Wert einer mittlerweile fünfzehnjährigen Freundschaft nicht so hoch einzuschätzen wußte wie sie selbst, ließ sie ihn wissen:

»Wenn Sie nicht einmal die *Höflichkeit* eines Besuchs für mich haben, so ist unsre Beziehung durch *Ihren* Willen aufgelöst. Ich habe Ihnen öfters umsonst zu überlegen gegeben, ob diese Art Ihrer und meiner würdig sei. Daß es mir sehr wehe getan, mich überzeugen zu müssen, daß nichts auf der Welt Bestand [hat], sowie daß ich die Pietät gegen die Vergangenheit gern bewahrt hätte, hat jeder sich überzeugen können, der mich gesehen. Ich bin aber leider außerstande, irgend etwas zu ändern.«[7]

Gegen Ende April – nach einem geschäftlichen Abstecher nach Köln – kehrte Sophie Hatzfeldt in die Schweiz zurück, wo sie sich in der Nähe Zürichs und somit Rüstows auf dem Land einquartierte und mit der ehemaligen 48er Revolutionärin Mathilde Franziska Anneke und deren Freundin, der Halbindianerin und Dichterin Mary Booth, der »Wildenmarie«, unter einem Dach lebte.[8] Zwischen den drei Frauen hatte sich – nach anfänglichen Vorbehalten und großer Zurückhaltung vor allem auf seiten Annekes – eine beständige Freundschaft entwickelt, die einen hohen Stellenwert im Leben der Gräfin erhalten sollte.[9] Nur brieflich erfuhr die Gräfin von den Erfolgen Lassalles im Frühjahr des Jahres 1862 – dem »Julian Schmidt«, dem »Arbeiterprogramm« und der »Fichte-Rede« – an denen sie aber, nicht anders als früher, regen Anteil nahm und die sie wie auch alle vorangegangenen Arbeiten Lassalles mit ihrem eigenen Kommentar versah:

»Zuerst will ich Ihnen meine *wirkliche* Freude über Ihre letzten drei Arbeiten sagen. Sie wissen, wie oft ich Ihnen früher gesagt, wie es mir lieb sein würde, wenn Sie nun, jetzt, nachdem Sie wirklich für jetzt genug für die eigentliche Wissenschaft mit Ihren beiden großen Werken getan, sich darauf verlegten, kleinere, aller Welt mehr zugängliche, die Fragen der Zeit behandelnden Schriften in die Welt zu schicken, die wie Taten gleich zünden.«[10]

Merklich ändert sich seit April, also seit ihrem Berlinaufenthalt, der Ton der Korrespondenz der beiden Freunde. Die Informationen, die sie nun austauschen, gewinnen an Substanz und Bedeutung, und ganz allmählich traut sich Lassalle auch wieder, über seine Gefühle, seine Einsamkeit zu ihr zu sprechen.[11] Über die ihren hatte Hatzfeldt ihn ja nie, auch während des Höhepunktes des Konflikts, im Ungewissen gelassen. Mit unmerklichen, aber stetigen Schritten »schreiben« sie sich einander wieder näher. Besonders bedauerte Hatzfeldt nun den Bruch mit Lassalle im Hinblick auf die politische Agitation:

»Jetzt treten die politischen Ereignisse [der preußische Verfassungskonflikt näherte sich seinem Höhepunkt] ein, für die wir so lange zusammen gelitten und gekämpft und sie so oft zusammen herbeigewünscht, und wir sind jetzt Feinde; das ist wirklich eine Ironie des Schicksals. Das heißt, mein Feind sind nur Sie, der Ihre werde ich nie sein.«[12]

Allerdings erscheint ihr Eingehen auf die preußische Agitation Lassalles zu diesem Zeitpunkt noch als ein eher formales. Das Abebben und schließliche Scheitern der italienischen Bewegung – Napoleon hatte einen Angriff auf Istrien nicht erlaubt, der Anschlag Garibaldis auf Rom im August war mißglückt – hatte zur Folge gehabt, daß Lassalle sich bereits seit dem Frühjahr 1862 mehr und mehr dem preußischen Boden als Basis der zukünftigen Politik zuwandte.

Darüber – auch wenn er im preußischen Verfassungskonflikt genauso wie Sophie Hatzfeldt keinen idealen Hebel sah – traten für ihn die italienischen Ereignisse langsam in den Hintergrund. Sein Doppelspiel, das sich an den Komponenten der demokratisch-preußischen Agitation einerseits und der italienisch-europäischen Revolution andererseits orientierte, begann. Daß dieser Gesinnungswandel nicht in gleichem Maße auch für die Gräfin Hatzfeldt zutraf, ist nicht verwunderlich, denn anders als Lassalle, der in Berlin an der Quelle des Geschehens saß, bekam sie im fernen Zürich die Verschärfung des Kampfes um die preußische Heeresvorlage, die Entwicklung des Heereskonfliktes zu einem Verfassungskonflikt, den Kampf zwischen Königs- und Parlamentsmacht, der in der Auflösung des Abgeordnetenhauses gipfelte, nur eher am Rande mit.[13] Für Deutschland hatte sie zu diesem Zeitpunkt ohnehin nur Zukunftshoffnungen, das »engere Vaterland« war ihr abhandengekommen und somit ihr Interesse an den deutschen Ereignissen noch eher schwach. Das geht vor allem aus Briefen Rüstows an die Gräfin hervor. Dagegen war Italien nahe, genauso wie Rüstow. Anders als Lassalle konzentrierte sich der republikanische Offizier und Militärschriftsteller nun, da von Italien für den Moment nichts zu erwarten war, verstärkt auf die deutschen Volksbewaffnungspläne und schaltete sich kräftiger in die Bemühungen der Coburger Liberalen ein. In enger Zusammenarbeit mit dem Nationalverein, zu dem er über den ehemaligen österreichischen Hauptmann Ludwig Schweigert,[14] das »Faktotum« des Vereinsgeschäftsführers und Rechtsanwalts Fedor Streit, in Kontakt stand, setzte er sich – Militär, der er war – für die Wehrertüchtigung in Turnvereinen und die vermehrte Bildung von Wehrvereinen ein. Das sollte für eine künftige revolutionäre Situation in Deutschland die militärischen Voraussetzungen schaffen. Rüstows Name tauchte zudem in den Reihen der Mitarbeiter der von Streit gegründeten Volkswehrzeitung auf, und er übernahm sogar die Leitung des ›Zentralbureaus für die freiwilligen Wehrvereine‹. Freilich ist trotz dieser engen Verbindung mit dem linken Flügel des Nationalvereins (mit dem er auch Lassalle in Kontakt brachte) davon auszugehen, daß Rüstows radikale Volksbewaffnungsthesen der Mehrheit der liberalen Coburger entgegenstanden und er selbst in dem Kontakt zu dieser Bewegung so etwas wie einen Ersatz für seinen ansonsten ungestillten Wirkungsdrang fand.[15]

Sophie von Hatzfeldt hatte durch Rüstow die Bekanntschaft einiger Mitglieder des Nationalvereins gemacht und zudem Einblick in die Turn- und Wehrvereinsbewegung gewonnen.[16] Daher war es nur folgerichtig, daß die beiden im Sommer und Herbst 1862 gemeinsam auf Erkundigungsreise in den Südwesten Deutschlands gingen, zumal das Leben in Zürich – in unmittelbarer Nähe der Frau Rüstows und seiner Kinder – Hatzfeldt auf Dauer kaum zugesagt haben wird. Bevor sie allerdings zu ihrer Reise, die Traubenkur und politische Agitation wie schon in Italien in praktischer Weise miteinander verbinden sollte, aufbrachen, kam es Ende August in Zürich endlich zu der schon so lange »herbeigeschriebenen« Aussöhnung Hatzfeldts mit Lassalle. Im Frühjahr hatte er bereits mit dem Gedanken gespielt, die Freunde in Zürich zu besuchen, um dann schließlich doch zunächst den von Haztfeldt damals sehr geschätzten Karl Marx und dessen Familie in London aufzusuchen. Von diesem so mißlich verlaufenen Besuch hatte Hatzfeldt schon schriftlich vernommen;[17] um so gespannter wird sie auf die mündlichen Mitteilungen Lassalles gewartet haben. Von einem angenehmen Besuch Hatzfeldts, Rüstows und Lassalles in ihrem Hause zu dieser Zeit berichtet Emma Herwegh ihrem zur Kur in Karlsbad weilenden Mann Georg am 26. August. Es scheint insbesondere Lassalle gewesen zu sein, dessen Auftreten ihr positiv auffiel, gerade auch im Vergleich zu Rüstow.[18] Ohne sonderliche Probleme scheint die »ménage à trois« zu diesem Zeitpunkt funktioniert zu haben, so daß man es auch wohl riskieren konnte, ein paar Tage gemeinsam in Sophies Kurort Wildbad zu verbringen.

Auch nachdem Lassalle die beiden wieder verlassen hatte, um zurück nach Berlin zu reisen, wo er sich seinem Plan eines Arbeiter-Gesamtvereins zu widmen gedachte,[19] blieb man miteinander in Kontakt. Hatzfeldt hielt den Freund über ihre eigenen politischen Aktivitäten, die sich in erster Linie auf die Turn- und Wehrvereine bezogen, auf dem laufenden. Am 7. Oktober hatten die beiden »politischen Kurenden«, Hatzfeldt und Rüstow, den Standort gewechselt und »wühlten« nun in Neustadt an der Haardt und Umgebung. Hatzfeldt fand es wieder einmal bestätigt,

»daß im verstecktesten und kleinsten Ort in Süd- und Westdeutschland die politische Bildung und innere Freiheit um hundert Prozent über den gebildetsten Leuten in Berlin steht. Es besteht überall auch eine Art Organisation und Verbindung über ihre Kreise hinaus; man hat Rüstow und daher auch mich mit vieler Wärme aufgenommen, es scheinen recht gute Elemente da zu sein, und Sie können denken, daß ich keine Gelegenheit zur Wühlerei versäume.«[20]

Auch wenn sie Garibaldi mittlerweile noch sehr viel kritischer und realistischer einschätzte als zuvor, hielt sie ihn nach wie vor für den unentbehrlichen Mann der Situation, den es zu unterstützen galt. Die Initiierung einer Geldsammlung für den bei Aspromonte am 29. August von Oberst Pallavicini verwundet gefangengenommenen italienischen Volkshelden war praktischer Ausdruck dieses Denkens. Über Rüstow und Schweigert brachte sie den Plan in die Reihen des Nationalvereins, Lassalle erhielt den ihm wenig angenehmen Auftrag, in Berlin dafür zu werben[21] – nachdem ihn die Gräfin zuvor folgendermaßen über Garibaldi und sein Scheitern bei Aspromonte aufgeklärt hatte:

»Was nun Garibaldi selbst anbelangt, so muß man gestehen, daß es ganz unmöglich ist, sich schwächer und ungeschickter zu benehmen. Man darf dies freilich nicht eingestehen und muß ihn behandeln wie eine Geliebte, über deren Fehler man zwar im Klaren, die man aber trotzdem nicht aufhören kann zu lieben und daher gegen jedermann verteidigt. Daß das allgemeine Urteil nicht scharf über ihn ausfällt, hat er, glaube ich, bei Freund und Feind nur dem bei weitem überwiegenden Haß gegen die Piemontesen zu verdanken. Daß seine Expedition, so verrückt sie angelegt war, dennoch in mancher Beziehung sehr gute Folgen gehabt, die Sache viel weiter gebracht hat, ist zwar nicht sein Verdienst, aber er ist und bleibt dennoch der unentbehrliche Mann der Situation und muß auf dem Schild erhalten werden. Wenn er sich nur jetzt bei der Amnestie ordentlich benimmt und vor allen Dingen nicht, wie es sein Brief befürchten läßt, nach Amerika geht. Dann wäre er freilich für alle Zeiten fertig, was ein enormes Unglück wäre.«[22]

Mit dem Verlauf der preußischen Geschehnisse zeigte sie sich dagegen befriedigt:

»Die Preußischen Kammern gefallen mir hingegen sehr, sie tun eigentlich alles, was man kaum erwarten konnte, und auch wirklich alles, was in der Situation gegeben, möglich und nötig, und halten dabei so wundervoll abgeschmackte Reden, daß man sich totlachen möchte. Bismarck ist himmlisch, der vollständige gamin [Straßenjunge], und wird nun wohl bald mit dem ›etwas, was nicht in der Verfassung steht‹ (diese Redeweise von van der Heydt ist doch zu klassisch kindisch) herausrücken.«

Was ihr nur noch zu ihrem vollkommenen Glück fehlte, wäre »ein gemütliches, heiteres Beisammensein« mit den *beiden* Freunden gewesen. Insbesondere für Rüstow schien sich die gemeinsame Zeit mit der Gräfin, die nach der Versöhnung mit Lassalle von einer Last befreit war, positiv auszuwirken. »Seine inneren, durch lange Qual und Ärger verursachten Leiden, seine nervöse Reizbarkeit«, so Sophie an Ferdinand, seien völlig verschwunden, er sei heiter und vergnügt wie ein Kind. Gerade nach den letzten unerfreulichen Ereignissen in Zürich – Rüstows Frau Anna hatte eine Intrige gegen ihren Ehemann angesponnen, die ihn und auch die Gräfin sehr mitnahm[23] – genossen die beiden nun um so mehr die Ruhe und Sorglosigkeit des Aufenthaltes in Deutschland. »Wir leben hier in einem ganz südlichen Klima unter Mandel- und Kastanienbäumen und studieren gründlich den Weinbau und die Kelterei«[24], so vernimmt sich die Darstellung der harmonischen Atmosphäre aus dem Munde Rüstows. Vierundzwanzig Flaschen »des besten Pfälzerweines«, den sie selbst genossen, gingen als Extra-Präsent beider an Garibaldi ab.

Alles änderte sich schlagartig, als am 26. Oktober die Nachricht vom Tode Heyman Lassals eintraf, mit dem die Gräfin seit ihren Prozeßjahren durch freundschaftliche Bande verbunden war. Sofort trat sie die Reise von Heidelberg nach Berlin an, um dem Freund – Lassalle hing in für ihn außergewöhnlicher Weise an seinem Vater – in dieser schweren Situation zur Seite zu stehen. Galt es doch auch, die Verhältnisse der

Mutter Lassalles und seiner in Scheidung stehenden Schwester Friederike und deren Kinder zu regeln. Zudem waren die Geldgeschäfte der Gräfin seit ihrer Scheidung eng verquickt mit denen der Familie Lassal, so daß ihr Aufenthalt in Berlin auch aus rein materiellen Gründen zwingend wurde.[25] Das aber verstand der zurückgelassene Liebhaber nicht. Kaum hatte Sophie ihn verlassen, begann ein von seiner Seite aus verzweifelt geführter Briefwechsel um die Rückkehr seiner Geliebten, der in den beiden nächsten Jahren immer wieder – nämlich bei jeder zeitweiligen Trennung des Paares – aufgenommen werden sollte.[26] Mehr als 150 Briefe schrieb Rüstow in dieser Zeit, und fast alle sind uns bis auf den heutigen Tag erhalten geblieben. Sie zeigen einen zwischen den Gefühlsextremen hin- und herschwankenden, leidenschaftlichen Mann, der sein Lebensglück voll und ganz von der Liebe und Zuwendung der Gräfin abhängig gemacht hatte. Daß das Verhältnis für Sophie Hatzfeldt eine ähnlich existentielle Bedeutung besaß, ist kaum anzunehmen. Das nahezu ungeklärte Schicksal ihrer Briefe an den Geliebten in Zürich zwingt zu einer indirekten Art der Beweisführung und infolgedessen zu besonderer Behutsamkeit und Zurückhaltung in der Urteilsbildung. So erhält man zwar aus den Briefen Rüstows einen oftmals lebhaften und intensiven Eindruck von der Gräfin, darf dabei aber nicht vergessen, daß das von ihm gelieferte Bild von häufig unwägbaren subjektiven Vorurteilen und Befindlichkeiten geprägt und beeinflußt ist. Eines läßt sich zumindest ohne große Schwierigkeiten anhand des vorhandenen Materials erkennen: daß sich der allein schriftliche Verkehr auf die Beziehung der beiden verheerend auswirkte, auch wenn sich Hatzfeldt ansonsten über die Möglichkeiten des schriftlichen Austausches positiv äußerte. Wie man einerseits mit Recht feststellen kann, daß Hatzfeldt und Lassalle sich einander im Laufe des Jahres 1862 näher »schrieben«, so ist andererseits am Briefwechsel zwischen ihr und Rüstow ganz klar zu ersehen, wie sich die beiden Schreibenden immer mehr voneinander entfernten. Zu häufig verfehlte Rüstow den richtigen, angemessenen Ton, gerade im Herbst 1862. Er, der sich in Sehnsucht nach der fern in Berlin Weilenden verzehrte, erwies sich als unfähig, die Situation sachlich und ruhig einzuschätzen. Verzweifelt, ungerecht und rüde ist der Ton seiner nahezu täglich geschriebenen Briefe, in denen zudem eine gehörige Portion larmoyanten Selbstmitleids mitklingt. »Lassalle ruft Sophie und – die geht. Sie verläßt Dich«[27] – so der Tenor zahlreicher Schreiben. Er als der Mittellose sei der »edlen

Gefühle« in ihren Augen nicht würdig, die besitze wohl lediglich jemand wie Lassalle, der nur rufe und sogleich käme sie gelaufen, egal, was mit ihm sei, dessen Kummer von ihr nur verachtet werde. Solche Töne und Vergleiche mißfielen Sophie, das wußte Rüstow.

»Sie nehmen mir da bisweilen Vergleiche übel, die ich anstelle, weil ich sie anstellen *muß*. Ich bin mitunter wütend darüber, daß mir die lumpigsten materiellen Fesseln das feine Gefühl für zartere Verhältnisse beschneiden, was ich doch wahrhaftig, ich weiß es, mehr habe als die anderen außer Ihnen zusammengenommen.«[28]

In ultimativem Ton forderte er die sofortige Rückkehr von ihr:

»Ich sage Ihnen aber, wenn ich Sie am 29. November d. J. spätestens nicht wiedersehe, so sehe ich Sie überhaupt nicht mehr. . . . Der Glaube an Ihre Liebe in mir wird vernichtet sein, und da es nicht fehlen kann, daß bei einer solchen Hintenansetzung meiner, wie sie darin liegen würde, wenn Sie auf Befehl eines anderen von mir fortblieben und bloß mit seiner Erlaubnis zu mir zurückkehren, es trotz aller meiner Liebe an Vorwürfen und Mißverständnissen nicht fehlen kann, so würden auch Sie nichts mehr von mir wissen wollen. Der Stolz würde über Ihre Liebe siegen – und Alles wäre vorbei.«[29]

Von seinen wütenden und gleichermaßen verzweifelten Rundumschlägen blieb niemand verschont, am wenigsten Hatzfeldt: Sie betrafen in erster Linie den ins Titanenhafte angewachsenen Rivalen Lassalle, streiften die Familie Hatzfeldts und gipfelten in einer Reihe wüster und äußerst häßlicher antisemitischer Schimpftiraden, die sich besonders auf den gerade erst verstorbenen Heyman bezogen, aber auch vor Lassalle selbst nicht haltmachten; diesem warf er insbesondere vor, den »politischen Mäzen« zu spielen.[30] Berlin, dieser »Fanny Lewald'sche jüdische Lügenpfuhl« (16. 11.), dieser in seinen Augen verlogene und künstliche Ort, sowie ihre gesamte Familie hatten kein anderes Ziel, als sie von ihm fernzuhalten und somit sein Glück zu zerstören. »Sie ziehen ihr Lumpennetz immer enger um uns«, schrieb er am 19. November, seien darauf aus, ihn finanziell zu ruinieren und sie an ihrer Liebe zu ihm zu hindern. Solche überzogenen und haßerfüllten Töne gerade im Zusammenhang mit ihrer Familie waren für die Gräfin nichts Neues, denn – wenn auch anders motiviert – so ähnlich hatte Lassalle ihr gegenüber in den vergangenen Jahren ja auch schon argumentiert. Ganz und gar außer sich war Rüstow, als er von Sophie erfuhr, daß Lassalle ihre roten Hemden – eine Reminiszenz gleichermaßen an Garibaldi wie an die gemeinsame Zeit Rüstows und Sophies in Italien – verbrennen wollte. Darin sah der Verzweifelte den eindeutigen Versuch Lassalles, ihm seine Macht über Sophie und selbst ihre Gefühle zu demonstrieren und zudem – nach der Blamage von Aspromonte – die auch symbolisch demonstrierte Abkehr von Garibaldi und dem gemeinsamen politischen Konzept.[31]

Auf die immer wieder ausgesprochenen Vorwürfe und Drohungen Rüstows, die in der Ankündigung seines Selbstmordes kulminierten,[32] antwortete Hatzfeldt wohl in eher mäßigendem, sachlichen und ruhigen Ton, wobei sie allerdings bei der Wahl ihrer Argumente nicht selten das eh schon ziemlich ramponierte Nervenkleid Rüstows nur wenig berücksichtigte. Gerade ihn zu bitten, für ein Wiedersehen beider bei Lassalle zu intervenieren, erscheint als reichlich gefühl- und taktlos, und so reagierte Rüstow denn auch anfangs mit unverhohlenem Zorn auf dieses Ansinnen, um sich schließlich selbst zu solch einer für seinen Geschmack erniedrigenden Tat bereitzuerklären.[33]

Merkwürdig unentschlossen erscheint Hatzfeldts Verhalten dagegen in diesem Zeitraum. Zwar schien sie sich Rüstow gegenüber zu beklagen, daß man sie in Berlin festhalte, man willkürlich über sie disponiere – wobei »man« natürlich von Rüstow in erster Linie als »Lassalle« interpretiert wurde –, aber sie zeigte andererseits keinen ernsthaften Willen, dieser Situation ein Ende zu machen, indem sie Berlin verließ. Gerade das mußte Rüstow besonders treffen, diese für ihn unerklärbare Handlungsunfähigkeit und Unentschlossenheit Sophies, die er als so willensstarke und handlungsbereite Frau kennengelernt hatte. Wütend hielt er ihr vor, sie erzähle ihm, »daß man so gnädig ist, Sie auf ein Piedestal zu erheben« und im gleichen Atemzug, »daß ich Sie losbetteln soll von dem Piedestalfabricanten«. Auf Sophies Beteuerung, ihre Liebe werde schließlich triumphieren, und er müsse über dieser alles vergessen, auf ihre ständigen Hinhaltungen und Vertröstungen kennt er nur eine Antwort:

»Sophie, ich will die gütige Erlaubnis eines andern nicht, Sie zu lieben; ich will nicht sein Mitleid, wenn er mich glücklich an meiner Liebe in jeder Beziehung zu Grunde gerichtet. Wir beide stehen einander allein gegenüber. Ich kenne *Nichts* zwischen uns. Kennen Sie auch Nichts.«[34]

Voller Panik steigerte sich Rüstow in die bedrohlichsten Verlustängste, sah er doch mit Hatzfeldt sein letztes bißchen Glück dahinschwinden. Daß es nicht um ihre Person allein ging, sondern auch und vor allem um die intimsten Lebensprobleme des Geliebten, scheint sie gespürt zu haben. Im Vergleich zu Lassalles wirklicher und berechtigter Trauer erschienen Rüstows übertriebene Eifersuchtsszenen als völlig überzogen, egoistisch und befremdend. Das war zu viel zur Schau gestelltes Gefühl für das Empfinden der bei aller Emotionalität doch selten den Verstand verlierenden Frau. Lassalle brauchte sie, hatte nach ihr als der einzigen ihm verbliebenen Vertrauensperson gerufen. Das zählte zunächst und vor allem anderen – zumal sie sich, anders als von Rüstow, von ihm nicht gedrängt fühlte.[35] Erpressen ließ sie sich nämlich erst recht nicht, das hätte Rüstow wissen müssen, denn das hatte sie bereits Lassalle gegenüber bewiesen. So erhörte sie Rüstows ständiges Flehen, doch endlich zu ihm zurückzukehren, auch erst dann, als er ihr androhte, persönlich nach Berlin zu kommen, um sie zu holen, was seine zwangsläufige Verhaftung zur Folge gehabt hätte. Diese Verantwortung erschien ihr dann doch wohl zu groß. So argumentierte sie jedenfalls Lassalle gegenüber, während sie andererseits Rüstow sogar den unmöglichen Vorschlag machte, wegen der Genehmigung eines Berlin-Aufenthalts an Bismarck zu schreiben.[36] Zwischen den Fronten stehend schien sie nicht in der Lage, ehrlich gegenüber dem einen oder dem anderen zu sein, und wählte statt einer klaren Entscheidung den Weg von »Notlügen« und Ausflüchten. Sie versäumte es aber nicht, Rüstow vor ihrer endgültigen Abreise darüber aufzuklären, daß die Gestaltung ihrer Reise- und Zukunftspläne ganz allein ihre Sache sei und er ihr da keinerlei Vorschriften zu machen habe.[37] Reumütig und voller Schuldgefühle konnte der inzwischen wieder zur Vernunft und Ruhe gekommene Rüstow es kaum erwarten, sie wiederzusehen, entschuldigte und erklärte sein unbeherrschtes Verhalten und war peinlich darauf bedacht, nun ja keine »Fehler« mehr zu machen.

Am 11. Dezember verließ Sophie Hatzfeldt Berlin wieder, um den Winter gemeinsam mit Rüstow in Italien zu verbringen. Ihre Gefühle für diesen hatten jedoch eine merkliche Abkühlung erfahren, woran auch die mehrmonatige Italienreise, die trotz aller Spannungen doch auch glückliche Momente für beide besessen haben wird, nichts mehr zu ändern vermochte.[38] Was sich selbst ein langjähriger Freund wie Lassalle nicht so ohne weiteres ihr gegenüber hatte leisten können, das durfte ein ihr im Grunde genommen doch niemals völlig vertrauter Mensch wie Rüstow erst recht nicht riskieren. Ein Verhalten, wie er es gezeigt hatte, verletzte ihren ausgeprägten Stolz und ihr Selbstgefühl und ignorierte zudem ihr Bedürfnis nach Distanz, das sie auch im engsten Verkehr mit anderen Menschen nicht verlor und das mit Sicherheit als eines der Relikte ihrer feudalen Erziehung zu werten ist. Zudem ließ es den Wert ihres alten Freundes, der ja mittlerweile zur Ruhe gekommen war, jedoch nun sehr unter dem Verlust seines Vaters und, bedingt dadurch, unter großer Einsamkeit litt, in einem ganz anderen Licht erscheinen. Hinzu kam, daß sie endlich einmal eine Möglichkeit sah, ihm seine langjährige Treue zu vergelten.

Erschöpft und krank von der langen beschwerlichen Reise in das kalte und von wahren Schneemassen heimgesuchte Norditalien, ließ Sophie Hatzfeldt die jüngsten unschönen Ereignisse, aber auch ihre letzten, gemeinsam mit Lassalle verbrachten Lebensjahre in ihrem Geiste Revue passieren. In äußerst melancholischer Stimmung – war es doch das erste Weihnachtsfest seit Jahren, das sie nicht gemeinsam verbringen konnten – schrieb sie am Heiligabend aus Genua an Lassalle:

»Ach, liebes Kind, wir mögen uns noch so viel gezankt und entzweit haben, so viel steht mindestens fest, daß wir uns gegenseitig für andre verdorben haben; und das große Unrecht, das wir begangen haben, zu glauben, daß eine solche Vergangenheit und Freundschaft und Vertrauen sich beliebig zerreißen und vernichten lasse, mußte sich wenigstens vorübergehend rächen.«[39]

Daß Lassalle inzwischen wieder zu ihrer wichtigsten Vertrauensperson geworden war und sie den Wert dieser Freundschaft weit über alle anderen Beziehungen setzte, das beweist noch deutlicher ihr Brief vom 28. Dezember, in dem sie den Freund über Rüstow, dessen Zustand und sein Verhältnis zu ihr aufklärt:

»Rüstow hat noch weit mehr, als es bei mir der Fall war – und ich glaube gewiß nicht mit mehr Grund, denn er leidet jedenfalls weniger lange –, ein verdüstertes und durch die Ungerechtigkeit des Schicksals, Nichtanerkennung, Unmöglichkeit [Gelegenheiten], sich zur Geltung zu bringen, seine unglückliche Ehe, die ihn äußerlich wie innerlich in eine ihm ganz unangemessene Lage bringt, ein ganz verbittertes Gemüt, unzufrieden mit der Welt, mit sich, mit allem. Es ist unendlich traurig mitanzusehen in einem so guten, so fähigen und tüchtigen Menschen und ihm nicht helfen zu können. Er ist mir so attachiert, wie es nur möglich ist, glaubt nicht mehr leben zu können ohne mich, aber Erheiterung kann ich ihm doch nicht geben. Ich sage Ihnen dies, liebes

Kind, unter dem Siegel der tiefsten Verschwiegenheit und bitte Sie, nie davon etwas merken zu lassen und diesen Brief *gleich zu verbrennen.*«[40]

Wie so oft erweist sich Hatzfeldt auch hier als äußerst sensible Beobachterin anderer Menschen und deren seelischer Verfassung. Aber gerade die in der gesamten Darstellung durchscheinende (wenn auch wohlwollende) Distanziertheit, mit der sie den »Fall« Rüstow erläutert, beweist, daß hier keine leidenschaftlich liebende Frau zur Feder griff, sondern vielmehr ein Mensch, der innerlich die Abwendung bereits vollzogen hatte. Wer in diesem Falle zusammengehörte – in Denken, Fühlen und Handeln –, das war schon zu diesem Zeitpunkt keine Frage mehr.

Schwermut, Melancholie und Niedergeschlagenheit prägten den Aufenthalt des Paares Hatzfeldt und Rüstow in dem verschneiten, zudem politisch toten Italien, und kaum werden die beiden einander in dieser emotional wie politisch zerfahrenen Situation eine wirkliche Hilfe gewesen sein. Im Gegenteil, es kam bereits zu ersten, zumeist wohl von ihr initiierten Auseinandersetzungen, kleinen Animositäten und Machtkämpfen, denen er nur wenig entgegenzusetzen wußte.[41] Wie weit sie schon voneinander entfremdet gewesen sein müssen, zeigen die – wenn auch sicherlich im Scherz geäußerten – Pläne Hatzfeldts, den Liebhaber mit irgendwelchen Frauen in Italien zu verheiraten. Innerlich bereits von ihm abgekehrt, machte die Gräfin die Abwendung auch nach außen sichtbar, indem sie sich zusehends von Rüstows politischer Linie entfernte und sich gleichermaßen den politischen Plänen und Gedanken Lassalles näherte.

Zwischen den beiden Männern war es im Oktober 1862 zu ersten politischen Differenzen gekommen. Am 14. Oktober hatte Lassalle Hatzfeldt von seinem Plan wissen lassen, einen »Gesamt-Arbeiterverein für ganz Deutschland mit dem Zentralort Berlin zu stiften«[42] und sich an die Spitze desselben zu setzen. Empört über den auf der dritten Generalversammlung des Nationalvereins in Coburg gefaßten »schwächlichen Beschluß in der Wehrvereinssache und die Reservierung der Flottengelder für Flottenzwecke« – er selbst forderte deren Verwendung für die Wehrbewegung – sagte er sich vom Nationalverein und jedweder Verhandlung mit dessen Geschäftsführer Streit und anderen Mitgliedern los. »Wenn Rüstow noch mit diesen Leuten weiter verhandelt, so hat er einen *bessern* Magen als ich.« Er selbst hingegen, so Lassalle weiter an Hatzfeldt, wolle seine Tätigkeit in dem geplanten

Arbeiterverein »sofort mit einem Akt der Feindseligkeit gegen den Nationalverein beginnen«.[43] So radikal konnte und wollte Rüstow mit den Coburgern zu diesem Zeitpunkt noch nicht brechen, sah er sich doch auch gerade als Militärschriftsteller auf die im Bannkreis des Nationalvereins stehende »Deutsche Turn- und Volkswehrzeitung« angewiesen. Seine Schriften wurden immer wieder in der seit Januar 1863 erscheinenden Coburger »Allgemeinen deutschen Arbeiterzeitung« empfohlen, seine Auffassung vom Milizheer regelrecht übernommen und schließlich seine Broschüren bei Streit verlegt und von diesem vertrieben. Obwohl er selbst seine Haltung als »Prostitution« empfand, erklärte Rüstow der Gräfin gegenüber, durch seine finanzielle Misere zu einem solchen Verhalten gezwungen zu sein. Das hinderte ihn allerdings nicht daran, schon am 26. Oktober 1862 auf der Versammlung der Turnvereinsvorstände von Ober-, Mittel- und Unterrhein in Heidelberg – wohin ihn die Gräfin begleitet hatte – ganz im Sinne Lassalles den Gebrauch der Geldmittel für Waffen zu fordern.

Wie wichtig die gemeinsame und vor allem auch erfolgreiche politische Betätigung für den Fortbestand der Beziehung Hatzfeldts und Rüstows war, darf nicht unterschätzt werden. Nur die Liebe allein scheint kein ausreichendes Verbindungsglied für beide gewesen zu sein. Politisches Schicksal und Liebesschicksal standen in ihrem Fall in enger Korrespondenz miteinander. Das spürten sie wohl auch beide. In diesem Sinne ist zumindest die briefliche Äußerung Rüstows an seine in Zürich weilende Freundin Emma Herwegh zu verstehen:

»Der Aufenthalt in Italien hat auch eben nicht dazu beigetragen, mich freudig zu stimmen und zu heilen. Ich dachte, ich hoffte hier in einem frischen politischen Leben eine Befriedigung zu finden, die andere Dinge, wie lieblich sie sich ausnehmen mögen, einem Mann auf die Dauer doch nicht gewähren können. In dieser Hoffnung habe ich mich sehr getäuscht. Alles hier ist niedergeschlagen, räsoniert noch unfrischer, lederner und verschrobener, als ich es in den schlechtesten Zeiten in Deutschland gehört habe ...«[44]

Anders als Rüstow, der – von »schrecklicher Langeweile« geplagt – in dumpfe Resignation und Passivität verfiel, wandte Sophie mehr und mehr ihr Augenmerk von der italienischen Politik ab und richtete es statt dessen auf die Zustände in Preußen. Dort sah sie, darin also noch gar nicht so weit von Rüstow entfernt, mittlerweile »entschieden weit größere politische Bewegung« als in Italien, wo sie es als »politisch tot und langweilig« empfand.[45] Alle – sie hatte beispielsweise in Turin Unterredungen mit Agostino Bertani, dem Führer der radikal-republikanischen Partei im italienischen Parlament, und mit dem republikanischen Schriftsteller und Parlamentarier Filippo de Boni – erschienen ihr äußerst »decouragiert« (inklusive Rüstow) und zudem nicht einmal in der Lage, Gedanken, wie Lassalle sie in der letzten Zeit geäußert hatte, zu verstehen.[46] Wie stark ihre Hinwendung zu Lassalles politischem Konzept bereits war und für wie wegweisend sie dessen Pläne ansah – auch für Italien –, erkennt man allein daran, daß sie seine beiden letzten Broschüren ins Italienische übersetzen lassen wollte – wenn auch befürchtend, daß die Italiener längst noch nicht reif für ein solches Gedankengut seien.[47] Hatte sie doch erfahren müssen, daß ihre Gesprächspartner, selbst Bertani, sich voller Besorgnis nach der Existenz »unmöglicher sozialer Utopien« in Deutschland erkundigten. Geradezu ›revolutionär‹ und ›progressiv‹ erschienen ihr im Vergleich dazu die Deutschen in ihrer Haltung:

»Es ist wahr, man mag sich noch so sehr, wenn man dort [in Deutschland], über die Dummheit und Tatlosigkeit der Deutschen ärgern, in der Fremde und im Vergleich lernt man sie theoretisch recht hoch schätzen und weiß, daß eine Zeit kommen muß, wo man stolz sein wird, ein Deutscher zu sein.«[48]

Um so mehr verlangte sie nach Informationen aus der Heimat, wo am 14. Januar die Kammern zusammenkommen sollten, und bemängelte es sehr, daß der zeitweilige »Jünger« Lassalles, Ludwig Loewe, radikaler Demokrat und Anhänger des Nationalvereins, ihr die versprochenen Berichte nicht geschickt hatte. Eher skeptisch, auch im Hinblick auf die Möglichkeiten Garibaldis, der sich – was ihr gar nicht gefiel – nach Caprera zurückzuziehen gedachte, kümmerte sie sich dennoch zu dieser Zeit um eine gute Übersetzung des Aspromonte-Gedichts von Georg Herwegh ins Italienische.[49]

Nicht zuletzt aber die ständigen Nachrichten über Lassalles Prozesse (noch dazu seine neuerdings häufiger erwähnten Heiratspläne) beunruhigten die Gräfin und hielten ihre Gedanken auf das ferne Berlin konzentriert. »Die Gräfin ist sehr betrübt um Dich, und sie ist es um so mehr, als ihre Gesundheit auch nicht so gut ist, als ich es von ganzem Herzen wünschte. Sie geht in ihren Befürchtungen viel weiter als ich«,[50] so erfuhr Lassalle von Rüstow. Dieser betrachtete ihre Anteilnahme am Schicksal Lassalles, der seiner Meinung nach sowieso immer zu viel

Glück gehabt hatte, mit wenig freundlichen Gefühlen und beklagte sich bei Emma Herwegh darüber, daß sich die Gräfin in großer Sorge und Verstimmung über Lassalles Prozeß befinde und befürchte, daß dieser den Kopf verlieren werde.[51] Um so erfreuter wird er gewesen sein, als er sah, wie Sophie Hatzfeldt mit dem Ortswechsel von Genua in das von ihr so geliebte Neapel, den sie Ende Februar vornahmen, gleichzeitig auch ihre Stimmung wechselte und im Umgang mit den politischen Kreisen des Südens aufblühte. Für kurze Zeit fand sie dort – wo ihrer Meinung nach das eigentliche Italien erst richtig begann –, noch einmal ihre alte Begeisterung für das italienische Volk und seine Bewegung wieder, wenn das auch sicherlich weniger als Folge der dortigen politischen Umstände, sondern eher in ursächlichem Zusammenhang mit ihrem persönlichen Wohlbefinden zu sehen ist. Umgeben von einer Vielzahl von »Anbetern« und alten Freunden wie Morelli, Mazzoni, De Lustro, Fanelli und anderen feierte sie mit gleicher Begeisterung wie das süditalienische Volk insbesondere Neapels den Giuseppentag, weniger um des heiligen Josephs willen als vielmehr zu Ehren Garibaldis, indem sie, wie alle anderen auch, eine Fahne aus dem Fenster hängte.[52] Am 25. März nahm sie in Aufsehen erregender Weise an einem Polenmeeting in Salerno teil.

»Die Gräfin mußte am Arme des Präsidenten den Zug des Comité eröffnen, welches sich unter dem Zuruf der Bevölkerung nach dem Atrium der Kathedrale bewegte, wo das Meeting gehalten ward.«[53]

Solche Gesten und Auftritte befriedigten das Geltungsbedürfnis und Selbstgefühl Hatzfeldts, und auch Lassalle scheint ihr neuerliches Wohlbefinden nicht entgangen zu sein, denn immer wieder mußte er sie an ihr Versprechen, am 1. April wieder in Berlin zu sein, erinnern.[54] Allem Anschein nach – ihre eigenen Briefe an Lassalle aus dieser Zeit fehlen uns – vermied sie es tunlichst, konkret auf diese ständigen erpresserischen und zum Teil ultimativen Aufforderungen des Freundes einzugehen. Nicht anders als noch vor wenigen Monaten Rüstow erging es nun Lassalle. Wieder einmal befand sich Hatzfeldt zwischen den Fronten der beiden Männer, die sich mittlerweile in der Wahl ihrer Waffen stark einander angeglichen hatten. Lassalle war zu seinem alten, bisweilen fordernden und über sie bestimmenden Ton zurückgekehrt und unterschied sich kaum mehr von der Diktion Rüstows, wenn er auch sehr viel souveräner und selbstverständlicher diesen Ton ihr gegenüber anschlug als der Zürcher Oberst.

»Ihre ewige Unentschlossenheit ist, wie ich Ihnen so oft sagte, Ihr und Ihrer Umgebung ewiger Fluch! Ich kann mir also aus diesen Gründen kaum noch eine Illusion darüber machen, daß Sie weder zum 1. April, noch auch nur zu meinem Geburtstag am 11. April zurück sein werden. Ich will Ihnen aus jenen Gründen jetzt auch nicht böse darüber sein. Aber das steht baumfest, daß ich am 1. April meine Korrespondenz mit Ihnen abbreche und Sie vor Ihrer Rückkunft nicht wieder von mir hören. Das soll meine Revanche sein. –«[55]

Diesmal scheint Sophie Hatzfeldt jedoch ihren eigenen Wünschen und Vorstellungen gefolgt zu sein, beide Männer und deren Forderungen für den Moment in den Hintergrund stellend. Hatte sie in Neapel doch endlich wieder einen Wirkkreis gefunden, eine Gruppe von Menschen, die ihre Anwesenheit suchten und ihre Person anerkannten und schätzten.

»Hier [in Neapel] sind wir von Leuten umgeben, die eine ganz andere Bildung, ein ganz anderes Wissen, ein ganz anderes Herz entwickeln als die ›Demokraten‹ des Nordens, und diese Leute haben sogleich den wahren Wert dieser Frau [Sophie von Hatzfeldt] erkannt und erweisen ihr alle die ihr gebührenden Ehren.«[56]

Zu ihren Verehrern gehörten unter anderem Giuseppe Cosentini (Don Peppino) und der Schriftsteller Corelli. Letzteren, der sich bisher hauptsächlich mit der Stellung der Frau in der Gesellschaft und im Staate beschäftigt hatte, hatte die Gräfin zu einem Buch inspiriert, das er ihr widmen wollte. Das wird ihr nicht gerade wenig geschmeichelt haben, war sie doch in Deutschland (insbesondere in der Zeit ihres Scheidungsprozesses) bisher fast nur Objekt bösartiger Streitschriften gewesen. Kaum reichte hier im Süden ihre Zeit aus, um allen Einladungen und Verpflichtungen nachzukommen. Zudem mußte sie, wie der zeitweise nur noch als ihr Begleiter in Erscheinung tretende Rüstow den Herweghs mitteilte, »durchaus nach Caprera, da Garibaldi, dem sie auch von hier [Neapel] berichtet hat, sie absolut sehen will«.

Und so gab Hatzfeldt denn auch nicht früher als nötig die ihr so angenehme Rolle als Reisende und Beobachtende in Sachen Politik auf. Der Abschied von Neapel fiel ihr schwer. Aus welchen Gründen sie dennoch abreisen mußte, das ließ sie Sohn Paul noch von dort aus wissen:

»Es ist mir sehr traurig, von hier fortzugehen, wo ich wenigstens Ruhe und ein schönes Klima habe, aber ich muß wegen Geschäften, und dann leiden auch meine sehr reduzierten Einkünfte das immerwährende Fortsein nicht, solange ich noch eine Wohnung etc. in Berlin unterhalte.«[57]

Erst im Mai, also einige Wochen später als Lassalle versprochen, kehrte sie nach Berlin zurück.

2. *Der Beginn der Lassalleschen Arbeiteragitation*

Freilich traf Sophie von Hatzfeldt zu einem Zeitpunkt in Berlin ein, der ihr den Abschied von Italien kaum schwergemacht haben dürfte, denn anders als dort gingen die Dinge hier nun wirklich voran, begann politisch etwas Neues für sie. Seit dem Herbst des Vorjahres hatte sich Lassalle – lediglich durch seine Prozesse behindert – mit vollem Elan auf die Durchführung seines Planes gestürzt,[1] einen Gesamt-Arbeiterverein zu gründen. Bereits am 1. März 1863 war er mit seinem sozialen Arbeiterprogramm, dem »Offenen Antwortschreiben an das Zentralkomitee zur Berufung eines allgemeinen deutschen Arbeiterkongresses zu Leipzig«, an die Öffentlichkeit getreten, nachdem ihm die Initiativgruppe des Leipziger Zentralkomitees schon im Dezember des Vorjahres das Angebot gemacht hatte, die Arbeiterbewegung zu lenken. Nun ging er daran, mit Hilfe von Vorträgen und Reden – selbst seine Verteidigungsreden vor Gericht nutzte er in diesem Sinne[2] – für sein Programm in den Reihen der Arbeiter Anhänger zu werben, so u. a. in Leipzig (16. 4.) und in Berlin (19. 4.). Am 23. Mai schließlich hatte Lassalle es geschafft: er wurde zum Präsidenten des gerade konstituierten ADAV gewählt und bestimmte maßgebend die Festlegung von dessen endgültigen Statuten und der Geschäftsordnung. Seinem Ziel, »eine neue Parteibildung herbeizuführen« und dabei lediglich auf den Arbeiterstand zu schauen, war er einen gehörigen Schritt nähergekommen. Fortschritt und Nationalverein waren ihm dagegen Pseudodemokratie, sein eigenes Auftreten war durch und durch gegen die Liberalen gerichtet. In dieselbe, durch Hektik und Neuanfang geprägte Zeit fiel zudem die heimliche Anknüpfung der Beziehungen zu Bismarck. Nicht zuletzt Sophie von Hatzfeldt und ihre nach wie vor existierenden Verbindungen zum preußischen Hochadel werden Lassalle zu diesem in seinen Augen so erfolgversprechenden Kontakt verholfen haben, auch wenn es dafür keine direkten Beweise gibt.[3] Wie unbedeutend und reizlos mußten sich in diesem Rahmen die mittlerweile rein schriftstellerischen Aktivitäten Rüstows für die politische Taten liebende Gräfin ausmachen. Umsonst machte der in Zürich Weilende sie mehr als einmal darauf aufmerksam, wie groß doch ihr Anteil an seinem Schaffen sei, wie sehr er von den Diskussionen mit ihr profitiere, so beispielsweise im Mai 1863, kurze Zeit nach ihrer erneuten Trennung:

»Das meiste und beste an dem Buch habe ich in Ihrer Nähe und mehr als Sie denken und wissen wollen, unter Ihrem Einfluß geschrieben.«[4]

Das mag ihr geschmeichelt haben, ihrem politischen Aktionsdrang allerdings wird die rein theoretische Arbeit – zumal an den sie weniger interessierenden militärischen Themen – kaum genügt haben. Hinzu kam, daß Rüstow überhaupt kein Verständnis für die Bedeutung des Geschehens in Berlin aufbrachte und – im Gegenteil sogar – Lassalle die Gefolgschaft als politischer Mitstreiter aufkündigte. Schon das »Arbeiterprogramm« aus dem April des Vorjahres, ein Vortrag Lassalles über die demokratische Bedeutung des Arbeiterstandes, die »Arbeiterbibel«, wie Rüstow es hämisch nannte, hatte ganz und gar nicht seine Zustimmung gefunden. Ähnlich wie Herwegh sah er durch den Ton des Arbeitervortrags seinen demokratischen Sinn verletzt. Gleichzeitig war ihm das Versprechen, persönlichen bürgerlichen Besitz nicht anzugreifen, nicht demokratisch genug. Er sah das wohl persönlich: Lassalle, so mußte es ihm erscheinen, würde weiterhin seine Zinsen einheimsen, er selbst hingegen der Lohnschreiber bleiben müssen, dem die Hände für ein glückliches, sorgenfreies Leben mit der geliebten Frau gefesselt blieben. Nun, ein Jahr später, wandte er sich – ganz anders als zumindest Lassalle es erwartet hatte – vollends von dessen politischem Weg ab, indem er sich nicht bereit erklärte, offiziell im Sinne der Leipziger Beschlüsse (und somit auch Lassalles) Stellung zu beziehen.[5] Weder erklärte er sich bereit, in Süddeutschland, wo er populär war, auf die Arbeitervereine einzuwirken, damit auch sie den Beschlüssen des Leipziger Zentralkomitees beiträten, noch wollte er die Leipziger, wie von Lassalle gefordert, für ihre Stellungnahme beglückwünschen. Im Gegenteil, schon am 3. Mai ließ er seinen Freund Herwegh wissen, daß er auf eine solche »hirnverbrannte und blödsinnige Anmaßung« Lassalles nicht mehr antworten könne. Er, der für seine Person nicht so ohne weiteres mit dem Nationalverein brechen konnte und wollte und der zudem jede Form des Sonderinteresses ablehnte, schlug Lassalle eine ruhigere, gemessenere Taktik vor, worauf dieser ihm nur noch polemisch antworten konnte, er möge sich ja für die Nationalvereinsbewegung und die Bourgeoisiebewegung aufsparen.[6]

Rüstow blieb in Hatzfeldts Erinnerung an Italien der schläfrige und zum Trübsinn neigende antriebslose Mann, der jeden konstruktiven politischen Sinn verloren hatte und – enttäuscht von Italien und Garibaldi – keinerlei hoffnungsvolle Bindung mehr einging, ganz im Gegensatz zu Lassalle. Während sie selbst seit der Ernennung Bismarcks immer mehr die Hebel jeder Aktion bei diesem gesehen zu haben scheint, »der als Mann des Schicksals vorangehen müsse, zu seinem endlichen Verderben, aber zunächst als der einzige, der die Dinge in Fluß bringen könne«,[7] gefiel sich Rüstow nach wie vor als eingefleischter Hasser des heimischen Junkertums und der Hohenzollerndynastie. »Gehen Sie mir mit Ihrer *anständigen* Reactionspartei meilenweit weg. Alles, Alles stinkt dort und fürchterlich«[8] – so fuhr er die Gräfin aggressiv an und forderte zudem die Ausrottung des »Hohenzollernpacks«. Änderungen in Deutschland, davon ging er noch immer aus, seien nur durch revolutionären Anstoß oder Einwirkung von außen möglich. Nicht zuletzt aus diesem Grund verstärkte er sogar seine Kontakte zu den von Lassalle mittlerweile völlig abgeschriebenen Coburgern. Dieses Verhalten vor allem fand die herbe Kritik der Gräfin, die damit politisch wie menschlich bezeugte, wem sie den Vorrang gab. Mit dem Beginn der spezifischen Arbeiteragitation Lassalles im Februar 1863 entschied sie sich endgültig und allein für Lassalle und wurde somit zu seiner einzigen Eroberung. Seine Freunde und Mitstreiter wie Ziegler, Bucher, Löwe, Herwegh und Rüstow rieben sich sämtlich an der Frage der sozialen Agitation.

Die Gefahr, die gerade von den neuen politischen Aktivitäten Lassalles für den Fortbestand seines eigenen Verhältnisses zur Gräfin ausging, hat Rüstow sehr deutlich gespürt. So warnte er sie beispielsweise bereits im Mai 1863 unverhohlen, sich auf keinen Fall bestimmen zu lassen, »etwa mit nach Frankfurt zu gehen oder in sonst einer Weise sich vor den Coulissen in die Arbeitergeschichte einzulassen«.[9] Dort, wo Lassalle sich zur Versammlung der Arbeitervereine des Maingaus zu einem Rededuell mit dem Konkurrenten Schulze-Delitzsch einfinden wollte, sollte sie, wäre es nach ihm gegangen, unter keinen Umständen auftreten. Das würde ihr nämlich nur Unannehmlichkeiten bereiten und sei zudem lediglich als Machtprobe Lassalles ihr und ihm gegenüber zu verstehen.[10] Zu keiner Sekunde war Sophie von Hatzfeldt allerdings bereit, sich dieses politische Schauspiel, das den ganzen Freundeskreis Lassalles und nicht nur sie selbst in höchste Aufregung versetzte, entgehen zu lassen. Sie ging sogar so weit, Rüstow zu der entscheidenden Redeschlacht nach Frankfurt einzuladen, was dieser jedoch – wie zu erwarten – kategorisch ablehnte. Was er generell von Lassalles Einflußnahme auf die Gräfin hielt, daran ließ er keinen Zweifel:

»Ich kann mich freilich nicht rühmen, Ihren Geist vollständig gefangen genommen zu haben; mitunter kommt es mir aber doch so vor, als wenn das auch für Sie nicht so ganz übel gewesen wäre; schon deshalb, weil ich ganz außer Stande bin, eine hegelsche logische Dictatur für das Heil der Menschheit oder eines einzelnen Menschen zu halten.«[11]

Wie sehr sie aneinander vorbeiredeten, -dachten und -fühlten, zeigt sich besonders deutlich in ihren unterschiedlichen Zukunftsvorstellungen. Während Rüstow viel lieber mit der Gräfin an einen Ort gezogen wäre, wo es schön ist (beispielsweise in Neapel), als große Politik zu betreiben, hoffte sie völlig an der Realität vorbei: »Wer weiß, ob Sie nicht bald hier (in Berlin oder Preußen) etwas zu tun bekommen?« Während sie ihm immer wieder vorwarf, nicht genügend an sie zu denken, sie zu vergessen im Verkehr mit anderen Menschen – ein Vorwurf, der angesichts des zurückgezogenen Lebens Rüstows sehr merkwürdig klingt – klagte er mehr und mehr über sein unverdientes und hartes Schicksal, das ihn vom wirklichen Leben abhalte.[12] Er, der in materiellen Fesseln gebundene Sklave, der für den Lebensunterhalt einer ungeliebten Frau und mehrerer Kinder zu sorgen habe und daher ständig arbeiten müsse, könne ihr natürlich niemals dasselbe bieten wie Lassalle, dem finanzielle Rücksichten genauso wie ihr völlig fremd seien.

Rüstow spürte sehr genau, daß ihn nicht nur sein eingeschränkter Lebensstil auf Dauer von der Gräfin unterschied, sondern daß es auch eine gesellschaftliche Kluft war, die sie voneinander trennte. Selbst wenn die Gräfin anscheinend nie explizit zu diesem Thema Stellung bezog, so zeugen doch ihre ermunternd gemeinten Aufforderungen, auch im Kampf mit Nichtigkeiten nicht zu verzweifeln, im Gegenteil, statt dessen auch einmal leichtsinnig zu sein, von einem nicht geringen Unverständnis ihrerseits für die Situation Rüstows. Lebenswichtig und bestimmend waren für sie, aber auch für Lassalle, ganz andere Dinge, und selbst Zeiten finanzieller Engpässe, die sie ja durchaus kannte, erhielten niemals eine solch existentielle Bedeutung für sie wie für den

Zürcher Freund, der sich um so mehr nach ihrer Nachsicht und ihrem Verständnis sehnte.[13]

Italien und Rüstow gehörten für Sophie von Hatzfeldt mittlerweile also aus vielerlei Gründen einem abgeschlossenen Kapitel an – auch wenn sie sich selbst dessen gar nicht so bewußt gewesen sein wird. Alles, was sich jetzt noch zwischen dem Paar abspielte, muß als eine Art verlängertes Nachspiel betrachtet werden, das in ihr Leben eine gewisse Abwechslung brachte, ihn hingegen immer wieder um so härter in seinen sorgenbeladenen Alltag zurückwarf. Noch einmal machte Hatzfeldt den, nach allem, was vorgefallen war, unverständlichen Versuch, die beiden Männer in Eintracht und Harmonie zusammenzubringen. Gemeinsam mit beiden und der Freundin Mary Booth unternahm sie eine Kurreise nach Tarasp, die sie aber nicht nur gesundheitlich stark mitgenommen haben wird.[14] Vor allem von Rüstow, der sich noch vor kurzem bei der Gräfin über die Affronts Lassalles ihm gegenüber, »die Verrücktheiten, die er mir ins Gesicht schleudert« (13. 5.), beschwert hatte, gingen nun Feindseligkeiten aus. Dies läßt zumindest ein Brief annehmen, den Lassalle ein Jahr später an die Gräfin richtete und in dem er an Rüstows »Unliebenswürdigkeiten« erinnert.[15] Dieser konnte es nicht mitansehen, wie sehr Lassalle in ihrer kleinen Reisegesellschaft die Hauptrolle spielte, mit seinen Tagesplänen alle auf Trab hielt, besonders natürlich die Gräfin, und, wie Rüstow den Herweghs gegenüber meinte, »Unruhe« verbreitete.[16] Während Hatzfeldt unter anderem jeden Morgen um 6 Uhr mit Lassalle zum Trinken zur Quelle ging und auch ansonsten viel Zeit mit ihm verbrachte, konnte sich Rüstow nur sehr bedingt den gesellschaftlichen Vergnügungen widmen, denn auch hier – fern von Zürich – zwang ihn die Sorge für seine Familie viele Stunden an den Schreibtisch. Mehr als gespannt war daher die Atmosphäre innerhalb des Reisedreiecks, und fast hätte es zu einer Duellforderung Rüstows geführt.[17]

Um so erleichterter wird dieser gewesen sein, als der »Präsident der Menschheit« (wie er Lassalle nur noch spöttisch nannte, seitdem dieser Präsident des ADAV geworden war) am 18. August gemeinsam mit Mary Booth Vulpera verließ und er selbst alleine mit der Gräfin zuerst nach Majolica und dann nach Mailand und Genua weitersiedeln konnte. Die Tarasper Kur hatte Hatzfeldt allerdings so sehr angestrengt, daß sie sich gesundheitlich in einem äußerst angegriffenen Zustand befand. Wassersucht, Nervenschmerzen in den Beinen und ohnmachtsähnliche

Anfälle verursachten ihr ein ständiges Unwohlsein, was natürlich nicht ohne Auswirkungen auf ihr sonstiges Befinden blieb. Es war ihr unmöglich, längere Zeit an einem Ort zu bleiben. »Ich habe eine fürchterliche Unruhe und glaube immer, es müßte mir an einem anderen Ort besser gehen als in dem, wo ich bin ...«,[18] schrieb sie dem Sohn Paul am 7. September von Genua aus. Aus Rüstows Munde hörte sich das alles allerdings etwas anders an. »Die Gräfin«, so ließ er die Freunde in Zürich wissen, »ist hier [gemeint war Mailand] in ihrer Sphäre, nicht ohne Gesellschaft, hat Gelegenheit ihr Licht leuchten zu lassen und die Leute durch ihren Scharfblick und ihre *unmaßgeblichen*, d. h. sehr entschiedenen Behauptungen in Erstaunen zu setzen.«[19] Sie habe natürlich wieder einmal – so der stolze Liebhaber – die ganze Gesellschaft ihrer alten politischen Freunde wie die alten Waffengefährten Rüstows von 1860, Bruzzesi und Catenacci, Vigo, Missori und Bignami am Bändel. In Lugano traf Sophie Hatzfeldt den »alten Giuseppe« Mazzini und bezauberte ihn, so Rüstow, in einem Maße, das über das gewöhnliche hinausgehe, so daß »Ernesti« (wie einer seiner Decknamen lautete) sogar in Betracht gezogen habe, ihr von London aus nach Wildbad oder Ragaz nachzukommen. Mit erstaunlicher, vielleicht auch gewollter Distanziertheit nahm Rüstow Stellung zu dieser neuen Bekanntschaft Hatzfeldts mit dem gleichalten italienischen Patrioten und Republikaner und versäumte es auch nicht, den Herweghs von der besonders starken Wirkung dieser Begegnung auf die Gräfin zu berichten. Vor allem die politischen Diskussionen mit Mazzini scheinen Hatzfeldt, die ja mittlerweile zur ernsthaften Verfechterin der Lassalleschen Arbeiteragitation geworden war und in diesem Sinne argumentierte, besonders angeregt zu haben – die zynischen Bemerkungen Rüstows lassen wenig Zweifel daran.

»In den religiösen Fragen stellte sich begreiflicher Weise keine Übereinstimmung M[azzini]'s mit der Gräfin heraus; aber ich fürchte sehr, daß sie ihn verführerischer Weise auch in dieser Beziehung bekehrt, wenn sie wieder mit ihm zusammenkommt.«

Mehr als einmal noch sind Sophie von Hatzfeldt und Giuseppe Mazzini wohl zusammengekommen. Der Kontakt zwischen beiden muß sich allem Anschein nach über Jahre hinweg mehr oder weniger intensiv aufrechterhalten haben. Noch gegen Ende des Jahres 1866 sprach Rüstow von einem Brief Mazzinis an die Gräfin, der allerdings unbeantwortet geblieben sei.[20]

Anders als Rüstow, der anderen gegenüber ihre Laune als eine gute und fröhliche beschrieb, nannte die Gräfin selbst ihren Zustand einen melancholischen. Inwieweit gerade die Begegnung mit Mazzini Schuld an diesem Gefühl der Melancholie trug, muß offenbleiben, auch wenn Rüstows briefliche Äußerungen einen solchen Schluß nahelegen. Seit die Gräfin den »alten Giuseppe« gesehen, denke sie nur daran, wann sie ihn wiederfinden werde und bedaure, nicht bei ihm zu sein.

»Da ich, ohne recht an das, was ich sagte, zu denken, etwas von unglücklicher Liebe fallen ließ, schaute sie mich höchst bedenklich und mit der vollsten Überzeugung, daß hier von ›unglücklich‹ nicht die Rede sein könne, an.«

Nicht zuletzt wird sich Sophie Hatzfeldt aber wohl auch über die politischen Differenzen mit Rüstow sehr gesorgt haben, wurden sie doch immer mehr zum augenscheinlichen Ausdruck ihrer zunehmenden Entfremdung voneinander. Rüstow sah die daraus resultierenden Vorwürfe ihrerseits natürlich nur wieder auf die eine Person – nämlich Lassalle – bezogen und schimpfte, gekränkt und mißverstanden in seinem Selbstgefühl, zurück:

»Daß Sie sich über meinen Unterschied von Ihnen in den politischen Überzeugungen gegrämt haben, sollte mich eigentlich aufbringen. ... Was nehmen Sie mir also übel? Daß nicht der erste beste kommen darf, der *gar nichts* geopfert hat und *mir* die Straße vorschreiben soll, die ihm in übermütiger Laune zu gehen beliebt und mir Vorwürfe der Feigheit etc. machen darf, wenn ich meine eigenen Rathschläge auch berücksichtigt haben will.«[21]

Ende Oktober war Sophie Hatzfeldt wieder nach Berlin zurückgekehrt, nachdem sie zuvor in Heidelberg mit ihrem Sohn Paul zusammengetroffen war, dessen Hochzeit mit der in Paris aufgewachsenen Amerikanerin Hélène Moulton kurz bevorstand. Auf den Wunsch Pauls hin, der ihres Rates in dieser Situation bedurfte, hatte sie Italien verlassen, was sie – schenkt man ihren etwa gleichzeitigen Mitteilungen an ihren Bruder Hermann Glauben – sehr hart angekommen war.[22]

Von Melancholie und Fernweh allerdings schien dann in Berlin, anders als bei Rüstow in Zürich, keine Spur mehr zu sein. Kaum dort eingetroffen, konnte Sophie von Hatzfeldt Italien, Mazzini und der gemeinsamen Zeit mit Rüstow nur noch wenige Gedanken widmen. Schnell, nur zu schnell hatte sie der ungeliebte Berliner Alltag mit all seinen zum Teil schon altbekannten Problemen und Konflikten, zu denen sich stets auch noch neue hinzugesellten, wieder eingeholt. Wie schon so oft zuvor war auch in diesem Fall das Verhalten ihrer Familie Grund für ihre große Unzufriedenheit. Diesmal hatte Paul sie hinter- und übergangen, was allerdings nichts Neues für sie war. Die wohlwollenden und weitsichtigen Ratschläge der Mutter, was seine bevorstehende Heirat und im Zusammenhang mit dieser seine finanzielle Absicherung durch die Familie anbelangte, hatte er einfach in den Wind geschlagen.[23] Statt dessen hatte er sich an seinem Onkel Hermann orientiert und seiner Mutter so wieder einmal zu verstehen gegeben, daß es nicht unbedingt Gefühle waren, die sein Verhältnis zu ihr bestimmten, sondern eher das Denken in Kategorien der Nützlichkeit und finanziellen Effektivität. Der Schmerz, den die Gräfin zeitlebens über ihre gestörten Familienverhältnisse, insbesondere über die Haltung ihrer Kinder ihr gegenüber, verspürte und dem sie sich meistens nur durch längere Reiseaufenthalte zu entziehen wußte, ließ auch bei dieser Gelegenheit nicht lange auf sich warten. Zudem versetzte sie der mittlerweile vor allem von der Tagespolitik bestimmte Lebenswandel Lassalles mit all seinen Agitationsreisen, öffentlichen Reden und Prozessen in hellste Aufregung und ließ sie kaum zur Ruhe kommen.

Ihren wirklichen Sorgen und Problemen schenkte Rüstow, kummer- und problembeladen wie er selbst war, kaum Beachtung. Lassalle und immer wieder Lassalle hieß sein Hauptthema in nahezu jedem Brief dieses so entscheidenden Winters 1863/64, so daß die Gräfin seine Schreiben kaum mit der Hoffnung auf verständnisvolles Entgegenkommen geöffnet haben wird. Im Gegenteil, anstatt ihr die gewünschten wichtigen Informationen zu übermitteln – so hatte sich Rüstow ja beispielsweise politisch auf die Schleswig-Holstein-Frage umorientiert – und auf ihre konkreten Fragen einzugehen, gefiel er sich in ständigen und stereotypen Wiederholungen. Das bemängelte sie, zumal sie ihre eigene Haltung als eine anteilnehmende davon abhob.

»Im Totschweigen sind Sie ein Meister, und es bleibt einem dabei eigentlich nichts übrig, als sich des Eifers und der Wärme etwas zu schämen, mit denen man Dinge, die Sie so leicht nehmen, behandelt hat.«[24]

Rüstows tragischer Irrtum lag darin, daß er nun – zu einem Zeitpunkt, wo es längst zu spät war oder aber zumindest ein völlig anderes, verständnisvolleres Verhalten seinerseits am Platze gewesen wäre – versuchte, sich mit Lassalle zu messen, ihn zu verdrängen, seine eigenen

Leiden mit Lassalles Überfluß und Sorglosigkeit zu vergleichen, seine literarischen Leistungen denen Lassalles voranzustellen.[25] Immer wieder versuchte Hatzfeldt demgegenüber, ihn zu beruhigen, zur Arbeit zu ermuntern und von seiner »Morosität« abzubringen.[26] Rüstow aber wälzte sich weiterhin in Selbstmitleid und haßte gleichermaßen diejenigen, die er als die Urheber all seines Leidens und Übels ansah. Alles verdammend, was seiner Meinung nach innerlich wie äußerlich zwischen ihr und ihm stand – Familie, Geldsorgen, Exil, Politik, die »Herrschaft der Formen« (10. 11.) – konzentrierte er seine negativen Gefühle mehr und mehr allein auf den verhaßten Rivalen. In einer antisemitischen Schmähschrift – »Ein jüdisches Märchen«, so nannte Rüstow dieses gleichnishafte Pamphlet – lieferte er Sophie eine sowohl bitterböse und zynische als auch gleichermaßen mitleiderregende Darstellung und Deutung ihres komplizierten Dreiecksverhältnisses. Friedländer, der Vetter Lassalles, wurde in ihr zum kapitalistischen, Lassalle selbst zum sozialistischen Zweig derselben Verschwörerbande, die gemeinsam ihn, sie und das deutsche Volk ausbeutete.[27] So machte er Lassalle zum eitlen, überheblichen, seine Wahrheit predigenden und ausschreienden betrügerischen jüdischen Geschäftemacher Ezechiel, die Gräfin zur sehr schönen und reichen Delila, die sich etwas auf ihre Klugheit zugute halte und Ezechiel alles, was er ihr sage, bedingungslos glaube. Anstatt sich dem sie einzig und ehrlich Liebenden, dem armen Simon alias Rüstow anzuvertrauen, lasse Delila sich lieber vom bösen Ezechiel übers Ohr hauen und ausbeuten, um dann schließlich doch von jenem gerettet zu werden.

Wie die Gräfin solche zum Teil schon kindisch anmutenden Ausbrüche Rüstows hinnahm, muß dahingestellt bleiben. Zumindest verstand sie es wohl, diese extreme Entwicklungsrichtung des Zürcher Freundes, dem sie vorwarf, stärker im Haß als in der Liebe zu sein,[28] vor Lassalle zu verbergen. Kaum dagegen wird es Rüstow entgangen sein, daß gerade das Auf und Ab im gemeinsamen Erlebnis der Arbeiteragitation Hatzfeldt und Lassalle immer mehr zusammenwachsen ließ, zumal der ADAV sich der Gräfin als eine ganz persönliche Schöpfung Lassalles darstellte, die mit diesem stand und fiel. Immer häufiger mußte sich Hatzfeldt denn auch den Vorwurf Rüstows anhören, daß sie überhaupt kein Interesse für seine Arbeiten zeige, statt dessen aber seitenweise über Lassalles Schriften und Angelegenheiten schreibe, mit denen sie sich seiner Meinung nach völlig identifiziere. Wer dabei letzten Endes auf der Strecke bleibe, daran ließ er sie keinen Moment im Zweifel:

»Ich glaube, ich könnte ruhig verfaulen, ohne daß sich irgend jemand um mich kümmerte, der nicht in Geschäftsangelegenheiten mit mir zu verkehren hat.« ... »Ich bin ein Invalide der Revolution. Zu nichts mehr zu gebrauchen. Vergessen, verlassen. Von mir selbst verlassen.«[29]

Von seinem Freund Herwegh hatte der Oberst zu allem Überfluß erfahren, daß die Gräfin in Berlin »Triumph- und Freudenfeste« feiere und sich jedes Mal zu Tode ängstige, wenn Lassalle zu einer Arbeiterversammlung gehe, während sie um ihn, den allein in Zürich Weilenden, so warf er ihr vor, keinerlei Angst zu verspüren scheine.[30] »Ich kann es nicht schön finden«, beklagte er sich entsprechend bei ihr, »daß Sie sich um einen andern zergrämen und mich völlig aus Ihren Gedanken verbannen, daß Sie mir, wenn ich Sie wiedersehe, zerplagt und matt, immer nur an einen Andern denkend entgegentreten. Abscheulich, nichtswürdig, aller Liebe Hohn sprechend finde ich das.«

Allerdings hatte Sophie Hatzfeldt seit dem Spätherbst 1863 auch allen Grund, sich um den Freund Lassalle zu ängstigen, war er doch mittlerweile voll in die Arbeiteragitation eingestiegen – man denke nur an seine ›Rheinische Heerschau‹,[31] eine Agitationsreise durch das Rheinland. Entsprechend den veränderten politischen Rahmenbedingungen war er nun von plötzlichen Verhaftungen und kurzfristigen Gefängnisaufenthalten bedroht, noch ehe überhaupt irgendwelche richterlichen Urteile ergangen waren. In diesen hektischen und aufregenden Tagen hatte die Gräfin vor allem eine Stütze in der Zürcher Freundin Emma Herwegh, die den Winter wegen eines Familienbesuches in Berlin verbrachte und in unmittelbarer Nähe der Gräfin, Lassalles und der Stahrs wohnte. Ihre Briefe an den in Zürich zurückgebliebenen Gatten Georg, den sie über die gesellschaftlichen wie politischen Ereignisse in der preußischen Hauptstadt auf dem laufenden hielt, vermitteln ein anschauliches und lebendiges Bild gerade auch von den gemeinsamen Aktivitäten der Freunde Hatzfeldt und Lassalle.[32] Mit wenig Freude würde denn auch Rüstow ihre Zeilen vom 10. November gelesen haben, hätten sie ihn doch vollends in seiner Sicht der Dinge bestätigt:

»Die Gräfin sehe ich gewöhnlich abends von 9–12 Uhr ... in ihrer o.[der] L.[assalles] Wohnung. Diesen Abend werde ich ihr aus Pietät Gesellschaft leisten, da sie allein vor Angst um L[assalle], den sie heute in Lebensgefahr wähnt, vergehen würde.«[33]

Vollends außer sich geriet Sophie von Hatzfeldt, als Lassalle tatsächlich am 22. November, mitten aus einer öffentlichen Berliner Arbeiterversammlung im ›Eldorado‹ heraus, verhaftet wurde. Darüber gerieten dann selbst ihr Ärger und ihre Enttäuschung über Sohn Paul, der ihr den Affront bereitet hatte, in ihrer Abwesenheit (und ohne sie genauer zu informieren) am 24. November in Paris seine Hochzeit zu feiern, in den Hintergrund. Zu stark war sie jetzt in Berlin gefordert. Wie schon so oft zuvor war Sophie Hatzfeldt nämlich auch in dieser prekären Lage wieder einmal die einzige Lassalle verbliebene Vertraute, der es zufiel, alle Anstalten zu unternehmen, den Freund möglichst rasch aus dem Gefängnis herauszuholen – ganz ähnlich wie schon damals bei den Düsseldorfer Assisen. Nicht anders sah auch Emma Herwegh die Situation, wenn sie ihrem Mann den Verdacht mitteilte, daß alle die sogenannten Freunde Lassalles sich »verkrümelten«, einige von ihnen »förmlich unter dem Boden verschwinden« – bis auf die Gräfin, »die wirklich die Güte und Freundschaft in Person« sei.[34]

So war es dann auch Hatzfeldt, die mit dem Arzt Lassalles, dem Geheimrat Frerich, sowie dem Gefängnisdirektor Drigalski die nötigen Verhandlungen führte, eine Unterredung mit Lassalle im Gefängnis erreichte und schließlich die Kaution für seine Freilassung stellte – dies alles mit gewohnter Kühnheit und großem Geschick, Eigenschaften der Gräfin, denen sich die wenigsten nur zu entziehen wußten. Angesteckt und inspiriert von den Aufregungen der Stunde, der Sorge und gleichzeitigen Begeisterung Hatzfeldts schrieb auch Emma Herwegh kurz nach der Verhaftung Lassalles nach Zürich:

»Ich bedaure, mich als Frau nicht als Mitglied einschreiben lassen zu können, sonst täte ich's in diesem Augenblick.«

Zwangsläufig blieb für Rüstow in dieser Zeit wenig Zuwendung von seiten der Gräfin übrig. Noch schlimmer in seinen Augen: sie verlangte sogar von ihm eine »réparation d'honneur« für den inhaftierten Lassalle und machte es ihm zum Vorwurf, ihr nicht gleich, als er von der Verhaftung erfahren, geschrieben zu haben. Noch weniger Verständnis konnte Rüstow dafür aufbringen, daß sie sich bei ihm mit ihrem »Pflichtgefühl« Lassalle gegenüber brüstete und ihm voller Stolz mitteilte, Lothar Bucher habe sie als »Lassalle's Nymphe Egeria« bezeichnet.[35]

Während Hatzfeldt nun wohl in der Tat immer häufiger und detaillierter über die Aktivitäten Lassalles geschrieben haben wird – alles andere wäre unverständlich und verwunderlich –, versuchte Rüstow vergeblich, der Gräfin Lassalle so darzustellen, wie und was er seiner eigenen Meinung nach wirklich war: nämlich ein »Doctrinair, der um seiner Logik Alles opfern würde« und der zudem in der Gefahr schwebe, sich mit der »Reaction« einzulassen.[36] Ihren beschwichtigenden und erklärenden Beteuerungen, daß es sich in ihrem Falle um zweierlei Gefühle handele, die durchaus nebeneinander bestehen könnten, ohne einander etwas wegzunehmen, schenkte Rüstow keinen Glauben mehr. Und es ist kaum anzunehmen, daß Hatzfeldt zu diesem Zeitpunkt an die Verwirklichung eines solchen Lebens- und Liebeskonzepts geglaubt haben wird, noch eine solche wirklich anstrebte. Der Hauptbetroffene Rüstow zumindest nahm ihr das nicht ab, ohne dabei allerdings zu berücksichtigen, daß hauptsächlich er selbst es ja war, der der Geliebten die Realisierung *ihrer* Vorstellungen von vornherein unmöglich gemacht hatte.

»Sie sagen Liebe auf der einen, Freundschaft auf der andern Seite können ganz gut miteinander bestehen. Das mag im Prinzip wahr sein. Aber hier, wo die Freundschaft der Liebe Alles und Alles voll rauben [darf] bis in die Gedanken der Geliebten hinein, ist es eine nichtswürdige Lüge, mit welcher ich mich nicht abfinden kann.«[37]

Und, einige Tage später:

»Wenn ich Ihnen nicht der *Erste* in *jeder Beziehung* bin, wie Sie es mir sind, so kann ich *gar nichts* für Sie sein.«

Wo Hatzfeldt immer besonders um den Ausgleich zwischen beiden Männern bemüht war, versucht hatte, mit *beiden* auf die ihnen jeweils entsprechende Art zu leben, da verlangte Rüstow nun von ihr das genaue Gegenteil: eine klare und eindeutige und somit gleichzeitig auch ausschließliche Entscheidung für einen von beiden – sich selbst damit das eigene Grab schaufelnd. Er, der so gern alle anderen Menschen in ihrem (und seinem) Leben als unbedeutende Statisten gesehen hätte,[38] spielte – ehe er sich versah – selbst die Rolle eines solchen. Was hatte Hatzfeldt letzten Endes von einer Liebe zu erwarten, die ihr den Verkehr mit der »Welt« verbot und sie allein, wie Rüstow es gern gesehen hätte, auf die »Schätze« seines Herzens beschränkte? Diese Frage wird sie sich zweifelsohne, wenn auch vielleicht nicht bewußt, gestellt haben.

Wenn die Gräfin Rüstow von Meinungsverschiedenheiten innerhalb ihres Verhältnisses schrieb, so war er mit seiner bekannten Version, die sie schon des öfteren hatte hören müssen und die grundsätzlich nur ihr die Schuld an allem gab, schnell zur Stelle:

»Alles, was Sie als Meinungsverschiedenheiten bezeichnen, reducirt sich darauf, daß Sie unbekannt mit materiellen rein äußerlichen Schwierigkeiten und Hindernissen, wie sie mich umstricken, den Kraftaufwand, welchen die bloße Erhaltung des äusserlichen Gleichgewichts fordert, nicht nach seinem wirklichen Werthe taxiren.«

Daß auch er alles andere als verständnisvoll ihr gegenüber auftrat, dieser Gedanke scheint ihm nie gekommen zu sein. Auch wenn das Paar sich Anfang Januar 1864 heimlich in Eisenach traf – Rüstow hatte eine Depesche von Coburg empfangen und sich daraufhin zu Unterredungen nach Coburg und Gotha aufgemacht[39] – und der exilierte Militärschriftsteller von diesem Zeitpunkt an keine Gelegenheit mehr versäumte, die Freundin in Berlin in seine Arbeiten miteinzubeziehen, erschien der Bruch unabwendbar. Zwar nahm Sophie Hatzfeldt, die er seinen »Mitarbeiter« nannte und der er seine Arbeiten zur kritischen Durchsicht schickte,[40] insofern Anteil an der neuen Arbeit Rüstows über den dänischen Krieg, als sie ihn mit Manöverkarten, Gefechtsberichten und preußischen Interna (die übrigens auch Mazzini in London zugute kamen) versorgte; um seine politische Entwicklung machte sie sich jedoch nichtsdestotrotz große Sorgen. Vor allem darüber, daß er sie nur mangelhaft über seine Hinwendung zur Schleswig-Holstein-Frage informierte, ihr kaum mehr vertraute – aus welchen Gründen auch immer –, machte sie dem Freund sicherlich berechtigte Vorwürfe.[41] Ähnlich wie Lassalle wird auch die Gräfin das Wiederaufflackern der Schleswig-Holstein-Frage im November 1863 eher negativ bewertet haben, hinderte es doch die revolutionäre Entwicklung und gab zudem den Liberalen jeden nötigen Vorwand, einer inneren Auseinandersetzung auszuweichen.[42]

In der Angst, Rüstow könne in dieser Situation irgendwelche unbedachte Dummheiten begehen, sich in waghalsige militärische Aktionen einlassen oder aber zur Fahne der auf das Haus Oldenburg zurückgehenden Linie der Augustenburger schwören, die ihr Erbrecht auf die Herzogtümer geltend machten, warnte sie ihn vor jeglicher Art der Aktivität im Lager des Fortschritts bzw. des Nationalvereins. Gegen ihren Vorwurf der »Fortschrittlerei« sowie den Verdacht, Mitherausgeber der Wehrzeitung zu sein und mit dem Schleswig-Holstein-Ausschuß zusammenzuarbeiten, mußte sich Rüstow der Gräfin gegenüber besonders zu Anfang des Jahres 1864 immer wieder zur Wehr setzen, seine Kontakte zu den Wehrvereinen mehr als einmal ins rechte Licht rücken.[43] Mit ihrer Prophezeiung, daß er sich noch mit dégoût von der ganzen Wehrzeitungs- und Zentralbürogeschichte abwenden werde, so gestand er ihr zu, »können Sie vielleicht noch eher recht haben, als Sie selbst denken« (3.2.). Auf ihre Hinweise jedoch, daß er mit den Wehrvereinen sowie der Hoffnung auf eine revolutionäre Erhebung des deutschen Volkes nichts ausrichten werde, entgegnete er ihr nur noch, daß mit der Arbeiterbewegung in Deutschland erst recht nichts zu erreichen sei, zu stumpfsinnig sei die Haltung der meisten Deutschen dafür. Wohl nicht zuletzt auch unerfülltes Wunschdenken (in der Hinsicht, daß sie sich lediglich aus Liebe zu ihm sorge) mag mitgespielt haben, wenn er sie im Hinblick auf seine Person zu beruhigen suchte.

»Sie scheinen zu fürchten, daß ich mich doch auf einen abschüssigen Pfade fortreißen lassen könnte, Sie lieben mich und wollen schon den Schein jeder Gefahr von mir fern wissen, Sie sehen schärfer und vielleicht ängstlicher für mich als andere.

Heilige Sophie! ich kann Ihnen nur zurufen: fürchten Sie so etwas nicht. W[ilhelm] R[üstow] kann und wird nicht sein ganzes Leben verleugnen, dessen sind Sie sicher, sei der Schein welcher er wolle.«[44]

Während sie ihre Briefe mit »Nachrichten über die neusten Phrasen höherer preußischer Politik« füllte und über seine politische Grundrichtung in Zweifel geriet, verlangte es ihn nach Gefühlsbezeugungen der Geliebten, die es jedoch anscheinend peinlich vermied, auch nur das Wort ›Liebe‹ ihm gegenüber überhaupt in den Mund zu nehmen. Statt dessen gab Hatzfeldt ihm indirekt zu verstehen, daß eine »falsche« politische Haltung seinerseits ein Grund für sie wäre, sich von ihm zu distanzieren.

»Ich wünsche nur, daß Sie mich lieb behalten, daß Sie nicht von Hindernissen Ihrer Liebe reden, falls ich Nationalvereinler würde oder wenigstens in den Schein eines solchen käme... Soll ich und darf ich nicht glauben, daß es Ihnen niemals eingefallen wäre, mich als der ich bin zu lieben, wenn Sie mich des Sturzes in diesen Topf hätten für fähig halten können?«[45]

Am 15. Februar 1864 sagte sich Rüstow in einem auf eigene Kosten in Zürich gedruckten Rundschreiben endgültig von der Wehrvereinsbewegung los.[46] Anlaß war seine Unzufriedenheit mit einigen Artikeln der ›Deutschen Turn- und Volkswehrzeitung‹. Damit machte er seine faktisch schon längere Zeit bestehende Isolierung nun auch zu einer offiziellen. Weder mit dem Zentralkomitee der Wehrbewegung noch mit der Wehrzeitung wollte er in der Zukunft noch etwas zu tun haben. Und verhielt sich somit genau so, wie Sophie von Hatzfeldt und Ferdinand Lassalle es ja schon immer prophezeit hatten, denn sie hatten ihm schon lange vorgeworfen, auf das falsche Pferd gesetzt zu haben.

Während die Schriftstellerei nunmehr das einzige Ventil für Rüstows, wenn auch etwas geschwächten, Tatendrang wurde, überschlugen sich die Ereignisse, vor allem politischer Natur, im Leben Hatzfeldts und Lassalles geradezu. Sowohl die »Heerschaurede« (am 20., 27. und 28. 9. 1863 in Barmen, Solingen und Düsseldorf vorgetragen) als auch die »Ansprache an die Arbeiter Berlins« vom November des Vorjahres hatten Lassalle Anklagen auf Hochverrat eingebracht. Im Berliner Prozeß hatte er Glück, im März 1864 wurde er – nachdem er eine seiner legendären Verteidigungsreden gehalten hatte – freigesprochen; in Düsseldorf allerdings verurteilte man ihn am 22. April in Abwesenheit in erster Instanz zu einem Jahr Gefängnis. Sophie von Hatzfeldt, die in diesem Frühjahr zudem mit der Auflösung ihrer Berliner Wohnung in der Grabenstraße beschäftigt war, da ihr Hauswirt ihr für April gekündigt hatte, befand sich wieder einmal in heller Aufregung wegen Lassalle. Zumal sie, anders als dieser selbst, erkannt hatte, daß die Situation für ihn und seine Sache bei weitem nicht mehr so günstig aussah wie noch im Vorjahr, eventuell sogar ein Rückzug ins Ausland, vielleicht nach Neapel, vonnöten sein könnte.[47] Hinzu kam, daß ihr Sohn Paul mittlerweile schon fast ein halbes Jahr verheiratet war und es immer noch nicht für nötig befunden hatte, der Mutter seine Frau vorzustellen. Völlig resigniert und illusionslos, was ihr Verhältnis zu ihrem Jüngsten anbelangte, schrieb sie diesem im Februar:

»Meine Wohnungsmiete ist hier [Berlin] am 1. April zu Ende, ich glaube nicht, daß ich eine neue nehme, sondern werde ganz von hier fortgehen. Es stehen hier voraussichtlich schwere und unruhige Zeiten bevor, und das ist eben nicht wünschenswert für eine ganz alleinstehende Frau. Ich muß auch endlich darauf bedacht sein, mir ein stilles, angenehmes Plätzchen zu suchen, wo ich unbelästigt von trüben Berührungen und Erinnerungen die letzte Zeit nicht gänzlich vereinsamt zubringe, und das letzte, das semblant von Interesse, das mir geneigt, kann man ja doch immer eben durch das Interesse von Fremden erlangen.«[48]

Auch wenn man in Rechnung stellt, daß dieser Brief eine bestimmte Wirkung auf den Sohn erzielen, er sein Gewissen ansprechen sollte, so erscheint dennoch Hatzfeldts Gefühl der Einsamkeit und Verlassenheit als ein echtes. Die alte Angst, mit Lassalles Tempo nicht mithalten zu können, krank wie sie ja schon lange war, ist erkennbar, zudem ihr Skeptizismus, was die politische Entwicklung anbelangte. Ob sie im Zusammenleben mit Rüstow die Lösung für all ihre Probleme gesehen haben mag, das erscheint noch unwahrscheinlicher. Dieser fürchtete mit Recht, daß sie aufgrund der Prozesse Lassalles noch weniger Zeit, Gedanken und Gefühle für ihn haben würde. Umsonst wartete Rüstow in diesem Frühjahr oft tagelang auf Briefe von der Gräfin, die ihm mitteilte, »krank und tausendfach beschäftigt« zu sein (u. a. damit, daß sie sich unter Nutzung ihrer immer noch weitreichenden gesellschaftlichen Verbindungen für die Zahlung eines Gehalts für den als Attaché an der preußischen Gesandtschaft in Paris arbeitenden Paul stark machte).[49] Noch nicht einmal darüber, daß sie angeblich plante, Ende April mit Lassalle nach Zürich zu kommen, erfuhr er von ihr, sondern mußte es vielmehr in Zürich selbst hören. Nach allem, was zwischen den Dreien im letzten Sommer vorgefallen war, lehnte Rüstow es rundweg ab, überhaupt noch in ihrem Beisein mit Lassalle zusammenzukommen – insofern diesem allerdings gar nicht so unähnlich, da Lassalle die Gräfin ebenfalls vor einer »Vergnügungsreise« zu Dritt warnte.

Auf Rüstows ständiges Drängen hin, sie möge Stellung zu seinen Arbeiten nehmen, reagierte Hatzfeldt mittlerweile schon leicht gereizt. Ihren kaum mißzuverstehenden Vorwurf, sie solle ihm wohl Elogen über seinen ›deutsch-dänischen Krieg‹ machen, wies er ab, verlangte jedoch zumindest eine Kenntnisnahme seiner Schriften, wenn sie ihm schon von Lassalles Schriften »enthusiastisch« schreibe.[50] Rüstow flüchtete in Krankheit, fühlte sich matt und tot und litt unter Nervenstörungen. »Schon hundertmal«, so schreibt der Mann, der sich 1878 tatsächlich selbst erschoß, »hätte ich mir eine Kugel durch den Kopf gejagt, wenn ich nicht das Bedenken hätte, daß ich damit meinen Feinden, – und wer wäre nicht mein Feind, (notwendig mein Feind nach Ihrer Entwicklung, die ich akzeptiere)? – eine Freude machen würde . . .«[51]

Die Gräfin reagierte zurückhaltend, bemängelte sein fehlendes Vertrauen, zog seine Liebe zu ihr in Zweifel – allem Anschein nach ließ es Rüstow in ihren Augen an den ehrlichen Gefühls- und Liebesbeteuerungen für sie fehlen, die sie für ihr Selbstgefühl gerade so nötig hatte.[52] Obwohl (oder vielleicht gerade weil) sich beide in einer stark depressiv gefärbten, melancholischen Grundstimmung befanden, Enttäuschung und Unzufriedenheit über ihr gegenwärtiges Leben (wenn auch aus unterschiedlichen Gründen) empfanden und zur gleichen Zeit Angst vor ihrer Zukunft und deren Ungewißheit besaßen, konnten sie einander keine direkte Hilfe und Stütze darstellen.

Hatzfeldt überließ sich einem Gefühl der Müdigkeit und Mattheit, wurde zusehends unruhiger und geplagter von Ängsten vor der Einsamkeit und den Lasten zunehmender Krankheit im immer bedrohlicher herannahenden Alter.[53] Das, wie sie ihm vorwarf, »selbstquälerische« Verhalten Rüstows, der sie mit stereotypen Vorwürfen und Schimpfereien quälte, half ihr wohl kaum bei der Überwindung ihrer Krise. Es fehlte der Verbindung ganz offensichtlich eine positive Gemeinsamkeit, sieht man einmal ab von der starken physischen Attraktivität und Gewalt, die beide wohl für- und übereinander besaßen. Gemeinsame Pläne oder gar Zukunftsvorstellungen existierten nicht. Wie hätte eine gemeinsame Zukunft mit dem exilierten, mittel- und einflußlosen Familienvater in ihrer Vorstellung auch aussehen können für sie? Die gemeinsame Vergangenheit hingegen war zu kurz und schwach, um davon zehren zu können. Sie konnte kein bedeutendes Gegengewicht zu der langjährigen Freundschaft mit Lassalle bilden. Die Gräfin besaß allerdings – anders als Rüstow – die Ablenkung der politischen Tätigkeit, die ihr noch immer in ihrem Leben weitergeholfen hatte und sie auch diesmal, zumindest kurzfristig und für Momente, von ihrer »Morosität« abbrachte. Lassalle befand sich seit Ende April erneut auf Agitationsreise, sie hielt – noch – die Stellung in Berlin, informierte ihn im gleichen Maße über die preußische Hauptstadt, wie er sie über seine politische Reise, die ihn über Leipzig in das Rheinland führte, auf dem laufenden hielt. Stellvertretend für Lassalle empfing die Gräfin am 10. Mai die schlesische Weberdeputation, die an den Vortagen Audienzen beim König (6. 5.) und bei Bismarck (9. 5.) gehabt hatte und lernte bei dieser Gelegenheit einen ihrer späteren Agitatoren, Florian Paul, kennen. Lassalle lieferte sie eine weit- und scharfsichtige Deutung dieser politischen Begegnungen der preußischen Führung mit Teilen der Arbeiterbewegung:

»Es ist ein Ereignis, aber ich muß gestehen, daß es mich etwas stutzig macht, daß man es hinter dem Rücken der schon bestehenden Bewegung macht, wahrscheinlich oder möglicherweise, um durch einzelne Maßregeln und zu winzige Produktivassoziationen die Sache zu verflachen oder als ohne wirkliches Resultat darzustellen und die Arbeiterbewegung dadurch wieder zu paralysieren? Oder sollte es sein, um auf bevorstehende Wahlen (ohne allgemeines Wahlrecht) günstig einzuwirken? Oder um Ihnen die Leitung aus der Hand zu nehmen, indem man *direkt* anknüpft und hofft, mit der notwendigen Kurzsichtigkeit der Leute besser zu operieren?«[54]

Mit Rüstow, den sie Ende Mai noch einmal im Hotel Schrieder in Heidelberg traf, hatte das alles schon längst nichts mehr zu tun. Ihre Unruhe, ihr Unglück und seine gleichzeitige Hilflosigkeit und Unfähigkeit, die Fäden in die Hand zu nehmen, scheint der Geliebte bei diesem Zusammensein jedoch zumindest gespürt zu haben, anders wäre eine Äußerung wie die folgende nicht zu erklären:

»Wie möchte ich Sie in eine Ruhe einwickeln, die Ihnen Kraft und Leben verdoppelte und Ihnen die Energie der Liebe, die Ihnen so eigentümlich ist, die Sie selbst sind, völlig wiedergäbe.«[55]

Es war ihm aber nicht beschieden, diese Rolle für die Gräfin zu spielen. Diese hielt sich statt dessen zur Kur in Bad Ems auf, zeitweilig in Begleitung Lassalles, den sie natürlich auch zu seinem Prozeß nach Düsseldorf begleitete, um direkt anschließend gemeinsam mit ihm nach Frankfurt und in die Oberpfalz weiter zu reisen, wo sie mit politischen Freunden und Anhängern zusammentrafen. Rüstow sah das alles gar nicht gern.

»Geht nun der Kurgast von Ems auch wieder mit Ihnen? Wahrscheinlich. Sophie, ich kann diesen Kerl von Tag zu Tag weniger ausstehn. Ich *kann* ihn nicht mehr sehen«,

so schrieb er ihr am 1. Juli nach Frankfurt. Inzwischen beklagte sie sich bei ihm über sein Auftreten anderen Leuten gegenüber, insbesondere ihren Bekannten (beispielsweise gegenüber ihren Freundinnen Mathilde Franziska Anneke und Mary Booth), und warf ihm zudem vor, »unnütz, verbittert, neidisch oder so etwas« (so Rüstow)[56] zu sein. Seine Motive erläuternd und vor allem um das Verständnis der Gräfin für sein Verhalten werbend, antwortete er auf ihre Vorwürfe, verzweifelt darauf bedacht, ihr sein Dilemma endlich klarmachen zu können.

»Und wenn ich gereizt bin – sollte ich es denn *nicht* sein, sollte ich so ganz gleichgültig dagegen sein, daß Sie sich für die Angelegenheiten und Arbeiten anderer mit Enthusiasmus interessieren über alles Maß hinaus, welches ich jemals beanspruchen würde oder beansprucht habe, – und für meine Arbeiten gar nicht? Was ist denn da, beantworten Sie sich doch die Frage selbst, der *wahre* Grund meiner Gereiztheit? Offenbar doch kein anderer als der: Daß Sie sich mir *entfremden,* indem Sie an dem Geistesleben eines anderen den vollsten begeistertsten Anteil nehmen und an dem meinigen gar kein Interesse haben. ... Wenn andere mir die Vorwürfe gereizter Eitelkeit machen, Sophie, ich lache darüber, habe seit langem darüber gelacht. Bei Ihnen ist das anders. Eine tiefe, tiefe Traurigkeit kommt über mich. Wie dürfen Sie mich so verkennen? Reden Sie mir nicht von Vorwürfen, die ich über Sie ausgieße! Das ist falsch, absolut falsch. ... Ich lebe mit Ihnen, wie langsam ich in meinen Gedanken sein möge, ich lebe jetzt völlig in und mit Ihnen. Aber Sie? Schwebt Ihre Seele nicht *unterjocht* stets in anderen Regionen? Darüber traure ich, und die Klage darüber mag mitunter die Gestalt von Vorwürfen annehmen. ... Ich denke an nichts als daran, Sie völlig frei zu machen, was Sie nicht sind, Sie völlig *innerlich* zu gewinnen. Und ich kann mir, was erschrecklich ist, nicht verhehlen, daß ich dabei manchen Fehler begehe. ... Glauben Sie mir doch, Sophie, daß ich alles tun möchte, was nur möglich ist, um Ihnen das Leben angenehm zu machen, und daß gerade meine Ohnmacht, dies in vollstem Maße zu können, mich wütend gegen mich selbst und alle Welt macht, und daß daraus dann wieder Dummheiten folgen, die ich auch gegen Sie begehe, und mit denen ich meinen heißesten Wünschen für Sie entgegenarbeite.«[57]

Unter solchen Umständen erscheint es geradezu waghalsig und rücksichtslos, daß Hatzfeldt nach wie vor einen gemeinsamen Kuraufenthalt zu dritt in Wildbad plante. Wie sie den von Haß und Verbitterung erfüllten Rüstow mit dem angeblichen »Bourgeois-Juden«,[58] der sich in neuen, wenn auch weniger glänzend als erwarteten, politischen Erfolgen sonnte und entsprechend auftrat, zusammenbringen wollte, ohne daß es zu einem Eklat geführt hätte, bleibt ein Rätsel. Sie mußte sich allerdings auch gar nicht mehr darum sorgen, denn im August standen schon ganz andere Notwendigkeiten auf dem Plan.

Der überaus abergläubische (und insofern Sophie verwandte) Rüstow sollte recht behalten mit seinen bedeutungsschwangeren und düsteren Prophezeiungen, wenn er kurz vor dem Jahreswechsel 1863 die Befürchtung aussprach: »Es ist mir so, als werde es ein geräuschvolles Jahr werden.«[59] Ein Schaltjahr war es zudem, und gerade die hatten sich für den Oberst laut eigenem Bekunden bisher immer als sehr verhängnisvoll erwiesen. Das Verhängnis nahm auch diesmal seinen »sternenbedingten« Lauf, das Jahr 1864 trennte Sophie von Hatzfeldt und Wilhelm Rüstow endgültig voneinander. Müßig wäre es zu spekulieren, wie sich das Verhältnis weiter entwickelt hätte, wären nicht die tragischen Ereignisse des August eingetreten. Wahrscheinlich aber hätte es sich auch von selbst totgelaufen. Die aktive Teilnahme Hatzfeldts an der Sache der Arbeiterbewegung und an Lassalles persönlichem Schicksal hatten den Prozeß der Entfremdung lange vor dem Duelltod Lassalles ins Rollen gebracht, und Rüstow tat das seine hinzu, diesen Zustand auch noch herbeizureden und zu -schreiben. Daß allerdings gerade er eine solch unglückliche Rolle in der Duellangelegenheit Lassalles spielen mußte, darin liegt schon eine besondere Ironie des Schicksals. Erstaunlich mutet es außerdem an, daß sich gerade der Zürcher Oberst in nahezu der gesamten Literatur als »Intimfreund« Lassalles halten konnte, obwohl er ihm schon zu einem frühen Zeitpunkt fast nur noch Haß entgegenbrachte.[60] Und daran trug, wie wir gesehen haben, nicht einmal nur sein Liebesverhältnis zur Gräfin die Schuld.

Für Sophie von Hatzfeldt, die sich noch im Juli des Jahres in einem Zustand der Unsicherheit und Antriebsschwäche befand und nicht wußte, wie es weitergehen sollte, änderte sich mit dem Tode Lassalles am 31. August so ziemlich alles, was sich ändern konnte. Vor allem eins: Sie wurde noch im Alter zur aktiven »Politikerin«.

VII. Sommer 1864 – Ein Duell und seine Folgen

Am Morgen des 28. August 1864 fand im Wald von Crevin, einen Kilometer jenseits der Genfer Grenze auf französischem Boden, ein Duell statt. Die Duellanten hießen Ferdinand Lassalle und Yanko von Racowitza. Hektische und ereignisvolle Wochen waren diesem Tag vorausgegangen.[1] Während eines Sommeraufenthalts in den Schweizer Bergen (in Rigi-Kaltbad) war Ferdinand Lassalle der jungen Helene von Dönniges, die er schon 1862 in Berlin kennengelernt und dann allerdings nach anfänglichen ersten engeren Kontakten wieder aus den Augen verloren hatte, Ende Juli wiederbegegnet.[2] Von diesem Zeitpunkt an setzte er alles daran, diese überaus attraktive und temperamentvolle Frau als seine Ehefrau nach Berlin heimzuführen. Dabei hatte er jedoch nicht das stark ausgeprägte Standesdenken der »Aufsteigerfamilie« von Dönniges – Vater Dönniges stand als Diplomat in bayerischen Diensten[3] – berechnet, die vor allem bei der Verheiratung ihrer Töchter mit äußerster Sorgfalt und Berechnung vorging. Der populäre deutsche Arbeiterführer und Wissenschaftler, zudem Jude, paßte da nicht so recht in das Bild von einem geeigneten, familienadäquaten Schwiegersohn – zumal er engen Kontakt zu einer exzentrischen Persönlichkeit wie der Gräfin Hatzfeldt pflegte.[4]

Gemeinsam mit seinen Freunden, vorweg dem in Genf lebenden demokratischen Sozialisten Johann Philipp Becker,[5] den beiden Herweghs und sogar mit der Unterstützung des ihm in letzter Zeit eher feindselig gesinnten Wilhelm Rüstow, begann Lassalle einen von Anfang an hoffnungslosen Kampf gegen diese Familie und ihre ablehnende Haltung, bei welchem ihm natürlich besonders Sophie von Hatzfeldt helfend zur Seite stand. Zahlreiche Briefe und Telegramme wurden in jenen Wochen geschrieben und ausgetauscht; jede auch nur in Ansätzen sich als nützlich erweisende gesellschaftliche Verbindung wurde in den Dienst der Sache gestellt. Die Liste der mit einbezogenen Personen reichte von den Komponisten Hans von Bülow und Richard Wagner über Baron von Schrenck, den bayerischen Ministerpräsidenten, bis hin zu König Ludwig II. von Bayern. Zahlreiche Dokumentationen bemühten sich schon damals, relativ kurze Zeit nach den dramatischen Geschehnissen, die in dem Duelltod Lassalles gipfelten, ein Licht auf das undurchschaubare Wirrwarr an Personen und Ereignissen zu werfen.[6]

Nicht nur für Ferdinand Lassalle, auch für Sophie von Hatzfeldt bedeuteten diese Wochen eine ruhelose und hektische Zeit. Noch im Juni und Juli hatte sie Lassalle begleitet, zunächst zu seiner gerichtlichen Verhandlung nach Düsseldorf,[7] sodann nach Frankfurt/M., wo er auf einer Generalversammlung des dortigen Arbeitervereins eine Rede hielt, die unter anderem die schleswig-holsteinische Frage zum Thema hatte. Gemeinsam waren sie gleich anschließend – nach fünftägigem Agitationsaufenthalt dort – in Begleitung der ADAV-Mitglieder von Schweitzer und von Hofstetten sowie des Advokaten Städel aus Mainz und des Musikers Weissheimer aus der Rheinpfalz zu einer Landpartie in die Pfalz aufgebrochen. Sie führte sie über Osthofen, Worms und Neustadt a. d. Haardt am 16. Juli nach Karlsruhe.[8] Dort hatten sich ihre Wege zunächst einmal getrennt. Krank und unzufrieden mit ihrer Lebenssituation reiste die Gräfin, lediglich in Begleitung ihrer Kammerzofe, nach Wildbad weiter; melancholisch und seelisch wie körperlich erschöpft, auch was die politische Agitation anbelangte, der Arbeiterführer in die Schweiz. Die anfangs zwischen beiden Orten hin und her wechselnden Briefe vermitteln ein deutliches Bild der bei beiden vorherrschenden eher gedämpften Grundstimmung.[9]

Für Melancholie und ähnliches war aber schon bald keine Zeit mehr vorhanden: Sophie von Hatzfeldt wurde als Vermittlerin in der heiklen Liebesangelegenheit Lassalles benötigt. Ihr Einfluß, ihre gesellschaftlichen Beziehungen und nicht zuletzt ihr diplomatisches Geschick, denen Lassalle schon so oft etwas zu verdanken gehabt hatte, sollten auch in diesem Fall weiterhelfen. »... solche Dinge sind mein Fach, darauf verstehe ich mich und habe auch weit leichteres Spiel als Sie, Verbindungen anzuknüpfen«,[10] so wußte die erfahrene Gräfin denn auch ihren von einer Aufregung in die nächste fallenden Freund zunächst zu beruhigen. In dieser heillos verfahrenen Situation blieben jedoch auch ihre Anstrengungen (Hatzfeldt, selbst der Kirche eher distanziert gegenüberstehend, hatte unter anderem eine zweieinhalbstündige Unterredung mit dem Bischof von Mainz, Frh. von Ketteler)[11] letztlich ohne Aussicht auf Erfolg. Mehr oder weniger untätig mußte sie zusehen, wie Lassalle in sein Verhängnis lief, ihren mäßigenden und weitsichtigen Ratschlägen kein Gehör mehr schenkte und sie statt dessen sogar einer

Einmischung in seine zukünftige Ehe verdächtigte. Zeitweise ließ er sie einfach ohne Informationen, selbst als sie sich bereits am Genfer Schauplatz befand. Schmerzhaft empfand sie noch im nachhinein die damalige Entfremdung Lassalles von ihr.

»Ich allein habe damals noch versucht..., mit harten Worten ihn zu seiner Pflicht zurückzuführen. Ich erhielt nichts mehr dadurch, als daß er mich herzlos fand, mir die Männer und ihre Theilnahme als Muster vorhielt und sagte, ich sei härter als ein Mann, und zog mir tiefen Schmerz zu, daß er mich in seinen letzten Tagen verkannte, sich von mir wendete.«[12]

Durch die ablehnende Haltung der Familie Dönniges und besonders durch die »Untreue« Helene von Dönniges, der er »absolute Unwürdigkeit« bescheinigte, auf das äußerste verletzt und maßlos in seiner Ehre und Eitelkeit gekränkt, traf der deutsche Arbeiterführer die Entscheidung für ein Duell, das ihm Genugtuung bieten sollte.[13] Nichts und niemand konnte ihn von diesem Entschluß abbringen, auch nicht seine langjährige Vertraute. Diese gab später vor allem Rüstow, welcher sich schon seit Anfang August auf Bitten Lassalles in Genf aufhielt, die Schuld an der verhängnisvollen Entwicklung.

»Warum hat Rüstow auch in Genf sich völlig fern von mir gehalten, mir unmöglich gemacht, allein mit ihm nur zwei Worte in den Tagen zu reden. Er wollte meine Thränen und Bitten vermeiden. Warum hat man in nichts auf mich gehört...?«[14]

An Stelle des geforderten Wilhelm von Dönniges, der sich eilends entfernt hatte, trat der junge schwindsüchtige Rechtsstudent und nunmehr offizielle Verlobte Helenes an, Yanko von Racowitza, ein wallachischer Adliger. Er traf Lassalle lebensgefährlich durch einen »Sauschuß«, wie Rüstow sich ausdrückte,[15] in den Unterleib. Drei Tage überlebte Lassalle die Schußverletzungen, starb dann, erst 39 Jahre alt, am 31. August in einem Genfer Hotelzimmer, nicht ohne jedoch ein Testament hinterlassen zu haben.

Für das erste sah Sophie von Hatzfeldt ihr Leben durch den Tod Lassalles jedes Sinnes beraubt; doch noch auf dem Totenbett schwor sie ihm den feierlichen Eid, ihn an seinen Feinden zu rächen und sein Werk mit jedem Opfer erhalten zu wollen.[16] Dieser Grundsatz sollte die nächsten Jahre ihres Lebens auf entscheidende Weise bestimmen.

Zunächst galt es da vieles zur gleichen Zeit zu berücksichtigen und durchzusetzen: Lassalles »Mörder« (denn um Mord handelte es sich in ihren Augen) sollten ihrer gerechten Strafe zugeführt werden; Lassalles Testament mußte die Anerkennung seiner Familie finden[17] und – vor allem – es mußte eine des Toten würdige und großartige Beerdigungsfeier organisiert werden.

Der Gräfin erstes und größtes Anliegen war die Bestrafung der beiden »Mörder« Helene von Dönniges und Yanko von Racowitza. Sie setzte alles daran, Racowitza ausfindig zu machen und ihn verhaften zu lassen.

»Ich muß Rache haben, sonst sterbe ich.« »Wenn ich noch einen Augenblick der Freude in diesem Leben haben könnte, so wäre er, wenn ich sie beide auf dem Schaffot [sic!] sehen könnte. Es läßt mir der Gedanke keine Ruhe.«[18]

In München ließ sie Racowitza, was Marx noch Jahre später zu den abenteuerlichsten Erwägungen bewog, besonders gründlich observieren: durch den aus Neustadt a. d. Haardt stammenden Wilhelm Weber sowie angeblich auch noch durch den Hamburger Arbeiterführer Schallmayer.[19]

Fieberhafte Aktionen waren nötig bei dieser die Grenzen überschreitenden Verfolgungsjagd, die eine Zusammenarbeit der unterschiedlichsten Institutionen und Personen zur notwendigen Voraussetzung hatte. Der in Genf lebende Sozialist J. Ph. Becker unterhielt gute Verbindungen zu der radikalen Regierung des Kantons Genf, unter anderem zu deren Staatskanzler Elie Ducommun, und stellte diese jetzt Hatzfeldts Bestreben rückhaltlos zur Verfügung. Sie selbst trat in Kontakt mit der Münchener Polizeidirektion und knüpfte über ihren Sohn Paul und ihren Neffen Walter Loë, den preußischen Militärbevollmächtigten, die Fäden zur preußischen Gesandtschaft in Paris.[20] An die wichtigste Anlaufstelle, die preußische Regierung, wandte sie sich mit Hilfe des Konservativen Hermann Wagener. Selbst Bismarck, der damalige Ministerpräsident, an den sie sich in persönlichen Schreiben mit der Bitte um Unterstützung ihrer Sache wandte, versprach, sich für sie und ihr Anliegen einzusetzen.[21] Selbstbewußt, quasi von gleich zu gleich, hatte sie diesem vorgestellt, »daß es die Pflicht des Staates [sei], seine Bürger im Ausland wie im Inland zu schützen, daß nicht straflos Verbrechen an ihnen begangen würden, daß die Tödtung durch Duell ... nach preuß. wie nach Genfer Recht ... unter den gesetzlichen Begriff der gemeinen Verbrechen falle«,[22] so daß in dem vorliegenden Falle zwanzigjährige Einsperrung darauf stünde. Siegesgewiß teilte sie

J. Ph. Becker im Oktober mit, daß sie »Leute, die große Influenz haben, dafür gewonnen, den Antrag zu unterstützen«.

Hilflos mußte die Gräfin dann jedoch mit ansehen, wie die anfangs mit so viel Verve betriebene Verfolgung des »Mörders« zu Beginn des Jahres 1865 im Sande verlief, die preußische aristokratische Tradition sich durchgesetzt hatte. Zu ihrem besonderen Leidwesen feierte das »Mörderpaar« im Juli des Jahres 1865 auch noch Hochzeit.[23]

Eine zweite, für Sophie sehr bedeutsame Niederlage erfuhr sie bereits kurze Zeit nach Lassalles Tod. Ihr größter Wunsch, dem Freund einen letzten Triumphzug durch die Gemeinden seiner Anhänger zu organisieren, wurde innerhalb kürzester Zeit und nach erfolgversprechenden Anfängen zunichte gemacht. Kaum hatte sie Genf mit dem einbalsamierten Leichnam Lassalles verlassen und gerade noch – besonders in Frankfurt und Mainz – wahrhaft pompöse Leichenfeiern im Kreise der Anhänger Lassalles miterleben dürfen, da mußte sie in Köln tatenlos zusehen, wie der Sarg Lassalles auf Anordnung seiner Familie (mit der sie zuvor anderes vereinbart hatte)[24] von der Polizeibehörde noch auf dem Rheindampfer beschlagnahmt und über Berlin nach Breslau geschafft wurde.

Schon von Genf aus hatte Hatzfeldt begonnen, den »Triumphzug« für Lassalle in größerem Rahmen zu organisieren. Einzelne Vertraute in den jeweiligen Städten – Vereinsbevollmächtigte wie B. Becker und G. Lewy, aber auch Zeitungsredakteure und ähnliche Anlaufstellen – wurden mit der Planung vor Ort von ihr beauftragt.[25] Eine eindrucksvolle, wenn auch sicherlich sehr subjektiv gefärbte Schilderung der Todesfeierlichkeiten in Mainz und Frankfurt aus der Sicht Hatzfeldts findet sich in einem ihrer Briefe an die Freundin Emma Herwegh in Zürich.

»Meine traurige Reise hat ihren Zweck vollkommen erreicht; in Frankfurt – vorzüglich in Mainz, so großartig wie es keinem König erwiesen wird. Die ganze Stadt und Umgegend wogte um seinen Sarg, der, offen gefahren unter Blumen und Lorbeerkränzen kaum gesehen, von Trauerfahnen, zwei Musikchören, Leuten mit umgestürzten Fakkeln umgeben [und] von unabsehbarem Zug gefolgt, den langen Weg durch die Stadt nach dem Dampfschiff zog. Bis auf die Dächer waren Menschen, alle Classen waren betheiligt. Es wunderte mich nur, daß die Polizei nicht eingeschritten; es war ihnen wahrscheinlich zu großartig.

An seinem Sarg wurden Reden gehalten. Die Redner konnten vor

Thränen kaum sprechen, die harten Arbeiter schluchzten wie die Kinder. Ich habe so viel [als] möglich den wahren Sachverhalt [und Zusammenhang] verbreitet. Die Erbitterung gegen die Mörder [ist] grenzenlos.«[26]

Ähnlich, so hatte Sophie von Hatzfeldt es geplant, sollten die Feierlichkeiten auch in den rheinischen Hochburgen Lassalles aussehen. Als seine sterblichen Überreste dann aber am 12. September abends in Düsseldorf eintrafen und beschlagnahmt wurden, kam es anschließend zu einer Kontroverse zwischen der Polizei und der Gräfin, die sich mit etwa 1.500 Lassalleanern am Köln-Mindener Bahnhof eingefunden hatte. Obwohl sie rechtlich durchaus Anspruch auf die Auslieferung der Leiche Lassalles erheben konnte, verweigerte die Polizei ihr diese aufgrund einer völlig unerwarteten Intervention der Mutter Lassalles, indem auf eine Ordre des Oberpräsidiums verwiesen wurde, die Leiche ohne Aufenthalt nach Breslau zu transportieren. Es wurde Hatzfeldt lediglich noch einmal gestattet, den Eisenbahnwagen zu betreten und einige Kränze zu entnehmen.[27] Auch ihr umgehend bei der »Wohllöblichen Polizeibehörde« zu Düsseldorf eingereichter Protest gegen die vorzeitige und insbesondere zwangsweise Weiterführung des Leichnams nach Berlin, verbunden mit der Drohung, die entstehenden Kosten der Stadt Düsseldorf anzulasten, änderte nichts mehr daran, daß ihr die Aufsicht über die Leiche Lassalles aus den Händen genommen worden war. Dieser Schlag hat sie nach eigener Aussage »niedergeworfen«. »Fürchterliche Krämpfe« zwangen sie auf das Krankenlager und hinderten sie an einer Weiterfahrt.[28]

Über den aus Düsseldorfer Zeiten noch bekannten Peter Nothjung und ihren Anwalt Szarbinowski mußte sie von der hastigen Beerdigung Lassalles auf dem jüdischen Friedhof in Breslau erfahren, die angeblich einer »Verscharrung« ohne jede Feierlichkeit gleichkam.[29] Ihre Absicht, Lassalles Sarg demonstrativ durch die deutschen Lande zu führen und schließlich in der preußischen Hauptstadt feierlich zu begraben, war somit vereitelt worden. Nicht Berlin, wie sie es vor allem aus politischen Gründen gewünscht hatte, wurde zu Lassalles letzter Ruhestätte, sondern seine ihm schon seit langem fremd gewordene Heimatstadt Breslau.[30]

Aber die Lawine, die sie ins Rollen gebracht hatte, nahm auch nach diesem Ereignis unweigerlich ihren Lauf. Zahlreiche Totenfeiern zu Ehren des verstorbenen Arbeiterführers fanden statt, auch in den

Gemeinden, die Hatzfeldt nicht besuchte. Vielen Anhängern Lassalles war der Gedanke unfaßbar, daß er wirklich nur in einer gewöhnlichen Liebesaffäre gefallen sein sollte. »Sie glaubten an einen vorbedachten Anschlag, der von den Gegnern angezettelt sei, um den gefährlichen Agitator aus dem Wege zu räumen, und feierten den Gefallenen als das Opfer einer nichtswürdigen politischen Intrige.«[31] Ein wahrhafter Lassalle-Kult, ja eine Lassalle-Religion entwickelten sich,[32] deren Propaganda nicht zuletzt auf das Konto der Gräfin ging – die sich damit allerdings auf einem schon von Lassalle selbst beschrittenen Wege befand.[33] Mit einem Gedicht wollte sie sich als Lassalles geistige Erbin legitimieren und gar als den noch lebenden Teil Lassalles darstellen. Es war auf zwei Schildern zu lesen, die am Sarg Lassalles befestigt werden sollten, und wurde einige Jahre später auch veröffentlicht.

Dein Werk, es soll nicht untergehn,
es soll ein Rächer dir erstehn,
er soll erstehn aus deinen Gebeinen,
so schwuren wir, so schwören dir die Deinen.

Im Denken, Fühlen, Streben war ich eins
mit dir. Ich hab die Wurzeln meines Seins
so innig mit den deinigen verschlungen,
daß selbst dem Tod die Trennung nicht gelungen.[34]

Der »Messias« und »Retter« Lassalle sollte noch über Jahre hinweg der Arbeiterbewegung und ihrer Agitation erhalten bleiben – wenn auch zuletzt als ein eher lästiges Erbe, dessen man sich zu entledigen suchte. Nicht nur wurde alljährlich Lassalles Todestag feierlich begangen, sondern es entstand gleichzeitig eine regelrechte Lassalle-Dichtung, die im Lassalleanischen Glaubensbekenntnis gipfelte. Die Gräfin hatte damit eines ihrer größten Ziele erreicht, sehr zum Leidwesen des im Londoner Exil lebenden Karl Marx, der schon im November 1864 die von Hatzfeldt angeblich angezettelte »Lassalle-Apotheose« auf das schärfste kritisierte und folgerichtig auch nicht bereit war, an der bewußten Stilisierung Lassalles zum Halbgott mitzuarbeiten.[35]

Durch ihre ersten Mißerfolge zwar sehr niedergeschlagen, aber nicht entmutigt, arbeitete Sophie von Hatzfeldt weiter an dem Andenken ihres Lebensgefährten. Eine Broschüre sollte die Öffentlichkeit und besonders die Anhänger des ADAV ins Bild setzen über die wahren Begebenheiten der letzten Lebenstage Lassalles. Da sie sich allein dieser Aufgabe nicht gewachsen sah (immerhin galt es, unzählige Briefe und Dokumente zu verarbeiten), schaute sie sich nach effektiver Hilfe um. Doch innerhalb kürzester Zeit kam es regelmäßig mit den von ihr ins Vertrauen gezogenen Männern zu Differenzen, einer nach dem anderen sprang ab, überwarf sich mit ihr oder aber weigerte sich von vornherein, an dieser Arbeit Anteil zu nehmen – Anteil zumindest in dem Sinne, wie die Gräfin es erwartete. Für sie stand nämlich eines, was die Beurteilung Lassalles letzter Tage anbelangte, von vornherein ohne Frage fest:

»Es war eine *Verirrung,* aber grade diejenige, die er mit vielen größten Männern der Geschichte gemein hat, das Urtheil der Geschichte über sie nicht getrübt hat. Aber wir haben es in dieser Schrift weniger mit dem großen Mann in seinen öffentlichen Werken zu thun als mit dem *Menschen* Lassalle, den so wenige gekannt haben; zu zeigen, wie er in der Verirrung noch *groß und gut* war, welche Treue seinem Wort, welche Aufopferungsfähigkeit, welche Energie, die nur das richtige Ziel verfehlte, er gezeigt; wie er selbst edel und wahr an solche Nichtswürdigkeit nicht glauben konnte. Wir haben seine menschliche Schwäche mit seiner Leidenschaftlichkeit menschlich zu entschuldigen durch die ungeheure Provocation, die er erduldet...«[36]

Gern hätte sie, wie sie selbst bekannte, das »unglückliche Haupt« des Freundes mit einem Glorienschein umgeben, fühlte aber gleichzeitig nur zu tief, »wie groß seine Verirrung gewesen, wie sehr er sich auch an der mir gelobten Freundschaft versündigt hat«.

Daß sie allerdings mit einem solcherart motivierten Vorhaben quasi automatisch auf Schwierigkeiten stoßen mußte in dem Kreis von Männern, die sie immer wieder gezielt darauf hin ansprach, war nur zu offensichtlich. Keiner zeigte sich bereit, eine ständige Kontrolle ihrerseits, was Inhalt und Form der Broschüre anbelangte, hinzunehmen, wobei die Ambivalenz (oder vielleicht auch nur Vorsicht) in ihrem Verhalten andererseits so weit ging, die »volle Verantwortung« für die Redaktion der Broschüre abzulehnen. Schon im Herbst 1864 klagte sie J. Ph. Becker gegenüber, der sich seit den Genfer Tagen zu ihrem Vertrauten entwickelt hatte:

»Ich finde nichts als Eitelkeit, Selbstsucht, Alles auf mich werfen, die ich schon so schwer beladen, und keine Hand wird mir zur Hilfe gereicht; kein Mensch, der sich die Mühe gäbe, mir zu rathen. Was ich wegen der Broschüre gelitten an Gleichgültigkeit, Unlust, Egoismus, Nachläßigkeit, gebrochene[n] Versprechen, Ausbeutung ist unbeschreiblich. Meiner Indignation durfte ich nicht einmal Luft machen, denn die Sache *mußte* zu Stande gebracht werden.«[37]

Anstatt allerdings die Broschüre selbst zu schreiben, wozu ihr Karl Marx schon früh geraten hatte, fuhr sie fort, zu betteln und zu bitten, wie sie selbst sagt.[38] Zu nennen sind in diesem Zusammenhang vor allem Lothar Bucher (Lassalles Freund der letzten Lebensjahre und einer der von ihm bestimmten Testamentsexekutoren), Karl Marx, Bernhard Becker (den Lassalle im Testament als seinen Nachfolger im Präsidium des ADAV empfohlen hatte), Mathilde Franziska Anneke und schließlich Wilhelm Liebknecht.[39] Zudem fühlte sie sich hin- und hergerissen zwischen dem Drängen der Zürcher Freunde Rüstow und der Herweghs auf eine rasche Erledigung der Sache – schon allein, damit die Feinde Lassalles sein Bild nicht vollends entstellen könnten, zudem weil das Interesse der Öffentlichkeit sehr groß sei – und dem eher zur überlegenden und bedächtigen Muße bei der Abfassung der Broschüre ratenden J. Ph. Becker in Genf.[40]

Ganz besonders hart traf es Hatzfeldt, daß ihr enger Freund der letzten Jahre, Wilhelm Rüstow, für ihr Empfinden, wie sie meinte, kein Verständnis zeigte und sie statt dessen mit einer wahren Flut von Anschuldigungen und Vorwürfen überschüttete. Ihm mußte das ständige Kreisen all ihrer Gedanken, Gefühle und Handlungen um den verstorbenen Lassalle ein Dorn im Auge sein. Sich seines endgültigen Scheiterns in seiner Liebe zur Gräfin schmerzlich bewußt, mag er bisweilen den richtigen Ton in seinen Briefen verfehlt haben, ohne jedoch Hatzfeldt jemals im Unklaren zu lassen über seine Gefühle ihr gegenüber.[41] Das konnte oder wollte sie zu diesem Zeitpunkt aber nicht mehr sehen.

»Den letzten Stoß hat mir allerdings Rüstow gegeben . . . R. ist trotz vieler guter Seiten ein durch und durch persönlicher Mensch, der nie in seinem Leben hat können aus seiner eignen Haut mit irgend größerer Wärme für einen Anderen heraustreten; dessen außergewöhnliche Eitelkeit erbittert ist über, wie er meint nicht genug Anerkennung und Erfolge in jeder Beziehung. Die großartige Naturanlage Lassalles paßte nicht für ihn, es hat ihn immer bedrückt. Ich weiß es ja nur zu gut. Hätte R. anerkennen können, was Lassalle wirklich . . . war, oder wenn er nur hätte begreifen können, was ein Mensch dem Andern sein kann, so hätte er schon meinetwegen anders gehandelt und Lassalle wäre noch bei mir. Er fühlt, er wird es zwar nie eingestehen, daß er die Verantwortung trägt...«[42]

Rüstow begriff nicht. Er sah nur, daß er hier keine Rolle mehr spielen konnte und zog dieses Mal die Konsequenzen. Die Broschürenangelegenheit hatte die beiden einander endgültig entfremdet. Sie sollten sich nicht mehr wiedersehen.[43]

Konnte die Gräfin dem in Genf sitzenden Becker gegenüber, welcher selbst die Herausgabe einer kleinen Schrift über die letzten Tage Lassalles plante, noch auf das ihr unabstreitbare Recht pochen, die Herausgabe einer solchen aufklärenden Schrift allein zu erledigen,[44] so mußte sie ihrem Verleger Schlingmann schon mit konkreterem – nämlich mit Geld – kommen. Nachdem es auch noch mit ihm, der das ewige Hin und Her um die Broschüre leid war und mit ihrem Erscheinen in der unvollständigen Form drohte, zu Differenzen gekommen war, zahlte sie ihm die bis zum Frühjahr 1865 entstandenen Kosten in Höhe von 700 Talern und erhielt dafür die gesamte, in ihren Augen verstümmelte Auflage von 1.800 Broschüren, die später fast gänzlich vernichtet werden sollte.[45] Als dann auch der im Sommer 1865 von ihr mit der Aufgabe betraute jüdische Schriftsteller und Journalist Moses Hess die Arbeit nicht vollendete,[46] scheint Hatzfeldt ihren so ambitiös vertretenen Plan, »eine Partei und Verteidigungsschrift, eine Apotheose und einen Racheschrei«[47] für Ferdinand Lassalle veröffentlichen zu lassen, ad acta gelegt zu haben.

Ob man Sophie von Hatzfeldt als die Begründerin des Lassalle-Kultes bezeichnen kann,[48] mag in dieser Ausschließlichkeit eher zweifelhaft erscheinen. Ihre persönlichen Bedürfnisse, das Andenken des Freundes zu »heiligen«, fanden inmitten der deutschen Arbeiterschaft ein nur zu günstiges Echo. Denn schnell konnte der verstorbene Arbeiterführer zu *der* Integrations- und Identifikationsfigur par excellence aufsteigen, die den sofortigen Auseinanderbruch der Organisation des ADAV verhinderte und Grundlage bot für eine stabile Gruppenbildung. So sprach auch Bernhard Becker, der erste Präsident des Vereins nach dem Tode Lassalles, 1865 davon, »daß sein [Ferdinand Lassalles] Tod, wie zuvor sein Leben, ein Bindemittel für unsere Partei sein und bleiben soll«.[49] Mit Hilfe des Personenkultes als einer »sinnlich-symbolischen Interaktionsform« (Korff) wurde denn auch ein nicht geringer Teil der

Arbeiterschaft erst an politisch-konsistente Programme herangeführt. 1868 sprach Becker dann allerdings schon in sehr viel schärferer Form von »Parteikitt«, und er erfuhr in seiner kritischen Haltung von vielen Seiten eine lebhafte Unterstützung, von Karl Marx und J. Ph. Becker, aber auch im ADAV selbst.[50] Das beste Resümee stellte August Bebel zusammen in einem Brief an Friedrich Engels: »Der Lassalle-Kultus muß ausgerottet werden, ..., auch die falschen Ansichten Lassalles müssen bekämpft werden, aber mit Vorsicht. ... Sie dürfen nicht vergessen, daß die Lassalleschen Schriften tatsächlich ... durch ihre populäre Sprache die Grundlage der sozialistischen Anschauung der Massen bilden. Sie sind zehnfach, zwanzigfach mehr wie irgendeine andere sozialistische Schrift in Deutschland verbreitet, Lassalle genießt so eine bedeutende Popularität.«[51] Einig waren sich die Kritiker seit Beginn der 70er Jahre, daß die mit der abgöttischen Lassalle-Verehrung verbundenen Exzesse (wie z. B. die alljährlich stattfindenden Todesfeiern und die ins Maßlose ausufernde »Lassalle-Dichtung«) aus den Reihen der Arbeiter verschwinden mußten – sollte nicht eine in ihren Augen notwendig gewordene Weiterentwicklung der Arbeiterschaft und vor allem die Gründung einer einheitlichen Partei unmöglich gemacht werden.

Als sehr auffällig muß es erscheinen, daß die Verantwortung für diese pseudoreligiöse Entwicklung innerhalb der Arbeiterschaft häufig explizit Sophie von Hatzfeldt zugesprochen wird. Wenn die meisten kritischen Stimmen auch in ihrem Urteil mit etwas größerer Zurückhaltung auf den Plan treten als zum Beispiel der auch vor persönlichen Beleidigungen und Anschuldigungen nicht zurückschreckende Bernhard Becker,[52] so muß doch konstatiert werden, daß mit der Kritik am Lassalle-Kult stets auch eine Kritik an Hatzfeldts politischer Einflußnahme hörbar wird. Ganz besonders exponiert meldet sich auch hier wieder B. Becker zu Wort:

»Leider war mit der Anwendung dieses Mittels [der Totenfeier] die Inkonvenienz verknüpft, daß sowohl ein demokratischer Heiliger geschaffen wurde, als auch, daß sich Sophie von Hatzfeldt als ›einziger, jedenfalls bester Freund‹ in den Vordergrund drängen und bei der Leichtgläubigkeit gewisser Schwachköpfe einen störenden Einfluß geltend machen konnte.«[53]

Was hier zu stören scheint, ist also nicht nur der »demokratische Heilige« allein, sondern auch die weibliche Einflußnahme auf die Politik. Und vor allem wurden diese kritischen Worte ausgesprochen von Männern, die noch zuvor nicht genug der unterstützenden Worte für Sophie von Hatzfeldt und ihr Wirken gefunden hatten. So nannte sie zum Beispiel J. Ph. Becker noch in einem Brief vom 11. 12. 1864 »die Haupterbin seines [Ferdinand Lassalles] begonnenen großen Werkes«.[54]

Was war geschehen, daß es zu einem solch auffälligen Gesinnungswandel in so vielen führenden linken Köpfen kommen konnte? Was ließ sie zum Teil mit einer so großen Verachtung und Gehässigkeit von der Frau sprechen, die unmittelbar nach dem Tod Lassalles von sich selbst behauptet hatte: »Was geht mich von nun an die Politik an, ich hasse sie, sie hat mich den besten Freund gekostet«[55] und ein politisches Handeln ihrerseits ausschloß? Die Ereignisse, die sich nach dem Tode Ferdinand Lassalles im ADAV abspielten, zeigen in überraschender Deutlichkeit, daß hiermit nicht die letzten Worte der überaus zähen und engagierten Frau in dieser Sache gesprochen sein sollten.

VIII. Ein neuer Präsident und eine neue Zeitung

Der Tod Ferdinand Lassalles ließ eine Frage in das Zentrum aller Diskussionen innerhalb des ADAV rücken: Wie sollte es mit der Organisation weitergehen und – vor allem – wer konnte die verantwortungsvolle Nachfolge Lassalles im Amt des Präsidenten antreten?

Mehrere Männer wurden als die geeigneten Kandidaten gehandelt, so Karl Marx (vorgeschlagen von Wilhelm Liebknecht und unterstützt besonders von den rheinischen Arbeitern unter der Führung des Messerschmieds Klings),[1] Moses Hess und Johann Philipp Becker. Doch wurde den Spekulationen innerhalb kürzester Zeit ein Ende gesetzt, denn Lassalle selbst hatte in seinem kurz vor seinem Tode aufgesetzten Testament eine »Handlungsanweisung« an den Verein hinterlassen. Dort hieß es: »Dem Allgemeinen deutschen Arbeiterverein empfehle ich, zu meinem Nachfolger den Frankfurter Bevollmächtigten Bernhard Becker zu wählen. Er soll an der Organisation festhalten! Sie wird den Arbeiterstand zum Sieg führen.«[2] Für Sophie von Hatzfeldt war damit die Sache entschieden, Ferdinand Lassalle hatte selbst für die Zukunft des Vereins vorgesorgt.

»Es ist demnach ganz unnötig darauf hinzudeuten, dass selbst ein blosser Wunsch Lassalles gerade jetzt für den Verein *Gesetz* sein sollte aus zwei Gründen, aus Dankbarkeit und Verehrung gegen ihn, und weil man ihm wohl die höhere Einsicht zutrauen könnte. Außerdem könnte man es auch für die geschicktere Taktik halten, nicht den anderen Parteien zu zeigen, dass das Andenken Lassalles so schnell verwischt ist, so dass sie immer mehr sich der Hoffnung hingeben können, dass es mit seinen Lehren bald ebenso gehe.«[3]

So die Gräfin am 13. 10. 1864 an Otto Dammer, den Mitbegründer und Vizepräsidenten des ADAV, dem sie außerdem mitteilte, daß Lassalle ihr schon auf seiner letzten Agitationsreise nach Frankfurt (im Juni/Juli 1864) seinen Entschluß mitgeteilt habe, Bernhard Becker die Präsidentschaft zu übertragen, falls er selbst beseitigt werden sollte.[4] Was sie dabei allerdings tunlichst mitzuteilen vergaß, war der Tatbestand, daß Lassalle schon damals darüber geklagt hatte, keinerlei Auswahl zu haben, was seine Nachfolge anbelangte.

Für Sophie von Hatzfeldt stand es fest, daß der eher unbekannte und bisher kaum in den Vordergrund getretene junge Schriftsteller Bernhard Becker, der Frankfurter Bevollmächtigte des Vereins, trotz alledem mit allen nur erdenklichen Mitteln unterstützt werden müsse, um den Bestand des Vereins zu sichern. Dabei scheint sie auch persönliche Zweifel an den Fähigkeiten des Rückkehrers aus der Londoner Emigration bewußt in den Hintergrund gestellt zu haben. So schrieb sie schon am 17. September an J. Ph. Becker:

»... Energie hat er [Bernhard Becker] gewiß und den besten Willen, aber doch in vielen Dingen, welch ein Abstand: und dann ist er kein Redner, versteht nicht die Massen zu elektrisieren. Wird er das blinde Vertrauen erlangen, das den unbedingten Gehorsam bedingt?«[5]

Den pragmatischen Überlegungen der Gräfin und somit einer Unterstützung Beckers scheint sich zu diesem Zeitpunkt auch die oppositionelle, mit Marx in Verbindung stehende Gruppierung des ADAV, welche die demokratische Tradition der deutschen Arbeiterbewegung als bestimmende Ideologie im ADAV durchzusetzen versuchte, angeschlossen zu haben. Taktische Gründe waren es, die für diese Haltung den Ausschlag gaben. Am 16. Oktober 1864, also in der Entscheidungsphase, schrieb Liebknecht an Marx, mit dem er zu dieser Zeit in ständigem Briefkontakt stand, wahrscheinlich werde sich »die Sache durch die Gräfin und Becker am besten durchsetzen lassen, oder sogar allein durch sie«.[6] Der Gräfin sei klargeworden, daß der Verein auf schwachen Füßen stehe und bei der geringsten Erschütterung zusammenbrechen könne. Daß sie zudem als langjährige Freundin Lassalles einen beträchtlichen moralischen Einfluß bei den Vereinsmitgliedern besaß, wird nicht zuletzt die Vorgehensweise der Marx-Opposition (inklusive Marx selbst) beeinflußt haben.

Sophie von Hatzfeldt rechnete es sich als Verdienst an, die Pläne der »Marxianer, die Marx an die Spitze bewegen wollten, womit die Organisation Lassalle's zertrümmert« würde, vereitelt zu haben. Ihre Meinung über Marx, dem sie sein Verhalten Lassalle gegenüber im Revolutionsjahr und später anscheinend nie ganz verziehen hatte, stand fest:

»Marx, sein [Lassalles] *politischer Antipode,* intriguirt unablässig, seine Erbschaft anzutreten. Dazu muß er die Organisation auflösen, damit, wie er sagt, ›der Verein in die *Partei‹,* d. h. *Person* Marx aufgehe. Wo *ist* die Partei? Wo *war* sie 15 Jahre lang ... Wo ist sie *heute?* In der Person

Marx mit einigen Schreiern von Schlagwörtern, hinter denen nichts steckt; ihr Ideal die amerikanischen Zustände und die polnische Revolution. Gott schütze uns vor diesen Politikern!«[7]

Marx und seine »Agenten«, der »rote Becker«, Bürgers und der Zigarrenarbeiter Röser aus Köln sowie Wilhelm Liebknecht und der Photograph Nothjung, die ihrer Meinung nach den Verein unterwanderten, mußten ausgeschaltet werden.[8]

Hatzfeldt trat bereits in Frankfurt in direkte Verhandlungen mit B. Becker und ließ diesen wohl nicht nur ihre finanzielle Unterstützung erfahren. So hat sie Becker zunächst im Berliner Hotel Windsor untergebracht und dann auch für mehrere Monate als Gast in ihrem Haus aufgenommen. Am 18. Oktober 1864 läßt Bernhard Becker die Gräfin wissen:

»Ihnen allein habe ich diesen Erfolg zu verdanken, als Sieger lege ich mich, um Ihnen meinen Dank auszudrücken, zu Füßen. Was hätte ich ohne Sie vermocht?! Der Verein wäre ohne Ihre mir geleistete Hülfe aus den Fugen gegangen.«[9]

Ähnlich beurteilte Hatzfeldt selbst ihre für Becker begangenen »Wohltaten«, insbesondere die Durchsetzung seiner Wahl. Sie habe ihm nicht nur sämtliche seiner Wahlreisen finanziert, sondern vor allem auch die starke Opposition gegen ihn, den Unbekannten, gegen dessen Wahl viele Intrigen gesponnen wurden, allein mit Lassalles Namen direkt an das Gewissen dieser Leute appellierend, auszuschalten gewußt. Von ihr, so stellte sie selbstbewußt fest, sei Becker zum Präsidenten gemacht worden.[10]

Doch die Unterstützung der Gräfin war an eine Gegenleistung gebunden, nämlich die, unverbrüchlich an der Organisation und Richtung des Vereins festzuhalten und ihn im Sinne Lassalles weiterzuführen.[11] Schon bei der ersten Generalversammlung des ADAV seit dem Tode Lassalles, die am 27. Dezember 1864 in Düsseldorf begann (seit Anfang November hatte Becker das Amt offiziell inne), zeigte B. Becker allerdings recht ausgeprägte Emanzipationsgelüste, die der Gräfin keineswegs in ihr Konzept paßten. Lassalle hatte in seinem Testament festgesetzt, daß dem Sekretär des ADAV, Eduard Willms, während der Dauer von fünf Jahren jährlich 500 Taler ausgezahlt werden sollten, damit dieser sie nach seinem Belieben zur Agitation für den Verein verwende. An Willms selbst sollte außerdem eine jährliche Rente von 150 Talern aus Lassalles Vermögen gezahlt werden. Der zukünftige Präsident dagegen ging leer aus – für einen eher in finanzieller Unsicherheit lebenden Menschen wie Bernhard Becker keine folgenlose Entscheidung. Vergeblich hatte er versucht, die Leipziger und Berliner Vereinsmitglieder dazu zu bewegen, auch ihm ein jährliches Gehalt auszustellen.[12] Deshalb ging es ihm in Düsseldorf – wo nur 20 Delegierte erschienen waren – zuerst einmal um die Vereinigung der Funktion des Vereinssekretärs mit der des Präsidenten. Dies war ein eindeutiger Statutenbruch, denn innerhalb der ersten drei Jahre, in denen der Verein besteht, durften keine Veränderungen innerhalb der Organisation vorgenommen werden.

Zwar hatte Becker auf der Düsseldorfer Generalversammlung den Ausschluß des ehemaligen Sekretärs Vahlteich,[13] was schon von Lassalle vorbereitet worden war, erreicht – wozu Becker sich Hatzfeldt gegenüber verpflichtet hatte –, mit der Zusammenlegung von Präsidenten- und Sekretärsposten hatte er jedoch in Hatzfeldts Augen eindeutig gegen den letzten Willen Lassalles verstoßen. Niemand habe jemals, so schimpfte sie, einen so wahnsinnigen Aberwitz in irgend einem Verein gesehen, »daß President und Secretair eine Person sind. Dies ist nicht die Diktatur durch Vertrauen, wie Lassalle sie ausübte, bei dem alles offen zu Tage trat, der dem Verein stets in allen Fragen seine Resolutionen zur Abstimmung vorlegte ... Was er [Becker] gethan, ist die hinterlistigste Erschwindelung der Machtmittel, um den Verein ohne sein Wissen zu knebeln. ... Dies ist die durch Bruch der Statuten mit Gewalt organisirte Dictatur.«[14]

Becker, so bemängelte sie, sei somit ohne Kontrolle und könne schalten und walten im Verein, wie es ihm beliebe: Gelder verbrauchen in allein seinem Sinne; Proteste, Klagen, Forderungen, überhaupt sämtliche Zuschriften unterdrücken, ohne daß es auffiele. Hinzu kam, daß Becker noch in einem weiteren Punkt die Vorstellungen Lassalles unberücksichtigt gelassen hatte. Lassalle hatte für den 25. September 1864 in Hamburg eine Volksversammlung angeordnet, bei der er persönlich erscheinen und dort allem Anschein nach wohl eine Resolution beschließen lassen wollte, die Bismarck dazu auffordern sollte, gegen den Willen Österreichs die Herzogtümer Schleswig-Holstein zu annektieren,[15] – wofür er sich die Bewilligung des allgemeinen Wahlrechts und einige andere Konzessionen erwartet hatte.

Sophie von Hatzfeldt bestand auf der Durchführung dieses Plans, was nicht zuletzt auch zu einer harten Auseinandersetzung mit Wilhelm

Liebknecht führte, der jede Zusammenarbeit mit Bismarck und der preußischen Regierung kategorisch ablehnte.[16] An eine konstruktive politische Kooperation Hatzfeldts und Liebknechts, die es ja bei der Zusammenstellung der geplanten Broschüre über die letzten Lebenstage Lassalles durchaus gegeben hatte, war von nun an nicht mehr zu denken. Liebknecht war zu einem Feind geworden, den es auszuschalten galt, nicht anders als B. Becker, der sich ebenfalls weigerte, irgendwelche Schritte in der Annexionsfrage zu unternehmen. Dieser ging sogar noch weiter, als er auf einer bereits am 2. Januar in Leipzig stattfindenden Versammlung behauptete, die Gräfin Hatzfeldt sei aufgrund dieser Resolution zur Verräterin an Lassalle geworden, wolle die Politik des Vereins in reaktionäre Bahnen lenken und den Verein an Herrn von Bismarck verkaufen.[17]

Äußerst empört und enttäuscht über die Haltung Beckers, der zudem hinter ihrem Rücken versucht hatte, sich bei der mittlerweile von der Gräfin gehaßten Rosalie Lassal Geld zu besorgen – quasi die eine Frau gegen die andere ausspielend –, schreibt Hatzfeldt am 19. Januar 1865 an Emma Herwegh:

»Der Präsident Becker, der mir allein seine Ernennung verdankt, mir die heiligsten Schwüre gemacht hat, unverbrüchlich an der Organisation und Richtung des Vereins festzuhalten, hat den Verein prostituiert, indem er ihn an das Weib, die Mutter, für ein Geschenk von 200 Thalern verkauft hat; er hat Lassalle und mir ins Gesicht geschlagen, er verläugnet die Richtung Lassalle's, geht zu den Fortschrittlern über, erklärt den Weg, den Lassalle in der Schleswig-Holsteinischen Sache so bestimmt vorgezeichnet, für reaktionär, erklärt ihn also – da es die strenge Konsequenz seines Thuns war – selbst für reaktionär. Das muß ich noch erleben!«[18]

Weil er fürchtete, man könnte glauben, er höre auf den Rat der Gräfin, hatte Becker sich sein Monatsgehalt bei der Mutter Lassalles besorgen wollen – obwohl er wußte, daß Sophie Hatzfeldt bereit war, die 500 Taler für den Präsidenten oder aber den Verein zu stiften. Schlimmer noch: Becker war in Hatzfeldts Augen unfähig, die wahre Motivation Lassalles zu erkennen, der in der Annexion Schleswig-Holsteins seine letzte Hoffnung gesehen hatte, einen Druck auf die Ereignisse auszuüben. Becker schien, so die Gräfin, Lassalles Politik überhaupt nicht zu verstehen. Zu alledem gab man ausgerechnet ihr die Schuld an dieser vermeintlichen Verunglimpfung Lassalles; behauptete in der Öffentlichkeit – hauptsächlich lanciert von Becker und beckertreuen Gemeinden –, sie wirke gemeinsam mit der »Marx'schen Clique« an der »Verkleinerung und Beschimpfung Lassalle's«.[19]

Von diesem Zeitpunkt an sah Sophie von Hatzfeldt kein anderes Ziel mehr vor Augen als die Beseitigung Bernhard Beckers – »ein toll gewordener Strohkopf von grausigem Desorganisationstalent«[20] – aus seinem Amt. Sie wurde dabei von der Solinger Gemeinde unterstützt sowie von einer anderen oppositionellen Gruppe im Verein, die sich hauptsächlich um den damaligen Vereinssekretär Willms gesammelt hatte, der durch die Statutenänderung Beckers direkt betroffen war (und von dem Hatzfeldt bisher anscheinend nicht viel gehalten hatte).[21] Becker selbst verschlimmerte die Lage dadurch, daß er die auf seinen Statutenbruch folgenden kritischen Stimmen aus dem Verein – in diktatorischer Ausnutzung der im Statut festgelegten Befugnisse des Präsidenten – mit Ausschlüssen beantwortete.[22] Über J. Ph. Becker versuchte die Gräfin, ihm dieses Vorgehen zu erschweren, indem sie den »Nordstern«, ein von Karl Bruhn geleitetes Zeitungsorgan, das dem ADAV seit Lassalles Tagen zur Verfügung stand, zur Plattform aller oppositionellen Stimmen zu machen gedachte. Sie erteilte J. Ph. Becker folgenden Auftrag:

»In den Gemeinden wird fortgefahren, jede Discussion über die Vereinswirren mit Gewalt zu unterdrücken. Schreiben Sie doch an Bruhn, daß er nun voran *muß* und publiziren, was man ihm darüber schickt – wenn er es nicht machen will wie der Soc. Demokrat.«[23]

Diesem Rat folgte Becker und gab ihn sogar weiter an Georg Herwegh in Zürich.

Ungeachtet der völlig unterschiedlichen politischen Ziele fand sich eine Oppositionsgruppe zusammen in dem Willen, den ihnen so unlieben Präsidenten Becker, »das Bernhardchen«, aus seinem Amt zu stoßen. Welche Rolle bei diesem ›Komplott‹ allerdings Sophie von Hatzfeldt zugedacht war, zeigt ein Brief Siebels an Marx vom 1. Februar 1865:

»Klings scheint nun mit Gut und Blut zu Dir und Friedrich [Engels] zu stehen. Die meisten Arbeiter Solingens ständen ebenso. Zuerst müsse aber Becker gestürzt werden und um Becker zu stürzen, brauche er das Geld von der Hatzfeldt. Die solle es geben und werde *dann* selbst bei Seite gesetzt.«[24]

Für das erste jedoch wußten beide Seiten Profit aus der ungewöhnlichen Koalition zu schlagen. Das zeigen besonders die gemeinsamen Bemühungen für das Zustandekommen eines dem ADAV zur Verfügung stehenden Zeitungsorgans, die sich allerdings von Anfang an in zum Teil kaum noch durchschaubarer Art und Weise mit den Geschehnissen um den Vereinspräsidenten verwoben.

Schon lange existierten Pläne solcher Art, die Lassalle selbst gemeinsam mit Hatzfeldt im Jahre 1861 bereits mit Marx und Engels diskutiert hatte. Nun war es soweit, daß Johann Baptist von Schweitzer zusammen mit dem ehemaligen bayerischen Offizier Johann Baptist von Hofstetten (beide hatten vorher schon in Verhandlungen mit Lassalle gestanden), eine Tageszeitung vorbereitete, die den Standpunkt des ADAV in Berlin vertreten sollte.[25] Jedoch wollte Schweitzer sich von Beginn an der Unterstützung der führenden Köpfe der Bewegung sicher sein, nicht zuletzt wahrscheinlich deshalb, weil er sich durch deren Autorität eine feste Plattform im ADAV zu erwerben hoffte.

Am 11. November 1864 sandte Schweitzer den ersten Brief an Marx, in dem er ihm kurz das Konzept der Zeitung darlegte und ihn um die Mitarbeit an seinem Blatt bat.[26] Desgleichen wandte er sich an Engels. Beide legten zu Anfang jedoch eine eher skeptische Haltung an den Tag, die der bereits angeworbene Mitredakteur Liebknecht mit dem Hinweis darauf zu zerstreuen suchte, daß die Gräfin Hatzfeldt und B. Becker erklärt hätten, es läge nichts gegen Schweitzer vor, was Liebknecht, Marx und Engels hindern könnte, sich mit ihm einzulassen. Außerdem, mache Schweitzer Streiche, so könnten Marx und Engels sicher sein, durch die Gräfin die Zeitung in die Hand zu bekommen, mit der man sich deshalb gut stellen müsse.

Trotz ihrer anfänglichen Zweifel – besonders Engels mahnte zur Vorsicht, denn er fürchtete, die Gräfin werde darauf drängen, vorn, hinten und in der Mitte des Blattes Lassalle verherrlichen zu lassen[27] – sagten Marx und Engels schließlich ihre Mitarbeit zu. Wilhelm Rüstow, Georg Herwegh und Johann Philipp Becker, die von der Gräfin über das Zustandekommen der Zeitung auf dem laufenden gehalten worden waren, taten es ihnen gleich. Denn trotz aller Skepsis versprach man sich für die Durchführung der eigenen Pläne und Vorstellungen einiges von dem Blatt. Doch die erste Mißstimmung war schnell herbeigeführt. Schon die am 15. Dezember 1864 herauskommende Probenummer des »Social-Demokrat« (wie das neue Organ hieß) bot genügend Zündstoff. Die Inauguraladresse der Internationalen Arbeiter-Assoziation, für deren Abdruck sich Marx und Engels besonders eingesetzt hatten, konnte nicht erscheinen – aus Platzmangel. Hingegen war genügend Raum vorhanden für einen Artikel über Lassalle, der – in den Augen Marx' und Engels' – nur so vor Lobpreisungen strotzte. Zudem war er noch mit einem aus einem privaten Kondolenzbrief von Marx an Sophie von Hatzfeldt stammenden Ausspruch (»Er starb jung – im Triumphe – als Achilles«) eingeleitet, ohne daß Marx dazu autorisiert hätte.[28] Er war empört ob dieses Alleingangs der Hatzfeldt – zweifellos die Initiatorin dieses Artikels –, die seinen Namen mißbraucht habe, um den Lassallekult noch tiefer in die Arbeiter zu tragen, woraus der Arbeiterbewegung ein großer Schaden erwachse.[29]

Jedoch sah man sich fürs erste die Hände gebunden, denn, wie Liebknecht Marx wissen ließ, nur durch freundliche Beziehungen zur Gräfin habe der »Social-Demokrat« gegründet werden können. Finanziell, so Liebknecht, sei die Gräfin, entgegen der Vermutung von Marx, nicht an der Zeitung beteiligt (die übrigens hauptsächlich durch das Vermögen der Frau von Hofstetten finanziert worden war); doch sei sie sehr »bismarckisch«, und Bismarck versuche, in das Blatt einzudringen.[30]

Die Konflikte innerhalb der Bewegung und insbesondere um den »Social-Demokrat« verschärften sich, als B. Becker – der sich inzwischen mit Schweitzer zusammengetan hatte, denn bei der Durchsetzung ihrer jeweiligen Ziele benötigten beide einander[31] – es zuließ, daß Schweitzer im »Social-Demokrat« eine bismarckfreundliche Politik propagierte. Seit dem 8. 1. 1865 erschien Schweitzers Artikelserie »Das Ministerium Bismarck und die Regierung der Mittel- und Kleinstaaten«, in der er mit aller Schärfe gegen den Partikularismus der deutschen Kleinstaaten auftrat und das Vorgehen Preußens begrüßte. Das führte schließlich zum offenen Bruch. Am 23. Februar 1865 erklärten Marx und Engels, die sich gegen einen »königlich-preußischen Regierungssozialismus« wandten, wie ihn angeblich Becker und Schweitzer vertraten, öffentlich ihren Austritt aus der Redaktion des »Social-Demokrat«. Aus eben demselben Grunde – nämlich, daß das Blatt nicht im Sinne der Arbeiterpartei redigiert worden sei – kündigten auch J. Ph. Becker, Rüstow, Herwegh und Liebknecht die Mitarbeit am »Social-Demokrat«. Auch der Gräfin selbst, die nach wie vor an Lassalles Plan einer Schleswig-Holstein-Resolution festhielt, ging das neue Konzept des »Social-Demokrat« zu weit. Sie sah in ihm den Versuch eines offenen

Paktierens mit Bismarck, welches Lassalles Motiven völlig widersprach, und machte sich stark für eine tatkräftige Unterstützung Karl Bruhns und seines »Nordstern« – auch wenn sie nicht davon überzeugt war, daß dieses Blatt jemals ein wirkliches Organ des Vereins werden könne.[32]

Die zwangsläufige Reaktion auf die ständig wachsende Oppositionsstimmung war ein Gegenschlag Schweitzers und Beckers. Für den 12. März 1865 hatte B. Becker einen Rheinisch-Westfälischen Arbeitertag nach Barmen einberufen, zu dem man in aller Eile aus mehreren Städten (so aus Düsseldorf, Elberfeld, Wermelskirchen, Solingen und Iserlohn) einige Funktionäre zusammengerufen hatte. Hauptanliegen des Vereinspräsidenten war es, das Vertrauensvotum einer Arbeiterversammlung für sich und den »Social-Demokrat« zu erlangen. In einer Resolution wurde es als keineswegs unmöglich bezeichnet, daß die Regierung wirklich das Dreiklassenwahlrecht durch das allgemeine Wahlrecht ersetzen und damit jene Forderung erfüllen werde, die Lassalle als das zunächst zu erreichende Ziel der Arbeiterbewegung aufgestellt hatte.[33] Man sprach sich also für ein Abwarten im Hinblick auf die Aktivitäten der preußischen Regierung aus und wandte sich entschieden gegen »Marx, Engels und Konsorten«. Diese Resolution stieß sofort auf heftigen Widerspruch.

Daß gerade die Gräfin die Ansprechpartnerin für einen großen Teil der Opposition war, zeigte sich schon vor den Barmer Ereignissen. So hatte sich beispielsweise die Kölner Gemeinde mit einem Protest gegen die unklare Vereinssituation, den geheimgehaltenen Kassenstand, die Verschmelzung des Sekretariats mit dem Präsidium sowie die mangelnde Verfolgung Lassallescher Prinzipien im »Social-Demokrat« an sie gewandt. Der Schreiner Peter Joseph Urbach, welcher vorgab, im Namen »vieler echter Freunde« in Köln zu sprechen, und den Hatzfeldt allem Anschein nach seit den 48er Tagen kannte, war mit der Bitte an sie herangetreten, einen sehr kurzen und jede »Persönlichkeit« vermeidenden Protest für die Gemeinde auszuarbeiten, den diese dann in der Versammlung am 12. März einbringen wollte.[34] Hatzfeldt selbst, so munkelte man im »Social-Demokrat«, habe schon zu Anfang des Monats März ein Telegramm an den ehemaligen Vize-Vereinspräsidenten Otto Dammer geschickt, um ihn für eine geheime Zusammenkunft in Leipzig zu gewinnen. Diese sollte klären, ob er bereit war, sich an die Spitze der Becker bekämpfenden Lassalleaner zu stellen.[35]

Vollends verdarb es sich Becker mit den Parteielementen von links und rechts, den orthodoxen Lassalleanern ebenso wie den zu Marx hinneigenden Arbeitern, als er sich in Hamburg am 22. März 1865, in einer »Schwatzspule«, wie J. Ph. Becker sagte, zu den gehässigsten Angriffen auf Marx und Engels hinreißen ließ und die Gräfin des Verrats und der Koketterie mit dem Verein beschuldigte.[36] Er warf ihr vor, streitsüchtig und rechthaberisch, wie sie sei, versucht zu haben, durch ihn selbst den Verein zu beherrschen, indem sie ihn zum »Schürzenpräsidenten« hätte machen wollen. Als sie gesehen habe, daß dieses Vorgehen bei ihm nicht zog, habe sie sich auf die Seite der »Marx'schen Clique« geschlagen und sehe nun gemeinsam mit dieser zu, den Verein zu zerstören. Es mußte auf die Gräfin, die von Marx und seinem Kreis mittlerweile die größte Gefahr für das Werk ihres Freundes ausgehen sah, besonders schockierend wirken, ausgerechnet mit diesem Gegner in einen Topf geworfen zu werden. Die Behauptung Beckers, Lassalle habe – nachdem sein Liebeswerben gescheitert war – lieber den Tod gesucht, als länger in einem engen Verhältnis mit der Gräfin zu leben, setzte dem Ganzen nur noch die Krone auf.

Becker hatte sich in Hamburg in autoritärer Weise jede Diskussion seiner vor Anschuldigungen und Ausfällen strotzenden Rede verbeten. Innerhalb kürzester Zeit standen in Hamburg, Schleswig-Holstein, Leipzig, Solingen, Mainz und Berlin Oppositionsgemeinden gegen ihn auf. Und womit Becker wohl am wenigsten gerechnet hatte: Die verschiedenen Oppositionslager, denen er vorwarf, in Verbindung mit der Fortschrittspresse gemeinsame Front gegen den Verein zu machen,[37] fanden sich tatsächlich, wenn auch nur kurzfristig, im gemeinsamen Kampf zusammen – im gemeinsamen Kampf allerdings gegen ihn selbst. Auch Sophie von Hatzfeldt überwand ihre Animositäten und wendete sich, so empört wie sie war, sogar wieder an Liebknecht, dessen Schutz sie erbat. Der Kampf für ein gemeinsames Ziel ließ die im Grunde genommen unausweichlichen Diskrepanzen ideologischer Art zwischen beiden Gruppen zumindest für kurze Zeit in den Hintergrund treten. So hatte sich noch im März desselben Jahres, kurz vor dem Zusammentritt der Versammlungen in Berlin, zum Beispiel August Vogt sehr ungehalten in einem Brief an Julius Vahlteich darüber ausgelassen, daß die Hatzfeldt sich einbilde, »daß sie jetzt die verkörperte Idee der Arbeiterbewegung sei« und mit allen Mitteln B. Becker stürzen wolle, weil dieser das ihr vor seiner Wahl gegebene Versprechen, »sich

Wilhelm Liebknecht

ihr in allen prinzipiellen Sachen zu fügen«, nicht eingehalten habe. »Zudem unterwühlt die Gräfin jetzt den ganzen Verein. Zum größten Glück kann sie nur niemanden für sich gewinnen, der es ehrlich mit der Sache meint.«[38]

Schnell konnten sich die Fronten jedoch ändern, denn keinen geringeren als den mit ihr zerstrittenen Liebknecht gewann Hatzfeldt nun als einen ihrer Verteidiger, zu denen sich außerdem noch Herwegh, Rüstow und J. Ph. Becker gesellten.[39] Liebknecht beantragte in Berlin: »Die Gemeinde beschließt, den Präsidenten Bernhard Becker als Lügner, infamen Verleumder und hoffnungslos unheilbaren Idioten aus dem ADAV auszustoßen«[40] und verteidigte die Gräfin – ungeachtet aller politischen Zwistigkeiten – vor Beckers Anwürfen. Begeistert telegrafierte Sophie von Hatzfeldt an Emma Herwegh in Zürich:

»Hier große Versammlung. Lassalle selbst hat mich vertheidigt. Unwiderlegliche Beweise. In Allem gerechtfertigt. Rührung. Entrüstung. Antrag: Becker, Schweitzer als Lügner, Verleumder und unheilbar Verrückte auszuschließen.«[41]

Noch am selben Abend war der Gräfin eine Depesche aus Altona zugegangen, die erklärte, daß dort B. Becker einstimmig für unfähig und unwürdig erklärt worden sei und die Gemeinde verlangt habe, daß er sein Amt sofort niederlege. Diese Depesche war unterzeichnet von dem dort einflußreichen Bruhn, dem Redakteur des in Hamburg sitzenden »Nordstern«. Dessen frühere Freundschaft für Becker war seit dessen Mitwirken an der Gründung des verhaßten Konkurrenzblattes »Social-Demokrat« in bittere Feindschaft umgeschlagen und er selbst seitdem in das Lager der Gräfin Hatzfeldt übergewechselt – wiewohl er deren Meinung in der Schleswig-Holstein-Frage ganz und gar nicht teilte.[42] Wie sie sah allerdings auch Bruhn in der Verschmelzung von Sekretariat und Präsidium eine Verletzung des Lassalleschen Statuts. Gemeinsam mit dem ehemaligen Mitglied der Berliner Gemeinde, Friedrich Arndt, den Hatzfeldt als ihren mit den Verhältnissen vertrauten und gewandten Sachwalter in den Norden gesandt hatte, war Bruhn an die systematische Demontierung Beckers (welcher die Vereinsmitglieder aufgefordert hatte, den »Nordstern« fallenzulassen) herangegangen. Seine ›Anti-Becker-Agitation‹ fand einen ersten Höhepunkt in der Altonaer Versammlung und wurde nicht zuletzt deshalb von der Gräfin finanziell unterstützt.[43]

Die erste Hochstimmung der verschiedenen Lager, gemeinsam einen Erfolg erreicht zu haben, fiel jedoch sehr schnell den gravierenden ideologischen Meinungsverschiedenheiten zum Opfer. Stand auf der einen Seite die Forderung nach Demokratisierung des Vereins im Vordergrund, so auf der anderen die Forderung nach Wiederherstellung der Organisation nach dem Lassalleschen Statut und der Wiedereinstellung Willms' als Sekretär.

»Das einzige Mittel nach meiner Meinung«, so die Gräfin zu dieser Zeit an den Freund J. Ph. Becker, »den Verein vor Sprengung zu bewahren, der einzige [Schritt?], der ihn halten kann, ist noch immer der Name Lassalle, den man so schnell als möglich überall und noch lauter als die Marxianer schreien muß, das unverbrüchliche Festhalten an seinen Prinzipien, an seiner Organisation überhaupt [proclamiren]. Sein Name hat noch immer den Zauber, der die größte Majorität sichert. Nur muß man den Leuten streng vorzeichnen, wie sie es zu machen haben. Die Arbeiter sind durchaus verwirrt durch das infame [Verwenden?], das B. Becker gebraucht, jetzt überlaut den Namen Lassalle's auszu[posaunen?], ihn in den Himmel zu erheben. Die Arbeiter glauben, für Lassalle zu streiten, indem sie B. Becker folgen.«[44]

In einem längeren Brief an Friedrich Arndt[45] zeigte sich die Gräfin infolgedessen auch sehr unzufrieden mit den Ergebnissen der beiden Berliner Versammlungen und beorderte Arndt sofort zu einer Aussprache. Mit dem Antrag gegen Becker erklärte sie sich noch einverstanden. Aber weder mit dem Plan, eine Kommission einzusetzen, die die gefaßten Beschlüsse so schnell wie möglich den Gemeinden übermitteln und nach eingehender Debatte eine Generalversammlung oder eine Konferenz einberufen sollte, welche über Taktik und Organisation des ADAV zu entscheiden habe, noch mit der Zusammensetzung der Kommission war sie einverstanden. So schrieb sie an ihren engen Mitarbeiter Arndt, wahrscheinlich am 1. April 1865:

»Daß aber dasjenige, was ich für die Absicht und den Zweck der Agitation halten mußte und für die Ehrenpflicht des Vereins halte, *nicht* erfüllt worden ist. Nicht nur, daß der Verein nicht für seinen Führer und Stifter eingestanden hat, sondern daß in die eingesetzte Commission Vogt, ein Marxianer, Metzner, der ich weiß nicht was ist, jedenfalls aber kein Freund Lassalles, und Liebknecht, der die Erklärung gegen Lassalle in der Öffentlichkeit erlassen hat, gewählt sind. Und sogar eine Debatte ist geduldet worden, ob der Verein, den Ferdinand Lassalle gestiftet hat, für den er sich zu Tode gearbeitet und geopfert hat, seine Prinzipien und Organisation aufrechterhalten will.«

Und weiter:

»Ich erkläre, daß ich in dem Bericht, welchen diese Kommission verfaßt, nicht genannt sein will.«

Vor allem das Verhalten Liebknechts, in dem sie einen Agenten Marx' erkannte und der ihr noch am Vorabend seinen Vereinsaustritt erklärt hatte, unterzog sie schärfster Kritik. Sie hielt es für eine bewußte Zerstörung des Vereins, in den Uneinigkeit gesät werden sollte.

Karl Schilling, ebenfalls von der Gräfin beauftragt, schrieb bereits kurze Zeit nach ihrem Zusammenkommen einen Bericht über die Berliner Versammlungen, der angeblich nicht von jener Kommission ausgearbeitet, sondern in wesentlichen Teilen von Sophie von Hatzfeldt veranlaßt worden sei.

So berichtet auch Liebknecht an Marx (nach dem 22. 6. 1865):

»Gegen das Hatzfeldtsche Machwerk, das ich Dir bereits zugeschickt, haben wir folgende Erklärung losgelassen, die in der Volkszeitung und anderen Zeitungen steht...: ›Die neuerdings unter dem Namen Karl Schilling von der Gräfin Hatzfeld herausgegebene Broschüre betitelt: «Die Ausstoßung des Präsidenten Bernh. Beckers etc.» enthält einen Bericht über die am 27. und 30. März in der Berliner Gemeinde abgehaltenen Versammlungen, der so reich ist an Auslassungen, Zusätzen, Entstellungen und Ungenauigkeiten, daß er ein durch und durch falsches Bild jener Versammlungen gibt. Zwei der mitgeteilten Beschlüsse sind geradezu *gefälscht*. Was die dem «Bericht» angehängten Meinungsäußerungen der Frau Gräfin betrifft, so wollen wir bloß bemerken, daß die «Berliner Gemeinde» durch ausdrücklichen Beschluß vom 3. April jede Gemeinschaft mit dieser Dame zurückgewiesen hat.‹«[46]

In einem etwas rüden Ton bemerkt Liebknecht noch in einem Nachsatz des Briefes an Marx, das Weib habe die Züchtigung verdient, und die Fälschungen seien sehr leicht nachweisbar. In einem an die »Brüder und Freunde in der Ferne« gerichteten Anhang, der diesen noch einmal gesondert Aufschluß über die Berliner Beschlüsse geben sollte, stehe, so Liebknecht, kein Wort über den von der Gemeinde beschlossenen Antrag Liebknechts, sich zu Marx' und Engels' Erklärungen gegen den Regierungssozialismus zu bekennen. Dafür erscheine ein imaginärer Beschluß, von dem selbst in Schillings Versammlungsbericht niemals die Rede war:

»Der ADAV erklärt ferner, daß er fest entschlossen ist, an den Prinzipien, an der Organisation, an den Statuten sowie an der politischen Richtung seines großen Führers Ferdinand Lassalle treu und unverbrüchlich festzuhalten und bezeichnet jeden, der daran zu rütteln wagen sollte, oder auch nur eine Silbe an den Lehren und Schriften Lassalles zu ändern oder zu entstellen, als Verräter an der Volkssache.«[47]

Mit Marx und Engels wurde ausdrücklich abgerechnet, indem ihnen die Frage vorgelegt wurde, »wo sie plötzlich das Recht« hergenommen hätten, »nach dem Tode Lassalles sein Werk an sich zu reißen, um es in sein Gegenteil zu verkehren«.[48]

Festzuhalten ist, daß die Schilling-Hatzfeldt-Broschüre, die etwa Mitte Juni erschien und unter anderem die Gemeinden dazu aufforderte, unter ihren Bevollmächtigten organisiert zu bleiben und später einen neuen Präsidenten zu wählen,[49] eine Reihe von Zustimmungserklärungen erzielte. Im »Nordstern« konnte man lesen, daß die Gemeinden Altona, Pinneberg und Connewitz einstimmig den angeblich nur dem Hirn der Gräfin entsprungenen Vorschlag der Berliner Gemeinde beschlossen hatten[50] – dies sicherlich vor allem ein Werk Bruhns und Arndts, die regelmäßig Anweisungen von der Gräfin erhielten. Auch die Kölner Gemeinde faßte sinngemäß denselben Beschluß.

Daß diese Entwicklung Karl Marx nicht unberührt ließ, beweist einer seiner Briefe an Engels:

»Übrigens ist die andere Sekte der Lassallianer, die infolge unserer Erklärung volte-face gegen den ›Soc[ial]-Demok[rat]‹ machten, auch ganz erbärmliches Gesindel. Die Kerls streiten sich nicht nur mit B. Becker und Konsorten, wer den wahren Glauben an Lassalle habe, sondern verschiedne Gemeinden derselben haben die von old Hatzfeldt inspirierte und direkt auf uns gemünzte Phrase drucken lassen, daß jeder für einen Verräter an dem ›Volk‹ erklärt wird, der auch nur ein Tüttelchen an den von Lassalle offenbarten Wahrheiten umzustoßen oder zu ändern suche.«[51]

IX. Neue Gegner – alte Probleme

1. *Johann Philipp Becker*

Ungeachtet aller Schwierigkeiten und Konflikte gab sich Sophie von Hatzfeldt recht siegessicher und selbstbewußt. So äußert sie sich in einem Brief an Emma Herwegh:

»Im Verein geht es blitzschnell jetzt weiter, überall neu rekonstruirte Gemeinden, die B. Becker ausstoßen. Der Schurke ist komplett ins Garn gelaufen, wie ich es vorausgesagt und darum nichts gegen ihn thun wollte, ehe er die bestimmtesten Beweise geliefert. Er hat sich selbst den Strick gedreht. Ueberall, vorzüglich am Rhein, regt sich der alte Eifer, die Begeisterung für Lassalle's Namen, B. Becker's feste Burg Frankfurt a. M. und Mainz ist schon halb gefallen, Mainz und Kassel erklären sich gegen ihn. Er soll mich kennen lernen, wenn ich etwas so ernstlich, *so energisch* will. Marx ist unwiderruflich beseitigt.«[1]

Doch neue Konflikte standen bereits vor der Tür. Sie machten sich fest an einer von J. Ph. Becker ausgearbeiteten Resolution für die organisatorische Zusammenfassung der Opposition, die große Zustimmung in den Gemeinden fand. Vor allem die Forderung, daß an der Spitze des Vereins nicht mehr wie bisher der Präsident, sondern ein dreiköpfiges Direktorium stehen sollte, rief Sophie von Hatzfeldt und ihre Anhänger auf den Plan. Der ehemalige Lehrer und Lokaldichter Karl Friedrich Dültgen, engster Vertrauter J. Ph. Beckers in Solingen, wo der Resolution erstmalig zugestimmt worden war, ließ diesen am 17. 7. 1865 wissen, daß innerhalb der Oppositionsgemeinden Intrigen im Umlauf seien, deren wahre Gestalt er noch nicht erkennen könne. »Ich kann nicht anders annehmen, als daß Schilling mit der Frau Gräfin darin übereinstimmt, unsere Resolution sei Statutenbruch.«[2] Dültgen, zeitweiliger Bevollmächtigter der Solinger Gemeinde, von dem Hatzfeldt selbst noch im Frühjahr Informationen über die Barmer Versammlung erhalten hatte,[3] fürchtete vor allem um die für den Herbst geplante Delegiertenkonferenz in Leipzig, die aufgrund der »Intrigen eines geweihten Unterrocks« anders ausgehen könne als gewünscht. So stimmte denn auch Berlin, wo die Gräfin ihre stärkste Bastion und in

Johann Philipp Becker

Karl Schilling einen Mittelsmann besaß, als einzige Oppositionsgemeinde der Solinger Resolution nicht zu.

Zwischen J. Ph. Becker, der noch Anfang 1865 die Lassallegläubigkeit Sophie von Hatzfeldts wenigstens in bescheidenem Umfang geteilt hatte und von ihr als möglicher Präsident der Opposition betrachtet wurde,[5] und der Gräfin, die ihn mit Informationen über Schweitzer und Becker versorgt hatte, war es kurz nach Bekanntwerden der Solinger

Resolution zu harten Auseinandersetzungen gekommen. Über Düsseldorf, wo sie die Solinger Resolution als Statutenbruch erklärte, fuhr Hatzfeldt nach Paris zu Moses Hess, in dem sie einen zeitweiligen Kampfgefährten fand.[6] Bereits am 19. August veröffentlichte Hess im »Nordstern« den Artikel »Eine Warnung« gegen J. Ph. Beckers Plan, den Allgemeinen Deutschen Arbeiterverein zu reorganisieren.

Damit unterstützte er bewußt die Gräfin gegen die Reformpläne des Sozialrepublikaners – was Schily J. Ph. Becker gegenüber zu der spöttischen Bemerkung veranlaßte, die Gräfin habe Hess als Papst neben sich als Päpstin in Aussicht genommen. »sie träumt sich wohl ein apostolisches Vikariat für Deutschland als ihren persönlichen Beruf, während der heilige Stuhl von Dir in Genf oder von Hess in Paris besessen wäre wie weiland in Avignon.«[7]

Den gesamten Herbst über scheint Sophie von Hatzfeldt damit beschäftigt gewesen zu sein, den Plan J. Ph. Beckers (der in der Zwischenzeit auch in einer dreiteiligen Artikelserie »Warnung für Warnung« im »Nordstern« auf Hess' Vorwürfe geantwortet hatte)[8] zu vereiteln. Sie und Hess hatten es mit Hilfe einiger bezahlter Agitatoren, die sie regelmäßig instruierte, vermocht, die Zentralisation der Oppositionsgemeinden zu verhindern, wobei nicht nur das Geld der Gräfin, sondern angeblich auch die preußische Polizei half.[9]

Der Briefwechsel zwischen Sophie von Hatzfeldt und Moses Hess bietet Aufschluß über Haltung und Ziele Hatzfeldts im Herbst 1865.

»Viel traurige Beschäftigung habe ich seitdem gehabt, zuerst mit der Agitation im Verein, aber ich glaube, dass diese gelungen ist insoweit, dass Ph. Becker *keine* Aussicht auf Erfolg hat; am Rhein verwirft man ihn vollständig, und in Leipzig ist man sehr unschlüssig geworden. Luscher von dort war hier bei mir, um zu überlegen, wie die Sache beizulegen ist.«[10]

So Hatzfeldt in einem Brief vom 16. Oktober 1865. Und am 14. November 1865, in einem noch etwas schärferen Ton:

»Er [J. Ph. Becker] ist jetzt in Leipzig offen hervorgetreten, er will einen neuen Verein mit neuer Organisation gründen; das hat ihm aber den Hals gebrochen, und ich habe tüchtig gearbeitet, er setzt nichts durch. Am Rhein ist man ganz entschlossen, sich zu behaupten. Ich gehe in einiger Zeit wieder hin, ohne die rheinischen Arbeiter macht er nichts.«

Bei dem »neuen Verein« handelte es sich um das sog. Interimistikum, das sich am 12. August 1865 in Leipzig unter der Leitung von Julius Luscher konstituiert hatte.[11] Den Geist der angestrebten »neuen Organisation« sah die Gräfin nirgendwo stärker walten als in dem wiederum von J. Ph. Becker verfaßten »Manifest der sozialdemokratischen Partei«, das sich ihrer Meinung nach entschieden gegen wichtige Seiten des Lassalleanismus richtete.[12] Standort der von ihr organisierten Opposition wurde die Solinger Gemeinde, wo sie auch persönlich an der Totenfeier zu Ehren Lassalles teilnahm und angeblich mehrere Mitglieder völlig unter ihren Einfluß geraten waren.[13]

»Zum Erbrechen war es fast, wie ihre Kreaturen, mit denen sie in geheimer Korrespondenz steht, sie umlagerten und vergötterten« – ließ sich nahezu angewidert Dültgen in einem Brief vom 24. 9. 1865 an J. Ph. Becker aus.[14] Zu einer ihrer wichtigsten »Kreaturen« in Solingen zählte der ehemalige Vereinssekretär Eduard Willms, gegen den Bernhard Becker noch im Oktober des Vorjahres mit ihrem Wissen vorgegangen war.[15] Allerdings teilte der Schwertarbeiter nun wohl auch nicht in allen Fragen die Meinung der Gräfin. Zweifelnd fragte er sie, die sich da anscheinend ganz sicher war:

»Aber kann ich denn auf den zu Leipzig gefaßten Beschluß hin mich wieder als Secretair betrachten, ehe derselbe vom Verein genehmigt ist? Wenn Sie glauben, daß wir hierüber hinweggehen müssen, bin ich sofort einverstanden. Besser aber wäre es, nun auch unsererseits keinen Anstoß zu geben, die Genehmigung des Vereins abzuwarten. Auch in Bezug auf meine Rechtfertigung wäre dies besser. Ich bitte Sie, dies noch einmal überlegen zu wollen.«[16]

Die Entscheidung der Gräfin in der Sekretärsfrage wurde ohne Einschränkungen angenommen. Ihr Vorschlag jedoch, allein vom Rhein aus, ohne Zuziehung anderer Gemeinden, die Opposition gegen das bestehende Interimistikum zu betreiben, fand nicht die Zustimmung der Solinger, die der Gräfin ansonsten ein schnelles Fertigwerden mit Dültgen und den »unpassenden Plänen« J. Ph. Beckers versprachen.[17]

Dessen Vorhaben, ausgehend von den Oppositionsgemeinden ein enges Zusammengehen mit der Internationalen Arbeiter-Assoziation zu erzielen, war fehlgeschlagen. Im Kampf gegen die demokratische Opposition ging Sophie von Hatzfeldt so weit, dem »Nordstern«, der für J. Ph. Becker Partei ergriffen hatte, ihre finanzielle Unterstützung zu entziehen, woraufhin dieser sein Erscheinen vorübergehend einstellen mußte.[18]

Die demokratische Opposition war gescheitert. Was an Oppositionsgruppen noch vorhanden war (so u. a. die Gruppierung um Willms in Solingen), stand unter dem Einfluß der Gräfin. J. Ph. Becker zog sich weitgehend zurück und widmete sich seiner Arbeit in der IAA und der Redaktion seiner neuen Zeitung, dem »Vorboten«. Sophie von Hatzfeldts Werk war es, daß es nicht zu einer organisierten Opposition gekommen war, die sich eventuell von der strenggläubigen Lassalleschen Richtung entfernt hätte. Eine Trennung der deutschen Arbeiterbewegung von den Prinzipien und selbst der Persönlichkeit Lassalles schien für die nächste Zeit unmöglich gemacht.

Was ganz im Sinne Sophie von Hatzfeldts ablief, mißfiel der anderen Seite dagegen gewaltig.

»Solange dieser Lassallesche Dreck obenauf in Deutschland, wird die ›International Association‹ grade dort kein Feld haben.«[19]

Soweit Karl Marx zu Beginn des Jahres 1865.

Exkurs: Freundschaft und Politik

Politisch hatte Sophie von Hatzfeldt Ende 1865 einen Erfolg zu verbuchen. Ihren vertrauten Berater und Freund der letzten Monate, Johann Philipp Becker, hatte sie als Folge dessen jedoch verloren. Erst die Genfer Ereignisse, ihre gemeinsamen Versuche, das Schlimmste zu verhindern, hatten die beiden einander näher gebracht und sie in Freundschaft miteinander verbunden. Die Gräfin, plötzlich mit einer Vielzahl von Problemen konfrontiert, hatte in Becker einen hilfsbereiten und umsichtigen Berater gefunden, der ihr bei der Bewältigung ihrer Aufgaben zur Seite stand. Von seinen Bemühungen bei der Verfolgung Racowitzas war schon die Rede. Daß er sich desgleichen um die Testamentsangelegenheit und die Fertigstellung der Broschüre über Lassalles letzte Tage kümmerte, versteht sich fast von selbst.

Besonders wichtig dürften vor allem Beckers ständige unterstützende Aufmunterungen für die Gräfin gewesen sein, der das Schlimmste passierte, was überhaupt geschehen konnte: Sie zog den Glauben Lassalles an seine politische Sache in Zweifel, zumindest was die letzten Wochen seines Lebens anbelangte. »Gönnen Sie sich vor Allem die nöthige Ruhe und Erholung, und Lassalles Bild wird Ihnen alsbald wieder in reiner Kraftfülle und edler Erhabenheit, frei von vorübergehender Kleinmüthigkeit erscheinen«,[1] so beruhigte Becker sie daraufhin und warnte vor allem davor, solche verständlichen Zweifel Lassalles an der politischen Entwicklung in der Öffentlichkeit publik zu machen.

Gemeinsam gingen sie dann auch zunächst daran (soweit es ihnen möglich war), auf das weitere Schicksal des Vereins einzuwirken. Ihre räumliche Trennung überwanden sie durch einen regelmäßigen Briefwechsel, in dem die Gräfin als engagierte und gut unterrichtete Informantin über die deutschen Zustände – insbesondere natürlich innerhalb der Arbeiterbewegung – auftritt.[2] So versorgte sie Becker (wie auch ihre Züricher Freunde) mit allen Neuigkeiten beispielsweise über die Gründung des »Social-Demokrat« und ihre Hintergründe – wichtig insofern, als sowohl Becker wie auch die Zürcher um ihre Mitarbeit an dem neuen Organ gebeten worden waren.[3]

Als die einer Vermittlerin und Gönnerin zeichnete denn auch J. Ph. Becker zum wiederholten Male ihre Rolle in der Bewegung:

»Sie edle Frau sind durch Ihre Liebe zur Sache, Ihre Fähigkeit und Opferbereitwilligkeit und namentlich durch Ihre mit Lassalles Leben und Sterben verwachsenen Beziehungen das geeignetste und unentbehrlichste Vermittlungselement zu innigem organisch verknüpftem Zusammenwirken aller Sozialdemokraten.«[4]

Solange Hatzfeldt sich auf ein Auftreten im Hintergrund beschränkte und keine persönlich motivierten politischen Ambitionen an den Tag legte, fuhr Becker fort, sie als die »Haupterbin« des von Lassalle begonnenen großen Werkes zu bezeichnen, an dessen Fortsetzung sie unbedingt Anteil nehmen müsse.[5] Das änderte sich jedoch mit dem Aufkommen der ersten konkreten Schwierigkeiten, die Sophie Hatzfeldt dazu veranlaßten, den offenen Kampf mit Bernhard Becker aufzunehmen, dessen in ihren Augen schändliches Vorgehen sie mehr als einmal ausführlich nach Genf geschildert hatte. Die Gräfin fühlte sich zu diesem Zeitpunkt kaum mehr als der über allem schwebende »Schutzengel« des Vereins, sondern suchte die direkte politische Auseinandersetzung. Sie sah das politische Werk Lassalles in Gefahr und war zudem selbst den ständigen Attacken Bernhard Beckers ausgesetzt. Nur scheinbar und ganz kurzfristig ging Hatzfeldt auf die ständigen Ermahnungen des Genfers ein, sich von dem Streit gänzlich zurückzuziehen,[6] indem sie nämlich, kurz nach der Hamburger Schmährede B. Beckers vom 22. März allzu aufgeregt, nach Genf schrieb, um nun alles in die Hände des Freundes zu legen, nicht zuletzt weil sie sich als Frau die Hände gebunden sah. Zudem erwartete sie gerade von einem Einsatz Beckers eine ganze Menge im Hinblick auf die Durchsetzung ihrer eigenen Vorstellungen. Gleichsam um Entschuldigung und Verständnis für ihr Eingreifen in den Verein bittend, schilderte sie ihre Rolle als Ansprechpartnerin der Oppositionellen als eine unfreiwillig übernommene. Einzeln oder zu mehreren käme man zu ihr gelaufen.

»Jeden soll ich ... einzeln unterrichten und erziehen. Es ist kein freudiges Geschäft... Ich möchte so gern fort, weit fort von hier. Darum, lieber Becker, habe ich das, was Sie mir in Ihrem Brief sagen, daß Sie die Sache übernehmen, auf Ihre Verantwortung nehmen wollen, wie ein Glück, wie eine Erlösung begrüßt. Ich lege alles in *Ihre Hände*...«[7]

Und, die Unmöglichkeit eines effektiveren Eingreifens ihrerseits konstatierend:

»Die Leute haben keinen Führer, und wenn sie mir auch, mir und meiner Energie vertrauen, so bin ich doch immer nur eine Frau, kann nicht selbst, weder in der Presse noch sonst auftreten.«

Bereits Ende März mußte Becker jedoch erkennen, daß die Gräfin – mochte er auch noch so sehr an die Erhaltung ihrer Gesundheit und das Verhältnis zu ihrer Familie appellieren[8] – grundsätzlich nicht bereit war, sich völlig aus allem zurückzuziehen. Ihre Anteilnahme am politischen Geschehen sah sie nicht allein auf die finanzielle Unterstützung des »Nordstern« beschränkt, wie Becker selbst es am liebsten gesehen hätte. »Ich ersuche Sie mit aller Inständigkeit Alles nur ... in größter Verschwiegenheit durch meine Vermittlung zu tun.«[9] So bat Becker sie inständig am 28. März – mit dem Ergebnis, daß ihre Informationen an ihn von nun an immer spärlicher ausfielen. Schon wenige Tage später allerdings, am 1. April und somit nach den Berliner Versammlungen, wehrte sich die Gräfin vehement gegen den Vorwurf Beckers (und wohl auch Zürichs), mit ihrem Einsatz für die Sache auch an persönlichen Erfolg und Ehrgeiz zu denken.

»Welchen *Glanz* mir das wohl hätte verschaffen können? Als Verfolgung, Mühen, große Kosten und Uneinigkeit mit meiner Familie, also überall nur *Opfer* und sonst nichts! Denn *ich* konnte doch nicht Präsident sein, und wie ein Präsident, den ich gemacht, mich später behandeln würde, hatte ich den schlagenden Beweis erhalten... Ich glaube auch wirklich, bis jetzt die Sache so gut es bei so unendlichen Schwierigkeiten und wo ich nicht persönlich auftreten konnte, möglich war, [gut] geleitet zu haben. Ich habe Aufklärung verbreitet, Verbindungen zwischen den Gemeinden hergestellt zu gemeinsamen Vorbereitungen und Handeln; am Rhein, wo sie einseitig vorgehen wollten, zurückgehalten, weil ich wußte, daß B. Becker am sichersten ganz allein ins Garn lief. Daß *ich* das Opfer sein würde, wußte ich so genau, wenn sich meine Phantasie auch vielleicht bis zu der Gemeinheit nicht verstieg...«[10]

Mit der von Schilling verfaßten und von Hatzfeldt initiierten Schrift zu den Berliner Versammlungen zeigte sich J. Ph. Becker noch zufrieden. Er hielt es aber für wenig klug, außer B. Becker, Schweitzer und »Konsorten« gleichzeitig auch Marx anzugreifen, da so zwangsläufig eine doppelte Gegnerschaft entstehen müsse.[11] Das waren taktische Überlegungen, die Hatzfeldt nicht sonderlich zu beeinflussen wußten. Schon während des gesamten Frühjahrs hatte sie versucht, Becker klarzumachen, daß die wahre Gefahr für den Verein nicht vom »Bernhardchen« ausgehe, sondern letzten Endes viel mehr von Marx und seinen »Agenten«, die nur intrigieren und zersetzen könnten und danach trachteten, den Verein zu zerstören.

Der politische Bruch zwischen der Gräfin und dem Genfer Sozialisten wurde unausweichlich, als sich Becker in seiner Solinger Resolution unter anderem für eine Dezentralisierung des Vereins aussprach, womit er laut Hatzfeldt die Vereinsstatuten brach und – vor allem – den Plänen Marx' geradezu in die Hände spielte. Es verärgerte sie besonders, daß Becker die Resolution und ihren Inhalt vor ihr geheimgehalten hatte und sie nur zufällig bei der Durchreise nach Paris in Düsseldorf durch einen Brief ihres Frankfurter Vertrauensmanns Seegott darüber in Kenntnis gesetzt worden war. So warf sie Becker die direkte Mißachtung ihres gerechtfertigten Anspruchs auf Unterrichtung vor:

»Sie werden gewiß nicht sagen wollen, die Sache ginge mich nichts an, denn wenn jemand, gleichviel Mann oder Frau, für eine Sache lange gearbeitet und gelitten hat, so sollte man billigerweise ihm nicht sagen dürfen ›Jetzt brauchen wir dich grade nicht, und der Mohr hat seine Schuldigkeit gethan und kann jetzt gehen‹.«[12]

Zumal, und da erkannte sie Beckers ambivalentes Verhalten, er ihr andererseits immer wieder ans Herz gelegt hatte, im Falle des »Nordstern« tätig zu werden – finanziell, versteht sich. Das wiederum konnte die Gräfin gar nicht einsehen, da sie die Zeitung nicht einmal mehr erhielt und Bruhn sich zudem neuerdings in ihren Augen »marxfreundlich« verhielt, indem er die Solinger Resolution abdruckte und in dem

Berliner Korrespondenten Schily einen entschiedenen Marxianer beschäftigte.

In vier ausführlichen Fragenkomplexen bat Sophie von Hatzfeldt J. Ph. Becker um Aufklärung über die Resolution und teilte ihm gleichzeitig ihre Bedenken und deren Begründung mit.[13] So äußerte sie unter anderem ihre Zweifel an der Zusammensetzung der Delegiertengruppe, die sich aufgrund der herrschenden Krise kaum aus den finanziell schwachen Arbeitern rekrutieren könnte, sondern sehr viel eher aus den sogenannten Gebildeten, die somit wieder einmal mehr allein entschieden. Generell sprach sie sich gegen die Einrichtung einer solchen »Aufsichtsbehörde« aus, der die Prinzipien Lassalles zur Prüfung und beliebigen Änderung vorgelegt werden sollten. Die Wahl eines dreiköpfigen Direktoriums erschien ihr vergleichsweise uneffektiv, die Dezentralisierungstendenzen lehnte sie aus schon genanntem Grund vollends ab. Daß die Resolution in Verbindung mit ihrem Erzfeind Marx entstanden sein mußte, stellte sie kaum noch in Frage. Ob die Gräfin allerdings wirklich ernsthaft daran geglaubt haben mag, daß sich Becker bereit zeigen würde, öffentlich von seiner Resolution Abstand zu nehmen – wie sie es ihm vorschlug, um Uneinigkeit im Verein zu vermeiden – erscheint jedoch ziemlich unwahrscheinlich.

Hervorzuheben ist auf jeden Fall ihr Bemühen, dem Genfer Freund deutlich zu machen, daß sie alles andere im Sinn hatte, als heimlich gegen ihn zu agitieren – das, so die stolze Gräfin, geschehe wenn überhaupt offen und frei. Sie zog einen klaren Trennungsstrich zwischen prinzipiellen Meinungsverschiedenheiten und persönlichem Verhältnis:

»Ich bin gegen die *Sache,* die Sie vertreten, gegen Ihre *Person,* die ich achte und gern habe, weil ich an die Ehrlichkeit Ihrer Absichten glaube, werde ich niemals sein.«[14]

Hehre Ansprüche und Vorsätze, an die sich die Gräfin allerdings dann nicht mehr gebunden sah, wenn sie sich selbst in ihren persönlichen Rechten beschnitten fühlte. Den von Becker aufgestellten Spielregeln war sie nicht mehr gewillt zu folgen, und sie war sogar bereit, die Freundschaft ihren festen Überzeugungen zu opfern. Sie hielt dem Freund vor, daß er das Prinzip der freien individuellen Meinung, das er selbst für sich so unbeschränkt aufstelle, in ihr verletze, ihr das Recht dazu abspreche.

»Warum? Weil ich eine *Frau* bin? Diesen Grund erkenne ich sogar im

Allgemeinen nicht an, im Speziellen für mich gar nicht. ... Sie scheinen mir einen großen Vorwurf daraus zu machen, daß ich es wage, in diesen Angelegenheiten eine *eigene* Meinung zu haben und dieselbe zu äußern. Ich finde, daß ich ein ebenso großes Recht dazu habe als irgend jemand und dieses Recht mit Tatsachen belegen kann.«[15]

Ihr Ziel war weiterhin ein »strenges unverbrüchliches Festhalten an der Organisation, an den Prinzipien, an der Richtung Lassalle's«, und sie sah sich in dieser Haltung bestätigt durch die Arbeiter selbst, die ihrer Meinung nach den alten Glauben an Lassalle längst nicht verloren hatten, wie sie es selbst noch kurz nach Lassalles Tod befürchtet hatte.[16] Ganz anders dagegen sah sie die Rolle der »Gebildeten« im Verein, der verräterischen Intellektuellen, deren Bestreben die Zerstörung des Vereins sei, welcher somit nur noch von den Arbeitern selbst geschützt werden könne. Für den Fall allerdings, daß sich der Verein völlig gegen Lassalle und die alten Statuten entscheide, kündigte die Gräfin Becker ihren Rückzug an.

Der Genfer, der von Sophie Hatzfeldt eines Vertrauensmißbrauchs beschuldigt worden war, reagierte gereizt auf die Vorwürfe und Vorstellungen der Gräfin. Als Mißverstandener und, wie er meinte, zu Unrecht Beschuldigter warf er Hatzfeldt mangelndes Verständnis für die momentane Vereinssituation vor.[17] Die Zerrissenheit des Vereins, das Fehlen eines geeigneten Präsidenten machten in seinen Augen eine organisatorische Veränderung notwendig, zumindest die Schaffung einer »provisorischen Centralbehörde«. Ansonsten gerierte sich Becker, was wunder nimmt zu diesem Zeitpunkt, ihr gegenüber weiterhin als Bewunderer und Verehrer Lassalles, dessen Andenken er als heilig und unantastbar darstellte. Inwieweit allerdings J. Ph. Becker mit Äußerungen solcher Art lediglich dem Empfinden der Gräfin entgegenkam oder aber wirklich einen eigenen Standpunkt vertrat, mag dahingestellt bleiben. Zumindest ist zu erkennen, daß es ihn stark verärgerte, Hatzfeldt in Kontakt mit Moses Hess zu wissen, »der die Verkleinerer und Verräther Lassalles bis auf den heutigen Tag sekundirt«, womit er deutlich machte, daß er Konkurrenz neben sich nur schwerlich duldete. Überhaupt, und das macht stutzig, beschuldigte er die Gräfin, die Zusammenarbeit mit ihm aufgekündigt zu haben und nahm ihr besonders übel, eigenständig und ohne direkte Nachfragen bei ihm gehandelt zu haben. Er, dem es angeblich immer nur um ihre Ruhe und ihren Frieden gegangen sei, äußerte bedauernd: »Wie fruchtbar hätte unsere

Wirksamkeit, wenn einig und Sie sich nicht hätten durch Nebendinge Ihre Kraft zersplittern lassen, sein können!« Und warf ihr im selben Atemzug vor: »Aber Alles *allein* besser wissen und können zu wollen, führt zu ausschließlichen, despotischen Tendenzen, zur Lächerlichkeit und zum Abgrund.«

Daß es Becker eher darauf ankam, Einfluß auf die Handlungen Hatzfeldts auszuüben, sie in seinem Sinne agieren zu sehen, als in Gemeinsamkeit mit ihr die politische Taktik und Strategie zu bestimmen, zeigt sich besonders deutlich am Beispiel der Solinger Resolution, über deren Inhalt er die Gräfin nicht in Kenntnis setzte – wohl ahnend, daß er auf Widerstand bei ihr stoßen würde. Sophie von Hatzfeldt verzieh J. Ph. Becker diesen Vertrauensbruch nicht mehr. Von Zusammenarbeit war keine Rede mehr, im Gegenteil: Becker gehörte nun auch zur Reihe ihrer »politischen« Feinde. Hatte sie anfangs noch in für sie eher untypischer Weise versucht, die Freundschaft aus dem Geschäft der Politik herauszulassen, so war an eine solche Haltung jetzt nicht mehr zu denken. Resigniert schrieb Becker in seinem letzten (zumindest erhaltenen) Brief an Hatzfeldt vom 12. August 1865:

»Wenn ich mir erlaubte, Ihnen wiederholt freundschaftlichen Rath zu ertheilen, so geschah dies nicht, weil Sie eine Frau, sondern obgleich Sie eine Frau sind und weil ich Ihnen die nöthige Ruhe, Erholung, Gesundheit und möglichst große Lebensfreude wünschte. Haben Sie meine Rathschläge nicht befolgt, mißverstanden, so habe ich als Freund doch meine Schuldigkeit gethan ...«[18]

Nicht anders als J. Ph. Becker erging es um nahezu dieselbe Zeit Lothar Bucher, einem der beiden Testamentsexekutoren und mehrjährigen Freund Lassalles, denn auch er hatte die Interessen und Ansprüche der Gräfin ignoriert und bei seinen Entscheidungen außer Acht gelassen. Ohne ihr Wissen hatte er mit Julius Friedländer, dem Vetter Lassalles, im Mai 1865, nachdem sie selbst gerade eine Breslaureise wegen des Erbschaftsstreits mit der Familie Lassal hinter sich hatte, einen in ihren Augen unstatthaften Vergleich geschlossen.[19] Der von Bucher und Holthoff angenommene, von Hatzfeldts Anwalt Riem jedoch abgelehnte Vergleichsvorschlag Friedländers beinhaltete die Anerkennung der Testamentsexekutoren nur unter der Bedingung, daß die Friedländersche Weigerung, Legatare wie Rüstow und Herwegh anzuerkennen, akzeptiert würde. Ihre Wut gegenüber Bucher steigerte sich noch, als dieser hinging und Teile der Korrespondenz Lassalles, und zwar die zum Teil kompromittierenden Liebesbriefe der ehemaligen Geliebten Lassalles, aus »sittlicher Verpflichtung« heraus verbrannte. Hatzfeldt als Erbin der Korrespondenz war alles andere als einverstanden mit diesem Vorgehen.[20] Ihre Reaktion: Seit dem September 1865 trug sie sich mit dem Gedanken an eine Denunziationsklage gegen Bucher (und Holthoff), die sie dann auch am 22. April 1866 einreichte, um schon am 23. Juni einen ablehnenden Bescheid zu erhalten. Auch ihr Einspruch vom Oktober des Jahres konnte daran nichts mehr ändern.[21]

Höflich, aber bestimmt nahm Bucher, der 1864 in den preußischen Staatsdienst eingetreten war, die Entscheidung der Gräfin Hatzfeldt hin – nicht ohne ihr jedoch *seine* Sicht der Dinge noch einmal mitzuteilen:

»Es bekümmert mich, von der nächsten Freundin des verstorbenen Freundes zu scheiden, an der zu halten mein Vorsatz und mein Wunsch gewesen war; ich weiß, daß Sie zwischen Freund und Feind kein Mittel kennen, und ich bin unparteiisch genug, auch jetzt zu Ihnen zu wiederholen, was ich seit dem vorigen Herbste häufig über Sie gesagt habe: Ein jeder Mann müßte sich eine solche Freundin wünschen, wie Lassalle gehabt. Aber ich weiß, daß nichts, was ich sage oder noch sagen könnte, Sie umstimmen wird, und begnüge mich daher, Sie zu erinnern, daß es sich jetzt nicht mehr um die Willensfortsetzung des Erblassers ... sondern um *Ihren* Willen handelt.«[22]

Bucher sollte diesen Willen Hatzfeldts noch Jahre später zu spüren bekommen.

2. *Carl Wilhelm Tölcke*

Nicht nur die Ausschaltung J. Ph. Beckers und der demokratischen Opposition war erreicht, auch die Beseitigung Bernhard Beckers aus dem Präsidentenamt war gelungen, nicht zuletzt aufgrund der Aktivitäten Sophie von Hatzfeldts, die über Monate hinweg auf seinen Sturz hingearbeitet hatte. So nimmt es denn auch nicht Wunder, daß Becker bald meinte, alle ihm feindlichen Elemente – »Marxianer, Regierungsagenten und die beiden Zeitungsbarone« – sammelten sich um die Gräfin und wirkten auf sie ein, »da sie dieselbe als den Mittelpunkt des Vereins ansahen«.[1] Die sah mit diesem Ergebnis noch lange nicht ihre Mission beendet, denn neue Probleme und vor allem neue Gegner waren bereits auf den Plan getreten. Zum neuen Präsidenten war (nach einigem vereinsinternen Hin und Her) der Gerichtsschreiber und Volksanwalt Carl Wilhelm Tölcke[2] aus Iserlohn gewählt worden. Über ihn hatte sich die Gräfin schon im Oktober Informationen bei dem Solinger Willms eingeholt.[3] Mit vielerlei Problemen konfrontiert und in seiner Stellung alles andere als gesichert, legte Tölcke großen Wert darauf, mit seinem schwierigsten Problem, der Hatzfeldt-Opposition, auf das Schnellste fertig zu werden. Am 12. März 1866 trafen sich Hatzfeldt und Tölcke in Vohwinkel bei Elberfeld zu einer Unterredung. Die Gräfin, die nicht zuletzt eine herbe Kritik an der Finanzverwaltung des Vereins aussprach,[4] schlug Tölcke dort vor, alles, was seit der Generalversammlung vom 27. Dezember 1864 im Verein beschlossen worden sei, wieder rückgängig zu machen und sich selbst als unmittelbaren Nachfolger Lassalles zu proklamieren. Das bedeutete Trennung von Sekretariat und Präsidium und die Wiedereinsetzung von Willms als Sekretär. Dafür wollte sie sofort jede Opposition gegen den Verein einstellen und Tölckes Anerkennung als Präsident in Leipzig, dem Vereinssitz, wo seine Präsidentschaft von den Behörden in Frage gestellt wurde, durchsetzen. Tölcke zeigte sich der Gräfin allerdings nur insoweit entgegenkommend, als er die Zusammenlegung von Sekretariat und Präsidium wieder aufzuheben versprach (und dies schließlich auch durchführte). Alle weiteren Beschlüsse der vergangenen vierzehn Monate wollte er jedoch nicht von vornherein für ungültig erklären. Vor allem lehnte er es konsequent ab, Willms wieder einzusetzen, was der strikten Abweisung einer Grundbedingung Hatzfeldts gleichkam. Tölcke, der geglaubt hatte, »der Gräfin Hatzfeldt und ihren Anhängern jeden vernünftigen Grund zur weiteren Opposition benommen zu haben«[5], hatte sich sehr getäuscht, denn Hatzfeldt setzte ihre Kampagnen gegen ihn fort. Von Hofstetten, mit dessen Hilfe Tölcke anscheinend noch zuvor versucht hatte, 100 Taler von der Gräfin zu erhalten, erfuhr er:

»Wie mir jedoch scheint, waren Sie überhaupt zu ehrlich und offen gegenüber der intriguanten Gräfin. Nichts desto weniger behauptet sie, Sie hätten sie betrogen und verrathen, Lügen gestraft, angelogen und weiß Gott, was noch Alles. ... Zur Nachricht, daß die Gräfin noch immer auf Reisen, um in innerer und auswärtiger Politik (!) zu machen. Doch habe ich kein Aviso, wo sie sich jetzt aufhält; vermutlich am Rhein und möglichst incognito.«[6]

Hatzfeldts Gefolgsmann Willms hatte sich schon Mitte März 1866

Carl Wilhelm Tölcke

in einem Zirkular an die Bevollmächtigten des Vereins auf Wunsch der Gräfin als »Sekretär des ADAV« bezeichnet.[7]

Anfang Mai hatte Sophie von Hatzfeldt zu einem der Hauptopponenten Tölckes, dem Westfalen Hugo Hillmann[8], einem der Mitbegründer des ADAV, der sich nunmehr in der Rolle des Nebenpräsidenten gefiel, Kontakt aufgenommen. Hillmann war auf ihre Bedingungen eingegangen, was innerhalb kürzester Zeit in der Öffentlichkeit registriert wurde.[9] Er hatte ihr versprochen, jene Statutenänderungen beseitigen zu wollen, insbesondere ihren »Schleppeträger« Willms wieder einzusetzen, falls er selbst zum Präsidenten gewählt würde. Sie setzte daraufhin in Leipzig durch, daß Hillmann, den sie noch in den Verhandlungen mit Tölcke als einen der Träger der finanziellen Mißwirtschaft im Verein angeklagt hatte, als alleiniger »berechtigter Vertreter« des Vereins anerkannt wurde. Diese »kühne Schwenkung« Hatzfeldts, um die Worte Franz Mehrings zu gebrauchen, muß insbesondere deshalb verwundern, als schon Lassalle selbst dem Vereinskassierer Hillmann wegen seiner Unregelmäßigkeiten und Unzuverlässigkeit mit Amtsenthebung gedroht hatte – und die Gräfin ganz offensichtlich Kenntnis davon trug.[10]

Ordnung in das völlig aus den Fugen geratene Vereinsleben, in dem keine klare Spitze mehr zu erkennen war, sollte eine Vorstandssitzung bringen, die im Anschluß an den Norddeutschen Arbeitertag am 20. Mai in Hamburg geplant war. Daß sich auch Sophie von Hatzfeldt dort einfand, geht aus einer Notiz, die die »Staatsbürger-Zeitung« brachte, hervor:

»Die Gräfin Hatzfeldt, die vertraute Freundin des verstorbenen Lassalle, ist in Hamburg eingetroffen und hat am 22. Mai ganz in der Stille den Vorstand des allgem. deutschen Arbeiter-Vereins um sich im ›Hotel de Saxe‹ versammelt. Die Versammlung währte von 11 bis 2 Uhr Nachmittags. Die fahrende Gräfin erklärte den Versammelten, daß sie reich genug wäre, einen Präsidenten und einen Sekretär zu besolden und daß sie dies auch thun wolle, falls man ihr willfahre und für den Präsidenten Tölcke sofort den Vicepräsidenten Hugo Hillmann zu Darmstadt [Elberfeld] zum Präsidenten ernenne. Die Antwort der Versammelten gipfelte in den Worten Lyonel's: ›Madame, geht nun nach Haus zurück! Wir wollen mit guten Waffen, nicht mit Weibern siegen!‹«[11]

Die Vorstandsmitglieder lehnten also Hatzfeldts Angebot, den Präsidenten zu finanzieren, ab, vermutlich auf den Rat des sich auch in Hamburg aufhaltenden Schweitzers hin, der dem Vorstand die »ganze Lächerlichkeit« (Gustav Mayer) einer Arbeiterbewegung ausmalte, die sich von einer alten Gräfin aushalten ließ.[12] Ihm war daran gelegen, den Einfluß der Gräfin zurückzudrängen, und er hielt den Rücktritt Tölckes sowie die Wahl des Buchhalters und zeitweiligen Verlegers August Perl aus Hamburg zum Präsidenten für den günstigsten Weg, um dieses Ziel zu erreichen.

Schon im Februar des vorigen Jahres war es zu ersten Auseinandersetzungen zwischen der Gräfin und dem Baron gekommen, als dieser sie und ihre Anhänger in aller Öffentlichkeit beschimpft und – wie sie es empfand – denunziert hatte.[13] Die Abneigung zwischen beiden Seiten war aufgrund der letzten Ereignisse eher noch gewachsen und ließ Hatzfeldt bereits im Juni, also nur kurze Zeit nach den Hamburger Ereignissen, von Schweitzer als »diesem schlimmsten und gewissenlosesten Feinde des Vereins« sprechen.[14] Dieser »freche Schwätzer und Lügner« hatte ihrer Meinung nach nichts anderes im Sinn, als sie zu verleumden und zu besudeln, wie er überhaupt jeden, der es sich erlaubte, nur allein mit ihr zu sprechen, mit den gemeinsten Verdächtigungen überschütte. Bestärkt in ihrer negativen Einstellung Schweitzer gegenüber fühlte sich die Gräfin durch die Geschehnisse in Dresden, wohin sie – gleich nach dem Hamburger Arbeitertag – in Vereinsangelegenheiten gerufen worden war. Sie hatte sich viel vorgenommen für Sachsen, aber dazu konnte es »dank« Schweitzer nicht mehr kommen.

»Er [Schweitzer] hat mich im Social Demokrat förmlich denunzirt der sächsischen Regierung, daß ich als Agent von Bismarck nach Dresden gereist sei, um dort unter den Arbeitern für seine politischen Zwecke für die Reaction zu agitiren.«[15]

Vahlteich, der ehemalige Vereinssekretär und nunmehr für die sächsische »Reform« arbeitende Redakteur, hatte nichts Eiligeres zu tun, als diese Denunziation noch während des Aufenthaltes der Gräfin in Dresden zum Druck zu bringen. Das hatte zur Folge, daß Sophie Hatzfeldt die Ausweisungsordre erhielt, binnen 24 Stunden Dresden und die sächsischen Staaten zu verlassen und nicht wieder zu betreten – andernfalls drohte ihr die Verhaftung.

Daß Schweitzer zudem einige der in ihren Augen »besten Männer« des Vereins wie Ernst Bernhard Richter und Emil Försterling als bestechlich und infam hinstellte, nur weil sie es gewagt hatten, mit ihr in Kontakt zu treten, nahm sie schon kaum mehr Wunder, wenngleich es sie einer Art wütender Verzweiflung nahe brachte. In den letzten Maitagen hatte Schweitzer ihr im »Social-Demokrat« immer wieder vorgeworfen, mit Hilfe von »Strohpräsidenten« und ihres Geldes die Arbeiter ködern zu wollen. Er hatte ihre Anhänger als »harmlose Verkündiger ihrer Unfehlbarkeit« bezeichnet und sie selbst als »die auserkorene, allein befähigte und wahrhaftige Vollstreckerin des politischen Testamentes Ferdinand Lassalle's und als die Protektorin des von ihm gegründeten Allgemeinen deutschen Arbeiter-Vereins« verspottet. Mit ihrem Schritt in das »öffentliche Leben« hatte sie, so Schweitzer, jedes Anrecht auf »Schonung«, wie es einer Dame zukomme, verwirkt.[16]

Aber nicht nur von Schweitzer wurden die Aktivitäten Sophie von Hatzfeldts abgelehnt. Der Philosoph und Sozialwissenschaftler Friedrich Albert Lange beschrieb die Vereinssituation im »Bote vom Niederrhein« vom 3. 6. 1866 wie folgt:

»Der innere Grund des Zwiespaltes ist der, ob der Verein seine Selbständigkeit der Gräfin Hatzfeldt verkaufen, oder ob er sich auf sich selbst verlassen und durch eigne Kraft gemachte Fehler allmählich verbessern und die seiner Organisation durch den Kleinkrämergeist vieler Mitglieder geschlagenen Wunden wieder heilen soll.«[17]

Inzwischen gingen jedoch die ersten Gemeinden zur Gräfin Hatzfeldt über, so zum Beispiel Mülheim a. d. Ruhr, das sie schon allein aus diesem Grund gern als Tagungsort der kommenden Generalversammlung gesehen hätte.[18] Außer den Vorstandsmitgliedern Richter und Försterling, dem Vereinskassierer, schlossen sich vermutlich auch noch andere Mitglieder der Gräfin und Hillmann an. Dennoch gelang es auf der Generalversammlung in Leipzig am 17. Juni 1866 nicht, Hillmann als Präsidenten durchzusetzen. Statt dessen gewann der Kandidat Schweitzers, August Perl, und löste damit den resigniert zurückgetretenen Tölcke, der in der letzten Zeit eine außerordentlich unglückliche Figur abgegeben hatte,[19] ab. Sophie von Hatzfeldt (und mit ihr Hillmann) akzeptierte diese Entscheidung nicht. Schon vor dem Zusammenkommen der Leipziger Versammlung hatte die Gräfin einen Delegiertenbetrug befürchtet und protestierte nun öffentlich gegen die Wahl Perls, den sie für eine »reine Creatur und Puppe« Schweitzers hielt. Perls Wahl hielt die ansonsten so Statutentreue nämlich – entgegen dem klaren Wortlaut der Vereinsstatuten, welche die Generalversammlung mit der Präsidentenwahl beauftragten – für statutenwidrig, da nicht durch Urabstimmung der Mitglieder in den einzelnen Gemeinden zustandegekommen.

Besonders enttäuscht war die Gräfin aber über das in ihren Augen unreife und willenlose Verhalten der Arbeiter, was Konsequenzen zeigen mußte für die Zukunft des Arbeiterstandes, besonders im Hinblick auf die Erlangung des allgemeinen direkten Wahlrechts.

»Wie sollten die Arbeiter als Partei irgend eine Achtung, eine politische Geltung beanspruchen können, wenn sie in ihren eigenen Vereinsangelegenheiten zeigen, daß sie völlig unfähig sind zu jeder Einsicht, aus der

Hand eines gewissenlosen und sogar unfähigen verächtlichen Intriguanten in die Hände eines Andern wie ein willenloses Ding übergehen?«[20]

Trotz ihrer harschen und mitunter ungerechten Kritik an den Arbeitern, die sie zudem an einem ihren Bedürfnissen und Forderungen völlig unadäquaten Ehrenkodex maß, gab sie nicht auf – in der Hoffnung, daß eine große Anzahl der Arbeiter nach wie vor auf der Seite des »Rechtes«, und somit auf der ihren, anzufinden sein würde.

Von Hatzfeldt bezahlte Agitatoren reisten durch das Land und prangerten die »Rechtsbrüche« der »Perl-Schweitzerschen Clique«[21] an, die sich vor allem durch den Abfall von den Lassalleschen Lehren auszeichne. Hatzfeldts Wirksamkeit konzentrierte sich – neben den schlesischen Weberdistrikten – besonders auf das Königreich Sachsen, wo sie ungeachtet aller Aktivität der neugegründeten Sächsischen Volkspartei in den Arbeitergebieten des Erzgebirges festen Fuß fassen konnte. Hamburg, Bremen und das Niederwesergebiet kamen als Agitationszentren hinzu. Nahezu schwärmerisch hatte sie sich bereits im Juni über die Haltung der sächsischen Gemeinden geäußert, die vortrefflich treue Anhänger Lassalles seien und außerdem sie selbst wertschätzten und respektierten.

»Ich kann nicht dankbar genug sein für die Theilnahme und Anerkennung und den Schutz gegen die Polizeiverfolgung, den ich ... dort gefunden habe.«[22]

Es waren Hillmann, Willms und der als festbesoldeter Agitator in ihren Diensten stehende Florian Paul, mit deren Hilfe sie die Gemeinden im Rheinland und in Sachsen auf ihre Seite zu ziehen suchte. Florian Paul, der erst seit kurzem von ihr finanziert wurde, konnte aber weder in Ronsdorf, noch in den schlesischen Webergemeinden eine Nichtigkeitserklärung der Wahl Perls und die Anerkennung Hillmanns als Präsidenten durchsetzen.[23] Zudem erboste er die Gräfin noch dadurch, daß er sowohl die von ihr erhaltenen reichlichen Agitationsgelder als auch die von den Arbeitern selbst »erbettelten« Gelder für persönliche Belange verausgabte, anstatt etwas für eine effektive Bekämpfung Schweitzers und Perls zu tun. Untätig hatte er außerdem mitangehört, wie man seine Auftraggeberin in der Woltersdorfer Gemeinde beschuldigte, Präsident im Verein spielen zu wollen. Selbst von diesem »Mißerfolg« gab er ihr noch genauestens Bescheid.[24]

Mehr Vertrauen legte Sophie von Hatzfeldt in die Fähigkeiten und Absichten ihres Vertrauensmannes in Bremen, Gustav Adolf Deckwitz.

Ihn hatte sie während des »Norddeutschen Arbeitertags« kennengelernt, und schon dort hatte sie durch ihn Einfluß zu nehmen vermocht.[25] Wohl auch im Einvernehmen mit der Gräfin war der bereits erwähnte Richter, ein rhetorisch äußerst begabter und die Massen mitreißender Agitator sächsischer Herkunft, in den Norden übergesiedelt.[26] In Altona und Wandsbek, wo er seßhaft geworden war, gelang es ihm, die versprengten opponierenden Elemente zu sammeln. Es entstanden hatzfeldttreue Stützpunkte. Die Chancen der Gräfin stiegen noch, als sich Männer wie Schallmayer aus Hamburg auf ihre Seite schlugen.

Sophie von Hatzfeldt begriff sich und ihre Anhängerschaft als Opposition innerhalb des Vereins, deren oberster Grundsatz nach wie vor lautete, »unverbrüchlich fest an den Statuten und der Organisation« Ferdinand Lassalles zu halten und »seine Prinzipien und Lehren zum einzigen Gesetz des Vereins« zu machen.[27] Es galt, den Kampf gegen die »Bande gewissenloser Intriganten« mit aller Härte fortzuführen.

3. Johann Baptist von Schweitzer

Als am 9. April 1866 der preußische Antrag auf die Einberufung eines durch allgemeine direkte Wahlen zu ernennenden Parlaments, das in Übereinstimmung mit den Regierungen eine Reform der Bundesverfassung übernehmen sollte, beim Bundestag einging, da sah sich Sophie von Hatzfeldt einem großen Ziel näher. Das allgemeine Männerwahlrecht[1] nämlich hatte in Lassalles Augen – neben der Forderung nach Produktivassoziationen mit Staatskrediten – zu den wichtigsten sozialen Forderungen der Arbeiterpartei gehört, deren Durchsetzung es mit allen Mitteln zu erkämpfen galt. Auf dem Weg zum sozialistischen Zukunftsstaat konnte, so Lassalle, auch der reale Staat der Gegenwart schon Funktionen übernehmen. Und genau aus diesem Grunde hatten die Gräfin und Lassalle von Anfang an Hoffnungen auf Bismarck, den neuen Mann in Preußen, gesetzt, mit dem sie unter Umständen politische Geschäfte großen Stils für möglich hielten.[2] Daß es sich dabei stets um eine Gratwanderung handeln würde, war auch Hatzfeldt bewußt. Mit eindrucksvollen Worten beschreibt sie Ende 1864 in einem Brief an Emma Herwegh das strategische Kalkül in heiklen politischen Fragen, das wohl auch Lassalle motiviert haben mag:

»Es liegt ein förmlicher Abîme zwischen folgenden zwei Sachen, sich an seinen Gegner verkaufen, für ihn arbeiten, verdeckt oder unverdeckt, oder wie ein großer Politiker den Augenblick zu erfassen, um von den Fehlern des Gegners zu profitiren, einen Feind durch den andern aufreiben zu lassen, ihn auf eine abschüssige Bahn zu drängen, und die dem Zweck günstige Konjunktur, sie werde hervorgebracht werden von wem sie wolle, zu benutzen. Die bloßen ehrlichen Gesinnungen, diejenigen, die sich immer nur auf den idealen, in der Luft schwebenden Standpunkt der zukünftigen Dinge stellen und darauf nur das momentane Handeln bestimmen, mögen privatim als recht brave Menschen gelten, aber sie sind zu Nichts zu brauchen, zu Handlungen, die auf die Ereignisse wirklich einwirken, ganz unfähig, kurz sie können nur in der großen Masse dem Führer folgen, der besser weiß.«[3]

An den gemeinsam mit Lassalle gebildeten politischen und strategischen Vorstellungen, das heißt vor allem an einer pragmatischen Politik des aktiven Eingreifens und Nutzens der jeweiligen Konstellation, hielt die Gräfin auch nach dessen Tod fest. Das bedeutete allerdings nicht, daß sie von nun an meinte, nur rückhaltlos die deutsche Politik der Regierung unterstützen zu müssen und alles erledige sich dann von selbst.[4] Durchaus realistisch wußte sie Bismarck und seine Motive bei der Oktroyierung des Wahlrechts einzuschätzen.

»Wir sind nicht im Zweifel, daß bei der großen Anzahl ländlicher, unter feudalem Einfluß stehender Arbeiter, und wenn ferner das städtische Proletariat durch scheinbar arbeitsfreundliche Konzessionen gewonnen ist ... sehr leicht durch das allgemeine und direkte Wahlrecht eine ministerielle Majorität im Abgeordnetenhause ›gemacht‹ werden könnte. Wir sagen ausdrücklich ›gemacht‹, um einen gewissen Staatsmann an seine im Sommer 1863 und Frühjahr 1864 über diesen Punkt getane Äußerung zu erinnern, in welcher Äußerung das Wort ›gemacht‹ mehrmals figuriert.«[5]

In immer neuen Aktionen und Auftritten machte Sophie von Hatzfeldt während des Wahlkampfes von sich reden. Sie stellte ein extrem unitarisches Programm mit dem Inhalt »Durch Einheit zur Freiheit« auf, das sie durch ihre Agitatoren unter die Arbeiter brachte und mit dem sie die Massen auch in die erste Wahlschlacht zu schikken gedachte. In einem aus ihrer Feder stammenden Zirkularentwurf wird deutlich, daß sie die Föderation als »Wurzel alles Uebels« ansah.[6] Oberstes Ziel in ihren Augen war die »Herstellung eines

Johann Baptist von Schweitzer

streng einheitlichen und untheilbaren, nicht föderativen deutschen Staates«, die »Einigung ganz Deutschland's« zudem die »historische Aufgabe Preußens«.

Um die Wende des November erschien Hatzfeldt selber auf der politischen Bühne. Nach einer eben erst überstandenen Krankheit und einem gegen Rosalie Lassal kurz zuvor gewonnen Prozeß in Sachen

Testament traf die Gräfin in Hamburg ein, einem der erfolgreichsten Wahlkreise des ADAV.[7] Dort wäre es auf Vorschlag der Gemeindemitglieder beinahe zu einer Unterredung zwischen ihr und August Perl gekommen, welche einen Ausgleich der inneren Vereinsstreitigkeiten herbeiführen sollte. Perl erklärte sich zu einer solchen Aussprache bereit, allerdings nur unter der Voraussetzung, daß außer ihm und Hatzfeldt niemand spreche und das stenographisch festgelegte Protokoll der Verhandlung von beiden Seiten unterzeichnet werde. Eine aus fünf Personen bestehende Kommission begab sich daraufhin unmittelbar nach der Erklärung Perls um 12 Uhr nachts zu der offenbar schon vorher unterrichteten Gräfin, um ihr diese Konditionen vorzulegen. Zu ihren eigenen Bedingungen gehörte, daß nicht mehr als fünfzehn Personen der Hamburger Gemeinde bei der Unterredung zugegen sein sollten, über deren Inhalt zudem *kein* Protokoll angefertigt werden sollte. Peinlich bedacht auf ihre eigene Person verbat sie sich generell jede Einbeziehung der Öffentlichkeit. Angriffe auf Personen, die nicht zur vorliegenden Sache gehörten, sollten vermieden werden. Ihre angebliche Ausflucht, die Diskussion sei überflüssig, da die Hamburger Mitgliedschaft die Rechtsunbeständigkeit der Wahl Perls selber anerkannt habe, wurde ihr sehr übel genommen und verhinderte schließlich das Zustandekommen des Redeturniers. Es konnte erst in Kiel nachgeholt werden, wo die Gräfin Perl in einer öffentlichen Versammlung entgegentrat.

Hatzfeldts persönliches Eingreifen im Norden war von Erfolg begleitet. Allenthalben nahm die Opposition Resolutionen gegen die Rechtsbeständigkeit von Perls Wahl an,[8] in dem die Gräfin ein willfähriges Werkzeug J. B. von Schweitzers erkannte. In diesem sah sie mittlerweile ihren Hauptgegner und das, obwohl Schweitzer ihre Taktik im Hinblick auf die preußische Regierung und deren demokratische Konzessionen teilte. Sie ließ nichts unversucht, ihm und seinem vermeintlichen Adlatus Perl zu schaden. Um so unerwarteter und unerklärlicher erschien daher der Versuch Schweitzers, sich mit der Gräfin zu verständigen. »Es geschehen Wunder«, schrieb sie an ihren Hamburger Vertrauensmann Schallmayer, »Schweitzer und Hofstetten strecken die Waffen, wollen durchaus Versöhnung. Sie konzedieren alles, was ich verlangt habe.«[9] Nach der Darstellung der Gräfin, die ihre Anhänger anscheinend im unklaren ließ über die neuesten Ereignisse,[10] machte ihr Schweitzer, der angesichts der herannahenden Erfurter Generalversammlung seine Felle davonschwimmen sah, folgende äußerst entgegenkommende Vorschläge:

»1) Perl legt das Präsidium nieder, für das Försterling vorgesehen wird;
2) die Neuwahl findet nach allgemeinem, direktem Wahlrecht zwischen dem 15. und 25. 2. 1867 in den Gemeinden statt. Die Wahl wird 14 Tage danach von einer Generalversammlung geprüft.
3) Es wird der Beschluß gefaßt, an Lassalle festzuhalten.
4) Für die Wahlen zum Norddeutschen Reichstag übernimmt der ADAV das Programm der Opposition.
5) Der Präsident bezieht kein Gehalt.«[11]

Der Friedensschluß zeigte sich allerdings von noch weniger als kurzer Dauer. Gleich zu Beginn der Generalversammlung in Erfurt (27. 12. 1866) erklärten die Gefolgsleute der Gräfin, Försterling und Richter, Schallmayer und Müller aus Hamburg, Deckwitz aus Bremen und Löscher aus Chemnitz, »daß sie die General-Versammlung als legal nicht betrachten könnten, da sie die am 19. Juni d. J. auf der außerordentlichen General-Versammlung in Leipzig stattgehabte Wahl des Vereins-Präsidenten als rechtsgiltig nicht zu achten vermöchten«.[12]

Es gelang Hatzfeldt, die anscheinend gemeinsam mit Deckwitz von Bremen aus nach Erfurt gereist war,[13] nicht, die Wiederwahl Perls zu verhindern und an seiner Stelle ihren Kandidaten, den Kupferschmied Försterling, zum Präsidenten wählen zu lassen. Verärgert schied sie von den Delegierten und besonders von Schweitzer, nicht ohne protestierend zu betonen, daß man ihr Programm gestohlen habe. In der Tat traf dieser Vorwurf insofern zu, als in Erfurt auf Treiben Schweitzers ein Wahlprogramm angenommen worden war, das, soweit es die deutsche Frage betraf, aber auch, was die anderen Punkte anbelangte, fast wörtlich von der Gräfin verfaßt war. Es lautete:

»I. Gänzliche Beseitigung jeder Föderation, jedes Staatenbundes, unter welcher Form es auch sei. Vereinigung aller deutschen Stämme zu einer innerlich und organisch durchaus verschmolzenen Staatseinheit, durch welche allein das deutsche Volk einer glorreichen nationalen Zukunft fähig werden kann: Durch Einheit zur Freiheit!

II. Einführung des allgemeinen, gleichen und direkten Wahlrechts mit geheimer Abstimmung und Diätenzahlung für die staatlichen Volksvertretungen im gesamten deutschen Vaterlande, Sicherstellung der freiheitlichen Volksrechte. [Diesen letzten Passus hatte man auf

Schweitzers Antrag hinzugefügt und dafür die an die Wunschskala der bürgerlichen und partikularistischen Demokratie anklingende allgemeine Volksbewaffnung herausgeworfen.]

III. Forderung, daß dem jetzt zusammentretenden Parlament das Recht der beschließenden und nicht bloß beratenden Stimme in allen Angelegenheiten zustehe.

IV. Anbahnung der Lösung der sozialen Frage durch freie Arbeiterassoziationen mit Staatshülfe nach den Prinzipien Ferdinand Lassalles.«[14]

Hatzfeldt war wenig daran gelegen, ihr Programm nun auch offiziell im Verein anerkannt zu sehen, solange die Lorbeeren ihr Gegner Schweitzer erntete und der Verein nicht unter der ihr genehmen Führung stand. Es reichte ihr nicht allein, daß auch bei der Mehrzahl der nordwestdeutschen Arbeiter und im Lager Schweitzers die von ihr vertretene Meinung vorherrschte, daß der Norddeutsche Bund immerhin als ein Fortschritt anzusehen, Bismarcks Wahl nicht zu zerstören, sondern im Gegenteil weiterzuentwickeln sei.

An eine Aussöhnung der beiden großen gegnerischen Blöcke war in nächster Zeit nicht zu denken. Das zeigt besonders deutlich ihr Auftreten bei den Wahlen zum Konstituierenden Reichstag, die erst sehr spät von der Regierung auf den 12. Februar 1867 anberaumt wurden. Dieser Wahlkampf wurde von seiten der Gräfin mit allen ihr zur Verfügung stehenden Mitteln geführt. So stellte sie der Kandidatur Schweitzers in Elberfeld-Barmen sogleich die ihres eigenen Kandidaten Hugo Hillmann entgegen. Der Wahlkampf in diesem Kreis wurde sowieso mehr beachtet als irgendein anderer im ganzen Bundesgebiet, was vor allem an der Zusammenstellung der Kandidaten lag. Die Konservativen hatten Bismarck, die Liberalen Forckenbeck, den Präsidenten des preußischen Abgeordnetenhauses, aufgestellt. Im Kampf gegen den gefährlichen Konkurrenten Schweitzer, der an die Erfolge Lassalles im Rheinland anzuknüpfen hoffte, gingen alle Parteien nicht gerade zimperlich vor – zumal seine persönliche Vergangenheit durchaus genügend Angriffspunkte bot.[15]

Auch Hatzfeldt zeigte sich sehr aktiv in den Bemühungen, den Kandidaten Schweitzer unmöglich zu machen. Von dem Literaten Reusche,[16] so wird angenommen, ließ sie ein von ihr selbst mit Material versehenes und mit heftigen Angriffen gespicktes Pamphlet anfertigen, das im Wahlkreis massenhaft verbreitet werden sollte. Als ihr eine erste

Fassung nicht gefiel, zahlte sie auch noch ein zweites Mal die Druckkosten, bis dann endlich die Broschüre »Der Socialdemokrat und seine Helfershelfer« an die Öffentlichkeit gebracht werden konnte.

In dieser Broschüre wurde Schweitzer vor allem – wie zu erwarten – vorgeworfen, sich immer mehr von dem Programm Ferdinand Lassalles zu entfernen, Statut und Organisation des Vereins zu ignorieren und – ein Vorwurf, der besonders stark ins Gewicht fallen mußte – aus feudalen Kreisen (durch den Kanal Wagener-Preuß) finanzielle Unterstützung zu erfahren. Auch Schweitzers in der Öffentlichkeit umstrittene persönliche Vergangenheit wurde nicht ausgespart bei der systematischen Demontierung des politischen Gegners.[17] Aufschlußreich ist, daß die Wahlanweisung an die Arbeiter aber auch folgende Einschätzung der Situation enthielt:

»Es handelt sich bei diesen Wahlen, vor allem darum, daß der Arbeiterstand als selbständige, organisirte, ihres Zieles klar bewußte Partei auftrete; wirkliche, praktische Erfolge sind in der gegenwärtigen politischen Lage und in der beschränkten Wirksamkeit des Parlaments für den Arbeiterstand kaum zu erwarten.«[18]

Bei den Wahlen zum Konstituierenden Reichstag ging der Allgemeine Deutsche Arbeiterverein völlig leer aus, trotz der 40.000 Stimmen, die auf ihn gefallen waren. In Elberfeld-Barmen hatte der erste Wahlgang noch zu keinem endgültigen Ergebnis geführt. Schweitzer, der 4.668 Stimmen erhalten hatte, und Hillmann, der es nur auf klägliche 52 Stimmen brachte, waren ausgeschieden. Die Entscheidung um das Mandat mußte zwischen Bismarck und Forckenbeck fallen, worin Schweitzer eine letzte Chance für sich selbst sah, denn es war bekannt, daß Bismarck sich bereits im Wahlkreis Jerichow zur Annahme des Mandats verpflichtet hatte. Durch entsprechendes Verhalten der Arbeiterpartei in der Stichwahl hätte auf den Gang der Dinge entscheidender Einfluß genommen werden können – was allerdings bedeutete, daß die Arbeiter den Konservativen Bismarck und nicht den liberalen Kandidaten unterstützen mußten. Sophie von Hatzfeldt konnte sich mit diesen taktischen Überlegungen Schweitzers keineswegs d'accord erklären. So schreibt sie kurz vor der Stichwahl an Schallmayer:

»Ich habe wichtige und zuverlässige Nachrichten über die nächsten Pläne Schweitzer-Perls erhalten was den Verein betrifft, sie sind so unsinnig, so offener Verrat, daß sich die Leute damit zu Grunde richten *müssen*. Es ist diesen Plänen leicht der Damm entgegenzusetzen. Ich habe auch vom Rhein gute Nachrichten, daß sich Schweitzer durch sein ganz prinziploses Gebahren bald ganz unmöglich gemacht haben wird, es sei schon der Fall selbst bei denen, die für ihn gewählt, in Düsseldorf habe er den Liberalen Grote, entschiedenen Fortschrittler, zur Wahl offen unterstützt, und in Elberfeld unterstützt er jetzt in der engeren Wahl Bismarck in der Gesinnung, daß Bismarck die Wahl nicht annimmt und die Konservativen ihn [Schweitzer] dann bei der Neuwahl mitwählen. Dazu sind sie doch zu klug!«[19]

Wie zu erwarten, zeigte Schweitzers Schaukeltaktik Erfolge nur, was den ersten Teil der Überlegungen anbelangte. Beim zweiten Wahlgang war er nicht gewählt, sein unglaubwürdiges Lavieren zwischen den Fronten somit abgelehnt worden. Hatzfeldt sah sich ihrem Ziel, der Ausschaltung des Konkurrenten Schweitzer, einen gehörigen Schritt näher gebracht – zumal es ihr außerdem gelungen war, ihre Anhänger dazu zu bewegen, in Schweitzers zweitem Wahlkreis Reichenbach-Neurode gegen Schweitzer und für den Landrat Olearius zu stimmen.[20] So sah sie nun mit äußerster Genugtuung, daß auch die finanzielle Situation der Schweitzer/Hofstetten immer drückender wurde, der »Social-Demokrat« bei nur noch 220 Abonnenten lag, also kaum noch existieren konnte. Nicht unberührt hatten sie die gegen sie gerichteten Schmähungen und Drohungen, ja gar offenen Aufrufe zur »Volksjustiz« gegen ihre Person von seiten der ihr feindlichen Richtung gelassen.[21] Die Gunst der Stunde schien sich endlich ihr zuzuneigen. Hoffnungserfüllt schrieb sie Schallmayer:

»Schweitzer hat bei der Wahl seine letzten Karten ausgespielt und hat verloren... Bald wird die Zeit gekommen sein, wo man die Agitation am Rhein wieder beginnen kann und ich glaube mit Erfolg. Ich hoffe auch dem Verein eine bedeutende geistige Kraft gewinnen zu können...«[22]

Die leidenschaftliche und stark von Emotionen getragene Reaktion Sophie von Hatzfeldts auf die Niederlage Schweitzers mag auf den ersten Blick befremdlich erscheinen, wird aber verständlicher, wenn man weiß, daß der heftige Konflikt zwischen Hatzfeldt und Schweitzer seinen ersten Höhepunkt schon kurze Zeit nach der 4. Generalversammlung des ADAV in Erfurt am 27. Dezember 1866 erreicht hatte. Schweitzer hatte nämlich seitdem nichts unversucht gelassen, in dem seiner Kontrolle unterstehenden »Social-Demokrat« Stimmung gegen die Gräfin und ihren Anhang zu machen. Er rief dort dazu auf, nun endlich die Rücksichten gegenüber dieser »Dame« fallenzulassen und nicht gegen die »Diener«, die »Werkzeuge« vorzugehen, sondern gegen die »Herrin« selbst, um den Störungen und der Unruhe im Verein ein Ende zu bereiten. Geschehe dies nicht, so müsse sich der Verein ernsthaft die Frage stellen:

»Soll Herr Perl in Hamburg oder wen sonst wir in Zukunft wählen, unser Präsident sein, oder soll die Frau Gräfin von Hatzfeldt unsere Präsidentin, das Haupt der deutschen Arbeiterpartei sein?«[23]

Sophie von Hatzfeldt zog ihre Konsequenzen aus dem Verhalten Schweitzers, der den »Social-Demokrat« als Sprachrohr gegen sie benutzte, indem sie gegen ihn und seinen Kompagnon von Hofstetten beim Königlichen Staatsanwalt am Stadtgericht zu Berlin Anzeige erstattete.[24] Besonders verwahrte sie sich gegen den von Schweitzer vorgebrachten Vorwurf, für jede und jegliche Opposition und für jeden Konflikt innerhalb des Vereins verantwortlich zu sein. Sie kämpfte dagegen, den Arbeitern als »Feindin Lassalles« und bezahlte Agentin der Reaktion dargestellt zu werden, zumal dies auch zu unschönen Auswüchsen gerade während der harten Wahlkampfzeiten geführt hatte. Die Gräfin schloß ihr elf Seiten langes, ausführlich mit Beispielen und Belegen aus dem »Social-Demokrat« gespicktes Schreiben an die Obrigkeit mit dem Antrag, »die Klage gegen die Herren J. B. v. Schweitzer und J. B. v. Hofstetten einleiten zu wollen wegen öffentlicher und systematisch fortgesetzter Injurien, Beleidigungen und Verläumdungen gegen mich, wegen Aufreizung des Arbeiterstandes zu Haß, Verachtung und Verfolgung meiner Person in einer Weise, welche geeignet ist, meine persönliche Sicherheit zu gefährden«. Großen Erfolg hatte die Gräfin freilich nicht mit diesem Vorstoß.

X. Der Versuch eines Alleingangs: Der Lassallesche Allgemeine Deutsche Arbeiterverein (LADAV)

Einen förmlichen Anlaß für den Bruch des Vereins mit den Hatzfeldtianern bot die am 19./20. Mai 1867 in Braunschweig stattfindende außerordentliche Generalversammlung, auf der sowohl ein programmatischer als auch ein organisatorischer Wendepunkt in der Entwicklung des ADAV eintrat.[1] Außerdem hieß der neue Präsident nun auch endlich J. B. von Schweitzer. Dies alles waren Gründe genug für die Gräfin und ihren Anhang, die Konsequenzen zu ziehen. Am 16. Juni 1867 konstituierte sich ein neuer Verein in Dresden, der Lassallesche Allgemeine Deutsche Arbeiterverein (LADAV). Zum Präsidenten wurde Friedrich Wilhelm Emil Försterling gewählt, Fritz Mende stand ihm zur Seite.[2]

Nach seinem Statut, das – einer Festlegung entsprechend – bis zum 1. Juli 1873 nicht geändert werden durfte, war der LADAV »von der Überzeugung ausgehend« gegründet worden, »daß nur durch das allgemeine, gleiche und direkte Wahlrecht eine genügende Vertretung der sozialen Interessen des deutschen Arbeiterstandes und eine wahrhafte Beseitigung der Klassengegensätze in der Gesellschaft herbeigeführt werden kann«. Dementsprechend verfolgte er den Zweck, »auf friedlichem und legalem Wege, insbesondere durch das Gewinnen der öffentlichen Überzeugung, für die Herstellung des allgemeinen, gleichen und direkten Wahlrechts zu wirken«.[3] Nach dem Statut hatte der LADAV seinen Sitz in Leipzig.

Sophie von Hatzfeldt war es gelungen, etwa ein Fünftel der ehemaligen ADAV-Mitglieder in den neuen Verein mitzunehmen. Ihr Anhang beschränkte sich – das hatten die Wahlziffern erwiesen – im wesentlichen auf das Königreich Sachsen, Schleswig-Holstein und Bremen.[4] Die Hochburgen des ADAV lagen in Chemnitz (dem »sächsischen Manchester«), Bremen, Düsseldorf, Mönchengladbach und Zeitz sowie im Saalkreis. Von Düsseldorf aus griff der Verein auch auf die Webergebiete des linken Niederrheins über und konnte vor allem in Rheydt, Viersen, Krefeld und im Kreis Kempen einige hundert Anhänger um sich scharen.[5]

Der LADAV besaß schon nach relativ kurzer Zeit auch ein eigenes

Organ, die »Freie Zeitung«, die zuerst unter der Verantwortung von Karl Bruhn, dem ehemaligen »Nordstern«-Redakteur, stand und erst in Hamburg und später dann in Leipzig erschien. Aus einem Brief Mendes ist zu ersehen, daß die Gräfin an der Herstellung der Zeitung mit beteiligt war, was Organisation und Einflußnahme anbelangte.[6] Das Programm der »Freien Zeitung« war es, »die Politik der Wahrheit, des Rechtes, der Geschichte« prinzipientreu und kompromißlos zu betreiben. Im wesentlichen blieb die Zeitung bei der Parole »durch Einheit zur Freiheit«. Gerade ihr erster Jahrgang zeichnete sich durch eine starke Betonung des Lassalle-Kultes aus. Immer wieder wurden Ferdinand Lassalles Schriften abgedruckt, oder aber er selbst in Lobeshymnen mit Jesus, dem Messias, verglichen.[7]

Probleme hatte der Verein, gerade zu Anfang, mehr als genug, sei es personell oder aber auch finanziell.[8] Ohne die monetäre Unterstützung Sophie Hatzfeldts hätte er es wohl kaum über die ersten Klippen hinaus geschafft. Außerdem gingen die ständigen Auseinandersetzungen zwischen »Hatzfeldtianern« und »Schweitzerlingen« auf Dauer an die Substanz. Als ein Erfolg ist es demnach zu werten, daß es der Hatzfeldtschen Partei gelang, bei den Wahlen zum Norddeutschen Bund ihren Kandidaten Försterling in Chemnitz durchzubringen.[9]

Die Erfolge, die Hatzfeldts Verein gerade im Königreich Sachsen mit all seiner ländlichen Kleinindustrie verbuchen konnte, waren das Ergebnis einer intensiven, hauptsächlich von der Gräfin finanzierten Agitation, die durch das Vereinsorgan »Freie Zeitung«, die Reisen bezahlter Agitatoren und den unermüdlichen Vertrieb Lassallescher Schriften betrieben wurde. »Die vollendetste Form fand diese Agitation gewiß in dem persönlichen Auftreten der Gräfin, die sich nicht scheute, selbst die entlegensten Arbeiterdörfer des Erzgebirges aufzusuchen.«[10] So berichtet der ehemalige ADAV-Vereinssekretär Vahlteich von ihr:

»Die Gräfin streifte, dem Drange der Not folgend, zeitweise alle ihre aristokratischen Gewohnheiten ab und es kam bei ihrem direkten Verkehr mit den armen Strumpfwirkern und Webern des sächsischen Erzgebirges, wo sie ihre Hauptstärke entwickelte, zu den drolligsten Szenen. Sie, deren Kleider es unmöglich machten, daß sie eine Tür selbst zumachen konnte, mußte die elenden Stuben dieser armen Leute betreten, in schlechten Gasthäusern wohnen, weil es keine guten gab, sie mußte vor der Polizei flüchten, wie in Dresden, wo sie mit ihren Freunden aus einem Fenster sprang, um querfeldein über Stock und Stein den Wald zu erreichen, der sie vor den Verfolgern schützte.«[11]

Eher nach dem Geschmack der Gräfin dürften allerdings die mit viel Pomp und Feierlichkeit organisierten Feste und Umzüge gewesen sein, von deren effektvollem Ablauf und Zeremoniell ein Artikel der »Chemnitzer Nachrichten« eine lebendige Vorstellung zu vermitteln weiß:

»Zur Theilnahme am Stiftungsfeste des Lassalle'schen Allgemeinen Deutschen Arbeitervereins waren Frau Gräfin Hatzfeld, der Reichtagsabgeordnete Herr Försterling und der Vicepräsident des Vereins Herr Fr. Mende hier eingetroffen. Die Gäste wurden am Bahnhof von einer Deputation und Mitgliedern des Vereins feierlich empfangen und mit Hurrahs und Blumenspenden begrüßt und dann in den Gasthof zum »Römischen Kaiser« gefahren. Am Bahnhofe selbst hatte sich schon vor ihrer Ankunft eine grosse Masse von Neugierigen angesammelt, um ›die Gräfin zu sehen‹. Der Saal in Stadt London, wo eine schwarz-rothgoldene Flagge flatterte, war mit Kränzen, grünen Gewinden, Emblemen und Tafeln mit Inschriften und Sprüchen von Lassalle ausgeschmückt; in der Mitte einer Estrade vor dem Orchester, zwischen Blumen prangte die Büste Lassalle's, das Haupt mit grünem Lorbeerkranz umzogen. Nach 8 Uhr kamen die fremden Gäste, ›die Herrschaften‹ wie uns einer nach seiner freilich sehr eigenthümlichen Auffassung bezeichnete, durch ein Spalier von Mitgliedern in den Saal und wurden laut und freudig bewillkommnet. Eine Arbeiterin, eine von den festlich gekleideten Ehrendamen, überreichte dann mit einer kurzen aber recht sinnigen, poetischen Ansprache Blumensträuße an Herrn Mende und Frau Hatzfeld, worauf diese dem Mädchen auf Stirn und Wange küssend, gerührt dankten.«[12]

In der Rolle der vielbewunderten und verehrten Mentorin des Vereins gefiel sich die Gräfin gut. Kaum eine Rede Mendes, die er bei solchen Gelegenheiten vorzutragen pflegte, in welcher er nicht ausdrücklich die »vorzüglichsten Verdienste der Frau Gräfin Hatzfeldt um die Arbeitersache und den Lassalle'schen Verein« hervorhob. Stets zog die »stattliche, interessante Frau in ernsten Lebensjahren« die besondere Aufmerksamkeit und Auszeichnung der Versammlungen auf sich.[13] Daß sie ausgerechnet bei ihr fremden Menschen wie den Arbeitern eine ausgeprägte und überschwengliche Dankbarkeit hervorrief mit allen ihren Geldspenden und sonstigen Geschenken, mag sie nicht wenig berührt haben – fand sie doch alles andere als Gefühle des Dankes und der Anerkennung bei ihren eigenen Nächsten, ihren Kindern und der Familie.[14]

So war Sophie von Hatzfeldt denn auch schon Ende Oktober 1867 von Berlin, einem der Hauptwohnorte ihrer Familie, nach Düsseldorf zurückgekehrt, wo sie sich ungestörter ihrer politischen Tätigkeit widmen konnte. Die dortige Polizei vermerkte entsprechend unter dem Datum des 21. Februar 1868:

»Die Gräfin von Hatzfeldt, bis zum 8ten d. Mts. Friedrichstraße 8, gegenwärtig Schadowstraße N. 86 wohnhaft, hat bei ihrem Ende Oktober v. J. stattgehabten Umzuge hierher sofort ihre bekannten Umtriebe unter der arbeitenden Klasse wieder begonnen. Sie bietet alles mögliche auf, um den Allgemeinen Deutschen Arbeiterverein an sich zu ziehen, damit sie darüber dominieren könne. Es ist derselben zwar noch nicht gelungen, den hiesigen Arbeiterverein in seiner Gesamtheit zu gewinnen, indessen hat sie jedoch schon einige Rädelsführer..., man sagt sogar gegen Geldbelohnung, an sich gezogen. Um ihren Zweck zu erreichen, läßt sie die älteren Mitglieder des Vereins einzeln zu sich einladen, um die Stimmung der Mitglieder zu erfahren und dieselben zum Austritt aus dem bisherigen Verein zu überreden.«[15]

Allerdings scheint die Gräfin bei ihren vielfältigen Aktivitäten nicht nur positive Erfahrungen gemacht zu haben. So ist es wiederum Vahlteich, von dem man erfährt, daß Hatzfeldt »von Kreaturen, die durch ihr Geld angelockt waren, auf das schamloseste betrogen« wurde. Von Julius Röthing, einem ehemaligen ADAV-Mitglied, will er erfahren haben:

»Wenn Agitatoren ausgesandt wurden, so kam es vor, daß sie, um ihre Bezahlung zu erlangen, Plakate über abgehaltene Versammlungen als Belege einschickten, während solche Versammlungen gar nicht stattgefunden hatten. Einer von diesen Gesellen ... ist schließlich, nachdem er für die Gräfin eine große Summe, ich glaube 5.000 Taler, erhoben hatte, mit diesem Betrage durchgebrannt.«[16]

Einmal mußte Röthing sogar höchst wertvollen Schmuck aus dem Besitz der Gräfin versetzen, um ihr aus einer momentanen Geldverlegenheit herauszuhelfen. Und geriet dabei, da er seine Auftraggeberin nicht nennen durfte, für kurze Zeit in den Verdacht des Diebstahls – bis die Polizei wohl erkannt hatte, woher der Schmuck stammte und ihm die Versatzsumme auszahlte.[17]

Eigentlich hätte alles so weitergehen können wie bisher, der Krieg zwischen ADAV und LADAV in alter Härte fortgeführt werden können, wäre da nicht eine neue, stets an Macht gewinnende Konkurrenzorganisation aufgetaucht: die Arbeitervereinspartei August Bebels und Wilhelm Liebknechts. Weniger der Gräfin und ihrem Anhang als vielmehr Schweitzer, der unter anderem mit seinem offensiven und eigenmächtigen Vorgehen in der Gewerkschaftsfrage Kritik und Opposition in seinen eigenen Reihen hervorgerufen hatte, mußte in dieser Situation an einer Aussöhnung der beiden Vereinslager gelegen sein.[18]

Der äußere Anlaß für die Annäherung beider Organisationen war die Verhaftung Fritz Mendes, des neuen LADAV-Präsidenten, am 24. April 1869 in Mönchengladbach. Dieser wurde von der Polizei verantwortlich gemacht für den Tumult, der nach der Auflösung einer Arbeiterversammlung entstanden war. Daraufhin rief Schweitzer den Reichstag zum Schutze eines seiner Mitglieder auf – Mende gehörte nämlich seit März 1869 demselben als Abgeordneter der sächsischen Stadt Freiberg an.[19]

Schon am 18. Juni 1869 verkündigten, überraschend für alle Seiten, der »Social-Demokrat« und die »Freie Zeitung« gleichzeitig der deutschen Arbeiterwelt durch eine pompöse Proklamation der Präsidenten Schweitzer und Mende die Auflösung der beiden Vereine und die Wiederherstellung des von Lassalle begründeten Allgemeinen Deutschen Arbeitervereins mit dessen ursprünglichem Statut.

Die »Schweitzer-Hatzfeld(Mende)sche Versöhnungskomödie«[20] kam für alle Seiten mehr als überraschend, und schon der Wortlaut der von beiden Präsidenten gemeinsam veröffentlichten Proklamation mußte Erstaunen erregen. In ihr hieß es:

»*Eine* Arbeiterpartei, *ein* Wille, *eine* Macht über ganz Deutschland! Ein Allgemeiner Deutscher Arbeiterverein, gegründet auf die von Ferdinand Lassalle verkündeten Prinzipien und zusammengehalten durch die von ihm gegebene Organisation... Unser Lehrer ist Ferdinand Lassalle; unser gemeinsames Ziel: die Verwirklichung dessen, was er uns verkündet; unser Boden: die Lassalle'sche Organisation, von welcher ihr Schöpfer uns zurief: ›Ihr sollt sie aufrecht halten – sie wird Euch zum Siege führen‹.«[21]

Solche Töne mußten wie Musik klingen in den Ohren der Gräfin. Gemeinsam mit den Herren Mende, Kühn und Försterling hatte sie in einer Unterredung mit J. B. von Schweitzer die Voraussetzungen für solche Aussagen geschaffen. Auf ausdrücklichen Wunsch Schweitzers habe die Gräfin an den Vereinbarungen teilnehmen müssen, »weil der Rath und die Zustimmung dieser so lange von ihm [Schweitzer] so gewissenlos verleumdeten und beschimpften Frau, ›von der *allerhöchsten Bedeutung* für ihn und für die Sache sei‹«.[22] Bedenkt man die Spannungen, die schon seit langem zwischen Hatzfeldt und Schweitzer existierten, und das große Mißtrauen, das sie ihm gegenüber aufgrund ihrer Erfahrungen an den Tag legte, so mußte dieser Wunsch Schweitzers doch sehr verwundern, und das nicht nur die Gräfin.

Gemeinsam einigte man sich auf fünf Punkte umfassende Vereinigungsvereinbarungen, deren Hauptinhalt natürlich die Wiedereinführung des alten Lassalleschen Statuts war – dies die conditio sine qua non der Gräfin. Außerdem forderten die Gräfin und ihre Mannen ein sichtbares Entgegenkommen Schweitzers in der Gewerkschaftsfrage. Da Streiks und Gewerkschaften dem »ehernen Lohngesetz« Lassalles widersprachen und somit als »Abfall von Lassalle« verurteilt wurden, verlangte man von dem Gewerkschaftsgründer langfristig die Auflösung der Gewerkschaften.[23]

Trotz der in ihren Augen glücklich verlaufenen Wiedervereinigung beider Vereinslager mußte Sophie von Hatzfeldt erfahren, daß ihre Person nach wie vor Stoff für Auseinandersetzungen bot, und zwar auf beiden Seiten. In ihrem eigenen Verein hatten sich die Chemnitzer lautstark gegen sie zu Wort gemeldet. Sie sprachen sich vehement gegen ihre »Willkürherrschaft« und ihr »Oberkommando« aus. Präsident Mende mußte sich seine »unterwürfige Stellung unter die renommirte Gräfin Hatzfeldt« vorwerfen lassen.[24] Nicht zuletzt die ständigen gemeinsamen politischen Reisen der mittlerweile auf die Siebzig zugehenden aktiven Gräfin und des jungen, schwachen und kranken Mende wird man wohl in diese Richtung gehend interpretiert haben. Und man sah sich erst recht bestätigt in seiner Meinung, als Gräfin Hatzfeldt auf diese Form der Herausforderung auf ihre Art reagierte: Sie verlangte von den Gemeinden Resolutionen, die in der Auseinandersetzung klar Position bezögen, und zwar für ihren Mann Mende. Dabei konnte sie sich, was viele Gemeinden anbetraf, immer noch der Zugwirkung ihres Geldes und ihrer anderweitigen Zuwendungen sicher sein.[25]

Nicht weniger kritisch ging man mit ihr im ADAV um. Dort forderte man Garantien dafür, daß die Gräfin nicht von neuem im Verein zu Einfluß käme – ansonsten wollte man die Vereinigung, über die die Vereinsmitglieder abstimmen sollten, ablehnen. Öffentlich ließ Schweitzer daraufhin erklären, »daß dieselbe sich fortan jeder Einwirkung auf die Arbeitersache, jeder socialpolitischen Thätigkeit enthalten werde«.[26]

Das schien die Mitglieder erst einmal zu beruhigen; sie gaben dem Einigungswerk ihre rückhaltlose Zustimmung. Gleich darauf war es aber Schweitzer selbst, der vor allem die Hamburger Kritiker düpierte, als er in der Nummer 73 des »Social-Demokrat« vom 25. Juni 1869 folgendes mitteilte:

»Es wird ausgestreut, die Vereinigung sei zu Stande gekommen, weil die Frau Gräfin von Hatzfeldt sich zurückgezogen habe. Dies ist nicht richtig. *Die Frau Gräfin hatte allerdings vor, sich zurückzuziehen;* allein gerade ihre letzte Thätigkeit war auf Herstellung der Einheit der Lassalle'schen Partei gerichtet. Sie wie wir alle hatte durch die Ereignisse gelernt, daß die Partei nicht länger sich innerlich befehden dürfe, sondern eng zusammenhalten müsse. Ihr gebührt ein gut Theil des Verdienstes am Vereinigungswerke. Unter solchen Umständen und nachdem, durch die Erfahrung belehrt, alle Theile sich die Hände reichten, *wäre es nicht wünschenswerth, daß die Frau Gräfin sich zurückzöge.* – Unzweifelhaft ist, daß sie in der Thätigkeit, die sie nach ihrem Sinn und in ihrer Weise für Hochhaltung des Andenkens Lassalle's entfaltete, *erstaunliche Ausdauer und Aufopferung an den Tag gelegt hat.* – Die Leitung der Partei wird selbstverständlich lediglich dem nach allgemeinen Stimmrecht zu wählenden Präsidenten zustehen; aber die Vereinigung der Partei wäre nicht vollständig gewesen, wenn *die langjährige Freundin Lassalle's davon ausgeschlossen wurde.* ––«

Zu sehr lockten wohl die finanziellen Mittel der Gräfin, als daß es Schweitzer opportun erschienen wäre, diese so einfach fallenzulassen.

Dagegen hatte Sophie von Hatzfeldt Schweitzer bereits im Oktober 1869 mit dem Wiederabfall ihrer Anhänger gedroht und ihm dabei die wachsende Schwierigkeit seiner Lage vor Augen gehalten. Für ihn nämlich hatte sich sein sog. »Staatsstreich« ganz und gar nicht gelohnt: Anstatt die Reihen geschlossen zu halten und seine Position zu sichern, schlug die Vereinigung scharenweise die Mitglieder des ADAV (aber auch des LADAV!) in die Flucht. Eine neue Heimat fanden viele dieser Arbeiter in der im August des Jahres in Eisenach gegründeten Sozialdemokratischen Arbeiterpartei (SDAP).[27] In diesem kritischen Moment erwartete Schweitzer Unterstützung vor allem von der Gräfin und zwar nicht nur finanziell gesehen. Ungeachtet aller persönlichen Antipathien und Spannungen ging er angesichts der drohenden Eisenacher Gefahr so weit, seine ehemalige Hauptfeindin um Hilfe in der Not zu bitten. Ihm selbst waren die Hände durch seinen Haftaufenthalt (wegen Pressevergehens) in Rummelsburg gebunden. Fritz Mende fiel als Vertreter aufgrund seiner Krankheit, die ihn an Franzensbad fesselte, aus. Daß ihm in dieser Situation ausgerechnet Sophie Hatzfeldt als diejenige erschien, die in der Lage sein würde, den Verein zusammenzuhalten, muß verwundern. Groß müssen seine Befürchtungen gewesen sein, durch die Aktivitäten der Eisenacher alles aus den Händen zu verlieren. Anders sind seine schriftlichen Äußerungen von Rummelsburg aus an die Gräfin in Düsseldorf kaum zu deuten.

»Gnädigste Frau Gräfin! Sie scheinen mir die Eisenacher Angelegenheit zu unterschätzen. Ich bitte Sie dringend, baldigst nach Berlin zurückzukehren, um mit Rath und Tath bei der Hand zu sein. Sie haben mir versprochen, während meiner Haft wirksam zu sein – ich erinnere Sie an das Versprechen und bitte, nach Berlin zurückzukehren. Sie werden gewiß nicht wünschen, daß ich bei meiner Freilassung Alles in Zerrüttung vorfinde ...«[28]

Noch am gleichen Tag schrieb der inhaftierte Schweitzer einen ähnlich lautenden Brief an den kranken Mende nach Franzensbad. Darin bat er diesen, »dafür zu sorgen, daß die Gräfin nach Berlin zurückkehre, um bei bekannten wichtigen Angelegenheiten mitzuwirken«.[29]

Schweitzer hatte von Hatzfeldt verlangt, »daß sie in seiner Abwesenheit unumschränkt in dem Vereine regiere«. Nur sie sei dazu im Stande und »der Tölcke wird von mir instruirt, unbedingt ihren Anordnungen zu folgen und strengsten Gehorsam zu leisten«. Daraufhin erklärte die Gräfin ihm, sie böte nie die Hand zu einem Statutenbruch; er sei verpflichtet, einen Vizepräsidenten zu ernennen. Außerdem habe sie nicht im Sinne, das zu tun, was Schweitzer ihr jahrelang vorgeworfen habe, nämlich den Verein regieren zu wollen. Sie selbst habe nur die von Lassalle gewollte Organisation verwirklichen wollen, und nun – wo die gesamte Sozialdemokratie auf dem Boden der Lassalleschen Organisation sich geeinigt hätte – begehre sie nur noch nach Ruhe.[30]

Sophie von Hatzfeldt legte ihre skeptische Haltung Schweitzer gegenüber nicht mehr ab, auch wenn dessen situationsbedingter Pragmatismus sie zu einer anderen Haltung drängen wollte. Skepsis scheint die Gräfin allerdings auch schon recht früh gegenüber dem Werk der

»Wiedervereinigung« und dessen Zukunftschancen verspürt zu haben, so daß ihr der übermäßige Einsatz für ein letzten Endes erfolgloses Unternehmen nicht erstrebenswert scheinen konnte. Zu Kompromissen war keine der beiden Seiten bereit – zumindest was die Grundsatzfragen anbelangte.

Hatzfeldts Hoffnung, die Wiedervereinigung beider Vereine bedeute eine Rückkehr zu den reinen Lassalleschen Prinzipien, sah sich schon bald getrogen. Hatte sie noch im Sommer die Aktivitäten Schweitzers gegen die »neuen Feinde« unterstützt, indem sie Geld für die Beschikkung des Eisenacher Kongresses mit ADAV-Mitgliedern bereitstellte, so hielt sie im Herbst mit den sachlich motivierten Meinungsverschiedenheiten nicht mehr hinterm Berg. Im Oktober 1869 reiste die Gräfin gemeinsam mit Försterling nach Berlin und forderte dort Schweitzer zur Erfüllung seiner Pflichten auf, ansonsten sehe man sich gezwungen, offen gegen sein Treiben vorzugehen.[31] Als ihre Drohungen bei Schweitzer nichts fruchteten, traten Mende und sie mit einem gemeinsamen Antrag an den Vorstand. Sie beschuldigten Schweitzer, daß er die bei der Verschmelzung der beiden Vereine getroffenen Abmachungen in den wichtigsten Punkten gebrochen hätte. Vor allem das Schweitzersche Geschäfts- und Verwaltungsreglement vom 10. Juni 1869 fand in den Augen beider keine Gnade. Schweitzer habe dieses in einem noch zentralistischeren Sinne ausgearbeitet, als Lassalle es ursprünglich vorgesehen habe. So viel Präsidentenmacht, wie Schweitzer sie anstrebte, ging selbst der Gräfin zu weit.[32]

Die Mende-Hatzfeldtsche Broschüre enthielt das Ultimatum der gräflichen Gruppierung an den Vorstand des ADAV, Schweitzer und Tölcke sofort des Amtes zu entheben oder aber man werde auf die ›Lassalleaner‹ verzichten müssen. Als diesem Antrag nicht Folge geleistet wurde, erfolgte der Bruch und die Wiedereinrichtung des früheren Lassalleschen Allgemeinen Deutschen Arbeitervereins, der auf einer letzten Vorstandssitzung in Halle (28. 12. 1869) in einer allerdings wirkungslosen Resolution Schweitzer für abgesetzt erklärte.

Mit Pomp und Feierlichkeit war die »Wiederherstellung der Einheitlichkeit der Lassalle'schen Partei« begangen worden. Unauffällig und eher an versteckter Stelle gab man die nach nur einem halben Jahr beschlossene erneute Trennung der beiden Gruppierungen bekannt. In einer Randnote des »Social-Demokrat« vom 22. Dezember 1869 ließ Schweitzer folgendes verlauten:

»*Die Anhänger der Gräfin Hatzfeldt* haben sich wieder vom Verein getrennt und einen besonderen Verein gebildet, der zu Ende dieses Monats seine erste Generalversammlung in Halle abhalten wird. *Auf Streitigkeiten mit jenem Verein werden wir uns in keiner Weise einlassen.* [Um] Mißverständnissen vorzubeugen, bemerken wir, daß eben nur die wenigen Anhänger der Gräfin Hatzfeldt sich losgetrennt haben, während die ungeheure (?!) Mehrzahl des früher zu Dresden domicilirt gewesenen Vereins am Vereinigungswerk festhält, so daß letzteres durchaus nicht gefährdet ist. *Dies unser erstes und letztes Wort in vorliegender Angelegenheit. –«*[33]

Ungeachtet der mit so viel Verve von seiten Schweitzers vorgetragenen Abkehr von der Gräfin und ihren Anhängern stand sie noch einmal im Mittelpunkt des ADAV-Interesses. Die Diskussion über das ADAV-LADAV-Vereinigungswerk während der neunten Generalversammlung des ADAV in Berlin (5. bis 11. Januar 1870) zeichnete sich vor allem durch Ausfälle gegen Sophie von Hatzfeldt aus, gegen die kaum noch politisch, sondern zumeist mit unverhüllter Frauenfeindlichkeit argumentiert wurde. Unter anderem wurde gefordert, »man dürfe sich nicht durch das Altweibergeschwätz der Gräfin und ihres Anhangs irritiren lassen«.[34] Die Äußerungen des »Zaunkönigs Mende«, »der mit der von einem Weibe geschriebenen Broschüre, die er mit seinem Namen deckt, zeige, daß er den Verein zerstören wolle«, wurden als »Lügen« aufgedeckt, die den »Machinationen der Hatzfeldt« zuzuschreiben seien. Überhaupt sei »die Spaltung in dem Verein ... nur durch die Herrschsucht der Gräfin herbeigeführt, der sich aber kein Mann unterstellen dürfe; denn das zeige von keinem männlichen Charakter«. Die Hatzfeldtianer, die »Nachtreter einer alten Frau«, solle man ruhig laufen lassen, zumal der Gräfin bei der Vereinigung sowieso nur »ein hinterlistiges Motiv« zugrunde lag. Voller Schadenfreude und Häme stellten einige Delegierte die angeblich so wirkungs- und trostlosen Agitationen der Hatzfeldt-Anhänger in den sächsischen Mitgliedschaften sowie in München dar. Man sah sich endlich entbunden und befreit von der Gräfin Hatzfeldt, von der noch zuvor einer der Redner behauptet hatte, »dieses Weib habe der Verein nun leider einmal am Halse und werde dasselbe auch wohl nicht mehr los werden«. Diesmal war man sie für immer los, auch wenn es die Delegierten zu diesem Zeitpunkt kaum glauben mochten.

Die Mehrzahl der früheren Anhängerschaft machte die neue, von

Hatzfeldt und Mende beschlossene Abspaltung nicht mehr mit, auch wenn letzter im Januar 1870 angeblich mit 12.749 Stimmen noch zum Präsidenten gewählt worden war.[35] Bereits am 30. April 1870 erklärten Teile des LADAV ihre Auflösung. Die Mitglieder folgten zum großen Teil jenen, die sich schon 1869 der SDAP in Eisenach angeschlossen hatten. Im Mai 1870 trennte sich die Hatzfeldt orthodoxe Bremer Gemeinde von Mende wegen seiner angeblichen Übergriffe, und im Organ der SDAP, das sich seit dem Herbst 1869 »Volksstaat« nannte, hieß es, es sei »mit Mendes Einfluß« auf »dem linken Rheinufer« völlig vorüber.[36] Gerade das Beispiel der Bremer macht einmal mehr deutlich, daß es nicht nur um den Todesstoß für Mende ging, sondern generell um die Abrechnung mit der Gräfin Hatzfeldt (»Weg mit Unterrock und Krinoline!«) und all »den vornehmen Damen und Herren, die die Proletarier nur zu ihren egoistischen Sonderzwecken mißbrauchen«.[37]

Dennoch konnte sich der Verein rein zahlenmäßig noch besser behaupten, als es bisher angenommen wurde, und von einem bloßen Schattendasein zu reden, scheint übertrieben. Im Gegenteil, es gelang dem LADAV sogar, neue Regionen (hauptsächlich in Süddeutschland) für sich zu gewinnen.[38]

Zu Ende des Jahres gab Sophie von Hatzfeldt noch Kampfestöne von sich, die sich in altbewährter Manier gegen ihren Gegner Schweitzer richteten. So schrieb sie an Julius Röthing, den Verantwortlichen der »Freien Zeitung« in Leipzig:

»Schweitzer ist und bleibt ein Betrüger, ein ewiges Überlisten, Beschwatzen, Hintergehen und weiter nichts. Immer versprechen, alles zu tun, und wenn es auf etwas bestimmtes kommt, jesuitische Schleichwege und Betrug. Gestern hat er Mende den Krieg erklären lassen wegen der Freien Zeitung, weil sie die Beschwerde gebracht, und besonders weil sie verlangte, daß er sich besser (?) ausweise über die ehrenrührigen, gegen ihn mit allen Einzelheiten angegebenen Anklagen. Dies so pflichttreue und loyale Verfahren nimmt er zum Vorwand, alle seine Versprechen zu brechen. ... Es muß jetzt also ganz unverhohlen gegen Schweitzer vorgegangen werden usw. usw.«[39]

Schon unmittelbar nach der neuen Spaltung schrieb sie allerdings – schon weniger zuversichtlich – wiederum an Röthing:

»Außer Ihnen ist alles leider in so hohem Grade lässig, daß man nicht weiß, was man dazu sagen soll.«[40] Sie warnte in diesem Brief ihre Anhänger, Schweitzer öffentlich entgegenzutreten, falls er nach Leipzig käme – dazu wären sie viel zu schwach. Gewalttätigkeiten sollten auf jeden Fall vermieden werden.[41]

Hatzfeldt mußte in der Folgezeit mit ansehen, wie sich auch ihre engsten politischen Mitarbeiter aus dem Geschehen zurückzogen, freiwillig oder aber gezwungenermaßen. Försterling legte sein Reichstagsmandat im Frühjahr 1870 nieder (und starb zwei Jahre darauf). Mende, mit dem sie bis zu seinem frühen Tod 1879 in engem Kontakt blieb, wurde nicht mehr in den Deutschen Reichstag gewählt.[42] Im Juli 1872 schließlich stellte dann auch die »Freie Zeitung« ihr Erscheinen ein. Faktisch war der Verein mit dem Eingehen seines Organs endgültig bedeutungslos geworden, der Kampf war abgebrochen – auch wenn sich die »Hatzfeldt-Sekte« (Gustav Mayer) noch nach dem deutsch-französischen Krieg dafür einsetzte, »daß mit einem Teil der französischen Milliarden Volksbanken für die Gründung von Produktivgenossenschaften errichtet werden sollten«.[43] Resigniert und enttäuscht mußte sich Hatzfeldt das Scheitern ihrer Aktivitäten eingestehen, der weitere Lauf der Dinge sprach gegen sie und ihre Ambitionen. Sechs unstete und unruhige Jahre politischen Kampfes waren an der mittlerweile 65jährigen Frau nicht spurlos vorübergegangen, die zudem auch immer häufiger über Krankheiten zu klagen hatte. Ein großes Bedürfnis nach Ruhe, nach einem festen Platz für ihren Lebensabend wurde bestimmend für ihre letzten Lebensjahre.

»Ich will um jeden Preis, wo und wie es sei, mich in kürzester Zeit fest etablieren; die Sehnsucht danach ist wohl ein Zeichen des nahenden Todes. Ich muß vor allem ein festes Kopfkissen unter dem Kopf und eine sichere Grabstätte haben, eher komme ich nicht zur Ruhe.«[44]

Diese übergroße Sehnsucht nach Ruhe hatte nicht zuletzt die Abstinenz von nahezu jeglicher politischer Betätigung zur Folge. Hier setzte Hatzfeldt einen definitiven Schlußstrich.

»*Ich* kann und will mich weder direct noch indirect um irgend etwas kümmern, was mit dem Verein oder einem Mitglied desselben in Berührung steht, und bin seit langem zu diesem wohlberechtigten Entschluß gekommen durch die so lange und in *allen Fällen* gemachten Erfahrungen, daß die größte Redlichkeit und Treue, die angestrengteste Täthigkeit und Aufopferung bis zur kaum erlaubten *völligen* Selbstvergessenheit, ja das größte Wohlwollen persönlicher Dienste, Verzeihen und Vergessen sehr unverdienter Angriffe und Beleidigungen ... nur Haß und Neid und stets wieder Intrigen erregen ..., ohne daß man unter diesen Verhältnissen irgend etwas Gutes trotz aller Aufopferung zu wirken im Stande wäre.«[45]

So äußerte sie sich in ihrem immer etwas umständlichen und weitschweifigen Stil bereits Ende 1870 gegenüber Röthing – ohne daß dabei allerdings ein Wort über Lassalle und sein Werk gefallen wäre.

Über Schweitzers Rücktritt 1871, seinen Ausschluß aus dem Verein 1872 und die Beschuldigungen, die man gegen ihn erhob, mochte sie noch Genugtuung empfinden – ein Ansatzpunkt für eine eigene Initiative waren sie ihr nicht mehr.

XI. Hatzfeldts Abschied von der politischen Bühne: Resümee eines Lebensabschnitts

So zurückgezogen und ruhig Sophie von Hatzfeldt auch in ihren letzten Jahren lebte, unpolitisch wurde sie deshalb aber nie, auch wenn es sehr schwerfällt, für ihre allerletzten Lebensjahre Äußerungen politischer Natur von ihr aufzufinden. Am 13./14. April 1871 beispielsweise gibt sie Sohn Paul ihren Kommentar zum Ausgang des deutsch-französischen Krieges (der diesem wohl kaum geschmeckt haben mag!):

»... Freilich feiert jetzt der Siegestaumel der Reaktion seine Orgien und meint, straflos alles verüben zu können, und wird wohl auch manches einzelnen Recht dabei erwürgt werden können, doch diese Siege werden in nicht allzu langer Zeit sich als Niederlagen erweisen, wenn die Überzeugung der tiefen und gemeinen Korruption, welche in diesen Kreisen herrscht, eine immer allgemeinere sein wird. Jeder, der zu dieser allgemeinen Kenntnis beiträgt, erweist der Menschheit eine Wohltat.«[1]

Wie Sophie von Hatzfeldt die Einigung von Lassalleanern und Eisenachern, die auf dem Gothaer Einigungsparteitag vom 23. bis 27. Mai 1875 eine neue Sozialistische Arbeiterpartei Deutschlands gründeten, aufnahm, ist leider nicht durch Quellen belegt. Kaum wird sie diese Entwicklung als Hoffnungszeichen gedeutet oder gar mit Wohlwollen betrachtet haben.

1878, 73jährig, tritt Sophie von Hatzfeldt noch einmal mit einem spektakulären Schritt in die politische Öffentlichkeit. Angesichts der Drohung des Sozialistengesetzes im Sommer 1878 suchte sie die Verbindung mit jenen Männern, die zwar ihre erbittertsten Feinde gewesen waren, jetzt aber eher als irgendwer sonst das Erbe Lassalles bewahren konnten. Sie war persönlich nach Berlin gereist – ohne daß ihre Familie den genauen Zweck ihrer Reise geahnt zu haben scheint –, »um den Sozialdemokraten in ihrem Kampf gegen das Sozialistengesetz, unter dessen Befürwortern sie ihren persönlichen Feind Lothar Bucher erblikken mochte, Hilfe zu bringen«.[2] Eine Vorstellung des nahezu bühnenreifen gräflichen Auftritts vermittelt der Berliner Korrespondent der »Süddeutschen Post«. Von ihm erfährt man, daß »gegen Ende der ersten bzw. Anfang der zweiten Juliwoche auf dem Redaktionsbüro der ›Berliner Freie Presse‹ ein sehr fein equipierter Diener erschien und ein von der Gräfin ... unterzeichnetes Billet an die Redaktion überbrachte, welches die Aufforderung enthielt, zu einer bestimmten Stunde eine Vertrauensperson in das ›Hotel de Magdebourg‹ zu entsenden«.[3] Als solche erschien Leopold Schapira, dem die Gräfin Hatzfeldt darauf erzählte, was ihr von den Unterredungen Lassalles mit Bismarck in Erinnerung geblieben war. Schapira selbst soll sich zum genaueren Inhalt des Gesprächs später geäußert haben. Demzufolge sollte »dem Geheimrat Bucher dadurch, daß man ihn durch Veröffentlichung seiner Korrespondenz mit Lassalle, welche die Frau Gräfin in Händen hatte, kompromittierte, ein, wie letztere meinte, vernichtender Schlag beigebracht werden«. Gleichzeitig sollte der Sturz Buchers »dem Fürsten Bismarck verhängnisvoll werden, welcher damals ... mit den ›Unterröcken‹ in einer nichts weniger als harmlosen Fehde sich befand. Erwähnt wurde hierbei ausdrücklich eine sehr hochstehende Dame, von welcher die Frau Gräfin anführte, daß sie die schleunigste Entfernung des Reichskanzlers von seiner allmächtigen Stellung für ein vitales Interesse Deutschlands resp. Preußens erachte.« Drittens sei endlich von den Bedingungen die Rede gewesen, unter welchen die Sozialdemokratie ihre oppositionelle Haltung verändern und unter der Ägide des »Staatssozialismus« zunächst wenigstens in eine neutrale Position zur Regierung treten könne. Kritisch habe die Gräfin angemerkt, daß von dem Reichskanzler, der in sechzehn Jahren noch nichts für die Arbeiter getan habe, auch in Zukunft nichts zu erwarten sei. Bucher habe sich also auch in dieser Hinsicht nicht bewährt. Sibyllinisch wurde in der »Süddeutschen Post« noch im Sinne Hatzfeldts und Schapiras hinzugesetzt, daß es keineswegs an hochgestellten und einflußreichen Personen fehle, »welche von der Dringlichkeit und Notwendigkeit der eingreifendsten sozialen Reformen völlig durchdrungen wären«.

Laut Schapiras eigener Aussage hatte er nach dieser ersten noch weitere Unterredungen mit der Gräfin Hatzfeldt und bekam auch die Originale der Briefe Buchers zur Kopierung und weiteren Verwendung ausgehändigt. Inwieweit alle diese Angaben der Wahrheit entsprechen, muß dahingestellt bleiben. Wieder einmal, wie schon so oft bisher, fehlen die Zeugnisse der Hauptakteurin, die letzten Aufschluß geben könnten.[4] Tatsache ist jedoch, daß in einer Artikelserie der »Berliner Freie Presse« sieben Briefe Buchers an Lassalle veröffentlicht wurden, welche Aufklärung über das Verhältnis der beiden Männer vermittelten. Und, wichtiger noch, der Parteiführer Bebel, mit dem Hatzfeldt schon solange verfeindet war, wußte die Enthüllungen über das Herantreten Bismarcks an Lassalle als Waffe für seine parlamentarische Verteidigung der Sozialdemokratie zu nutzen und forderte den Reichskanzler somit zumindest zu einer öffentlichen Stellungnahme heraus.[5]

»›Bebel hat offenbar imponiert‹, stellte Marx am nächsten Tag [dem 17. September] aufgrund einer englischen Zeitungsmeldung fest.«[6] Damit war ein wichtiges Ziel erreicht.

Mehr noch am Herzen lag der Gräfin allerdings das Schicksal des ihr so wichtigen Nachlasses Ferdinand Lassalles. Gemeinsam mit Fritz Mende hatte sie in die Menge der Papiere eine gewisse Ordnung gebracht. Ihn hatte sie offenbar auch bestimmt, »wenn sie stürbe, Lassalles Nachlaß an sich zu nehmen und in ihrem Geiste zu verwalten«.[7] Das Schicksal wollte es anders. Mendes schwere Krankheit und Morphiumabhängigkeit ließen an eine gemeinsame Arbeit am Nachlaß Lassalles nicht mehr denken. Es mag Sophie von Hatzfeldt einige Überwindung gekostet haben, im Sommer 1878 den Reichstag aufzusuchen und ausgerechnet dem politischen Gegner Bebel den Nachlaß Lassalles anzubieten. Zu sehr lockte aber wohl doch die Aussicht, Lothar Bucher, dem sie sein Verhalten als einer der Testamentsexekutoren Lassalles nie verziehen hatte, durch die Veröffentlichung seines Briefwechsels mit Lassalle Schaden zuzufügen. Bebel aber mißtraute der Gräfin, fürchtete die geheimen Machenschaften der Reaktion hinter diesem Angebot verborgen und lehnte ab – was er Jahre später sehr bereute. Erfolglos mußte Sophie von Hatzfeldt auch ihr letztes Unternehmen, zumindest was ihre Nachlaßpläne anbetraf, beenden.

Es ist nicht einfach, Hatzfeldts politische Aktivitäten entsprechend zu würdigen und einzuordnen. Zu dünn ist das Material, das weitreichenden und endgültigen Aufschluß über ihre politischen Prinzipien und Vorstellungen bietet. Es erweist sich gerade (aber nicht nur) in diesem Zusammenhang als Manko, daß Hatzfeldt ihr Projekt, eine Biographie ihres Lebens schreiben zu lassen, fallengelassen hat.[8] So ist man auf die eher wenigen und zudem am politischen Tageskampf orientierten Einzelaussagen der Gräfin angewiesen, die über ein theoretisches politisches Konzept weniger Aufschluß bieten. Soviel ist klar: Sophie von Hatzfeldt ist in ihren politischen Bemühungen gescheitert. Das ist wohl nicht zuletzt darauf zurückzuführen, daß sie auch noch Jahre nach Lassalles

Tod minutiös an dessen Gedankensystem und »Handlungsanweisungen« festhielt – und somit den zum Teil wesentlich veränderten Umständen der Zeit wenn nicht blind, so doch zumindest verständnislos gegenüberstand. Das politische Leben hatte sich in den Jahren nach 1864 zum Teil gravierend geändert, stellte ganz neue Anforderungen auch an die Politiker der deutschen Arbeiterbewegung. Ob Sophie von Hatzfeldt dies nicht erkannte oder aber wider besseres Wissen gegen diese Erkenntnis handelte, kann nicht eindeutig beantwortet werden. Fest steht, daß sie an den zentralistischen und diktatorischen Organisationsprinzipien, so wie Ferdinand Lassalle sie aufgestellt hatte, festhielt (abgesehen von ihren Vorstellungen bezüglich der Präsidentenwahl), auch als die Rufe nach Dezentralisierung und Machtverteilung in der Bewegung immer lauter wurden.

Lassalles »Arbeiterprogramm«[9] bietet den besten Schlüssel zum Verständnis dessen, was Sophie von Hatzfeldt in der Arbeiterbewegung sah und was sie mit einer so verstandenen geschichtlichen Strömung wirklich verband. Im Mittelpunkt dieses Programms standen zwei wesentliche Momente: die Entwicklung der Freiheit und die Beseitigung aller Privilegien. Die Forderungen, welche Lassalle an eine zukünftige staatliche Ordnung stellte, waren entsprechend die Durchsetzung der unbedingten Freiheit und Gleichheit. Dazu berufen, dieser Entwicklung zum Siege zu verhelfen, war seiner Meinung nach der Arbeiterstand, dem er damit eine hohe sittliche Verpflichtung auferlegte. Der Arbeiterstand, der vom Besitz der Freiheit selbst noch ausgeschlossen war, erkämpfe die Freiheit, indem er sie für sich erringe, gleichzeitig der ganzen Menschheit. Wenn der Arbeiterstand die ihn hauptsächlich bedrückenden Privilegien beseitige, schaffe er diese für immer aus der Welt; sein persönliches Interesse falle somit – der Richtung nach – mit der Entwicklung des gesamten Volkes, mit dem Sieg der Idee, den Fortschritten der Kultur, dem Lebensprinzip der Geschichte selbst, nämlich der Entwicklung der Freiheit, zusammen.

»Dieser vierte Stand, in dessen Herzfalten daher kein Keim einer neuen Bevorrechtung mehr enthalten ist, ist eben deshalb gleichbedeutend mit dem ganzen Menschengeschlecht. Seine Sache ist daher in Wahrheit die Sache der gesamten Menschheit, seine Freiheit ist die Freiheit der Menschheit selbst, seine Herrschaft ist die Herrschaft aller.«[10]

In diesem Sinne bezeichnete es denn auch Sophie von Hatzfeldt in einem ihrer Zirkularentwürfe als die Aufgabe des Arbeiterstandes, als seine sittliche Verpflichtung gar, sich zu bilden, um die Mission der Gegenwart zu erfüllen.[11]

Hervorzuheben ist – insbesondere im Hinblick auf die Gräfin Hatzfeldt –, daß der vierte Stand im Denken Lassalles nicht auf die eigentliche Arbeiterschaft beschränkt ist, sondern:

»Arbeiter sind wir alle, insofern wir nur eben den Willen haben, uns in irgendeiner Weise der menschlichen Gesellschaft nützlich zu machen.«[12]

An die Herrschaft des so definierten Arbeiterstandes knüpfte Lassalle große Hoffnungen:

»Ein Staat ..., welcher unter die Idee des Arbeiterstandes gesetzt wird, würde ... einen Aufschwung des Geistes, die Entwicklung einer Summe von Glück, Bildung, Wohlsein und Freiheit herbeiführen, wie sie ohne Beispiel dasteht in der Weltgeschichte und gegen welche selbst die gerühmtesten Zustände in früheren Zeiten in ein verblassendes Schattenbild zurücktreten.«

Nicht zuletzt aufgrund einer solchen klassenübergreifenden Definition des Arbeiterstandes mochte sich die Gräfin wirklich eng mit der Arbeiterbewegung verbunden fühlen.[13] Sie selbst konnte sich nämlich in dem Moment zum vierten, dem »enterbten Stand der Gesellschaft« zählen, als sie als Frau versuchte, in den Genuß der Freiheiten und Rechte zu kommen, die einem Manne ihres Standes offenlagen, und in dieser Situation das Gefühl der Unfreiheit und Rechtlosigkeit am eigenen Leibe erfahren mußte.

Das Schwergewicht des Lassalleschen Programms lag auf den Zielen der radikalen Demokratie, wiewohl es das soziale Moment nicht völlig überging. Der Dreh- und Angelpunkt war die Forderung des allgemeinen, gleichen und direkten Männerwahlrechts, mit dessen Hilfe der vierte Stand die Macht im Staate erringen sollte, um sodann durch Produktivassoziationen (diese finanziert durch Staatskredite) eine Verbesserung der wirtschaftlichen Lage zu erreichen. Die Lösung der sozialen Frage war aber erst dann möglich, so Lassalle, wenn die Arbeiter mit Hilfe des allgemeinen Stimmrechts den notwendigen Einfluß auf den Staat ausübten. Erstes Gebot war es daher, die Arbeiterschaft in einer selbständigen Partei zu organisieren, die den von Lassalle aufgezeigten Weg nachschritt. An diesem Gebot hielt Sophie von Hatzfeldt unverbrüchlich fest, so wenn in der 1867 (zu den Wahlen zum

Konstituierenden Reichstag des Norddeutschen Bundes) erschienenen und von ihr inspirierten Broschüre »Der ›Social-Demokrat‹ und seine Helfershelfer« kategorisch gefordert wurde, »daß der Arbeiterstand als selbständige, organisirte, ihres Zieles klar bewußte Partei auftrete«.[14] In der Erweckung der Arbeiter zu einer ihrer politischen Wichtigkeit bewußten Partei sah Sophie Hatzfeldt denn auch eine der Hauptleistungen Lassalles.

»Durch die Gründung des allg. d.[eutschen] A.[rbeiter] V.[ereins] mit seiner streng einheitlichen Organisation und Disciplin hat er die große Masse der Arbeiter, welche wie unorganisirt bisher ohne jede politische Bedeutung den übrigen organisirten Parteien gegenüber blicken mußte, zu einer festen, ihres Zweckes wie ihrer politischen Wichtigkeit wohlbewußten Partei gebildet. Er hat durch diese Organisation das große Problem der Vereinigung der Freiheit mit der Autorität gelöst ... und sie den deutschen Arbeitern gelehrt.«[15]

Besonders ins Gewicht fiel für Hatzfeldt all das, was Lassalle über das Aussehen und das Vorgehen einer solchen »Partei« festgesetzt hatte. Eine erfolgreiche Weiterentwicklung der Arbeiterbewegung war in ihren Augen dementsprechend nur möglich, wenn sich der von Lassalle und einigen Leipziger Arbeitern ins Leben gerufene ADAV genauestens an diesen vorgegebenen Weg hielt. Das bedeutete: Statut und Organisationsprinzipien, so wie sie von Lassalle bestimmt worden waren, mußten beibehalten, durften nicht verändert werden. Gerade in dieser Frage kam es immer wieder zu den größten Auseinandersetzungen zwischen ihr und verschiedenen Gruppierungen der Bewegung und des Vereins, die für das Fortkommen der Bewegung ein sehr viel flexibleres Vorgehen forderten. Das starre Festhalten an den zentralistischen und diktatorischen Organisationsprinzipien (damals zugeschnitten auf einen Mann wie Lassalle!) brachte sie zusehends in Konflikt mit großen Teilen des Vereins (zum Schluß nahezu mit dem gesamten Verein), die die Forderung nach Demokratisierung und Dezentralisierung des Vereins auf ihr Panier geschrieben hatten und den Lassalleschen Weg in der damaligen politischen Situation nun eher für schädlich, zumindest hinderlich hielten.

Vor allem in Marx sah die Gräfin einen großen, wenn nicht *den* Feind der Organisation Lassalles, der an die Stelle des von diesem gegründeten ›Vereins‹ seine ›Partei‹ (d. h. Bewegung im weltanschaulichen Sinne) zu stellen gedächte.

»Das Aufgehen des Vereins in die Partei ist das Stichwort der Marxianer, kennzeichnet sie in Deutschland, ... Das Hauptbestreben der Marxianer ist auf Auflösung der festen Organisation gerichtet, sie suchen überall die Benennung d. h. Arbeiter Verein abzuschaffen.«[16]

Gerade an dieser Äußerung der Gräfin wird deutlich, daß die Begriffe ›Verein‹ und ›Partei‹ zwei Bedeutungsebenen besaßen, die mit dem heutigen Sprachgebrauch nicht mehr übereinstimmen. Bezeichnete sich der ADAV nach außen hin damals als ›Verein‹, so war er doch rein faktisch gesehen die erste deutsche Arbeiter*partei* im modernen Sinne.

Dreh- und Angelpunkt für die Gräfin war das von Lassalle aufgestellte Vereinsstatut, die mit ihm verbundene Organisation und Disziplinierung einer Bewegung, die erst aufgrund einer solchen gezielten Ordnung den nächsten Schritt zur Parteibildung tun konnte. Es handelte sich in ihren Augen also um eine Mittel-Ziel-Relation. Anders sah sie es im Falle Marx', von dessen historisch-philosophischem Parteibegriff sie sich distanzierte:

»Große Schlagworte, die keinen Stein vom anderen heben, ein Ziel, ohne Mittel dahin zu gelangen zu wissen; Selbstberäucherung und in No. sicher sitzen bleiben, höchstens Putsche machen wie der Communistenprozeß lächerlichen Andenkens. Dieses wüste Geschrei und Reactionsinsurrectionen flößen mir den höchsten Ekel ein.«

Das starre Festhalten an Parteistatuten und Organisationsprinzipien bedeutete für Sophie Hatzfeldt allerdings nicht, daß auch der Tagespolitik jede Flexibilität und Spontaneität abzugehen hatte. Aufbau und Verwaltung einer basisartigen politischen Institution, einer Körperschaft, war eine, politische Strategie und Taktik eine andere Sache. Genau wie Lassalle war Hatzfeldt eine vehemente Vertreterin einer sogenannten realistischen und undogmatischen Politik, einer pragmatischen »Politik der Tat«, was sich vor allem im Zusammenhang mit der Einschätzung Bismarcks zeigt.

»Politik sagte er [Lassalle] sei actueles momentanes Eingreifen, die Ereignisse benutzen, einen Druck auf sie ausüben, um sie schneller vorwärts zu bringen. Und zu dieser Politik der That ist die Berechnung der bestehenden factoren und Verhältnisse unerläßlich.«[17]

Eine solche Politik erlaubte auch das Operieren mit endlichen Mitteln, sofern sie nur der Verwirklichung des Endzieles, in diesem Falle der revolutionären Umwälzung, letztlich von Nutzen war. Den Gegner absichtlich zu täuschen, hieß, ihn gezielt zu benutzen und die Möglichkeit zur Organisierung neuer Kräfte für die eigene Bewegung zu erhalten.[18]

Daß ein solches Politikverständnis vor allem stark personenabhängig und -geprägt war und außerdem ein ganz bestimmtes Bild der Arbeiter und ihrer Bewegung zugrundelegte, ist offensichtlich. Ohne eine beeindruckende starke Führerpersönlichkeit, die die Masse der Arbeiter auf den richtigen Weg brachte und mit straffem Zügel lenkte, war für die Gräfin kein gesellschaftliches und politisches Fortkommen (im Sinne Lassalles) denkbar. Daß hiermit eine Überbewertung des politischen Individuums im Vergleich zur politischen Masse in dem Sinne vorlag, daß nur ersterem aufgrund der existierenden Verhältnisse politische Klugheit und Durchsetzungsvermögen zukommt, muß nicht eigens betont werden.

Wenn die Gräfin beispielsweise von der Gesinnungs- und Ehrlosigkeit der Arbeiter spricht, so versteht sie darunter in erster Linie einen Treuebruch gegenüber Lassalle. Sie personifiziert quasi das Anliegen einer gesamten Klasse und nimmt ihm seine Allgemeingültigkeit.

So herrscht denn auch in Hatzfeldts Denken und Vorstellungswelt das Bild eines prinzipienlosen und stets beeinflußbaren Arbeiterstandes vor, der – erfährt er nicht die richtige »Führung« – wahllos hin- und herschaukelt.

»Sie kennen die Arbeiter. Posaunen Sie ihnen alle Tage ins Ohr, der ist ein großer Mann, so glauben sie es Ihnen aufs Wort. Treue und Festhalten an einem Prinzip kennen sie nicht. Sie können dem intelligenteren einzelnen Arbeiter selbst schwere Sätze und Thatsachen begreiflich machen, aber was drum und dran hängt, die consequenzen der Sachen, intriguen durchschauen, eigene Initiative des Urteils kennt er nicht. Er kann nur noch an einen Menschen, der ihm die Sache verkörpert, glauben und wird daher sehr leicht die Beute derer, die am frechsten behaupten und schreien. Politische Bildung hat der Deutsche keine Spur...«[19]

Der Zustand der Ungleichheit ist in ihren Augen freilich kein zu perpetuierender. Im Gegenteil: Gerade den sogenannten »Führern« kommt eine besondere Verantwortung zu, diesen ihren Vorsprung im Sinne der Arbeiter (und letztlich im Sinn der Menschheitsentwicklung) einzusetzen.

Immer auf der Suche nach einem Präsidenten, der den Verein im diktatorischen Sinne Lassalles regiere und lenke, kennt Hatzfeldt erstaunlicherweise dann, als sich ein solcher in der Person des stets stärker in diesem Sinne agierenden Johann Baptist von Schweitzer findet, kein Pardon, wenn es darum geht, diesen zu schädigen, wenn nicht gar zu entmachten. Abgesehen davon, daß sie auf einen Mann wie Schweitzer nur schwerlich ihren Einfluß auszuüben vermochte: Macht allein scheint ihr nicht ausschlaggebend gewesen zu sein für die Befähigung, das Präsidentenamt zu übernehmen. Vielmehr zählte erst die Verbindung derselben mit persönlicher Integrität, die sie den meisten ihrer politischen Gegner absprach. Ihre Unfähigkeit, sich von Lassalle als dem Maßstab aller Politik (wenn nicht gar als der personifizierten Politik!), auf den sie die Arbeiter zu verpflichten gedachte, freizumachen, wird gerade in den aufreibenden Kämpfen gegen die einzelnen Präsidentschaftskandidaten deutlich. Der für andere unerreichbare und vorbildhafte Lassalle befreite sie selbst allerdings auch von der Einhaltung des stereotyp wiederholten Versprechens, sich selbst aus dem politischen Tagesgeschäft zurückzuziehen. Solange kein zweiter Lassalle gefunden war, konnte sie ungehindert ihren eigenen politischen Ambitionen nachgehen, ohne dabei in Konflikt zu geraten mit ihrem eigenen Gewissen, das ihr als Frau ein solches rollenwidriges Verhalten nur in bestimmten Situationen erlaubte und zuließ. So ließ sie auch keine Gelegenheit aus, ihr politisches Auftreten und Handeln nicht als Recht, das sie gesucht habe, darzustellen, sondern als »drückende Pflichterfüllung gegen Lassalle, seinen Namen nicht das Spielwerk von Schurken sein zu lassen«.[20]

Als besonderes Manko erwies sich die mangelnde Flexibilität der Gräfin in der sozialen Frage – so jedenfalls argumentiert die Forschung. Je stärker und selbstbewußter die Arbeiterbewegung im Laufe der Zeit wurde, desto mehr verengte sich die zunächst von Lassalle übernommene allgemeine moralische und politische Zielsetzung auf die speziellen Klasseninteressen. In diesem Zusammenhang ist besonders die stets stärker in den Vordergrund tretende, gerade die Arbeiterinteressen repräsentierende Gewerkschaftsbewegung zu nennen. Daß der LADAV dieser gegenüber eine ablehnende Haltung einnahm, ist nicht zu leugnen. Inwieweit diese Haltung allerdings auch der Hatzfeldts entsprach, ist nur indirekt zu erschließen. Äußerungen Hatzfeldts zu diesem Thema sind nicht bekannt. Anzunehmen ist allerdings, daß sie – unter dem Eindruck des Lassalleschen Ehernen Lohngesetzes stehend – die weittragende Bedeutung der Gewerkschaften nicht entsprechend einzuschätzen wußte.

Letztlich sollte Hatzfeldts politisches Wirken aber nicht von vornherein ausschließlich negativ gewertet werden. Ein Blick auf die Jahre ihrer Agitation läßt dies zudem nicht zu. Eine Reihe von Erfolgen ist gerade ihrem Auftreten und Handeln zuzuschreiben. So muß man der Gräfin und dem von ihr geförderten Lassallekult, der in nicht zu unterschätzendem Maße die Popularität Lassalles erhöhte und unterstützte, einen gehörigen Anteil an der Kontinuitätswahrung des ADAV nach Lassalles Tod zuschreiben. Der mögliche Bruch des Vereins konnte besonders aufgrund der zusammenschweißenden Wirkung der Integrationsfigur Lassalle verhindert werden.[21] Auch die ständigen Auseinandersetzungen im Verein, nicht zuletzt ging es in ihnen ja um Hatzfeldt, bewirkten in gewissem Sinne eine Aktivierung der Parteiarbeit, denn sie forderten Interesse und Tätigkeit der Mitglieder in den einzelnen örtlichen Gemeinden. Selbst die in Gotha getroffene Entscheidung für den von Lassalle (und nicht für den von Marx) eingeschlagenen Weg wird bisweilen nicht unwesentlich auf die langjährige Einflußnahme der Gräfin zurückgeführt.

Alles in allem jedoch: Die Arbeiterbewegung, insbesondere der ADAV, entfernte sich stets zunehmend von Sophie Hatzfeldt und ihren politischen Vorstellungen. Die Übereinstimmungen, was die Ziele und die Wege zu diesen anbelangte, verschwanden. Hatzfeldts Weg, einer von mehreren potentiell möglichen, wurde nicht eingeschlagen. Das allerdings scheint kein ausreichender Grund dafür, ihrem politischen Auftreten von vornherein überhaupt kein Interesse zu schenken.

XII. Die »Hure« und die »Heilige« – Sophie von Hatzfeldt im Spiegel ihrer Zeit und der Forschung

Wie kaum eine andere Person der Linken war Sophie von Hatzfeldt umstritten, verehrt und hochgeschätzt von den einen, zutiefst abgelehnt und verachtet von den anderen. Das macht ihre Rezeption so interessant, zumal sich deren Hauptzüge bis in unsere Zeit erhalten haben – man werfe nur einen Blick auf das Bild, das uns viele Historiker von ihr vermitteln. Oft besteht da kein Unterschied zu dem der Zeitgenossen Hatzfeldts. Dieses auffällige Phänomen erlaubte es, die Meinungen und Äußerungen über Sophie von Hatzfeldt sowohl der Zeitgenossen als auch der nachfolgenden Historiker in etwas unorthodoxer Art und Weise oftmals in »bunter Reihe« nebeneinanderzustellen und dabei weniger auf die Chronologie als auf bestimmte Themenkomplexe zu achten. Denn unabhängig von jeder zeitlichen Fortentwicklung ist eines festzustellen: Es hält sich hartnäckig ein ganz bestimmtes Bild von der politischen Gräfin – wenn es auch in mehrere Facetten aufbricht. Dem gilt es nachzugehen.

1864, als Sophie von Hatzfeldt die politische Schaubühne betritt, ist sie unumstritten und wird anerkannt in »ihrer« Rolle als langjährige Vertraute Lassalles und als dessen »Willensvollstreckerin«. Diese Anerkennung umfaßt zumindest in den ersten Wochen nach Lassalles Tod das gesamte Spektrum der Arbeiterbewegung. Doch das ändert sich sehr schnell, nämlich in dem Moment, als man zu bemerken beginnt, daß man es hier nicht mit einem gebrochenen, trauernden und zurückhaltenden Wesen zu tun hat, sondern ein massiver und zielstrebiger Wille in der Erscheinung der nahezu sechzig Jahre alten Gräfin waltet. Damit hatte man nicht gerechnet, daß ausgerechnet diese Frau nun mit dem Anspruch auftreten würde, das Erbe und den Willen Lassalles fortzusetzen und dafür auch gewillt war, alle ihr zur Verfügung stehenden Mittel einzusetzen. So wenn sie sich zum Beispiel in der Präsidentenfrage lautstark und vor allem tatkräftig zu Wort meldete oder aber bei der Gründung des Vereinsorgans, des »Social-Demokrat«, ihren Einfluß geltend zu machen suchte.

Wichtiger ist allerdings, welche Wirkung Hatzfeldt mit ihrem Auftreten in der Arbeiterbewegung erzielte. Die anfängliche Anerkennung war sehr bald mit anderen, eher negativen Gefühlen vermischt. Je politischer und einflußreicher Hatzfeldt wurde, je mehr sie sich als politische Konkurrentin hervortat, desto herber und massiver äußerte sich die Kritik an ihr. Anfangs, da ist man noch eher zurückhaltend mit seinem Urteil. Man weiß, daß die finanzielle Unterstützung der Gräfin dem Verein nur nützen kann, so ohne weiteres will man sich diese sichere Ressource nicht entgehen lassen. Doch die ersten Streitigkeiten politischer Natur sind schnell entstanden: mit Marx und Engels, mit Liebknecht, mit B. Becker, mit Schweitzer, mit J. Ph. Becker – die Reihe ließe sich beliebig fortsetzen. Im Lager der Gräfin setzt ein stetes Ein- und Ausgehen ein. Sie wird unbequem mit ihren Forderungen, ihren Versuchen, den eigenen und Lassalleschen Willen durchzusetzen. Kritische Stimmen werden laut, nicht wenigen mißfällt der politische Kurs Hatzfeldts. Aber erstaunlicherweise geht es da selten um Politik direkt, obwohl der Gegenstand der Auseinandersetzung ein hochpolitischer ist, nämlich die Zukunft des ADAV. Vielmehr macht sich die Kritik immer stärker an der politischen *Frau* fest, das heißt, die Gräfin wurde zuallererst als Geschlechtswesen wahrgenommen. Nicht die politischen Ansichten und Zielvorstellungen der Hatzfeldt werden der Kritik unterzogen (so wie es legitim gewesen wäre, denn die politischen Vorstellungen und Methoden Hatzfeldts entsprachen nicht immer den Umständen der Zeit und boten Anlaß zu Auseinandersetzungen), sondern in erster Linie wird Hatzfeldt als Frau abqualifiziert. Frauen, die wie sie die Männerwelt betraten, wurden (und werden) nach einem doppelten Maßstab beurteilt: nach dem Prinzip der Leistung, weil sie sich in einer Männerwelt bewegten, und nach ihrem sexuellen Verhalten und ihrer Bindung an Männer, weil sie Frauen waren.[1] In kaum zu durchdringender und subtiler Art und Weise sind hier politischer und Geschlechterkampf miteinander verwoben. Man packt die Gräfin an einem ganz bestimmten Punkt: Als weibliches Wesen hat sie letztlich nicht das Recht, politisch aufzutreten (auch wenn das nie so ausdrücklich formuliert wird). Tut sie es doch, so kann dies nur »eine Flut von Lächerlichkeit über die Arbeiterbewegung [ausgießen]«[2] (so Julius Vahlteich, aber auch beispielsweise Schweitzer). Als Frau qua »Natur« unpolitisch und einer ganz anderen »Bestimmung« unterworfen, ist es ihr nicht gestattet, diese den Männern vorbehaltene Domäne zu betreten. Politisches Interesse und das entsprechende Sachverständnis werden ihr sowieso von vornherein glattweg abgesprochen. Grund für Hatzfeldts ambitioniertes Auftreten ist in den Augen ihrer Zeitgenossen (aber nicht nur dieser) einzig und allein ihr über den Tod hinausreichendes Interesse an Lassalle – was auch sicher in übersteigertem Maße existierte –, aber ansonsten nichts anderes. Das anhaltende Interesse an Lassalle gesteht man ihr zu, obwohl man gleichzeitig von vielen Seiten den Vorwurf erhebt, sie habe einen nachteiligen Einfluß auf Lassalles demokratische Gesinnung ausgeübt, ihn in »seiner geistigen Atmosphäre« geschwächt und ausgenutzt.[3] Der Vorwurf, Hatzfeldt habe politisch nicht zu differenzieren vermocht, sondern lediglich aus übertriebener Anhänglichkeit an den verstorbenen Freund gehandelt, findet sich bei B. Becker, bei Marx und Engels, bei Vahlteich (ja eigentlich bei fast allen ihrer Zeitgenossen), aber auch noch sehr viel später, so wenn unter anderen Eduard Bernstein behauptet:

»Für sie war eben die Bewegung Lassalle und Lassalle die Bewegung, sie betrachtete die Dinge meist durch die Brille der vermeintlichen Interessen Lassalles.«[4]

Und wenn es so war? Was ist daran kritisch auszusetzen? Jedem Anhänger einer politischen Richtung müßte man denselben Vorwurf des Epigonentums machen, sofern er/sie nicht zu den ursprünglichen originellen Köpfen zählte, die ja nun einmal nicht so dicht gesät sind. Hatzfeldt als Frau wird die effektlose Adaption »männlicher Gedanken« bewußt vorgeworfen. Da zählt es auch nichts, daß sie niemals allein mit ihrer Haltung dastand, sondern im Gegenteil immer wieder durchaus lassalletreue Mitstreiter fand. Dies übersieht auch ein ihr eher positiv gesinnter Historiker wie Gustav Mayer, der einfach kategorisch behauptet:

»Diese dämonische Frau klammerte sich ... an die Schöpfung des Mannes, dem alle ihre guten Instinkte gehört hatten, mit einer blinden, vernunftbaren, aber durch ihre fast mythische Gewalt ergreifende Leidenschaft. Indem sie sich als die einzige treue und eingeweihte Vollstreckerin des Willens des toten Agitators ansah, der ihr schlechthin als der Erfinder der deutschen Arbeiterbewegung galt, hatte diese in allen Raffinements heimische, durch Geburt und Neigungen weit eher auf den Hof als auf die Höfe der Armen hingewiesene Aristokratin sich immer tiefer in die hirnverbrannte Idee hineingelebt, daß sie einer gewaltigen und aus tausend Wurzeln aufsprießenden sozialen Strömung Richtung und Inhalt bestimmen müsse. Sachliche Gesichtspunkte gab es nicht für eine Frau, die selbst im Zusammenleben mit Lassalle nicht gelernt hatte, wie gänzlich fremde Gebiete Politik und private Leidenschaft sind. Ihre Pietät gegen den Hingeschiedenen äußerte sich in einer grotesken Buchstabengläubigkeit gegenüber dessen Worten, die Veränderungen der Zeitumstände und der Machtverhältnisse gingen spurlos an ihr vorüber.«[5]

Dieser Abschnitt ist in seiner ganzen Länge zitiert, weil er verdeutlicht, welche Klischees und Vorurteile bei der Bewertung Hatzfeldts eine Rolle spielen. Unüberlegte Emotionalität, Leidenschaft, mangelnde Sachlichkeit und Originalität – durchaus Elemente der Politik, die immer wieder anzutreffen sind –, werden ihr als Frau bewußt zum Vorwurf gemacht. Die Vorstellung, als weibliches Wesen und noch dazu adliger Herkunft einer sozialen Richtung das eigene Profil verleihen zu wollen, wird als »hirnverbrannte Idee« abgetan, von vornherein zur Unmöglichkeit erklärt. Ohne weiteres kann Mayer erklären, diese »seltsame Frau« habe im Grunde genommen die Arbeiterbewegung nie verstanden[6] und befindet sich mit dieser Äußerung in der guten Nachbarschaft Bernhard Beckers, der Hatzfeldt generell eine ablehnende Haltung den Arbeitern gegenüber vorwirft.[7] Ein Urteil, das bar jeder Logik erscheint, denn zeit ihrer politischen Tätigkeit stand Hatzfeldt in regem und engem sowohl brieflichen als auch persönlichen Kontakt mit Arbeitern und war sich auch als Adlige nicht »zu schade«, deren Versammlungen und Wohnungen aufzusuchen.

Schnell wird aus der Frau, der Marx noch zu Anfang der sechziger Jahre mehr politischen Sachverstand zutraute als gar Lassalle, die lediglich dem Lager der Reaktion in die Hände spielende Agentin, die aus falschverstandener Lassalle-Loyalität die Zeichen der Zeit übersieht und die Arbeiterbewegung an das feindliche Lager verkauft. Innerhalb kürzester Zeit ist sie es, die die nahezu alleinige Schuld an allen inneren Vereinszerwürfnissen trägt, die sie angeblich mit Hilfe ihrer finanziellen Mittel und auf dem Wege über Intrigen bewußt immer wieder neu anfache.[8] So äußert sich Carl Wilhelm Tölcke, einer ihrer ehemaligen Gegner, noch 1873, als Hatzfeldt sich schon längst aus dem politischen Leben zurückgezogen hat:

»Die Gräfin von Hatzfeldt verwandte nicht nur die Jahresrente von 1200 Thlr., welche sie aus dem von Lassalle nachgelassenen Vermögen bezog, sondern noch bedeutendere Summen zu einer regsamen Agitation, um Verwirrung und Zersplitterung in den von Ferdinand Lassalle gegründeten Allgemeinen deutschen Arbeiter-Verein zu bringen. Die Agenten der Gräfin reisten in Deutschland umher, um überall Mitglieder vom Vereine loszureißen und zum Anschluß an die sogenannte ›Opposition‹ zu verleiten. Der in Hamburg unter der Redaction eines gewissen Bruhn erschienene ›Nordstern‹ leistete der Gräfin in der Unterwühlung des Vereins wesentliche Dienste. Der Präsident des Vereins, Bernhard Becker, verwandte seinerseits die Gelder und agitatorischen Kräfte des Vereins zur Abwehr der Angriffe und Bestrebungen der gräflichen ›Opposition‹. Statt zur Ausdehnung des Vereins nach Außen wurden bedeutende Geldmittel und Agitationskräfte auf die Zerwürfnisse und die ekelhaften persönlichen Zänkereien im Innern des Vereins verwendet.«[9]

Mit diesem Urteil steht Tölcke, der »Vater der westfälischen SPD« (Arno Herzig), seinem zeitweiligen »Chef«, dem ehemaligen ADAV-Präsidenten Schweitzer, in nichts nach, der selbst keine Gelegenheit ausließ, Hatzfeldt für die Auseinandersetzungen im Verein verantwortlich zu machen.

»Mehrere ›Arbeiter‹, das heißt solche Personen, welche früher Arbeiter waren, jetzt aber nichts mehr arbeiten, sondern von der Frau Gräfin unterhalten werden, reisen beständig im Verein umher, um Alles hintereinander zu hetzen. Dabei sind sie gut instruirt. Verdächtigungen, Verläumdungen jeder Art, werden gegen diejenigen, welche durch den Willen der Arbeiter zur Leitung des Vereins berufen sind, in Umlauf gesetzt. ... Man kann mit Sicherheit annehmen, daß seit dem Tode Lassalles von der Frau Gräfin von Hatzfeldt zur Zerrüttung des Allg. deutsch. Arb.-Vereins jährlich Tausende verausgabt worden sind.«[10]

Beide Männer, Tölcke und Schweitzer, befinden sich mit ihren Äußerungen in den Spuren vieler ihrer männlichen Vorfahren (und ebenso viele Nachfahren folgten ihnen), denn: »Tauchen Frauen in der Geschichte auf, die politische Absichten haben, wird ihnen von der Geschichtsschreibung gewöhnlich der Schwarze Peter an allen schlimmen Entwicklungen zugeschoben.«[11] (Viele Beispiele wären zur Stützung dieser These zu nennen. Hingewiesen sei lediglich auf die Frauen der Pariser Kommune von 1870/71, die im nachhinein für viele Fehlentwicklungen während der Kommunetage – unberechtigterweise – verantwortlich gemacht wurden.)[12]

Lüge, Intrige, falsches Spiel, Zänkerei – die ganze Palette unfairen politischen Kampfes reicht kaum aus, um die »Schandtaten« der Gräfin gebührend zu beurteilen. Wundern muß man sich, glaubte man diesem Bild, wie es Hatzfeldt immer wieder gelang, Mitstreiter für dieses »schändliche Spiel« zu gewinnen. Das mußte auch ein Problem in den Augen ihrer Kritiker sein, die dasselbe für sich allerdings ganz einfach lösten, indem sie den Anhang der Gräfin nach allen Maßstäben abqualifizierten und verächtlich machten. Mit diesem Risiko hatte jeder zu rechnen, der sich in den Dienst Hatzfeldts und ihrer Vorstellungen begab, der »Strohpräsident Försterling« (B. Becker), vor allem aber zum Schluß der »Zaunkönig« Mende, »dem die einfachsten intellektuellen und moralischen Eigenschaften für die Tätigkeit eines Arbeiterführers fehlten«.[13] Mit dem reinsten Gesindel, dem sozialen und moralischen »Abschaum« muß sich Hatzfeldt umgeben haben, schenkt man ihren Gegnern Glauben. Nicht gerade der Unbekanntesten einer, nämlich Karl Marx, versuchte dieses Bild zu zeichnen, so wenn er sich über Mende wie folgt äußert:

»Der Lause-Mende der alten Hatzfeldt ist früher wandernder Improvisator und Deklamator gewesen, ein durch und durch dem Lumpenproletariat zugehöriges Stück Vieh.«[14]

Da hören sich die Anfechtungen des Historikers Mayer noch eher harmlos an, der lediglich meint:

»Weil sie ihr Geld nicht schonte, gelang es ihr, unter den armen Teufeln von Arbeitern immer wieder darbende Familienväter, eitle Wichtigtuer oder beschränkte Traditionsanbeter zu finden, die sich ihren Zwecken zur Verfügung stellten. Ihr Verhältnis zu Lassalle umgab in den Augen der Arbeiter die rote Gräfin mit einem ungeheuren Nimbus, der noch gesteigert wurde durch die dämonische Überredungskunst und die bald herrische bald schmeichelnde Art, mit der die geborene große Dame jenen politischen Kindern begegnete.«[15]

Also, mit anderen Worten: leicht beschränkte, durch die Not der Umstände dazu gezwungene, halbseidene und politisch unerfahrene Existenzen fanden ihren Weg zu Hatzfeldt. Politisch qualifizierte Kräfte konnten unmöglich die Dummheit begehen, die Gräfin zu unterstützen. Es kostete auch schon damals seinen Preis, sich in den politischen Bannkreis einer Frau zu begeben. Und man ließ es auch damals besser bleiben, wollte man nicht zu den »Schwachköpfen«, »Werkzeugen«, »Agenten« und »bezahlten Kreaturen und Lieblingen« hinzugerechnet werden, die sich freiwillig zu der »Hatzfeldt-Bande«, der »Hatzfeldt-Sekte« schlugen.[16] Was damals von den Zeitgenossen Hatzfeldts zur bewußten Lächerlich- und Verächtlichmachung des politischen Anhangs der Gräfin gedacht war, wurde von den meisten Historikern recht unkritisch übernommen, selten in Frage gestellt. Eine besondere Variante in der Sicht des Hatzfeldt-Anhangs (zugegeben in der Endphase der Auflösung) bietet uns Franz Mehring an, der die Metapher der Krankheit gerade im Zusammenhang mit Hatzfeldt und ihrer politischen Gruppierung gar nicht oft genug anzuwenden weiß. So unter anderem:

»Der Verein der Gräfin litt an unheilbarer Schwindsucht. Die Lebenszeichen, die er noch von sich gab, waren die krampfhaften Zuckungen einer absterbenden Sekte...«[17]

Ein besonders gelungenes Bild vom LADAV vermittelt uns Bernhard Becker, dessen Darstellungen (gerade wenn er sich auf Hatzfeldt bezieht) es ja niemals an gehässigen Bösartigkeiten mangeln lassen:

»Gegenwärtig ist der Lassalleanismus in zwei einander befehdenden Sekten verkörpert. Die eine derselben, an deren Spitze nominell der Strohpräsident Emil Försterling um die Kaufsumme von 200 Thlrn. steht, wird von einer ehrgeizigen, herrsch- und streitsüchtigen Amazone mittelst des in ihrem Serail waltenden Günstlings, des unterhaltenen Schürzen-Vizepräsidenten Friedrich Mende, geleitet. Diese Sekte, äußerst gering an Zahl und jeder geistigen Kraft baar, besteht aus feilen Käuflingen, aus den schlechtesten Auswürflingen der Arbeiterbewegung und aus abergläubischen, bejammernswerth dummen Muckern, welche neben dem neuen Heiland auch die unbefleckte Empfängniß der heiligen Jungfrau verehren. Diese Sekte, die das ekle Speichelleckerthum vor einer gräflichen Krone mit der zynischen Unterwürfigkeit unter die Gelüste des Unterrocks verbindet, ist bloß die Abart und Bankbeinschaft, die gänzliche Verkommenheit und das von Abfällen lebende Buschmännerthum des Lassalleanismus. Ihr mit dem Gelde der Herrscherin aufrecht erhaltenes, zu Hamburg erscheinendes Winkelblatt wird nicht redigirt, sondern zusammengesudelt, zählt, wenn es hoch kommt, fünfzehn Abonnenten und enthält nichts Neues, ausgenommen immer neu aufgewärmte Lügen und schamlose Pasquille. Diese Sekte würde in Anbetracht, daß sie unter weiblicher Regentschaft steht, mit den englischen Zigeunern am Füglichsten verglichen werden können, wofern nicht ihre verschwindend kleine Zahl und unbeschreiblich große Stupidität einem solchen Vergleiche im Wege ständen. Wie die Herrscherin sich darauf kapriziren kann, über diese Querpfeifer das Pantoffelregiment zu führen, wäre völlig räthselhaft, wenn nicht die Konventikel der Adamiten und anderer Pietisten die aus der Analogie fließende Erklärung an die Hand geben würden.«[18]

Da meldet sich immer wieder der Fallengelassene und nunmehr Rachsüchtige, doch nicht gerade wenige mögen mit in seinen Ausruf »Fort mit dem Einflusse der alten Weiber und Schürzenpräsidenten!«[19] eingestimmt haben. So war es nicht zuletzt Schweitzer, der sich auf der Generalversammlung in Berlin 1870 darüber beschwerte, »daß Männer sich gestern den ganzen Tag mit altem Weibergeschwätz beschäftigt hätten, das gar keinen Werth habe«.[20]

Überhaupt haben es die Männer schwer, sich mit einer dieser zigarrerauchenden »Emancipirten«, »die sich wie Männer gebärden und wie Männer behandelt sein wollen«,[21] auseinanderzusetzen. Wer hat schon gerne mit einer »ehrgeizigen, herrsch- und streitsüchtigen Amazone« zu tun, hat gerne »Umgang mit jenen Unholdinnen, welche nichts Ganzes, sondern von beiden Geschlechtern ein karrikaturähnliches Gemisch sind«?[22] Die politische und daher von vornherein »unweibliche« Frau erfährt eine radikale Ablehnung. Das Beispiel Hatzfeldts verdeutlicht sehr anschaulich, welche Konsequenzen das geschlechtsbezogene Denken jener Zeit hatte. Es gestattete Frauen ein als Grenzüberschreitung empfundenes Vorgehen nur um den Preis des Verlustes an sexueller Integrität.[23] »›Männlich‹ sein wird unter Verzicht auf eine Definition zur willkürlich gebrauchten Stigmatisierung vor allem jener Frauen verwandt, die die ihnen auferlegte Passivität im Sinne von Handlung, Leistung, überwinden. Man zieht die physische und geistige Integrität der Betroffenen in Zweifel. Wer sich nicht unmißverständlich als Mann oder Frau kenntlich macht, gerät in sexuelles Niemandsland.«[24]

Etwas Verruchtes muß dieser Frau in ihrem Auftreten eigen gewesen sein, glaubt man all ihren männlichen Gegnern (aber auch den auf deren Spuren wandelnden Forschern), die vor keinem Vorurteil und keiner Klischeevorstellung zurückschrecken, gilt es, etwas über Hatzfeldt zu sagen. Da walten dunkle und unerforschliche Kräfte. »Dämonisch« und »seltsam« (Gustav Mayer) war die Gräfin, »eine der merkwürdigsten Erscheinungen in der Arbeiterbewegung« (Julius Vahlteich) – von da ist der Weg zur »alten Hexe« (als welche Wilhelm Liebknecht sie bezeichnet), zum »Gespenst«, zur »listigen Schlange« und zur »Megäre« (so Karl Marx) gar nicht mehr so weit.[25] Die »dunkle, geheimnisvolle Frau«, die Verkörperung allen weiblichen Übels – wie kaum ein anderes von Männern geprägtes Frauenbild verdeutlicht es den zwanghaften Charakter männlicher Phantasie.

Alter und Sexualität stehen immer wieder auf dem Plan, läßt man sich über Hatzfeldt aus. Da tut besonders Karl Marx sich hervor, auch ansonsten ja nie ausgesprochen zimperlich im Urteil über seine Mitmenschen, so wenn er ab dem Jahr 1865 nur noch von der »alten Hure Hatzfeldt« oder aber dem »alten Saumensch« spricht. (Marx ist es übrigens auch, der eine an Gehässigkeit so schnell nicht zu überbietende Beschreibung vom Äußeren Sophie von Hatzfeldts liefert.)[26] Daß auch Bernhard Becker von der »Kokette« Hatzfeldt spricht, braucht mittlerweile nicht mehr zu verwundern.[27]

Allein politisch fundierte und sachliche Kritik an Hatzfeldt, der man eine Berechtigung durchaus zugestehen müßte, ist fast kaum anzutreffen, so sehr man auch danach sucht. Immer spielen Polemik und Klischee, Vorurteil und Ressentiment die Hauptrolle bei der Beurteilung der politischen Gegnerin, die im Grunde genommen als solche gar nicht akzeptiert, sondern von vornherein in ihrem Auftreten als Frau, die nicht den gängigen Rollenvorstellungen entspricht, sondern diese vielmehr überschreitet, bewertet wird.

Bewußt als Frau, allerdings unter einem anderen Vorzeichen, wird Hatzfeldt bemerkenswerterweise aber auch bei ihren Anhängern behandelt und beurteilt. So sehr sie gerade von den Führern der Bewegung abgelehnt und verdammt wurde, so sehr erfreute sie sich andererseits bei ihren Anhängern – und das waren nicht immer wenige – der größten Hochachtung und Verehrung. Hier scheinen sich die Lager zu spalten. Anerkannt als eine Art ›Patronin‹ bei vielen der Arbeiter selbst, abgelehnt dagegen von den Führern der Bewegung; Integrationsfigur einerseits, Konkurrenz andererseits. Doch auch dort, wo sie anerkannt und verehrt wurde, geschah das vor einem ganz speziellen Hintergrund. Sie war »der beste, der einzige Freund« Lassalles, und in dieser Rolle erfährt sie eine kaum zu überbietende Wertschätzung. Fast könnte man meinen, daß diese beiden Menschen in den Augen der Anhänger als identisch dastehen. Ein Angriff auf Hatzfeldt kommt ihnen einem Angriff auf Lassalle gleich. Nicht genug der rühmenden Worte können gefunden werden, um ihr beider Verhältnis in den leuchtendsten Farben zu schildern, wenn nicht sogar zu verklären.

»... jetzt wird Ferdinand Lassalle selbst, der, so lange er lebte, nicht ein Haar auf dem Kopfe der Frau Gräfin ungestraft hätte krümmen lassen, aus dem Grabe seine Stimme erheben, um diese Frau noch zu schützen und uns zu sagen, daß sie ihm das Theuerste auf der Welt war.«[28]

Nahezu sakrosankt steht Hatzfeldt da. Der Nimbus und die auch noch über den Tod des bewunderten und verehrten Arbeiterführers hinausgehende Wirkung auf breite Kreise der Arbeiter verbieten jeglichen Angriff auf die langjährige Vertraute Lassalles. Die eigenständige Persönlichkeit Sophie von Hatzfeldts verschwindet, hat ein Schattendasein zu führen hinter dem Titanen Lassalle.

Gerade ihr Frausein, das den Gegnern immer wieder Anlaß zu scharfer Kritik gab, wird ihr von den Anhängern zum vermeintlichen Vorteil ausgelegt. Da ist viel die Rede von Ehre und Anstand, die man ihr schulde, nicht zuletzt als Frau, als »Dame«. Selbst Wilhelm Liebknecht, für den Hatzfeldt schon im Herbst 1865 die »alte Hexe« ist, wirft sich zu Anfang des Jahres auf der Berliner Versammlung in seiner großen gegen Bernhard Becker gerichteten Verteidigungsrede für sie (und allerdings auch für Marx und Engels und nicht zuletzt sich selbst) in die Bresche, führt quasi die Riege der Kavaliere an.

»Ein Mann, der eine Dame in so schmutziger, gemeiner, perfider Weise öffentlich angreift, brandmarkt überhaupt dadurch nur allein sich selbst. (Sehr wahr, sehr richtig!)«[29]

Es war halt schon etwas anderes, ob man Hatzfeldt öffentlich beschimpfte und verleumdete (so wie es B. Becker u. a. taten) oder ob man im Geheimen und hinter vorgehaltener Hand über sie schimpfte und spottete. Da konnte man den ehrenvollen Kavalierskodex auch schon einmal vergessen. Zumindest zu Anfang des Jahres 1865. Später nahm man dann auch in der Öffentlichkeit kein Blatt mehr vor den Mund. Zudem darf man eines sowieso nicht verhehlen: Diese zur Schau gestellte konventionelle, kavaliersmäßige Haltung, die so viel Betonung auf ritterlichen Schutz und Höflichkeitsbezeugungen legt, ist letzten Endes nur der Ausdruck einer sehr viel subtileren Manipulation. Rein äußerlich gesehen akzeptiert man die Frau, in diesem Fall Hatzfeldt, aber sie hat dann auch als solch eine Frau sich zu verhalten, der ein Ritter und Kavalier gebührt. Und wie dieses Verhalten auszusehen hat, darüber entscheidet nicht die Frau selbst, sondern die die Spielregeln bestimmenden Männer.

Ein besonders schönes Beispiel für die Stilisierung und Idealisierung der Gräfin Hatzfeldt geradezu zur »Mutter« der deutschen Arbeiterbewegung stellt ein Antrag einiger Münchener Arbeiter dar, der im Herbst 1869 in der »Freien Zeitung« veröffentlicht wurde. Mit ihm wandten sich einige der lassalleorthodoxen und hatzfeldttreuen Münchener Arbeiter gegen einen der ihren, den Bevollmächtigten Robert Neff. Sie warfen ihm vor, »die gnädige Frau Gräfin von H. zu widerholten Malen öffentlich mit dem Ausdruck, vielmehr dem elenden Schimpfnamen --- (die hier folgenden Worte haben wir, aus Achtung vor dem gewöhnlichsten Anstande, den wir unsern Lesern, sowie der Frau Gräfin gegenüber wahren zu müssen glauben, durch Striche ersetzt. – Die Red. der »Fr. Ztg.«) [gescholten zu haben]. . . . Da ich nun so glücklich war, mit der hohen Person, wenn auch leider nur sehr kurze Zeit bekannt zu werden, aber in diesen wenigen Stunden sie im reinsten Sinn als die beste und aufrichtigste Mutter der Arbeiter kennen gelernt, und deshalb auch *hochachte und ehre,* so kann ich es diesmal nicht ungerügt hingehen lassen.«[30] Sie, die »um die Arbeitersache aufrecht zu erhalten, sogar Ihre Stellung in der Welt opferte«, dürfe nicht dem »Gespötte eines Gimpels«, der nichts als Egoismus kenne, preisgegeben werden.

Auch hier wieder: Das, was Hatzfeldt *erlitten* hat für die Bewegung, ist mehr von Gewicht, als das, was sie aktiv geleistet hat oder hat leisten wollen. Der weitere Wortlaut des Antrages bestätigt dies noch einmal; der Schwerpunkt liegt unmißverständlich auf Hatzfeldts »Opfern«, die es zu honorieren gelte.

»Herr Neff hat also die erhabene Heldentat verübt – *eine Frau zu schimpfen!* Wer diese Frau ist, wissen wir. Was sie für die Arbeiterbewegung gethan hat, das wissen wir auch! Daß sie von Bourgeoisie und Reaktion beschimpft und verspottet worden ist, wegen ihrer Opfer für eine Agitation, die ihr unsterblicher Freund, unser großer Lehrer Ferd. Lassalle ins Leben gerufen und die sie nicht hat untergehen lassen wollen, sondern die sie stets reichlich unterstützt, wie sie noch vor kurzer Zeit beim jetzigen Präsidenten [Schweitzer] namhafte Stimmen zur Agitation auf seinen Wunsch verabfolgte, – das wissen wir ebenfalls! Daß es ein deutscher Arbeiter, ein Mitglied unseres Vereins fertig bringen konnte, eine Frau, die sich nicht vertheidigen *kann,* zu beschimpfen – und noch dazu *diese Frau – das wußten wir bisher noch nicht!* Aber daß der Vorstand zeigen wird, daß unser Verein nicht der Sammelplatz feiger und unwürdiger Creaturen sein soll, daß der Vorstand die Ehre des Vereins wird zu wahren wissen – *das hoffen wir!*«

Was all das letztlich auch zu bedeuten hat, ist klar: »Durch Lieben und Leiden und Selbstopfer kann es die Frau zu einem Stehplatz auf den hintersten Rängen der Geschichte bringen, bleibt aber an ihr der Schimmer eines Makels, aktiv in Regierungsgeschäfte eingegriffen zu haben, wird sie gewöhnlich abqualifiziert.«[31]

Noch in unserem Jahrhundert werden Frauen mit dieser männlichen Verhaltensweise konfrontiert, wissen sie aber durchaus einzuschätzen, wie es die Äußerung Marie Juchacz', einer der Mitbegründerinnen der Arbeiterwohlfahrt und zeitweiligen Frauenvertreterin im Vorstand der SPD, aus dem Jahr 1929 deutlich macht: »Die Formen der Ritterlichkeit und der Ehrerbietung, die eigentlich dem Feudalismus entlehnt sind, schlagen naturnotwendig dann, wenn Frauen sich verselbständigen und ihre eigene politische Meinung äußern, in eine gewisse, geschlechtlich betonte Verächtlichmachung um.«[32]

Selbst die engsten Vertrauten Sophie von Hatzfeldts wie zum Beispiel Fritz Mende wiesen jede Einflußnahme Hatzfeldts kategorisch von sich. Peinlich darauf bedacht, auch nur jedem in diese Richtung gehenden Verdacht die Spitze zu nehmen, bemerkt Mende in der Zeit des erneuten Auseinanderbruchs von LADAV und ADAV:

»Vielleicht also weiß der ›Socialdemokrat‹, daß die Frau Gräfin Hatzfeldt mein Vorgehen in diesem Falle ebenso wenig beeinflußt, als sie es je beeinflußt hat.«[33]

Besonders verletzen mußte es Hatzfeldt, daß ihre Gegner ihr schon recht bald sogar den »Verrat« an Lassalle und dessen Lehren vorwarfen und Lassalle selbst als vermeintlichen Zeugen dafür heranzogen. So konnte man schon 1865 von Bernhard Becker hören:

»Besonders aber würde sich sein [Ferdinand Lassalles] Strafgericht gegen das Weib kehren, welches, weil es über uns nicht herrschen kann, durch Geld und Lüge, durch Kabale und die sogenannte ›wilde Beredsamkeit‹ der bösen Zunge uns zum Fluche wird.«[34]

Damit nahm man ihr ihren einzigen Haltepunkt, der sie – in ihren Augen – zudem moralisch und legitimatorisch absicherte.

Nicht weniger vernichtend hört sich das spätere in dieselbe Richtung gehende Urteil Franz Mehrings an:

»Es gibt keine Entschuldigung für die Art, wie sich die Gräfin an dem Andenken ihres toten Freundes versündigte. Ihr Treiben war nicht mehr gefährlich [nach der Gründung des LADAV], denn es ließ sich vorhersehen, was sich auch wirklich erfüllte, daß die paar tausend ehrlicher Arbeiter, die sie mit Lassalles Namen verblendete, bald zu besserer Erkenntnis erwachen und dann zum alten Vereine zurückkehren oder sich der Sächsischen Volkspartei anschließen würden. Aber es war im höchsten Grade peinlich, daß die Bourgeoisie ein paar Jahre lang ihren stumpfen Witz an dem Unfuge schärfen konnte, den die Gräfin trieb.«[35]

Weiblicher Einfluß wird hier als permanente, lustvolle Zerstörung all dessen dargestellt, was die »zweckvoll schaffende Hand des Mannes« je bewirkte.[36] Das kommt einer ›Sünde‹ gleich, peinlich und lächerlich ist es zudem.

Wenige nur sind Sophie von Hatzfeldt in der Forschung mit einer Art vorurteilsfreien Sympathie entgegengetreten, wie beispielsweise Helmut Hirsch und Hans Schulte. Doch selbst bei letzterem und all seiner Wertschätzung Hatzfeldts findet sich die Frage danach, »welche Rolle Sophie von Hatzfeldt in der Arbeiterbewegung hätte spielen können, wenn sie sich selbst eine weise Beschränkung auferlegt hätte«.[37]

Egal, wer sich wann über Sophie von Hatzfeldt geäußert hat, ob Zeitgenossen oder aber nachfolgende Historiker[38] – die Urteile über die politische Gräfin sehen sich zumeist sehr ähnlich. Daran scheint auch die Zeit, die seitdem verstrichen ist, nämlich weit über hundert Jahre, nichts geändert zu haben. Hartnäckig wird festgehalten an einem ganz speziellen Bild Hatzfeldts, dessen Hauptaspekte deutlich gemacht werden sollten. Daß dieses Bild aber auch ganz anders hätte aussehen können, scheint nur einer, nämlich Shlomo Na'aman, zu bemerken:

»Lassalle hat all seine Gedanken der Gräfin mitgeteilt, und sie hat ihre oft abweichende (meist realistischere) Einschätzung nicht verhehlt. Die Geistesverwandtschaft wuchs mit der Zeit, wobei – oft bei wachsender persönlicher Spannung – die Gräfin sich immer mehr in Lassalles Gedanken einlebte. Wäre die Hatzfeldt keine Frau gewesen und wäre das Verhältnis nicht auf deutschem Boden erwachsen, so hätte es seine gute Einwirkung auf Lassalle nicht verfehlt und Sophie von Hatzfeldt hätte eine politisch einflußreiche Persönlichkeit werden können. So blieb dieses Verhältnis ein mißverstandenes Anhängsel der mißverstandenen Hatzfeldthändel.«[39]

XIII. Sophie von Hatzfeldt oder Ein Leben als ›Paria‹

»Ich habe viel, viel mehr gelitten als irgend jemand, der die Tiefe und Kraft meiner Empfindungsweise nicht zu verstehen mag, begreifen kann. Nicht an den äußeren Unglücksfällen aber an den Wunden, die meinem Herzen so unverdienterweise geschlagen wurden. Für Lassalle hatte ich eine wahre Freundschaft und Hochschätzung, er verstand auch meinen Geist zu beschäftigen, und die Stärke seines Geistes und Charakters war mir eine Stütze, die mir über manches hinweghalf. Ich habe gesucht, diesen entsetzlichen Verlust zu übertäuben und mein ganzes vereinsamtes Herz zu beschäftigen mit fieberhaften, selbstverleugnenden Anstrengungen für sein Andenken. Doch Alter und Krankheit und böse Enttäuschungen haben auch diesem Bemühen ein Ziel gesetzt.«[1]

In diesen wenigen Worten Sophie von Hatzfeldts liegt zumindest einer der Schlüssel zum Verständnis ihres Lebens, ihrer politischen Aktivitäten. Doch sollte man es sich mit ihr nicht so einfach machen, wie es viele ihrer Zeitgenossen und dann später auch eine Schar von Historikern getan hat. Für sie alle, egal ob »Söhne« des 19. oder aber des 20. Jahrhunderts, steht nämlich eines fest: Daß Sophie von Hatzfeldt politische Arbeit geleistet hat, das können sie nicht oder aber kaum leugnen. Warum sie allerdings politisch aktiv war, darauf ist die Antwort schnell gefunden. Hatzfeldt an sich war gar nicht politisch, politisch wurde sie erst durch Lassalle und vor allem durch dessen Tod – so ihr nahezu übereinstimmender Tenor. Übersteigerte Gefühle, verlorene Hoffnungen, die Unfähigkeit und besonders Unwilligkeit, sich in das Gegebene (nämlich den Verlust Lassalles) zu fügen – dies sind in den Augen dieser Männer die einzigen in Frage kommenden Motive für Hatzfeldts Handeln. Das greift nicht weit und vor allem nicht tief genug, denn es übersieht zahlreiche Facetten der Persönlichkeit Hatzfeldts und noch mehr – es übergeht ihren ganz speziellen Lebensgang, der sie mehr als alles andere prägte.

Als Tochter einer reichsfürstlichen Magnatenfamilie geboren, mußte sie schon mit sechzehn Jahren erleben, wie sie das Opfer politischer und finanzieller Erwägungen ihrer so einflußreichen Familie wurde, als sie, um Majoratsstreitigkeiten beizulegen, einen Vetter aus der gräflichen Linie heiraten mußte – und hat das in diesem Alter wahrscheinlich noch nicht einmal erkennen können. Doch schon bald wurde sie von der Realität eingeholt. Sie lebte in einer unglücklichen Ehe mit ihrem Vetter Edmund, der sie von Anfang an betrog, unterdrückte, einsperrte, von jeglichem gesellschaftlichen Umgang fernhielt, und der ihr zu guter Letzt noch ein Kind nach dem anderen entfremdete und wegnahm – bis auf ihren jüngsten Sohn Paul,[2] mit dem sie ihr Leben lang verbunden blieb. Hilfe und Unterstützung konnte sie von niemandem erwarten. Ihre eigene Familie war zu sehr auf die Reputation bedacht, fürchtete zu stark einen gesellschaftlichen Skandal, als daß sie der unglücklichen Schwester aus dieser trostlosen Situation zu verhelfen gewillt gewesen wäre.

Aus dieser hilf- und vor allem rechtlosen Lage wäre Hatzfeldt wahrscheinlich niemals aus eigener Kraft herausgekommen, auch wenn sie selbst es war, die 1846 nach 24jähriger Ehe die endgültige Entscheidung für die Scheidung traf. Gerade zur rechten Zeit lernte sie den jungen Lassalle kennen, der sich sofort mit ihr verband und bereit war, für sie zu kämpfen und bis zum letzten zu gehen. »In dem Ringen um persönliche und politische Freiheit und im Kampf gegen die sie bedrükkenden Privilegien fanden sie sich als zwei potentielle Revolutionäre zusammen.«[3] Diesen Wendepunkt in Hatzfeldts Leben darf man unter keinen Umständen außer acht lassen oder aber gering werten. Da ist zum ersten Mal ein Mensch, der ihr Unglück ernst nimmt und – vor allem – es als gesellschaftliches Phänomen einzuordnen weiß. Denn letzten Endes handelte es sich ja nicht um einen rein privaten Eheskandal, hier ging es um mehr. Hier zeigte sich eine gesellschaftlich in hohem Rang stehende Frau nicht mehr gewillt, die jahrelang ertragene, gesellschaftlich sanktionierte und legitimierte Unterdrückung wort- und tatenlos zu ertragen. Der gemeinsame Kampf beider, Hatzfeldts und Lassalles, gegen die überkommene Feudalwelt und deren Mechanismen, der sich über lange sorgenvolle und entbehrungsreiche Jahre hinzog, hatte sich dann auch rein äußerlich gelohnt. 1854 war Sophie zwar endgültig von Edmund geschieden und, was besonders wichtig war, finanziell weitgehend abgesichert. Doch der äußere Schein trügt, wie so oft, auch hier. Denn Hatzfeldt konnte von nun an alles, nur nicht frei und ungebunden ein selbständiges Leben führen. Vielmehr mußte sie sehr bald erkennen, daß mit der vollzogenen Scheidung ihre Pariaexistenz endgültig besiegelt war. Von nun an gab es kein Zurück mehr in die eigenen Kreise, selbst nicht in die eigene Familie, auch wenn die Gräfin es immer wieder versuchte. Von der einen Seite, der Adelswelt, wurde sie ausgestoßen und abgelehnt; die andere Seite, die Bourgeoiswelt, betrachtete sie lediglich als exotische, bizarr schillernde Persönlichkeit, mit der man sich zwar gern zeitweise schmückte, mehr aber auch nicht. Sophie von Hatzfeldt mußte ihr Leben folgerichtig am Rande jeglicher Gesellschaft verbringen. Das hat sie sehr schnell erkannt, und sie hat sich auch keinen Illusionen hingegeben, diesen Zustand jemals ändern zu können – wenn das auch nicht bedeutet, daß die Gräfin sich jemals mit dieser Situation abgefunden hätte.

»Es setzt mich immer wieder in neues Erstaunen, wie arg es ist, daß selbst die Leute, denen ich am besten gefalle und die es am liebsten möchten, es nicht wagen dürfen, den Kreis der mich von allen abschneidet, zu überschreiten. Meine Feinde haben ein Meisterwerk an mir vollbracht; vollständiger war es nicht möglich, jemand zugrunde zu richten, und noch dazu einen Menschen, der von der Natur so vorzugsweise mit Gaben zum Glück ausgestattet war. Es regen sich auch dann immer wieder in mir Haß und Rachegedanken. Doch was kann ich machen? Solange ich lebe, wird mir niemand glauben.«[4]

Etwas anderes war ihr aber auch sehr schnell klar: nämlich, daß Lassalle der einzige Mensch war, auf den sie jetzt noch zählen konnte, der gewillt war, sie vollends zu akzeptieren. Mit ihm teilte sie das Gefühl des Außenseiters, gleich ihr lebte auch er letztlich ohne sicheres gesellschaftliches Netz – trotz aller intellektueller und politischer Wertschätzung und Anerkennung, die er erfuhr. Selten wird einem so deutlich wie an diesem ungleichen Paar gezeigt, was es heißt, gesellschaftlich nicht anerkannt zu sein, in einer Gesellschaft zu leben, die einen ablehnt, von der man aber selbst nichts sehnlicher wünscht, als von ihr aufgenommen zu werden. Stärker wahrscheinlich noch als Lassalle hat die Gräfin diese tiefe Ambivalenz in ihrem Leben empfinden müssen. Alles war ihr, die es in Ansätzen zumindest gekannt hatte, genommen: ihre Familie, ihre Umgebung, ihre Lebensgewohnheiten, ihr finanzieller Besitz, ja selbst ihre eigenen Kinder.

»... ich habe nichts von allem, wozu ich allerdings durch meine Lebensverhältnisse berechtigt wäre: keine äußerlichen Zerstreuungen und Annehmlichkeiten, selbst nichts von allem, was der Ärmste hat, Familie und Kinder, dagegen sehr positives Unglück, über das ich freilich oft mit Trauer denke ...«[5]

Anders aber als fast jeder Mann konnte Hatzfeldt diesen Verlust gar nicht oder aber nur bedingt mit einer selbstgewählten Aufgabe oder Arbeit kompensieren. Dieser Weg stand ihr als Frau ihrer Zeit nicht offen, zumal als Frau aus adligem Hause. Das erkannte sie.

»Für Frauen wird, solange unsere jetzige Welt und Gesellschaftssystem besteht, dieses Motto [»Vous voulez être heureux et ne savez pas être libre!«][6] stets unanwendbar bleiben, und jede Frau, die es versucht, sich von den Fesseln, die ihr diese Ordnung ungerechterweise auferlegt, freizumachen, wird diese Auflehnung stets mit ihrem besten Herzblut bezahlen müssen.«[7]

Sophie Hatzfeldts einziger Weg zur Welt lief über den Freund Lassalle, der ihre Situation sehr klar sah und stets bemüht war, ihr einen gesellschaftlichen Ausgleich zu schaffen, indem er sie in den sogenannten Kreisen des Geistes einführte. Immer wieder versuchte er, sie zu beruhigen, und er ließ keine Möglichkeit aus, ihr die Morbidität und Härte der Kreise ihrer Herkunft vor Augen zu halten und sie vor Bündnissen mit diesem »Gezücht von Schlangen« abzuhalten. Nicht sie als Privatperson werde von diesen Kreisen abgelehnt, so Lassalle immer wieder aufs neue, sondern die politische Partei, zu der sie sich geschlagen habe. Und darin ist gerade die spezielle Tragik im Leben Hatzfeldts zu sehen, daß sie im Grunde genommen den Anschluß an die gesellschaftliche Welt suchte, der sie qua Herkunft entstammte, deren Lebensart und besonders deren Denkweise sie jedoch zutiefst ablehnte. Das ließ sie auch ihre engsten Familienmitglieder, zumeist ihren Sohn Paul, unverblümt wissen. Im Herbst 1866 schrieb sie ihm, dem preußischen »Karrieremann«:

»Ich glaube, daß der Moment gekommen ist, wo der Blindeste einsehen muß, daß ein Festhalten an den veralteten Standes- und Kastenideen eine wahnsinnige Duperie ist; es glaubt niemand mehr daran, und kein Mensch vorzüglich handelt danach, sobald es sich um den Wert eines Talers handelt, und am allerwenigsten in der so ehrenhaften Familie, zu der zu gehören wir die Freude haben.«[8]

Voller Zorn und Verachtung spricht die Gräfin gegenüber dem Sohn von »ihren« und seinen Kreisen, »wo die Begriffe von Recht, Gerechtigkeit und wahrer Ehre keinen Anklang mehr finden« und die heiligsten Pflichten aus verwerflichem Adelsstolz und gemeinster Geldgier mit Füßen getreten würden. Die eitle und lächerliche Überhebung dieser Menschen, sie machten und regierten die Welt, stellt in ihren Augen nichts anderes mehr dar als einen längst durch die Realität eingeholten Anachronismus. »Sie [die Adligen] richten nichts mehr aus, als sich selbst herabzuwürdigen und die völlige Unhaltbarkeit ihrer Klassen-Ideen zu zeigen, ihren Verfall zu beschleunigen.«[9]

Doch so klar Hatzfeldt auch die gesellschaftliche Situation zu analysieren verstand, ganz konnte sie die Bande zu der alten feudalen Welt niemals lösen. Es wäre aber auf jeden Fall zu einfach, wollte man ihre radikalen politischen Äußerungen und vor allem ihr betont republikanisches Auftreten bereits im Revolutionsjahr 1848 einzig und allein auf den Einfluß Lassalles zurückführen, wie es so häufig in der sie behandelnden Literatur versucht wird.[10] Eine Frau, die ohne selbst nachzudenken, dem »geistigen und politischen Führer« Lassalle alles nachplapperte, gibt sie wohl kaum ab. Das hieße, ihr jegliche Eigenständigkeit im Denken und Fühlen abzusprechen, wie es so oft geschah und immer noch geschieht. Gerade diese Eigenständigkeit aber hat sie ihr ganzes Leben lang mit aller Massivität für sich gefordert und in Anspruch genommen – als letztes, was ihr überhaupt noch geblieben war.

1851, an ihrem 46. Geburtstag und nach fünf langen Jahren des Prozessierens, schrieb sie ihrer ihr längst entfremdeten Tochter Melanie einen Brief, in dem es unter anderem heißt:

»Ich habe es nie geleugnet und werde es nie leugnen, daß mein ganzes Herz sich empört, wenn ich die Not, das Elend, die Unterdrückung der unteren Klassen, den Übermut, die Hartherzigkeit, die Genußsucht der Reichen sehe, die sich alles ungestraft erlauben. Ich habe immer so gedacht und immer auch so gehandelt und bereue es auch jetzt nicht; wenn ich auch viel und hart verfolgt bin, so folgen mir auch viele Segenswünsche.«[11]

Diese Frau wußte, wovon sie sprach, denn gerade diese hartherzige Haltung der Reichen und Mächtigen hatte sie am eigenen Leibe verspüren müssen, besonders während ihrer Prozeßjahre. Sie hatte spüren müssen, was es heißt, eben nicht im Besitz dieses Reichtums und dieser Macht zu sein, und was es bedeutete, sich dem Kampf mit diesen Mächtigen zu stellen, ohne ihnen gleichwertige Mittel entgegenhalten zu können.

»Nicht er [Lassalle] hat mich um Familie, Stellung, Vermögen,

Lebenslust gebracht, wohl aber ist es der Graf Hatzfeldt, den ich vor Gott und den Menschen anklage, daß er systematisch diesen Zweck jahrelang verfolgt hat und von meiner Familie, weil er der Stärkere war, hierin unterstützt wurde. Die Rolle, die meine eigenen Kinder gegen mich gespielt, erklärt sich mit einem Wort: Der Graf Hatzfeldt war im Besitz des Vermögens – wäre ich es gewesen, so hätten sie dasselbe gegen ihn getan.«[12]

So mußte Sophie von Hatzfeldt 1853 den stets an ihrer Verbindung zu Lassalle nörgelnden Sohn Paul mit wenigen Worten über die wahre Situation aufklären. Ein Beweis dafür, daß ihr die ökonomische Seite ihrer angeblichen Privatsache völlig klar war und sie die bestimmenden Machtstrukturen erkannte.

Immer nahm Hatzfeldt regen Anteil an den politischen Ideen der Zeit. Ihr Interesse galt besonders allen französischen und italienischen Revolutionären[13] und speziell natürlich dem politischen Ideengut des Freundes. Stets unterstützte und animierte sie Lassalle zur Handlung, wo es nur ging – überzeugt, daß es sich um eine bedeutende Sache handelte. Aber auch in der Zeit, in der sie von ihm getrennt lebte, hatte die Gräfin versucht, politisch tätig zu sein. Nicht nur in Begleitung Lassalles war ihr Auftreten ein engagiertes und selbstsicheres. Ihre Auftritte in der radikal-demokratischen Bewegung des Südwesten Deutschlands, mehr noch aber ihr Wirken in den politischen Kreisen Italiens zeigen dies in aller Deutlichkeit. Selbstbewußt ließ sie denn auch Lassalle zu Anfang des Jahres 1863 wissen:

»... unser Denken ist ein gleiches und identifiziertes geworden. Ich glaube, alles, was Sie gefunden, würde ich *innerlich* auch gefunden haben; wenn ich es nur dann auch ausdrücken könnte.«[14]

Das waren Worte, die sich ansonsten so schnell keine Frau gegenüber Lassalle hätte erlauben können. Geist und Politik – das waren im Denken Lassalles nämlich immer noch die Domänen des männlichen Geschlechts, in denen Frauen nur bedingt etwas zu suchen hatten. Weibliche Emanzipation wollte er allein auf den Bereich der Liebe beschränkt wissen. Im Falle Sophie Hatzfeldts machte er eine Ausnahme. Er selbst war es, der sie immer wieder bestätigte und bestärkte in der Sicht ihres Verhältnisses und sie zudem als seinen besten und einzigen Freund (wohlgemerkt Freund und nicht Freundin!) bezeichnete.[15]

Mit noch größerem Elan unterstützte Hatzfeldt den Freund nach der

Versöhnung, war nun wieder an seiner Seite, als er den ADAV gründete, begleitete ihn zeitweise auf seinen Agitationsreisen und verfolgte das politische Tagesgeschehen mit höchstem Interesse und großem Sachverstand.[16] Sie half dem ständig in finanziellen Nöten schwebenden Verein durch Geldzuschüsse, und wenn es nötig war, vertrat sie Lassalle. Man vergegenwärtige sich nur, wie die Gräfin am 10. Mai 1864 die in Berlin weilende Delegation schlesischer Weber empfing, die am Abend zuvor eine Audienz bei Bismarck hatten, sie über die Ziele des ADAV aufklärte und an Lassalle verwies, der sich zu diesem Zeitpunkt in Leipzig aufhielt.[17]

Selten verlor sie den Blick für das politisch Machbare, und sie war es ja auch, die Lassalle kurz vor einer erneuten ins Haus stehenden Verhaftung 1864 anriet, im Ausland zu bleiben, eventuell nach Neapel zu gehen und von dort aus die deutsche Arbeiterbewegung zu führen. Freiwillig eine »Märtyrerrolle« zu übernehmen, hielt sie für völlig fehl am Platze[18] – auch wenn sie ansonsten stets darauf bedacht war, Lassalles Führungsstellung in der Arbeiterbewegung zu sichern.

In dieser Zeit hatte Hatzfeldt eine Aufgabe, ein Ziel vor Augen – ein Bedürfnis, das sie ihr Leben lang nicht verließ. Wenn sie als Frau auch stets im Hintergrund stehen mußte, quasi eine indirekte Existenz aus zweiter Hand führen mußte, so war es ihr doch möglich, gemeinsam mit und über Lassalle auch eigene Vorstellungen der Verwirklichung näher zu bringen. Mit dem Jahr 1864 ändert sich all das schlagartig. Der Freund tot, der Bruch mit der Familie nahezu endgültig, trifft diese immerhin knapp sechzigjährige Frau eine gravierende Entscheidung: das unabgeschlossene politische Werk des Freundes zu Ende zu führen, in dessen und in ihrem Sinne, koste es, was es wolle – auch wenn sie sich gerade in den letzten gemeinsamen Genfer Tagen von Lassalle verkannt gefühlt hatte. So ließ sie den ehemaligen ADAV-Vizepräsidenten Otto Dammer schon im Oktober 1864 wissen:

»Ich sehe es allerdings als das Vermächtnis meines so früh abberufenen großen Freundes und als meinen Lebenszweck an, sein Werk, soweit meine geringe Kraft reicht, mit erhalten und fördern zu helfen ...«[19]

Aber auch die »politischen Jahre« Hatzfeldts sind geprägt von der ihr Leben durchziehenden Ambivalenz. Nie wird sie müde, ihre politische Einflußnahme als eine lediglich vorübergehende darzustellen und vor allem jedweden persönlichen Ehrgeiz ihrerseits von vornherein abzustreiten. So meint sie im selben, oben bereits zitierten Brief an Dammer, sich »tatsächlich *selbst handelnd* hineindrängen zu wollen« in die Vereinsangelegenheiten, das sei ihr nie eingefallen. Unbewußt scheint sie jedoch schon zu diesem frühen Zeitpunkt gespürt zu haben, welche Gefahren mit dieser Haltung verbunden waren, daß man ihr nicht so ohne weiteres Glauben schenken würde. Warum überhaupt sollte man in den Reihen der Arbeiter eine Einflußnahme von ihrer Seite eigentlich akzeptieren? Sie selbst fand eine Antwort auf diese Frage, die gleichzeitig eine Legitimierung ihres politischen Agierens darstellte. Sie nämlich wies Dammer (und nicht nur diesen) darauf hin, daß Lassalle ein solches aktives Handeln ihrerseits durchaus akzeptiert, wenn nicht sogar gefördert hätte. So fährt sie fort in ihrem Brief:

»Wenn ich das gewollt, so wäre es mir ja sehr leicht bei Lassalles Lebzeiten gewesen, der während einer achtzehnjährigen unwandelbaren Freundschaft, gegründet auf völlige Übereinstimmung des Denkens und Handelns, nie ein Geheimnis vor mir hatte, nie einen Gedanken gehabt hat, den er nicht mit mir besprochen hätte. Er hätte sich über ein offenes Auftreten meinerseits sogar gefreut, er bat mich stets, ihn auf seinen agitations Reisen zu begleiten, daß ich den Platz neben ihm einnehmen solle und meinte, daß ich dazu ein Recht hätte.«

Genau als die Person, als die sie sich in diesem Brief selbst darstellt, ist sie von der Arbeiterbewegung dann auch nur akzeptiert worden: als langjährige Freundin und Vertraute Lassalles, sozusagen als die Erbin und Vollstreckerin seines letzten Willens. Indem Hatzfeldt auch genau diese Rolle nach außen hin einnahm (oder zumindest versuchte, diese einzunehmen), beschritt sie allerdings einen gefährlich schmalen Grat, der ihr selbst nur wenig Spielraum ließ. Ob ihr das bewußt war, ist nur schwer zu beurteilen.

Zumindest ist der Hang Sophie von Hatzfeldts, ihr Handeln und Auftreten zu rechtfertigen – und das nicht nur anderen gegenüber, sondern auch gegenüber sich selbst – einfach nicht zu übersehen. 1865 schreibt sie einen, gerade was ihre politische Aktivität anbelangt, sehr aufschlußreichen Brief an die Mutter Lassalles, Rosalie Lassal, in dem sie unter anderem auf folgendes hinweist:

»Was die Vereinsangelegenheiten anbetrifft, so müssen Sie mir glauben, was ich Ihnen darüber sage, denn Sie müssen überzeugt sein, daß es unmöglich ist, daß ich, die ich Ihrem Sohn während zwanzig Jahren so treu zur Seite gestanden habe, die gerade in seinen politischen Kämpfen und Gefahren, wo alle Andern ihn verließen, ihm stets treugeblieben und Alles mit ihm getheilt und getragen habe, daß ich jetzt nach seinem Tode gegen ihn, gegen seinen, mir so wohl bekannten Willen handeln sollte. Welch denkbaren Grund, welches Interesse könnte ich dabei haben? Ich bin kein Mann, und kann also nicht Präsident sein, ich kann von den Arbeitern kein Gehalt nehmen, ich *brauche* ja überhaupt kein Geld, ich habe für mich selbst mehr als genug.«[20]

Die nahezu unumschränkte Herrschaft männlicher Vorstellungen in der Gesellschaft verlangte von Hatzfeldt (wie von jeder anderen Frau auch) die Reaktion einer seismographisch genauen Anpassung.[21] In ihrem Falle bedeutete das, in ihrer politischen Arbeit das Gefühlsmäßige herauszustellen – was ihr allerdings auch nur zu Anfang und selbst zu dieser Zeit nur bedingt zugestanden wurde. Schnell kippte das erlaubte Moment nämlich um in ein verpöntes und verworfenes.

Ein nicht zu leugnendes Faktum ist – und das bildet die Kehrseite der Medaille –, daß Hatzfeldt sich sechs Jahre dem politischen Kampf stellte und nicht ruhte bis zu dem Punkt, an dem eine Entwicklung in ihrem Sinne nicht mehr möglich schien. Es kostete sie Kräfte, immense Mühen und nicht zuletzt erhebliche finanzielle Mittel, diese Jahre durchzustehen. Als erschwerend kam hinzu, daß sie niemals eigenständig agieren konnte und durfte, sondern vielmehr gezwungen war, immer aufs neue Männer zu finden, die bereit waren, ihr bei der Durchsetzung ihrer Ziele zur Seite zu stehen. Sie bedurfte dieser Sprachrohre nach außen, denn es war ihr ja nicht einmal ohne weiteres möglich, ihre politischen Vorstellungen öffentlich unter ihrem Namen publizieren zu lassen. Das alles führte in der politischen Linken der damaligen Zeit häufig dazu, bei allen mißliebigen Entwicklungen nun gerade ihre versteckte Einflußnahme zu vermuten. Schnell sah man in ihr nicht mehr nur die legitime Erbin Lassalles, der man einen gewissen Einfluß zugestand, sondern empfand sie – je selbständiger sie auftrat – als einen unbequemen und lästigen Eindringling. »Sie entwickelte eine fast geniale Fähigkeit darin, einflußreiche und aktive Arbeiter auf ihre Seite zu ziehen und durch sie die Pläne ihrer Gegner durchkreuzen zu lassen...[22] Ein Verfahren, das ihr immer wieder den Vorwurf der Intrige einbrachte, der völlig außer acht ließ, daß dieser Frau in der damaligen Zeit andere Wege kaum offenstanden als die der Heimlichkeit, des indirekten Eingreifens. Und das war zudem nicht zuletzt bedingt durch die Haltung der Männer ihres eigenen politischen Lagers, die ihr die inoffizielle Position einer Art »Ehrenpräsidentin« wohl noch zugestehen mochten, nicht aber eine direkte politische Einflußnahme. Das führte schließlich zu dem Paradoxon, daß sie – gemeinsam mit ihren politischen Vertrauten – einen politischen Verein, nämlich den LADAV, gründete, in dem es ihr offiziell nicht einmal erlaubt war, Mitglied zu sein. Das preußische Vereins- und Versammlungsrecht von 1850 sprach ihr eben dieses Recht als Frau ab.[23]

Es fällt schwer, ohne weiteres ein Motiv zu finden dafür, warum diese Frau sich den jahrelangen Strapazen unterzog. Daß es nach mehreren Jahren immer noch allein der Wunsch gewesen sein soll, das Andenken des Freundes zu bewahren und sein Werk zu vollenden, erscheint wenig plausibel. Es soll nicht geleugnet werden, daß die politische Arbeit eine Kompensationsfunktion erfüllte, ihr den Verlust des geliebten Menschen erleichterte. Nichts konnte so sehr als Symbol für einen auch nach dem Tod nicht abreißenden Kontakt mit dem Vertrauten stehen wie gerade ihre politische Tätigkeit.

»Ich werde mein an Ferdinand Lassalle gegebenes Versprechen halten, daß so lange irgend eine Hoffnung vorhanden ist, sein großes Werk aufrecht zu erhalten, sich noch irgend ein Kern von intelligenten gesinnungstüchtigen und ehrlichen Arbeitern finden läßt, um an diesem Werk weiter zu bauen, ich mit aller Kraft und allen Mitteln dazu helfen werde. Nur wenn ich jede Hoffnung darauf verloren, wenn ich einsehen *muß,* daß Ferdinand Lassalle für die heutigen Arbeiter, die ihn schmähen und verleugnen, *umsonst* gelebt und gelitten hat, dann wird der Augenblick für mich gekommen sein, laut zu reden, denn *hoch über allem* steht mir das Andenken und der Ruhm Ferdinand Lassalle's.«[24]

Die Politik war aber auch die einzige sinnvolle Lebensaufgabe, die sie noch besaß. Hier allein war es ihr noch möglich, Anerkennung und vor allem Rückhalt zu finden. Doch schon bald mußte sich Hatzfeldt eingestehen, daß ihr ein dauerhafter Erfolg, eine dauerhafte Anerkennung nicht vergönnt waren – wie schon in ihren früheren Lebensjahren. Genausowenig wie von ihrer Familie und ihren Kreisen wurde sie letztlich in den Arbeiterkreisen akzeptiert. Zu ungewöhnlich mutete doch diese Erscheinung einer Frau, noch dazu einer Adligen, gerade in der von Männern bestimmten Arbeiterbewegung an. Adlige und Frau – das waren zwei nicht zu leugnende Fakten, die ihr letzten Endes den Übertritt in die Welt der linken Politik und die Anerkennung dort unmöglich machten.

Wie treffend er mit seinen Worten, die an den jungen Grafen Paul von Hatzfeldt gerichtet waren, das spätere Schicksal der Gräfin deuten würde, hatte Fürst Pückler im Jahr 1848 sicher nicht geahnt. »Glaube mir«, so hatte er Paul damals gewarnt, »Mitglieder *unseres Standes* (des hohen Adels) spielen nie eine gute Rolle unter den Demokraten, weil man ihnen auf die Länge kein Zutrauen schenkt, sich ihnen fremd fühlt und sie fallen läßt, wenn man sie benutzt hat und nicht mehr zu brauchen glaubt.«[25]

Für Sophie von Hatzfeldt wurde diese Warnung zur bitteren Wahrheit. Rasch mußte sie feststellen, daß die Ausnutzung, finanzieller und seelischer Art, auch hier, in diesem anderen Lager, sofort wieder einsetzte. Genauso wie sie die Ausbeutung, die sie durch ihre Familie erfahren hatte, verletzt hatte, nahmen sie nun die Angriffe von seiten der Arbeiterbewegung und ihrer Führer mit. Das fing an mit den Schwierigkeiten, die ihr die Testamentsexekutoren Bucher und Holthoff sowie die Familie Lassalles unmittelbar nach dessen Tod machten, ging über die offenen Zerwürfnisse mit Liebknecht, Bernhard Becker, Johann Philipp Becker, von Schweitzer (um nur einige zu nennen) und endete mit ihrer nahezu völlligen Isolierung und Ablehnung in den Reihen der Arbeiter. Ganz besonders hart traf sie das Erscheinen der Broschüre von Bernhard Becker (Enthüllungen über das tragische Lebensende Ferdinand Lassalles. Auf Grund authentischer Belege) im Jahre 1868. Becker scheute vor keiner Gemeinheit und Gehässigkeit zurück. Vor allem Sophie von Hatzfeldt ersparte er keinen einzigen persönlichen und verletzenden Angriff.[26] Und, was sie am meisten verletzen mußte, er zog ihr Verhältnis zu Lassalle absichtlich in den Schmutz durch eine Kette verleumderischer und heuchlerischer Aussagen. Das ging weit über das hinaus, was Hatzfeldt zu ertragen in der Lage war.

»Es hat mich seit kurzem großes Unglück betroffen, das mich fast zum Selbstmord getrieben hätte, wenn mich der Gedanke, daß ich allein mir noch Genugtuung verschaffen kann und muß, [nicht] noch aufrechterhielte. Alles, was mich betrifft, ist die Folge des barbarischen, herzlosen und ungerechten Betragens derjenigen, die mir am nächsten standen, die mir jedenfalls selbst Dank schuldig waren und nur Verfolgung und Verachtung für mich hatten. Wer von seinen Nächsten so behandelt wird, die die Verpflichtung, ihn zu schützen, hätten, der erscheint natürlich jedem als vogelfrei. Ich bin entschlossen, diesen letzten Angriff mit allen Mitteln der Verzweiflung zu bekämpfen, . . .

Niemand hat Erbarmen mit mir gehabt, ich werde niemand und nichts schonen, ich befinde mich im Zustand der legitimsten Notwehr. Ich habe jetzt nur noch einen Zweck, das ist meine Selbstverteidigung, indem ich alles rücksichtslos aufdecke, meine Leiden, meine Taten, gute wie etwa fehlerhafte, und diejenigen zur Rechenschaft über die ihrigen ziehe, welche mich so hart verdammt, so rücksichtslos niedergetreten, mir jedes Menschenrecht verweigert haben. Dieser Entschluß sowie niemand meiner Familie, von der ich meinerseits völlig lossage, wiederzusehen, steht fest.«[27]

Hier, in ihrem Brief an den Sohn Paul vom 6. August 1868, wird wieder einmal deutlich, wie eng miteinander verquickt Hatzfeldt die einzelnen Phasen ihres Lebens sah. Hätte ihre Familie sie damals nicht im Stich gelassen, so der Tenor, dann hätten andere Menschen heute es nicht wagen dürfen und können, so mit ihr umzugehen.

Ihre Versuche, das Buch Beckers, der die Privatpapiere 1864 ohne ihre Erlaubnis und ihr Wissen für sich kopiert hatte, beschlagnahmen zu lassen, scheiterten.[28] Ihre Denunziation gegen Bernhard Becker beim Königlichen Staatsanwalt am Berliner Stadtgericht wurde abgewiesen. Daß er gerade in Österreich ohne größere Verfolgungen juristischer Art davonkam, verwunderte sie allerdings kaum, hielt sie Becker doch für einen offensichtlichen politischen Freund der Österreicher.

Ähnliche Versuche, sich gegen »Schweitzer, dem ich die von ihm geforderte Unterstützung versagt hatte«, und dessen »infamste[n] Lügen und Verleumdungen«, die er im »Social-Demokrat« verbreiten ließ, zur Wehr zu setzen, waren ebenfalls erfolglos geblieben.[29] Ihr Gesuch, das sie Ende Juli 1867 beim Staatsanwalt des Berliner Stadtgerichts, Henneke, einreichte, wurde abgelehnt. Daß ihre Angelegenheit kein Interesse für den Staat besaß (so wurde sie vom Staatsanwalt belehrt), wollte ihr nicht in den Kopf hinein.

»Also ich allein kann bestohlen, verleumdet, ich glaube sogar ermordet werden, ohne daß Strafe dafür zu befürchten [wäre]. Ich bin dieser dummen Stellung endlich müde, und es bleibt mir nicht[s] anderes mehr übrig, als die politische Situation, die man mir absolut aufzwingt, jetzt franchement zu akzeptieren, um nicht umsonst bloß die Nachteile derselben zu tragen.«[30]

In dieser Situation, die ihr Gefühl der Verlassenheit bis auf das Äußerste steigerte, faßte sie den Plan ins Auge (wie auch schon einmal 1857 und 1865), einen völligen Bruch mit ihrem bisherigen Leben vorzunehmen. Auswandern in die USA, ganz weg aus der Nähe der Familie, die sowieso nichts mit ihr zu tun haben wollte, weg aus ihrem Land, alle Brücken abreißen. Natürlich setzte sie diesen Plan nicht in die Tat um, auch wenn er eine große Verlockung darstellte. Sie blieb und kämpfte weiter, auch wenn es ihr, von Krankheiten geplagt (so war sie beispielsweise den ganzen Winter 1868/69 über krank und nicht aus dem Zimmer gekommen)[31], immer schwerer fiel. Erschwerend für ihre Gefühlslage wiesen sich die seit 1868 immer massiver geäußerten Bedenken ihres Sohnes Paul gegenüber ihrem Lebensstil aus, der seiner Meinung nach die Gesundheit der Mutter ruinierte und sie zudem vollständig unnützen »Verdrießlichkeiten, Ärgernissen, Aufregungen, Haß und Hader«[32] aussetzte. Paul, dem zeitlebens auf seine diplomatische Karriere bedachten Konservativen, paßte ihr persönlicher Umgang nicht, der seiner Mutter angeblich weder durch seine Erziehung noch durch seine pekuniäre Unabhängigkeit eine Garantie der Zuverlässigkeit bieten konnte. Überhaupt die Finanzen, die pekuniäre Lage. Da beißt sich der selbst ständig in Geldnöten lebende Sohn fest. Wirft der Mutter vor, sich finanziell zu übernehmen – und für was? Für Menschen, die es nicht verdienen und wert sind, da ihr einziges Ziel darin bestehe, sie über die Maßen auszunutzen. Da muß Sophie dann aber doch energisch einschreiten:

»Ich habe für keine Personen Ausgaben zu machen – dies kann also auf meine Handlungen keinen Einfluß ausüben –, sondern nur für Sachen und Zwecke, die mein eigenes, mein einziges Interesse noch im Leben bilden, das einzige, was das Verhalten meiner Familie mir noch gelassen hat.«[33]

Paul hatte bei seinen Vorwürfen vor allem Fritz Mende im Sinn. Mit seinen Aversionen gegen den ständigen jungen Begleiter seiner Mutter stand er innerhalb der Familie allerdings nicht alleine da, der die Lebensumstände der mittlerweile betagten Sophie keineswegs egal waren. Franziska von Loë, eine der Nichten der Gräfin und Frau des Generaladjutanten Wilhelms I., Walter von Loë,[34] die sich regelmäßig um die Tante kümmerte und sie auch häufig zu sich einlud, beklagte ebenfalls, daß sich dieselbe ausgerechnet mit einem Menschen wie Mende umgeben mußte. Allerdings ließ sich Sophie von Hatzfeldt auf solche Diskussionen im Familienkreis, die regelmäßig mit der Verdammung des »gräulichen Mende«, einem »Flegel erster Klasse«, endeten, nur ungern ein.[35] Sie lehnte Konzessionen jeder Art kategorisch ab –

sehr zum Leidwesen der Familie, die natürlich auch finanziellen Mißbrauch roch. So äußerte sich Franziska von Loë gegenüber ihrem Vetter Paul:

»Ich habe gestern mit Deiner Mutter über die brennende Tagesfrage sehr lange verhandelt – aber leider mit geringen Aussichten auf Erfolg. Sie wurde sofort sehr heftig, – wollte die Sache so herumdrehen, als ob ihr Bedingungen gemacht würden, . . . und schließlich sagte sie mir, es würde ihrerseits vor der Welt wie ein Eingeständnis sein, daß das Verhältnis ein Unrecht, – wenn sie jetzt den Herrn Mende fortschicke.«[36]

Schon Anfang des Jahres 1870 macht Sophie von Hatzfeldt einen müden und gebrochenen Eindruck. Sie wollte nicht mehr. Wollte nur noch in Ruhe ihren Lebensabend beschließen und zumindest für die letzten Lebensjahre einmal das Gefühl besitzen, eine Familie zu haben. Nichts wünschte sie sich sehnlicher als eine endgültige Aussöhnung mit ihrem Sohn Paul und die Annäherung an dessen Familie. Begierig griff sie jede auch noch so geringfügige Gefühlszuwendung Pauls auf und gab sich damit zufrieden. Aus dem politischen Leben zog sie sich vollends zurück, bis auf ihr nochmaliges Eingreifen im Jahr 1878. Ihre einzige regelmäßige Begleitung der letzten Jahre – auch nach ihrem Abschied von der politischen Bühne – war der junge Mann aus Ostpreußen gewesen,[37] der schon in jungen Jahren von Krankheiten geplagt und von der Pflege anderer abhängig war. Mit ihm plante sie die Herausgabe der Papiere Lassalles sowie das Projekt, eine Biographie über ihr eigenes Leben zu verfassen. Mende war es auch, der ihr folgte, als sie den Plan faßte, endlich einmal wieder seßhaft zu werden und zu diesem Zweck ein Haus in Heddernheim bei Frankfurt mietete. Den mittlerweile hochgradig Morphiumsüchtigen so mir nichts dir nichts vor die Tür zu setzen, nur weil es die Familie für unter ihrer Würde befand, sie selbst in Anwesenheit des Kleinbürgers Mende zu sehen – das widersprach ganz offensichtlich Hatzfeldts Verantwortungsgefühl und ihrem Gerechtigkeitssinn. Sie hielt an Mende fest und pflegte oder aber sah ihn zumindest bis zu seinem frühen Tod im Jahr 1879.

Ihrer Familie scheint nie klar gewesen zu sein, wie sehr Sophie von Hatzfeldt unter der Einsamkeit litt und wie gerne sie statt dessen in einem festen Familienrahmen gelebt hätte, den Mende ja nur unzulänglich zu ersetzen im Stande war. Das war auch mit ein Grund dafür, daß sich die Gräfin in ihrem neuen ruhigen Domizil, das sie seit 1874 bewohnte, so gar nicht wohl fühlen konnte.

»Man ist in Heddernheim so absolut isoliert und abgeschnitten, sogar von jeder Aussicht und Spaziergang, so gänzlich auf seine vier Mauern angewiesen, daß es für jemand, der schon eine sehr einsame Stellung hat, eine Art vorläufigen Begräbnisses darstellt.«[38]

Hinzu kam, daß ihr jegliche sinnvolle Beschäftigung, wie sie sie in den letzten Jahren durch die Politik ja erfahren hatte, nun fehlte.

»Wenn ich nur noch einen Zweck, eine Tätigkeit, ein Interesse im Leben hätte, wäre mirs besser. Ich bin krank und schwach an physischen Kräften, aber ungeschwächt noch an Tätigkeit des Geistes und Herzens, und dieser Gegensatz reibt mich auf.«[39]

Am glücklichsten fühlte sie sich, wenn sie – was selten genug vorkam – ihre Zeit gemeinsam mit den Kindern Pauls auf dessen Gut Sommerberg bei Frankfurt verbringen konnte und wie viele andere Frauen ihres Alters auch die Rolle der liebevollen Großmutter übernehmen konnte.[40] Nach dem Tode des Vaters Edmund im Jahr 1874 war es zu neuen Annäherungsversuchen zwischen den Kindern und der Mutter gekommen. Wie wenig Mitgefühl und Verständnis sie allerdings nach wie vor für die Belange der Mutter aufbrachten, machen ihre immer wieder zum Ausdruck gebrachten Befürchtungen deutlich. Alfred beispielsweise, dem es 1870 endlich gelungen war, in den Fürstenstand erhoben zu werden, fürchtete nichts so sehr wie die »politischen und sozialistischen Tendenzen« seiner Mutter, damit jedoch gar nicht so weit entfernt von dem Rest der Verwandtschaft.[41] Dabei hatte Sophie von Hatzfeldt schon am 14. April 1869 (also sogar noch kurz vor der offiziellen Wiedervereinigung von ADAV und LADAV) resigniert, nicht nur, was die Familie anbelangte, sondern auch im Hinblick auf ihre politische Arbeit, an Paul geschrieben:

»Ich habe überhaupt vollkommen eingesehen, wie ich trotz meines unbedeutenden Verstandes schrecklich dumm gewesen bin, viel dümmer als alle Leute, mit denen ich zu tun gehabt habe. Ich habe stets in der idealen Welt des Rechts gelebt, in schönen Illusionen von Edelmut, Aufopferung und dergleichen Unsinn, mit welchem man endlich den Leuten die Augen öffnen könne, Gerechtigkeit und Anerkennung von Leuten erlangen müsse, die ihrerseits in der realen Anschauung leben, daß es nichts in dieser Welt gibt, kein Recht und keine Pflicht als der eigene Vorteil, der alles rechtfertigt und alles entschuldigt. ... Du siehst, daß ich etwas gelernt habe, daß mir Illusionen, romantische Anschauungen nicht mehr vorgeworfen werden können, wenn ich auch diese Kenntnis der Menschen etwas sehr teuer bezahlt habe.«[42]

Die Angst, daß die Mutter – abgesehen von »skandalösen« politischen Äußerungen – womöglich auch noch mit dem Schuldeingeständnis des Vaters aus dem Jahr 1871 an die Öffentlichkeit gehen könnte, kam noch erschwerend bei den um die Reputation der Familie fürchtenden Geschwistern hinzu. Mit der fortschreitenden Krankheit Fritz Mendes, der sich immer häufiger in Krankenhäusern und Anstalten aufhalten mußte, war zumindest das letzte vermeintliche Hindernis, das einem engeren Kontakt mit Sophie im Wege stand, rein äußerlich beseitigt. Es waren vor allem ihre Nichten und Neffen (aber mittlerweile auch ihre Schwester Herminie von Landsberg), die sich um sie kümmerten, bei denen sie ein und aus ging und aus deren Kreis sogar der Vorschlag kam, sich in einer der Familien niederzulassen. Dieses Angebot ihrer Nichte Franziska wollte sie allerdings nicht annehmen. Wenn schon jemand die Verpflichtung oder besser gesagt: das Bedürfnis haben sollte, die alte Gräfin bei sich aufzunehmen, so wären das in ihren Augen ihre eigenen Kinder gewesen, vor allem natürlich Paul.[43] Diesem jedoch, der voll mit dem Fortgang seiner Karriere, seinen Finanzen und seinen Eheproblemen beschäftigt war, fiel genau das nicht ein. Zwar bat er die Mutter immer häufiger nach Sommerberg, aber stets nur dann, wenn Not am Mann war und seine Kinder einer geregelten Betreuung bedurften. Er selbst, der in diesen Jahren häufig den Ort seiner Arbeit wechselte und weit weg in Madrid und Konstantinopel als preußischer Botschafter saß, hatte nach wie vor mit massiven finanziellen Schwierigkeiten zu kämpfen, die ihn schließlich sogar dazu veranlaßten, gegen seinen Bruder Alfred zu prozessieren. In den Momenten höchster Brisanz – so beispielsweise als Paul von Hatzfeldt die Nachfolge Bernhard Ernst von Bülows als Staatssekretär des Auswärtigen Amtes antreten sollte und Bismarck die Regelung seiner zerrütteten Finanzen sowie die Lösung seiner familiären Probleme als Voraussetzung seiner Einstellung nannte[44] – da war seine Mutter immer zur Stelle, so krank sie auch war. Es ist den Familienpapieren zu entnehmen, daß sie nicht nur immer wieder auf eigene Kapitalien und Einnahmen zugunsten des unbelehrbaren Sohnes verzichtete, sondern daß sie sich auch selbst mit einschaltete in die direkten Verhandlungen, sei es mit dem Bankier Bleichröder oder aber mit Herbert von Bismarck.[45] Paul freilich wußte

Paul von Hatzfeldt (Konstantinopel 1879)

dieses schon fast an Selbstlosigkeit grenzende Entgegenkommen nur selten als das zu würdigen, was es wirklich war: als ein Zeichen nahezu bedingungsloser Mutterliebe. Das Maß an Zuwendung und Dankbarkeit, das Sophie von Hatzfeldt von ihrem Sohn erwartet haben mag, enthielt er ihr jedoch zumeist vor. Ihre Unterstützung des Sohnes ging so weit, daß ihr – die einmal ausreichend und üppig finanziell gesichert worden war – fast nichts mehr blieb und sie im hohen Alter von direkten Zuwendungen der Familie abhängig war. Im Laufe der zahlreichen Familienabschlüsse und -verträge hatte sie schließlich alles bis auf das Existenzminimum an ihren Sohn Paul abgetreten, dem es dennoch nie gelang, eine gewisse Ordnung in seine Finanzen zu bringen. Wenn Sophie von Hatzfeldt auch schon sehr früh gewußt hatte, daß Paul sich in dieser Richtung nicht großartig würde ändern können, so blieb ihr zumindest das Gefühl und der – wenn auch fragwürdige – Triumph, sein persönliches Fortkommen maßgebend bestimmt, wenn nicht sogar erst ermöglicht zu haben.

»*Ich* war die *Leiter,* auf welcher Du Deine heutige Position erklommen, *ohne mich* wärst Du heute noch der mit 2000 Talern Rente apanagierte jüngste Sohn, ohne mich hättest Du *keine Karriere,* auf welche Du bereits, weil Dein Vater jede Unterstützung dazu versagte, völlig verzichtet hattest, als ich, die Mutter, die Du herzlos in höchster Not und Kummer *verlassen* hattest, noch rechtzeitig Dir zu Hilfe kommen konnte.«[46]

Mit 73 Jahren, krank und durch eine Lähmung sehr in Mitleidenschaft gezogen, mußte Sophie von Hatzfeldt ihr Haus in Heddernheim aufkündigen. Sie konnte es nicht mehr finanzieren und war daher gezwungen – wie sie selbst es ausdrückte – wieder den Wanderstab zu ergreifen. Die »elende Gasthofexistenz«, die sie für immer hinter sich zu lassen geglaubt hatte, fing noch einmal an. Abgesehen von einigen Besuchen in der Verwandtschaft und hin und wieder nötigen Besprechungen geschäftlicher Art besaß sie keine freundschaftlichen Kontakte mehr.[47]

Mit 74 Jahren hatte Sophie von Hatzfeldt endgültig die letzten Illusionen über ihr nach ihrer eigenen Ansicht »verfehltes und verlorenes Leben«[48] aufgegeben. Sich ihrer selbst und der Gerechtigkeit ihrer Sache mehr denn je bewußt, lag ihr nun auch nicht mehr sonderlich an einer Klärung ihres Verhältnisses zu ihren Kindern.

»Diese lächerlichen Illusionen, denen ich ein ganzes Leben geopfert, sind vorbei. Es gibt Dinge, für die eine wahre, herzliche Verzeihung unmöglich, und die auch der Beleidiger selbst nie als eine solche akzeptieren und empfinden könnte. Es ist das unerbittliche *Zuviel* und *Zuspät,* das in den Schicksalen der Völker wie der einzelnen auftritt. Was können die Leute, die mich ein langes Leben hindurch verfolgt, gefoltert, beleidigt haben, heute noch tun? Können sie noch irgendetwas *wider* oder *für* mich [tun]? Absolut *nichts.* Ich habe allein und verfolgt gelebt, nur gestützt auf mein Rechtsbewußtsein, jetzt will ich auch allein, mit dem Protest gegen die ungeheuerlichen Verbrechen, die gegen mich verübt wurden, auf den Lippen, *sterben*. Ich bin jetzt ruhig, weil ich eben jede Hoffnung, jeden Wunsch beseitigte.«[49]

Zwei Jahre später, am 25. Januar 1881, im Alter von 75 Jahren, starb Sophie von Hatzfeldt in Wiesbaden an den Folgen einer Lungenentzündung – allerdings nicht allein, sondern im Beisein ihrer beiden Söhne Alfred und Paul.[50] Daß sie nicht im Hause eines ihrer Kinder, bei Verwandten oder aber in eigener Umgebung, sondern in der eher unpersönlichen Atmosphäre eines Hotels ihre letzten Jahre und Stunden verbrachte, verdeutlicht einmal mehr die besondere Charakteristik ihres gesamten rastlosen Lebensganges ohne feste Heimat.

Ihrer Pariaexistenz konnte sich Sophie von Hatzfeldt zeit ihres Lebens niemals entledigen. Wohin sie sich auch wandte, sie wurde auf Dauer mißverstanden und abgelehnt. Stets auf der Suche nach Menschen und einer sinnvollen Aufgabe im Leben erfuhr sie ein ständiges Scheitern. »Vielleicht ließ sich ihr ganzer Lebensweg als ein Fliehen vor der Vereinsamung begreifen ...«[51] – wenige haben die Problematik dieses Frauenlebens so klar vor Augen gehabt wie Gustav Mayer.

»Das größte Unglück, was den Menschen treffen kann, ist, wenn er nicht weiß, was er will, nicht einig mit sich selbst ist, zwischen unvereinbarlichen Dingen entweder keine Wahl zu treffen vermag, oder, wenn er sie getroffen, seinen Entschluß nicht mit Konsequenz durchzuführen und darin Befriedigung zu finden versteht.«[52]

Diese Befriedigung ist Hatzfeldt zeitlebens – bis auf wenige Ausnahmesituationen – vorenthalten gewesen, bei aller Konsequenz von ihrer Seite aus.

Mit Lassalle, den sie 26 Jahre überlebte, verbrachte sie die einzigen befriedigenden Jahre ihres Lebens. Er war der einzige Halt, den sie je besaß – wenn darüber auch nicht übersehen werden sollte, wie problematisch sich die Beziehung dieser beiden Menschen zeitweilig gestaltete. Dafür waren sie einander zu ähnlich, starke Naturen beide, die sich mehr als einmal die Zähne aneinander auszubeißen hatten. Und dennoch:

»Ferdinand war *mein Stolz*, und *mein Ruhm* war seine Freundschaft für mich, sein Vertrauen zu mir; jetzt kann ich nur noch den einen Wunsch nach dem Ruhm haben, daß neben seinem großen Namen der meinige einen bescheidenen Platz behalte als den *seines besten und einzigen Freundes* ...«[53]

Diesen »bescheidenen Platz« hat Sophie von Hatzfeldt umsonst für sich erhofft. Bis heute ist sie die schon während ihres Lebens zumeist mißverstandene und verkannte Frau geblieben.

Anhang

Anmerkungen zur Einleitung

1 Sophie von Hatzfeldt ist nicht in Trachenberg, sondern in Berlin geboren. Ihr Scheidungsprozeß dauerte nicht zehn, sondern alles in allem acht Jahre. Siehe unten Kap. I und II. – In der Brockhaus-Ausgabe von 1969 wird zumindest die Einflußnahme der Gräfin auf Lassalle erwähnt sowie auf ihre nachgelassenen Briefe verwiesen.

2 Siehe hierzu u. a. G. Lerner, Eine feministische Theorie der Historie, in: Die ungeschriebene Geschichte. Historische Frauenforschung. Dokumentation des 5. Historikerinnentreffens in Wien, hrsg. von den Wiener Historikerinnen, Wien 1985, 404–411.

3 K. Hausen, Einleitung, in: Dies. (Hrsg.), Frauen suchen ihre Geschichte. Historische Studien zum 19. und 20. Jahrhundert, München 1983, 7. Zu erwähnen ist in diesem Zusammenhang das Aufkommen der Alltagsgeschichte, die bisher viel zur Rekonstruierung weiblichen Lebens und seiner Formen beitrug. – Das oben erwähnte Treitschke-Zitat, siehe H. von Treitschke, Deutsche Geschichte im 19. Jahrhundert, Bd. I, Leipzig 1913, 28.

4 Die Begrifflichkeit stammt von Gisela Bock. Grundlegend G. Bock, Historische Frauenforschung: Fragestellungen und Perspektiven, in: K. Hausen (Hrsg.), Frauen suchen ihre Geschichte. Historische Studien zum 19. und 20. Jahrhundert, München 1983, 22–60, hier: 25. – Das Aufkommen der historischen Frauenforschung in ihrer heutigen Form ist vor allem im Zusammenhang mit der neueren Frauenbewegung zu sehen. Um die Mitte der 70er Jahre waren »women's studies« in den USA grundsätzlich und vielfach auch institutionell anerkannt. Die europäische Entwicklung »hinkt« demgegenüber etwas hinterher.

5 Bock 24ff. Siehe auch: Der »andere Blick« – feministische Wissenschaft? Sondernummer der Zeitschrift Alternative XI/120–121 (1978).

6 Bock 34. Auch A. Kuhn, Das Geschlecht – eine historische Kategorie, in: »Wissen heißt leben...« Beiträge zur Bildungsgeschichte von Frauen im 18. und 19. Jahrhundert, Düsseldorf 1983, 29–50 (Frauen in der Geschichte IV).

7 Bock 32f.

8 F. Engel-Janosi, Von der Biographie im 19. und 20. Jahrhundert, in: G. Klingenstein u. a. (Hrsg.), Biographie und Geschichtswissenschaft, Wien 1979, 208–241. Th. S. Hamerow, Die Kunst der historischen Biographik in Deutschland von 1871 bis zur Gegenwart, in: R. Grimm/J. Hermand (Hrsg.), Vom Anderen und vom Selbst. Beiträge zu Fragen der Biographie und Autobiographie, Königstein/Ts. 1982, 30–44.

9 Zu dieser Diskussion siehe vor allem M. Bosch (Hrsg.), Persönlichkeit und Struktur in der Geschichte, Düsseldorf 1977 (darin insbesondere J. Kocka, Struktur und Persönlichkeit als methodologisches Problem in der Geschichtswissenschaft, 152–169). I. Geiss, Die Rolle der Persönlichkeit in der Geschichte: Zwischen Überbewerten und Verdrängen, in: G. Klingenstein u. a. (Hrsg.), Biographie und Geschichtswissenschaft, Wien 1979, 10–24.

10 Interessant vor allem: R. Grimm/J. Hermand (Hrsg.), Vom Anderen und vom Selbst. Beiträge zu Fragen der Biographie und Autobiographie, Königstein/Ts. 1982; G. Klingenstein/H. Lutz/G. Stourzh (Hrsg.), Biographie und Geschichtswissenschaft, Wien 1979. In beiden Bänden vor allem die Beiträge von H. Scheuer (9–29; 81–110). H. Schulze, Die Biographie in der »Krise der Geschichtswissenschaft«, in: GWU 29 (1978) 508–518.

11 So kann man davon ausgehen, daß auch in vielen Arbeiten neueren Datums ihrem Namen das »t« fehlt.

12 Bock 47.

13 R. Berger, Malerinnen auf dem Weg ins 20. Jahrhundert. Kunstgeschichte als Sozialgeschichte, Köln 1982, 15; 45. Ute Frevert spricht dagegen, solche Einstellungen pauschal als »proletarischen Antifeminismus« zu klassifizieren. Sie bringt sie in Zusammenhang mit den Traditionen des Handwerkertums. Siehe U. Frevert, Frauen-Geschichte. Zwischen bürgerlicher Verbesserung und neuer Weiblichkeit, Frankfurt 1986, 95.

14 Zu nennen sind hier die sozialutopischen »Schulen«, deren Hauptvertreter Saint-Simon und Fourier waren. Frauen zählten zu den aktiven Mitgliedern dieser Bewegung und setzten sich vehement für ihre Rechte als Frauen ein, veröffentlichten Bücher und Pamphlete. Vgl. C. von Alemann/D. Jallamion/B. Schäfer, Das nächste Jahrhundert wird uns gehören. Frauen und Utopie 1830 bis 1840, Frankfurt 1981.

15 Karl Marx an Ludwig Kugelmann, 12. 12. 1868, in: MEW 32, 582.

16 H. Niggemann, Emanzipation zwischen Sozialismus und Feminismus. Die sozialdemokratische Frauenbewegung im Kaiserreich, Wuppertal 1981.

17 Das hängt hauptsächlich damit zusammen, daß sich die Familie Hatzfeldts Mitteilungen über die politischen Aktivitäten und Kontakte in ihren Briefen verbat.

18 Grundsätzlich ist anzumerken, daß die Quellenlage im Hinblick auf das Freundespaar immer dann am günstigsten ist, wenn es getrennt war oder lebte. Aus der Zeit des engen Zusammenlebens in Düsseldorf gibt es quasi keine Zeugnisse. Besonders über den Alltag beider läßt sich daher nur wenig sagen.

Anmerkungen zu Kapitel I

1 Robert Samulski hat erst 1979 klargestellt, daß Sophie von Hatzfeldt nicht – wie bis dahin angenommen – in Trachenberg/Schlesien, sondern in Berlin zur Welt gekommen ist. Im Personenstandsarchiv Brühl befindet sich als Beilage zu Hatzfeldts Heiratsurkunde ein von dem damaligen Berliner Hedwigsprobst Ambrosius Taube am 17. 7. 1822 für die Gräfin anläßlich ihrer Heirat ausgestelltes Taufzeugnis, das dies eindeutig beweist. Vgl. R. Samulski, Wo wurde die Gräfin Sophie von Hatzfeldt (1805–1881) geboren? In: Zeitschrift für Ostforschung (1979) 648–653.

2 Zum Geschlecht der Freiherren, Grafen und Fürsten von Hatzfeldt vgl. u. a. Genealogisches Handbuch der fürstlichen Häuser, Bd. 10 (Genealog. Handbuch des Adels, Bd. 70), Limburg a. d. Lahn, 473–477; E. H. Kneschke, Neues allgemeines Deutsches Adels-Lexicon, Bd. 4, Leipzig 1863, Neudruck Hildesheim/New York 1973, 235–238.

3 Genaueres siehe Neuer Nekrolog der Deutschen, Jg. 5 (1827), Ilmenau 1829, Teil 1, 137f.; K. von Priesdorff (Hrsg.), Soldatisches Führertum, Bd. 2, Teil 3, Hamburg [1937], 446–449.

4 Zu dem Geschlecht der Schulenburg siehe Kneschke, Bd. 8, Leipzig 1868, 362–368.

5 Zum legendären »Fußfall« der Fürstin Hatzfeldt, der immer wieder auf die ›gefühlvollste‹ Weise Darstellung fand, siehe J. Vogel, Deutsche Frauen in der Anekdote, Berlin o. D. [um 1920], 231–235; W. Schäfer, Die Anekdoten, München 1928, Neudruck Stuttgart 1949, 199–201; A. Luther/H. Friesenhahn, Land und Leute in deutscher Erzählung, Stuttgart 1949 (die auf S. 418 irrtümlicherweise den »Fußfall« auf die Tochter Sophie beziehen); O. Runkel, Die Gräfin von Hatzfeld, in: Hinterländer Geschichtsblätter 26 (1937), Nr. 5. – Fürsprecher des Fürsten, außer der Fürstin, waren allerdings noch einige Prinzen.

6 Frh. Roth von Schreckenstein [ein Schwager Sophie Hatzfeldts] an Sophie Gräfin Hatzfeldt: Aschersleben, 12. 2. 1835 – Schloß Schönstein.

7 Zu Hatzfeldts schwieriger Gesandtentätigkeit siehe W. Oncken, Die Sendung des

Fürsten Hatzfeldt nach Paris Januar – März 1813, in: Deutsche Revue über das gesamte nationale Leben der Gegenwart, Jg. 24, Berlin 1899, Bd. 2, 44–57 bis Bd. 3, 336–355. Zum weiteren siehe H. Oncken, Lassalle, Stuttgart/Berlin ^{3}1920, 47.

8 Samulski, Gräfin Sophie von Hatzfeldt 652; ders., Hatzfeldt und Trachenberg, in: Militsch-Trachenberger Kreis- und Stadtblatt, Nr. 242, Heft 3–4, Aurich 1973.

9 Die Zeichnung befindet sich im Besitz Hermann Graf Hatzfeldts, s. Abb. S. 22.

10 Sophie von Hatzfeldt an ihren Sohn Paul Graf Hatzfeldt: Düsseldorf, 6. 3. [1856] – Schloß Schönstein. Ähnlich die Gräfin auch über ihre älteste Schwester Louise gegenüber Hermann Fürst Hatzfeldt: Berlin, 14. 7. 1860 – ebd.

11 Zu den Trauurkunden vgl. Samulski, Gräfin Sophie von Hatzfeldt 649 Anm. 8. Standesamtlich erfolgte die Trauung in der Gemeinde Lauthausen (bei Hennef/Sieg), kirchlich in der Kapelle von Schloß Allner. Am 12. August fand die glanzvolle Hochzeitsfeier auf Schloß Kalkum statt. Siehe dazu G. Engelbert, Schloß Kalkum bei Düsseldorf. Ein Beitrag zu seiner Baugeschichte, in: Düsseldorfer Jahrbuch 47 (1955) 199–234, hier: 222.

12 Aus dem Heiratsvertrag vom 9. 8. 1822, zit. nach H. Weidenhaupt, Gräfin Sophie von Hatzfeldt und Ferdinand Lassalle, in: Schloß Kalkum, hrsg. von W. Bader, Köln 1968, 249–260, hier: 250. Details, wenn auch sicherlich subjektiv gefärbte und überzeichnete, über die Zeit der Eheschließung finden sich in der von Lassalle aufgesetzten Scheidungsklage Sophie von Hatzfeldts vom 6. 11. 1847, 1f. (abgedruckt bei H. Hirsch, Sophie von Hatzfeldt, Düsseldorf 1981, 134–182), die ein beängstigendes Bild dieser Ehe bietet.

13 »Die im Jahre 1492 errichtete schlesische Freie Standesherrschaft Trachenberg wurde 1741 zum preußischen Fürstentum erhoben und war seit 1641 im Besitz der Reichsgrafen von Hatzfeldt und Gleichen, die 1741 preußische Fürsten und 1748 auch Reichsfürsten wurden.« 1794, mit dem Aussterben der Linie Hatzfeldt-Gleichen, erbte nach mehrjährigen Prozessen die Linie Hatzfeldt-Wildenburg mit ihren Zweigen Schönstein und Weisweiler den Trachenberger Besitz gemeinsam, dabei mit der Regelung, daß der Zweig Schönstein die Trachenberger Verwaltung übernahm und auf Schloß Trachenberg als Hauptsitz residierte. Samulski, Gräfin Sophie von Hatzfeldt 651f.

14 Zit. nach Scheidungsklage Sophie von Hatzfeldts vom 6. 11. 1847, 2, die auch für das Folgende hauptsächlich heranzuziehen ist.

15 Sophie von Hatzfeldt an ihre Tochter, Gräfin Melanie (Wien): Düsseldorf, 14. 10. 1850 – Schloß Schönstein.

16 Scheidungsklage Sophie von Hatzfeldts, 3. Dort auch das folgende Zitat.

17 Unzählige Male erwähnt die Gräfin in Briefen an ihre mittlerweile erwachsenen Kinder, wie häufig sie Nächte lang an ihren Betten durchgewacht habe, wenn sie krank waren, siehe u. a. Sophie von Hatzfeldt an ihre Tochter Melanie: Düsseldorf, 14. 10. 1850 – Schloß Schönstein.

18 Sophie von Hatzfeldt an ihren Sohn Paul: z. Zt. Schlangenbad, 23. 8. 1854 – ebd.

19 So Alfred am 20. Dezember 1834 an seine Mutter: »Ich wollte, Du wärst mit Paul und Melanie auch dabei, wenn der Christbaum angezündet ist.« Ähnlich Melanie: »Ich bin so vergnügt, aber nur das einzige fehlt, liebe Mama, kehre doch bald wieder in Dein Vaterhaus zurück, bedenke noch, liebe Mama, was das führ [sic!] eine Schande vor Gott ist, wenn Du so in der Welt rumfliegst. Glaube mir, . . . liebe Mama, was das führ ein Unglück ist führ Dich und Deine Kinder alle, gute Mama glaube mir, ich liebe Dich wie mein Leben.« (21. 1. 1837 – ebd.)

20 F. Mehring, Graf Paul Hatzfeldt, in: Die Neue Zeit 20 (1901–1902), Heft 7, 193–197, hier: 195.

21 Selbst bei der Hochzeit Melanies mit Maximilian Graf von Nesselrode-Ehreshoven

war Sophie *nicht* geladen. Aus der ersten Zeit der Trennung von Mutter und Tochter existieren nur zwei Briefe von Melanie (29. 8. und 27. 9. 1838), danach nur noch – zumeist nicht angekommene – Briefe der Gräfin an ihre Tochter (u. a. vom 24. 9. 1843). – Zum weiteren Schicksal Melanies siehe Kap. IV.

22 Hermann Fürst Hatzfeldt an Sophie von Hatzfeldt (z. Zt. Frankfurt): z. Zt. Düsseldorf, 6. 12. 1837 – Schloß Schönstein. Hermann Hatzfeldt war selbst zum zweiten Mal verheiratet und hatte nicht gerade wenig Aufsehen erregt wegen seiner Ehen (1. Ehe, die mit Scheidung endete, 1831–1846 mit Mathilde Gräfin von Reichenbach-Goschütz; 2. Ehe seit 1847 mit Marie von Nimptsch, die gleichzeitig die Schwägerin und Stiefmutter seiner Tochter Franziska aus erster Ehe war).

23 Hermann Fürst Hatzfeldt an Sophie von Hatzfeldt (Kalkum): Trachenberg, 18. 2. 1841 – Schloß Schönstein.

24 Ebd. sowie Hermann Fürst Hatzfeldt an Sophie von Hatzfeldt: z. Zt. Ratibor, 6. 11. 1841 – ebd.

25 Hermann Fürst Hatzfeldt an Sophie von Hatzfeldt (Berlin): Trachenberg o. D. [Ende 1841] – ebd.

26 Graf Schreckenstein an Sophie von Hatzfeldt: Münster, 3. 3. 1841 – ebd. Vgl. zum folgenden Graf Max von Hatzfeldt an seine Schwester, Gräfin Sophie: Paris, 18. 2. 1841 – ebd.

27 Herminie Gräfin Landsberg an Sophie von Hatzfeldt (z. Zt. Baden-Baden): Münster, 1. 3. 1837; 23. 1. 1838 – ebd.

28 In einem Zusammenhang, in dem es vor allem um finanzielle Angelegenheiten ging, äußerte Sophie von Hatzfeldt gegenüber ihrem Bruder Max: »Du wirst nicht leugnen können, daß ich *absolut* die gleichen Rechte habe wie der Graf, das was für ihn gilt, auch für mich gilt . . .« Undatierter Brief aus dem Jahr 1845 – ebd.

29 Clara war mit einem sehr viel älteren Mann verheiratet, über den sich Sophie sehr negativ äußerte. Außerdem wurde sie sehr schwer krank – siehe Kap. IV. Die Gräfin zeigte gerade für Clara großes Mitgefühl.

30 Hermann Fürst Hatzfeldt an Sophie von Hatzfeldt: Trachenberg, 25. 8. 1843 – ebd.

31 »Früh in das Leben eingetreten und von bitteren Erfahrungen und Täuschungen heimgesucht«, so äußert sich Max von Hatzfeldt zur eigenen Person, »hat meine äußere Form etwas Kaltes und Verschlossenes angenommen; allein meine Empfindungen sind dadurch, daß sie sich in meinem Inneren konzentrieren, nur um desto heftiger geworden, und die inneren Kämpfe, wenn sie in mir angeregt werden, reiben mich auf.« Maximilian Graf Hatzfeldt an Sophie von Hatzfeldt: Paris, 21. 9. 1841 sowie auch ders. an dies.: Paris, 31. 1. 1841 – ebd.

32 Zit. in einem Brief Sophie von Hatzfeldts an ihren Sohn Paul in Berlin: Düsseldorf, 27. 12. 1853 – Schloß Schönstein.

33 Text des »Altenkirchener Vertrags«, der unterschiedlich datiert ist, vgl. Anlage 50 zur Prozeßschrift des Grafen Edmund von Hatzfeldt vom 4. 4. 1847; Scheidungsklage der Gräfin Sophie von Hatzfeldt vom 6. 11. 1847. Aufschlußreich ein sehr verständiger Brief der Gräfin, den sie am 3. 4. 1841 an ihren Gatten schrieb, in der Hoffnung, eine zukunftsträchtige Versöhnung zu erlangen – Schloß Schönstein.

34 Scheidungsklage Edmund von Hatzfeldts (1847) 13.

35 Maximilian Graf von Hatzfeldt an Sophie von Hatzfeldt: Paris, 2. 11. 1841 – Schloß Schönstein.

36 Sophie von Hatzfeldt in einem undat. Schreiben (wohl 1841/42) an ihren Bruder Hermann – ebd.

37 Edmund Graf Hatzfeldt hatte noch kurz zuvor eine jesuitische Ausbildung der Jungen bevorzugt und beide zu diesem Zweck auch in Freiburg einquartiert – solange

angeblich, bis seine konfliktstarke Frau deren Wiederaufnahme in Freiburg unmöglich gemacht hatte. Siehe Engelbert von Landsberg an Sophie von Hatzfeldt (Kalkum): Steinfurt, 22. 10. 1841 – ebd.

38 Angeblich hatte sich Sophie von Hatzfeldt sogar mit dem Gedanken getragen, den Grafen Bassenheim zu heiraten, vgl. Klageschrift des Grafen Edmund 14f.; Hermann Fürst Hatzfeldt an seine Schwester Sophie: Trachenberg, 24. 9. 1842 – Schloß Schönstein. Über die Mithilfe König Friedrich Wilhelms IV. erhoffte das Paar, den päpstlichen Dispens zu erlangen, siehe Mayer, in: Lassalle 4, 7; D. J. Footman, Ferdinand Lassalle, New York 1969, 51.

39 Zit. nach H. Hirsch, Zuflucht auf Schloß Trachenberg. Eine Episode aus dem Leben der Gräfin Sophie von Hatzfeldt, in: Schlesien 26 (1981) 216–221, hier: 220. Die »Pistolengeschichte« brachte allem Anschein nach der Berliner Verleger Reinhold Schlingmann, mit dem Sophie von Hatzfeldt nach dem Tode Lassalles für kurze Zeit zusammenarbeiten sollte, in Umlauf, vgl. A. Kohut, Ferdinand Lassalle, Leipzig 1889, 14f.

40 Brief Paul von Hatzfeldts an seinen Vater, siehe Botschafter Paul Graf von Hatzfeldt, Nachgelassene Papiere, 1838–1901, hrsg. von G. Ebel und M. Behnen, Teil 1, Boppard/Rh. 1976, 101 Anm. 3. Was die erneute Einflußnahme des Königs anbelangt, der auf eine Sinnesänderung des Knaben drängte, siehe sein Schreiben an Fürst Hatzfeldt vom 10. April [1844], das in einer Abschrift Sophie von Hatzfeldts existiert – Schloß Schönstein (abgedruckt auch in Botschafter Paul Graf von Hatzfeldt 1, 101).

41 Der König wollte Muskau in alleinigem Besitz Nostitz' sehen, da ihm die Hatzfeldtsche Familie (mit drei Virilstimmen) ansonsten zu mächtig erschien. Die ablehnende Haltung Friedrich Wilhelms IV. resultierte nicht zuletzt aus den vorangegangenen Ereignissen.

42 Sophie von Hatzfeldt an Johann Joseph Wachter: Muskau [Sommer 1845] – Schloß Schönstein. Siehe auch dies. an dens.: Muskau, 24. 6. 1845; 29. 7. 1845 – ebd. – Zu dem hochdekorierten preußischen Militär Nostitz, ehemals Adjutant in Blüchers Diensten (1813–1815) siehe Priesdorff (Hrsg.) 5, Teil 8, 108–114.

43 Vgl. die Hinweise in Sophie Hatzfeldts Briefen an Wachter aus dem Sommer 1845 (Schloß Schönstein) und außerdem J. Langendorf-Brandt, Hermann Fürst von Pückler-Muskau, Cottbus 1921, 41ff.; G. F. Hering/V. Huber, Ein großer Herr. Das Leben des Fürsten Pückler, Düsseldorf/Köln 1968, 384ff.

44 So sah Sophie von Hatzfeldt Muskau auch als Geldquelle, gerade im Hinblick darauf, daß die Eisenbahn 1845 eröffnet wurde und Muskau als Vergnügungsort für Breslau, Frankfurt/O. und Berlin somit viel eher zu erreichen war. Sophie von Hatzfeldt an Wachter: z. Zt. Dresden, 3. 8. 1845 sowie ihr Schreiben an dens. vom 23. 7. 1845 – Schloß Schönstein.

45 Ebd. Warum die Gräfin ausgerechnet Vertrauen zu Wachter faßte, der 1838 im Auftrage ihres Mannes Paul entführt hatte, ist mit Hilfe der Papiere nicht zu ergründen. 1846–47 war Wachter auf jeden Fall wieder im Sinne des Grafen tätig, siehe u. a. Weidenhaupt 253.

46 Sophie von Hatzfeldt an Wachter: z. Zt. Dresden, 3. 8. 1845 – Schloß Schönstein.

47 Sophie von Hatzfeldt an ihren Sohn Alfred, o. D. Sommer 1845 – ebd.

48 Sophie von Hatzfeldt hatte in der Vergangenheit vor allem mit ihrem Schwager Max von Loë Schwierigkeiten gehabt. Seine Intrigen, seine Einflußnahme auf Edmund Hatzfeldt gingen selbst Sophies Brüdern zu weit. Loë wurde bei Familienangelegenheiten nicht mehr hinzugezogen.

49 Wachter an Sophie von Hatzfeldt: z. Zt. Muskau, 17. 10. 1845 – Schloß Schönstein.

1 Sophie von Hatzfeldt an ihren Bruder Hermann Fürst Hatzfeldt (Trachenberg): Berlin, 22. 5. 1846 – Schloß Schönstein.

2 Oppenheim (geb. 1819) gehörte einer sehr reichen Königsberger Bankiersfamilie an und war von der Gräfin bereits um Rechtsbeistand angegangen worden. A. Mendelssohn, etwa 1818 in Neisse geboren und Vetter des Komponisten Felix Mendelssohn-Bartholdy, lernte Lassalle in Berlin kennen und war dem so viel jüngeren von Anfang an in großer Freundschaft zugetan. Zum Briefwechsel zwischen Lassalle und Mendelssohn siehe Lassalle 1.

3 Zum sog. »Hamburger Erbfolgekrieg« Lassalles und Heines siehe Sh. Na'aman, Lassalle, Hannover 1970, 60–63; Lassalle 1, 36–41. – Heine hingegen war aus eigennützigen Gründen nicht bereit, sich in die »Hatzfeldthändel« einzumischen, siehe Lassalle an Heine, [Anfang Oktober 1846], in: Lassalle 1, 269–274.

4 Ferdinand Lassalle in seinem bekannten, äußerst umfangreichen Manuskriptbrief, mit dem er 1860 um die junge Russin Sophie Sontzeff warb, teilweise abgedruckt in: St. Großmann, Ferdinand Lassalle, Berlin 1919, 178f.

5 Allein im Schönsteinschen Familienarchiv liegen dreizehn gedruckte, zum Teil sehr umfassende Prozeß-, Klage- und Denkschriften beider Seiten vor. Zur Scheidung im 19. Jh. allgemein siehe D. Blasius, Scheidung und Scheidungsrecht im 19. Jahrhundert. Zur Sozialgeschichte der Familie, in: HZ 241 (1985) 329–360. Zuletzt auch: Ders., Ehescheidung in Deutschland 1794–1945. Scheidung und Scheidungsrecht in historischer Perspektive, Göttingen 1987.

6 Wahrscheinlich die erste Handlung Lassalles als Rechtsbeistand der Gräfin war (laut Na'aman, Lassalle 88) die gerichtliche Eintragung eines Protests im März 1846 gegen den bevorstehenden Verkauf der Herrschaft Muskau.

7 Graf Edmund Hatzfeldt an seinen Sohn Paul: Schönstein, 10. 2. 1846, in: Botschafter Paul Graf von Hatzfeldt 1, 102. Angeblich soll gerade dieses Schreiben den letzten Ausschlag für Lassalles Entscheidung gegeben haben, die Gräfin juristisch zu unterstützen, siehe Großmann, Lassalle 178. Zum folgenden ebd. 182ff.; Na'aman, Lassalle 88–94.

8 Großmann, Lassalle 182, der auch zum folgenden heranzuziehen ist.

9 Durch Oppenheims Freisprechung sicher gemacht, war Mendelssohn, der sich zeitweise in England und Frankreich aufgehalten hatte, im Juni 1847 nach Deutschland zurückgekehrt. Allerdings wurde er in Köln verhaftet und am 11. Febr. 1848 zu fünf Jahren Zuchthaus verurteilt. Seine Familie erreichte 1849 eine Haftentlassung. Freilich mußte sich Mendelssohn verpflichten, Deutschland für immer zu verlassen. Zuerst als Militärarzt im Dienst der ungarischen Revolutionsarmee stehend, findet man ihn später mit anderen ungarischen Flüchtlingen in der Türkei, wo er 1854 in Bajazid nahe der persischen Grenze an Typhus starb. Lassalle 1, 32. – Oppenheim zog sich nach seinem Prozeß vollständig von Lassalle und den Hatzfeldthändeln zurück.

10 Zu folgenden Zeiten saß Lassalle in Untersuchungshaft: Febr./März 1847 wegen angeblicher Vernichtung gerichtlicher Beweisstücke (4. 5. 1847 Freispruch); Febr. bis Aug. 1848 Untersuchungshaft wegen intellektueller Urheberschaft des Kassettendiebstahls (5.–11. 8. 1848 Verhandlung und Freispruch); 22. 11. 1848 bis 6. 5. 1849 Untersuchungshaft wegen Aufreizung zum Steuerstreik in Neuss (5./6. 5. 1849 Verhandlung und Freispruch); 5. 7. 1849 erneute Verhaftung und Verurteilung zu sechs Monaten Gefängnis (welche erst vom 1. 10. 1850 bis 1. 4. 1851 abgesessen wurden).

11 Herminie von Landsberg an Sophie von Hatzfeldt: Steinfurt, 21. 10. 1846 – Schloß

Schönstein. Die antisemitische Haltung kam auch bei anderen Familienmitgliedern zum Ausdruck.

12 Hermann von Hatzfeldt an Sophie von Hatzfeldt: Trachenberg, 30. 10. 1846 – ebd.

13 Siehe u. a. Max von Hatzfeldt an Sophie von Hatzfeldt: Köln, 23. 11. 1846. Rener, Besitzer des Hotels »Bellevue« in Deutz, gehörte zu den Anhängern der Gräfin (Lassalle 1, 268; G. Brandes, Ferdinand Lassalle, Leipzig/Berlin [4]1900, 26f.).

14 Prodigalitätsklage, von Lassalle verfaßt: »An Einen Hochlöblichen Justiz-Senat zu Ehrenbreitstein«, September 1846, 67 S. – Schloß Schönstein.

15 Na'aman, Lassalle 796.

16 Lassalle in seiner berühmten »Kassettenrede« (die damals gedruckt wurde), zit. nach Brandes 21f.

17 Siehe auch Kap. III. Na'aman, Lassalle 101–105.

18 Mayer, in: Lassalle 4, 9. Anders als im übrigen Preußen, wo das Allgemeine Landrecht von 1794 galt, bildete im Rheinland seit Revolutionszeiten der französische Code civil die Rechtsgrundlage.

19 »Was nun die Vergleichsverhandlungen selbst betrifft, so hat auch die ganze Reihe der bisherigen Urteile und zumal das letzte Kassationsurteil gezeigt, daß ein weiteres Prozessieren von uns *rein lächerlich* ist. *Rein lächerlich* sage ich, denn es ist *ganz so gut,* als wenn Hatzfeldt und Stockum selbst zu Gericht säßen und die Urteile sprächen.« Ferdinand Lassalle an Paul von Hatzfeldt: [Ende Mai oder Anfang Juni 1849], in: Lassalle 2, 14f., hier: 14.

20 So Ferdinand Lassalle an seinen Vater: Paris [Dezember 1846], in: Lassalle 1, 291–296, hier: 295. Zum folgenden Sophie von Hatzfeldt an ihren Sohn Alfred, [August 1852] – Schloß Schönstein.

21 Graf Clemens August von Westphalen zu Fürstenberg (1805–1885), seit 1843 verwitwet, war in Westfalen der Führer der katholisch-ständischen Opposition gegen die preußische Kirchenpolitik und hatte sich als solcher für die sofortige Wiedereinsetzung des Erzbischofs von Droste ausgesprochen. Wegen seines energischen Auftretens beim König in Ungnade gefallen, hatte er zeitweise in Bayern gelebt.

22 Zu den massiven finanziellen Forderungen, die Lassalle an seinen ihm in großzügiger Liebe zugetanen Vater stellte, vgl. den Briefwechsel beider in Lassalle 1 und 2.

23 So versuchten beide Parteien immer wieder, die Bediensteten der jeweils anderen Seite für sich zu gewinnen. Wilhelm (»Franz«) Hoppe beispielsweise war Bediensteter Lassalles gewesen und durch den Frontwechsel zu einer Bierwirtschaft in Köln gekommen. Siehe auch Lassalle 1, 276 Anm. 3.

24 Sophie von Hatzfeldt an ihre Tochter Melanie (Wien): Düsseldorf, 14. 10. 1850 – Schloß Schönstein. Der Brief war auf Wirkung ausgerichtet und insofern sicherlich stellenweise etwas übertrieben.

25 Abgedruckt und daher leicht zugänglich sind die Scheidungsklagen beider Parteien aus dem Jahre 1847 bei Hirsch, Sophie von Hatzfeldt 130–182. – Hatzfeldts Schmähschrift gegen seine Frau: Memoire inédit relatif à Madame la Comtesse Sophie de Hatzfeldt, Paris 1847. Isidor Momma gefiel sich darin, die Gräfin u. a. mit Lola Montez zu vergleichen (Die Gräfin Sophia von Hatzfeldt und der Professor Isidor Momma, Düsseldorf 1848). Momma hatte zuvor jedoch um Sophie Hatzfeldts Gunst gebuhlt, siehe sein Schreiben an sie vom 29. 1. 1848 – Schloß Schönstein. – Großes Interesse bestand an den Memoiren der Gräfin Hatzfeldt, von deren Existenz schon 1847 ein Gerücht umging, siehe dazu eine kleine Notiz im Börsenblatt für den Deutschen Buchhandel, Nr. 30, Leipzig 13. 4. 1847. Zu dem Gerücht um Paul siehe Na'aman, Lassalle 120, 138.

26 Siehe Lassalles Briefe an Paul von Hatzfeldt (Lassalle 2, Nr. 8–10) sowie seine Briefe an die Gräfin selbst (Lassalle 4, Nr. 2–3).

27 Sophie von Hatzfeldt hatte in ihrer Scheidungsklage, welche u. a. die zahlreichen Geliebten und Mätressen ihres Mannes aufzählte, auch die beiden Schwestern Hons als solche erwähnt, siehe E. Fuchs, Illustrierte Sittengeschichte vom Mittelalter bis zur Gegenwart, Ergänzungsband 3, 210 (196–215: Auszug aus der von Lassalle verfaßten Klageschrift). Als Beweis dafür, daß Graf Hatzfeldt hinter dem Ganzen steckte, vgl. ein Dokument vom 30. 4. 1851 (Schloß Schönstein), das ein gerichtliches Verfahren zwischen den Hons und dem Grafen behandelt, welcher sich allem Anschein nach geweigert hatte, seine »Bestechungsgelder« vollständig auszuzahlen.

28 Sophie von Hatzfeldt an ihre Tochter Melanie (Wien): Düsseldorf, 14. 10. 1850 – Schloß Schönstein. Die Schwestern Hons wären bereit gewesen, die Klage zurückzuziehen, wenn man ihnen einen gewissen Geldbetrag gezahlt hätte. – Siehe auch Sophie von Hatzfeldt an Alfred selbst: [August 1852] – ebd. Das folgende Zitat aus einem Brief der Gräfin an ihre Tochter: Düsseldorf, 17. 4. 1851 – ebd.

29 Für die Jahre 1847–1849 siehe die Briefe Lassalles und Westphalens in: Lassalle 1, Nr. 109–111; zu den Wiederannäherungsversuchen Lassalles und Hatzfeldts Bd. 4, Nr. 33–43, 47, 48, 50. – Auch der alte Fürst Solm hatte versucht, sich vermittelnd in den Scheidungsprozeß einzuschalten, siehe Sophie von Hatzfeldt an ihre Tochter Melanie: Düsseldorf, 17. 4. 1851 – Schloß Schönstein.

30 So verlangte Lassalle schon 1847 von Mendelssohn in Paris, »der Gräfin alle acht Tage mindestens einmal einen zwei Bogen langen Brief [zu schreiben], worin Du Beobachtungen und Gedanken ablagern kannst«. Für die »Launen der Gräfin« besitze er selbst »keine remedia« mehr. Ferdinand Lassalle an Arnold Mendelssohn, [März 1847], in: Lassalle 1, 310–313, hier: 313.

31 So Sophie von Hatzfeldt an ihren Sohn Paul: »Er [Lassalle] war schon einige Male in schwachen Momenten zur Nachgiebigkeit geneigt, und ich habe ihn bei seinem mir gegebenen Wort und bei meiner gerechten Sache beschworen, mich nicht zu nötigen, mein Recht aufzugeben.« (26. 8. 1853 – Schloß Schönstein). In diesem Sinne auch Lassalle an Paul von Hatzfeldt, [Ende Mai oder Anfang Juni 1849], in: Lassalle 2, 14f.

32 Besonders aufschlußreich Paul von Hatzfeldt an seinen Vater: z. Zt. Schönstein, Oktober 1850 und die darauf folgende Antwort: z. Zt. Wien, 23. 10. 1850, in: Botschafter Paul Graf von Hatzfeldt 1, 110–112. Im Herbst des Jahres trat die Gräfin Paul förmlich an ihren Gatten ab, da sie ansonsten (insbesondere finanzielle) Nachteile für ihn und seine Ausbildung befürchtete. Erklärung der Gräfin vom 14. 11. 1850 – Schloß Schönstein.

33 Paul von Hatzfeldt an seine Mutter (z. Zt. zur Kur in Schinznach/Schweiz): Homburg, 25. 8. 1850 – ebd. (siehe auch Botschafter Paul Graf von Hatzfeldt 1, 107f.).

34 Stockum hatte 10.000 Taler erhalten. – Abschrift des Vergleichs zwischen Graf Edmund und Gräfin Sophie vom 12. 8. 1854 – Schloß Schönstein. Die Gräfin hatte auf alle Rechte und Ansprüche, die sie aus dem Ehevertrag vom 9. August 1822 herleiten konnte, sowie auf Zurückerstattung ihres elterlichen und großelterlichen Erbteils und auf Rückgabe ihres Brautschatzes und ihrer Aussteuer zu Gunsten des Grafen verzichtet. Dafür erhielt sie u. a. eine Kapitalsumme von 160.000 Talern sowie eine Summe von 140.000 Talern, von deren 5 % Kapitalertrag (pro Jahr 7.000 Taler) sie ihr Leben hauptsächlich finanzieren wollte. Für Lassalle fiel eine jährliche Rente von 4.000 Talern ab. Mit diesen Jahressummen gehörten beide zu einer verschwindend geringen Prozentzahl der Bevölkerung.

35 Melanie heiratete am 12. 7. 1852 den Grafen Maximilian von Nesselrode-Ereshoven (1817–1898), Alfred am 14. 8. desselben Jahres Gräfin Gabriele von Dietrichstein (1826–1909). Nesselrode war Oberhofmeister der Kaiserin Augusta. Zum folgenden

vgl. Nesselrode an Sophie von Hatzfeldt (20. 4. 1852) sowie an Paul von Hatzfeldt (2. 5. 1852) – Schloß Schönstein.

36 Klagebeantwortung des Grafen Alfred von Hatzfeldt vom 14. 8. 1852 – ebd. Aufschlußreich ein Brief der Gräfin an ihren Sohn [August 1852], aus dem hervorgeht, daß ihr Mann Alfred die Standesherrschaft Schönstein durch Schenkung übertragen hatte, womit nur die jüngeren Kinder und die Mutter getroffen werden sollten.

37 Sophie von Hatzfeldt an Paul, Juli 1853 – ebd. Dort heißt es auch: »Was sagst Du zu dem Vorwurf des *üppigen* Lebens, der *guten* Zigarren, des Besitzes *wertvoller* Gegenstände, von ihm, der mein *erbärmliches* Interieur *gesehen* hat? Den Vorwurf von Theater und Konzerten, ich, die ich in acht Jahren höchstens achtmal im Theater gewesen und zweimal im Konzert?«

38 Sophie von Hatzfeldt an ihren Sohn Paul, 3. 8. 1853 – ebd. Zu den Versuchen, die Gunst ihrer Kinder zu erwerben, siehe vor allem Hatzfeldts Briefe an Tochter Melanie vom 14. 10. 1850, 17. 4. 1851, 10. 8. 1851, [nach dem 12. 7. 1852], 8. 12. 1852 – ebd.

39 Sophie von Hatzfeldt an ihren Sohn Paul (Berlin): Düsseldorf, 22. 3. 1854 – ebd.

40 Edmund von Hatzfeldt: Düsseldorf im Jahre 1871 – ebd. 1872 weilten beide Hatzfeldts, was lange nicht mehr vorgekommen war, am selben Ort, nämlich in Schlangenbad. Sophie von Hatzfeldt wurde der gänzlich zerrüttete Gesundheitszustand ihres ehemaligen Mannes vor Augen geführt. Auch finanziell gesehen hatte er erhebliche Einbußen hinnehmen müssen. Kurz vor seinem Tod schickte Paul seiner Mutter ein Telegramm, in dem er sie bat, evtl. an das Totenbett des Vaters zu kommen wie die Kinder. Edmund starb 1874 im Alter von 75 Jahren (28. 12. 1798 – 14. 1. 1874).

Anmerkungen zu Kapitel III

1 Na'aman, Lassalle 139.

2 Hermann von Hatzfeldt an Sophie von Hatzfeldt: z. Zt. Breslau, 22. 3. 1846 – Schloß Schönstein.

3 Siehe u. a. Pastor Fowinkel an Sophie von Hatzfeldt: Calkum, 12. 5. 1841 – ebd. Er bittet die Gräfin, sich für einen Jochen Kurz einzusetzen, den ihr Gatte wegen einer ›ungeziemenden‹ Äußerung entlassen habe. Siehe auch Joh. von Trostorff (Beitrag zur Geschichte des Niederrheins, Teil 2, Jüchen 1898): »Die Gräfin that viel Gutes, besonders sättigte und kleidete sie die Armen.« (S. 12).

4 Sophie von Hatzfeldt an ihre Tochter Melanie: Düsseldorf, 10. 8. 1851 – Schloß Schönstein.

5 Siehe hierzu u. a. Lassalle an Arnold Mendelssohn, [März 1847]; ders. an dens.: Berlin, [Mai 1847]; Carl Grün an Lassalle: Brüssel, 11. 5. [1847], in: Lassalle 1, 310–313, 317 f., 318–321. Na'aman, Lassalle 101–105.

6 Das ultimative Schreiben Ferdinand Lassalles an seinen Vater Heyman [undat., April 1847] in: Intime Briefe Ferdinand Lassalles an Eltern und Schwester, hrsg. von E. Bernstein, Berlin 1905, 31–33.

7 Ferdinand Lassalle an seinen Vater: Deutz, 6. 7. 1847, in: Intime Briefe 34–36, hier: 35 f.

8 Siehe J. Hansen (Hrsg.), Rheinische Briefe und Akten zur Geschichte der politischen Bewegung 1830–1850, Bd. II/2, Neudruck Köln/Bonn 1976, Nr. 107, 170 ff.

9 Karl Marx an Georg Herwegh: Brüssel, 26. 10. [1847], in: MEW 27, 470.

10 M. Henkel/R. Taubert, Das Weib im Conflikt mit den socialen Verhältnissen. Mathilde Franziska Anneke und die erste deutsche Frauenzeitung, Bochum 1976, 36; H. Stein, Der Kölner Arbeiterverein (1848–1849), Köln 1921, 87. Rheinische Volkshalle, Nr. 78 vom 22. 12. 1848.

11 D. Niemann, Die Düsseldorfer demokratische Bewegung und Arbeiterbewegung in den Revolutionsjahren 1848/49, Diss. masch., Düsseldorf 1979, 1. Das folgende Zitat siehe Düsseldorf 1848. Bilder und Dokumente, hrsg. vom Stadtarchiv Düsseldorf, Düsseldorf 1948, 43f.; sowie K. Schorn, Lebenserinnerungen, Bd. 1 (1818–1848), Bonn 1898, 228f.

12 Das Original befindet sich im Archiv der Sozialen Demokratie, Bonn; s. Abb. S. 54.

13 W. Herchenbach, Düsseldorf und seine Umgebung in den Revolutionsjahren von 1848–49, Düsseldorf o. J. [1882], 75. Herchenbach (1818–1898) war Volksschullehrer und Stadtverordneter in Düsseldorf.

14 Ebd. 81. Zu der im folgenden erwähnten Petition des Fürsten Pückler siehe seine Schreiben an Graf Paul (7. 3. 1848) und an Gräfin Sophie (18. 3. 1848).

15 M. Wagner, Mathilde Franziska Anneke in Selbstzeugnissen und Dokumenten, Frankfurt 1980, 35ff. Anneke übernahm diese Aufgabe – hochschwanger –, als ihr Mann Fritz und der Freund Fritz Beust in Haft saßen.

16 Herchenbach 82.

17 Zit. nach H. Oncken, Lassalle 57f.

18 Zit. nach D. Dowe, Aktion und Organisation. Arbeiterbewegung, sozialistische und kommunistische Bewegung in der preußischen Rheinprovinz 1820–1852, Hannover 1970, 157.

19 Düsseldorf 1848, 44. Siehe auch »Neue Rheinische Zeitung« vom 6. 3. 1849, 1316 (Köln, 3. März) und vom 18. 3. 1849, 1397f. (»Le jeune Saedt«).

20 Düsseldorf 1848, 50; W. Matull, Der Freiheit eine Gasse. Geschichte der Düsseldorfer Arbeiterbewegung, Bonn 1980, 14f. Das Dokument ist auch abgedruckt in: Hansen II/2, 386f.

21 Dowe, Aktion 195ff., der auch für die folgenden Informationen heranzuziehen ist.

22 Herchenbach 103. Siehe auch Hansen II/2, 467; »Neue Rheinische Zeitung« vom 14. [Beil.] und 22. 10. 1848.

23 Dowe, Aktion 198. Siehe auch »Neue Rheinische Zeitung« vom 1. 11. 1848.

24 Hirsch, Sophie von Hatzfeldt 36. Aussage Lorenz Cantador, 31. 1. 1849; Aussage Jakob Schirer, 3. 2. 1849 – Rep. 4, 128 II (HD).

25 Herchenbach 144ff.; Lassalle 2, 98. Die »Kölnische Zeitung«, die auf seiten des Grafen Edmund stand, brachte am 24. Mai einen Bericht über die jüngsten Ereignisse, teilweise abgedruckt in Botschafter Paul Graf von Hatzfeldt 1, 103 Anm. 2. Siehe auch Na'aman, Lassalle 146. – Die »Kölnische Zeitung« hatte sich auch schon beim Kassettendiebstahl und seiner Verhandlung sehr zurückhaltend verhalten, weil DuMont den Einfluß bestimmter Personen fürchtete, siehe Hansen II/1, 125.

26 Siehe hierzu die Briefe Lassalles an Paul Graf Hatzfeldt vom 25. und [29.] 5. sowie von [Ende Mai oder Anfang Juni] 1849, in: Lassalle 2, 8–15.

27 Siehe Kap. II. »Unsere Zeit ist so verderbt, daß wohl möglicherweise die Partei der ›Neuen Rheinischen‹ auf einige Zeit zur Herrschaft gelangen kann; und ich hoffe, daß ich dann ebenso kalt wie heute für meine Überzeugung den Weg der Guillotine betreten werde. Es tut mir aufrichtig leid, daß in dieser Beziehung eine Meinungsverschiedenheit zwischen uns eingetreten ist...« Paul von Hatzfeldt an Sophie von Hatzfeldt (für die dieser Wechsel unerwartet plötzlich kam): Dortmund, 6. 7. 1850, in: Botschafter Paul Graf von Hatzfeldt 1, 105–107, hier: 106.

28 Neue Rheinische Zeitung, Nr. 134 vom 4. 11. 1848.

29 Zu Müller-Tellering siehe Mayer, in: Lassalle 2, 5–7. – Sophie von Hatzfeldt wechselte mehrmals die Adresse in Düsseldorf: Kasernenstr. 118, Jägerhofstr. 7, Friedrichstr. 41, Grabenstr. 24. An Spuren aus der Zeit der Gräfin ist heutzutage nichts mehr vorhanden.

30 Ferdinand Lassalle an Jenny Marx, [13. 6. 1853], ders. an Karl Marx: Düsseldorf, 26. 4. 1857, in: Lassalle 3, 60, 105.

31 Zit. nach Dowe, Aktion 280. Siehe überhaupt die Wochenberichte der Polizei aus dieser Zeit.

32 Ernst Dronke (1822–1891) war Redakteur bei der »Neuen Rheinischen Zeitung«. Siehe Dronke an Lassalle: Paris, 20. 10. [1849], in: Lassalle 2, 22–24. Nothjung an Lassalle: Köln, 3. 10. 1849, in: Lassalle 2, 21. Peter Nothjung (1821–1880), geb. in Mülheim/Rhein, war Schneider und wurde am 12. 11. 1852 im Kölner Kommunistenprozeß zu sechs Jahren Festungshaft verurteilt. In einem Brief Sophie von Hatzfeldts an J. Ph. Becker aus dem Frühjahr 1865 (Berlin, 19. 3.) erfährt man, daß die Gräfin und Lassalle Nothjung während dieser Jahre »ernährten« – ADAV/Hatzfeldt ohne Nummer, ASD Bonn. Später ging Nothjung nach Breslau und wurde dort Bevollmächtigter des ADAV, siehe auch Kap. VII. Marx war es sehr unangenehm, daß seine finanzielle Misere im Sommer 1849 durch Lassalle publik gemacht wurde, siehe Marx an Ferdinand Freiligrath: [Paris], 31. 7. [1849], in: MEW 27, 503.

33 »Die Gräfin wollte schon lange deshalb nach Cöln kommen, um sich bei Dir zu erkundigen, was am zweckmässigsten für die armen Kinder geschehen kann. Nunmehr hat sich die Gräfin entschlossen Deinem edlen Beispiel zu folgen und obwohl es bei uns manche grosse Unbequemlichkeiten hat, eins der Kinder zu sich zu nehmen und zu erziehen. . . . Am liebsten hätte die Gräfin ein Mädchen, und zwar wäre es gut, wenn es nicht mehr gar zu klein ist, etwa zwischen 4 und 8 Jahr . . .« Ferdinand Lassalle an Ferdinand Freiligrath, etwa September 1849: G. Mayer, Briefe Ferdinand Lassalles an Ferdinand Freiligrath, in: Archiv für die Geschichte des Sozialismus und der Arbeiterbewegung 7 (1916) 431–445, hier: 436f.

34 Ferdinand Lassalle an Marx und Engels [Ende Februar 1860], Nachschrift ›Montag früh‹, in: Lassalle 3, 265f.

35 Siehe u. a. Matull, Freiheit 24f. Real (1828–1880) beispielsweise war seit 1865 Bevollmächtigter der Düsseldorfer ADAV-Gemeinde.

36 Zit. nach Mayer, in: Lassalle 4, 13.

37 Regierungspräsident an Oberbürgermeister, 20. 11. 1851; Regierungspräsident an Polizeidirektor, 9. 12. 1851; Marginalbericht des letzteren vom 13. 12. 1851 – Reg. Düsseldorf, Präsidium, 800, Bl. 68, 59 (HD).

38 Regierungspräsident an Präsidium, 7. 12. 1851 – ebd. Bl. 76 + R. Zum folgenden siehe Mayer, in: Lassalle 4, 13.

39 Polizeikommissar an Polizeidirektor, 22. 5. 1855 – Reg. Düsseldorf, Präsidium 802, Bl. 132 (HD).

40 Ders. an dens., Marginalkommentar 5. 6. 1855 – ebd.

41 Sophie von Hatzfeldt an ihre Tochter Melanie: Düsseldorf, 10. 8. 1851 an meinem Geburtstage – Schloß Schönstein.

42 Ferdinand Lassalle an Hermann Fürst Hatzfeldt, [Mai 1850], in: Lassalle 2, 33–40, hier: 34. Ähnlich im Tenor Lassalle an seine Schwester Friederike: Düsseldorf, 2. 5. 1850: »Die Sache der Gräfin, deren ich mich angenommen habe, mußte, weil sie durch und durch mit den politischen Momenten zusammenhängt, natürlich auch durch die Contrerevolution des Jahres 1848 ihrem Untergange zugeführt werden. Das ist geschehen. Die Sache sieht fast ihrem sicheren Ruin entgegen.« (Intime Briefe 51–55, hier: 54).

43 Siehe u. a. Na'aman, Lassalle 211–216. Marx war gemeinsam mit der Gräfin Hatzfeldt am 3. 3. 1849 in einer Delegation öffentlich erschienen, als es galt, Lassalles Untersuchungshaft abzukürzen. Zum Vermögen der Gräfin als »Parteigut« siehe MEW 29, 26ff.; Lassalle 3, 87.

44 Marx an Engels, 5. 3. 1856, in: MEW 29, 26f.

45 F. Mehring, Der Bund der Kommunisten, in: Die Neue Zeit 29 (1911) Bd. 2, 65–71, hier: 68. Zum folgenden siehe Kap. VIII, 1.

46 »Babylon« und »Babylonierin« waren Stichwort für die Gräfin und ihren Haushalt, so u. a. bei Daniels und Weerth (siehe Lassalle 5, 359).

Anmerkungen zu Kapitel IV

1 So setzte schon Edmund von Hatzfeldt in seiner Prozeßführung alles – wenn auch vergeblich – daran zu beweisen, daß seine Frau und Lassalle in einem Liebesverhältnis zueinander standen. Siehe hierzu auch eine Aussage Lassalles zit. bei Brandes 22f.

2 Kohut, Lassalle 8. Eine ähnlich negative Bewertung u. a. auch bei F. Mehring, Geschichte der deutschen Sozialdemokratie, Bd. 1, Neudruck Berlin 1960, 485ff., 572; E. Bernstein, Ferdinand Lassalle. Eine Würdigung des Lehrers und Kämpfers, Berlin 1919, 35ff., 109; B. Harms, Ferdinand Lassalle und seine Bedeutung für die deutsche Sozialdemokratie, Jena 1909, 22.

3 U. a. E. von Plener, Lassalle, Leipzig 1884, 2. Kaum eine Arbeit streift diese Thematik nicht. Ihre Behandlung und Beurteilung wechselt natürlich je nach Standpunkt und Vorstellungen der Betrachter.

4 Brandes 18f.

5 Matull, Freiheit 18; O. Most, Geschichte der Stadt Düsseldorf, Bd. 2, Düsseldorf 1921, 67.

6 So u. a. Mehring, Sozialdemokratie 1, 485f.; K. Haenisch, Lassalle – Mensch und Politiker, Berlin/Leipzig/Wien/Bern 1923, 25–28.

7 H. Oncken, Lassalle 50.

8 Manuskriptbrief Lassalles an Sophie Sontzeff zit. nach Großmann, Lassalle 180, 196. Dort (S. 97) auch das folgende Zitat.

9 Mayer, in: Lassalle 4, 14.

10 Sophie von Hatzfeldt an ihren Sohn Paul: Düsseldorf, 27. 12. 1853 – Schloß Schönstein. Alfred hatte systematisch Einfluß genommen auf den jüngeren Bruder, sich von der Mutter abzuwenden.

11 Siehe hierzu u. a. Ferdinand Lassalle an seine Mutter: Frankfurt a. M., 23. 9. [1850], in: Intime Briefe 56. Vor allem zu dem Vater Lassalles besaß die Gräfin ein herzliches Verhältnis.

12 Sophie von Hatzfeldt an Paul von Hatzfeldt: z. Zt. Schinznach, 12. 9. 1850 – Schloß Schönstein. Aus diesem Brief auch das folgende Zitat.

13 Sophie von Hatzfeldt an Paul von Hatzfeldt, 26. 8. 1853 – ebd.

14 So Sophie von Hatzfeldt an ihre Tochter Melanie (Wien): Düsseldorf, 17. 4. 1851 – ebd. Der Brief erreichte die Tochter – wie so viele andere – nie. Siehe auch dies. an Paul selbst: Düsseldorf, 26. 4. 1855, in: Botschafter Paul Graf von Hatzfeldt 1, 137.

15 Siehe hierzu den umfassenden Briefwechsel zwischen Mutter und Sohn, der zum Teil veröffentlicht ist (Botschafter Graf Paul von Hatzfeldt 1) und ansonsten auf Schloß Schönstein liegt. – In den fünfziger Jahren war die Gräfin durch den berühmt-berüchtigten Spion Georg Klindworth auf dem laufenden und konnte Paul sehr hilfreiche Informationen weitergeben. Vgl. auch Kap. V.

16 Bei der Liquidation der Firma Siegheim & Block in Köln hatte die Gräfin, um ihr Geld nicht zu verlieren, für 60.000 Reichstaler von deren Nachfolgerin, der Kommanditgesellschaft Düwes & Co., Anteile übernehmen müssen. Diese hatte ihr

keine Zinsen gezahlt. Außerdem hatte Sophie von Hatzfeldt durch die wirtschaftliche Krise und ungünstig verlaufene Spekulationen gelitten.

17 Siehe Sophie von Hatzfeldts wütendes Schreiben an Paul, der dem nichtsahnenden Lassalle eine Berechnung der Mutter übergeben hatte: Düsseldorf, 7. 4. 1855 – Schloß Schönstein.

18 Die Versöhnung mit Alfred (nach der Vertragsunterzeichnung 1854) war nicht von langer Dauer. Sie fand ihr Ende vor allem wegen finanzieller Zwistigkeiten. Sophie von Hatzfeldt an ihren Sohn Paul: Düsseldorf, 13. 8. 1854 – ebd.

19 Sophie von Hatzfeldt an ihre Tochter Melanie: Düsseldorf, 17. 4. 1851 – ebd.

20 Sophie von Hatzfeldt an ihre Tochter Melanie: Düsseldorf, nach dem 12. 7. 1852 – ebd. Abgesehen von einer Abrechnung mit Graf Nesselrode, dem Mann ihrer Tochter, enthält das Schreiben starke Vorwürfe an die Tochter. Melanie wohl kennend, argumentiert die Gräfin vor allem auf der religiösen Ebene.

21 »Sag ihr [der Mutter], dass sie es nicht mir zum Vorwurf machen darf, dass ich so nah von ihr gewesen und nicht zu ihr gekommen bin. Der schreckliche Lassalle hat mich daran gehindert, ich scheue seine Nähe, wenn ich auch nicht in Berührung mit ihm komme. Er hat meine Mutter in bodenloses Unglück gestürzt, er hat ihr moralisch den Todesstoß gegeben, so wie sie bald von ihm den physischen bekommen wird.« Melanie von Hatzfeldt an ihren Bruder Paul: z. Zt. Ischl, 8. 10. 1851 – ebd.

22 Melanie von Hatzfeldt an ihren Bruder Paul: Wien, 2. 12. 1851 – ebd.

23 Melanie besaß wohl von Kindheit an kein besonders ausgeprägtes Selbstwertgefühl. Auch als Erwachsene hielt sie sich für eher häßlich und verschlimmerte diesen Zustand noch, indem sie sich die Lippen zerbiß. In ganz außergewöhnlicher Weise hing sie, auch noch während ihrer Ehe, an einer in Paris lebenden Freundin. In den ersten Jahren ihrer Ehe bekam Melanie drei Kinder: Mariechen, Franzi und Alphons. Später lebte sie allem Anschein nach oft getrennt von ihrem Mann Max.

24 Sophie von Hatzfeldt an ihren Sohn Paul: Düsseldorf, 7. 2. 1856 – Schloß Schönstein. Bei dieser Gelegenheit wurden der Gräfin auch das erste Mal ihre Enkelkinder präsentiert. Sophie von Hatzfeldt hielt den »religiösen Fanatismus« für die Hauptrolle in Melanies Phantasien. 1872 äußerte sie sich: »Melanie hat ein recht trauriges Schicksal: eine unglückliche Kindheit, keine Jugend, krank an Körper und Geist, unglücklich verheiratet, keinen Trost an ihren Kindern, einen religiösen Fanatismus, der ihr weder Gemütsruhe noch Trost noch Heiterkeit zu geben vermag. Vollständige Isoliertheit und ewiges Einerlei der traurigsten Art, das ist, was die Leute ihr aufgezwungen und dieses gänzlich verfehlte und zerstörte Leben zu verantworten haben. ... Sie ist wie ich ein Opfer der Sünden anderer.« Sophie von Hatzfeldt an Paul (Sommerberg): z. Zt. Schlangenbad, 25. 9. 1872 – ebd.

25 Vor allem die Beine und das Herz machten der Gräfin zu schaffen, die zudem ständig Hungerkuren durchführte, um Geschwulste zu bekämpfen. Inwieweit die Krankheiten auch psychisch bedingt waren, ist im nachhinein nur schwer zu entscheiden.

26 Sophie von Hatzfeldt sagte von sich selbst, daß der »Heraklit« auch ihr Werk sei. »Es ist mir wirklich manchmal ganz so zumute, als wenn ich selbst mit dazu beigetragen, ihn mitgeschrieben hätte, und worüber ich eigentlich böse, ist, daß Sie mir nicht Ihr erstes Werk dediziert; das hätten Sie eigentlich tun müssen.« Sophie von Hatzfeldt an Ferdinand Lassalle: Mittwoch [Düsseldorf, 25. 11. 1857], in: Lassalle 4, 192. Dennoch war ihr der Stoff letztlich zu spröde und fremd, ganz anders als der »Sickingen«, mit dessen Thema sie sich innerlich identifizieren konnte (Na'aman, Lassalle 299).

27 Agnes Denis-Street, die (verheiratete) Tochter eines der tätigsten und erfolgreichsten (wenn auch verrufensten) Geheimagenten der Zeit, Georg Klindworth, war 1855 gemeinsam mit Franz Liszt nach Düsseldorf gekommen. Sie verbrachte viel Zeit

zusammen mit Lassalle und der Gräfin, von welchen sie auch finanzielle Unterstützung erfuhr. Die Tochter Fernande, die dem Verhältnis entsprang, starb bereits 1857. Mit seiner Umsiedlung nach Berlin lockerte sich auch das Verhältnis Lassalles zu Agnes Klindworth. Zuvor hatte schon Sophie von Hatzfeldt schlechte Erfahrungen mit der Frau gemacht, vor der sie Lassalle dann auch warnte. Agnes und Paul von Hatzfeldt hatten gemeinsam versucht, Sophie und Ferdinand zu trennen, siehe Lassalle 4, 101, 124f.

28 Sophie von Hatzfeldt an Ferdinand Lassalle: Marienbad, [wohl 9. 8. 1855] Donnerstag mittag; ähnlich im Tenor auch dies. an dens.: Schlangenbad, 23. 9. 1856 (Lassalle 4, 52–54, hier: 54; 76–80).

29 Paul von Hatzfeldt an seine Mutter: Dortmund, 15. 2. 1851 – Schloß Schönstein.

30 Ferdinand Lassalle an Sophie von Hatzfeldt: Düsseldorf, Dienstag abend [22. 7. 1856], in: Lassalle 4, 65f.

31 Nostitz hatte sich schon während des Scheidungsprozesses gegen die Gräfin gestellt. Hatzfeldts schlechtes Urteil über den bereits 82jährigen Schwager, seinen Geiz und seine Verbitterung, taucht in ihren Briefen häufiger auf.

32 Siehe u. a. Ferdinand Lassalle an Sophie von Hatzfeldt: Berlin, 2. 9. 1857, in: Lassalle 4, 179–181.

33 Sophie von Hatzfeldt an ihren Sohn Paul: Düsseldorf, 21. 11. 1856 – Schloß Schönstein.

34 Von Paul erfuhr Sophie von Hatzfeldt, daß der König nicht gut zu sprechen war auf die Gräfin: Berlin, 31. 5. 1856 – ebd. Der Lassalle-Biograph Brandes dagegen behauptete: »Man hatte höheren Orts an sich wenig oder nichts dawider, daß Lassalle seinen Aufenthalt in der Hauptstadt nehme; aber die vermögende Familie der Gräfin Hatzfeldt wollte durchaus verhindern, daß diese Dame in der Nähe ihrer Verwandten verweile. Man hielt es für ausgemacht, daß sie am selben Orte wie Lassalle wohnen würde, und suchte sie fern zu halten, indem man ihm [!] den Aufenthalt verwehrte.« Brandes 84.

35 Ferdinand Lassalle an Sophie von Hatzfeldt: Mittwoch früh [Berlin, 27. 5. 1857], in: Lassalle 4, 146f.

36 Sophie von Hatzfeldt an Ferdinand Lassalle: Donnerstag [Düsseldorf, 28. 5. 1857], ebd. 147–152, hier: 148ff.

37 Ebd. 151f. Siehe auch Sophie von Hatzfeldt an Ferdinand Lassalle: [Düsseldorf] 31. 5. [1857], ebd. 155–162, besonders 161f.

38 Sophie von Hatzfeldt an Ferdinand Lassalle: [Düsseldorf, 3. 6. 1857], ebd. 163.

39 Sophie von Hatzfeldt an Ferdinand Lassalle: Baden, 19. 10 [1857], ebd. 184.

40 Sophie von Hatzfeldt an ihren Sohn Paul: Düsseldorf, 21. 12. 1857 – Schloß Schönstein.

41 Sophie von Hatzfeldt an Paul: Düsseldorf, 31. 12. 1857 – ebd.

42 Befürchtungen dieser Art siehe Sophie von Hatzfeldt an ihren Sohn Alfred, [Aug. 1852] – ebd. Die Familie, so beklagt sie sich dort, halte Paul aus rein egoistisch-ökonomischen Gründen heraus seine Vergangenheit mit der Mutter vor, um eigene Vorteile durchzusetzen. Ähnlich auch Sophie von Hatzfeldt an ihren Bruder Hermann Fürst Hatzfeldt: z. Zt. Wildbad, 2. 7. 1859 – ebd. Edmund von Hatzfeldt wollte Paul zum Opfer seines Hasses gegen sie selbst machen.

43 Siehe Sophie von Hatzfeldt an ihren Bruder Hermann Fürst Hatzfeldt: Düsseldorf, 8. 7. 1859; 24. 9. 1859 – Originale Staatsarchiv Warschau, Kopien Schloß Schönstein. U. a. blickt die Gräfin in diesem Schreiben auch auf die Prozeßjahre zurück. Sie drohte damit, in ihren Händen befindliche Unterlagen, welche ein besonders negatives Bild auf den Grafen Edmund warfen, der Öffentlichkeit publik zu machen, für den Fall,

daß ihr Ex-Gatte sich weiterhin uneinsichtig zeigen sollte. – Bei den Verhandlungen ging es um die Unterhaltssicherung Pauls durch die Familie in Höhe von 90.000 Talern auf Rentenbasis.

44 Sophie von Hatzfeldt schüttete ihrem Bruder Hermann gegenüber ihr Herz aus, ebd. Paul, der sie mit höchster »Kälte, Schroffheit und Überdruß« behandle, verletze und kränke sie sehr. Trotz seines Egoismus und Undankes wollte sie aber am Einsatz für den Sohn festhalten.

45 Ferdinand Lassalle an Sophie von Hatzfeldt: [Berlin, 11. 12. 1858], in: Lassalle 4, 233–235, hier: 234.

46 Ferdinand Lassalle an Sophie von Hatzfeldt: Berlin, am ersten Weihnachtsfeiertag [1858], ebd. 235–242, hier: 241.

47 Sophie von Hatzfeldt an Ferdinand Lassalle: [Berlin, Februar–März 1859], ebd. 248–251, hier: 249.

48 Ferdinand Lassalle an Sophie von Hatzfeldt: Sonnabend [wohl Frühling 1858], ebd. 205–208, hier: 207.

49 Th. Fontane, Christian Friedrich Scherenberg und das literarische Berlin von 1840–1860, Berlin 1885, 204.

50 Ebd. 202–206; besonders farbige Schilderungen und atmosphärische Beschreibungen des damaligen Salonlebens bei L. Pietsch, Wie ich Schriftsteller wurde. Erinnerungen aus den fünfziger Jahren, Berlin 1893, 296–309.

51 Pietsch 310–314.

52 In praktisch allen Arbeiten (deshalb sei keine gesondert hervorgehoben) wird der Eindruck erweckt, als ob Sophie von Hatzfeldt, quasi als nicht loszuwerdendes Anhängsel Lassalles, alles darangesetzt habe, diesem nach Berlin zu folgen. Tatsache ist, daß Lassalle auf dem Domizilwechsel der Gräfin bestand. Für sie war Berlin insofern von Bedeutung, als sie dort (anders als in Düsseldorf) demselben Recht unterlag wie Sohn Paul, den sie in ihrem Testament als Alleinerben eingesetzt hatte.

53 Pietsch 379.

54 Ebd. 380.

55 Sophie von Hatzfeldt an Ferdinand Lassalle: [Berlin, Februar–März 1859], in: Lassalle 4, 248–251, hier: 251.

56 Pietsch 381. Er zitiert zudem ein extra für Sophie von Hatzfeldt gearbeitetes Gedicht (»Zum 10. August«); er selbst zeichnete damals ein Portrait von der Gräfin, das meines Wissens leider nicht erhalten ist (S. 382–384).

57 Ebd. Zur folgenden Anekdote: J. Rodenberg, Erinnerungen aus der Jugendzeit, Bd. 2, Berlin 1899, 270. Auch der Berliner Verleger Reinhold Schlingmann erwähnt, daß es nahezu unmöglich war, Lassalle zu einem »kleinen Gelage« entführen zu wollen, da es die Gräfin stets zu hintertreiben gewußt habe. Siehe Kohut, Lassalle 57.

58 Hermann Fürst Hatzfeldt hatte seine Schwester zur Beerdigung Max von Hatzfeldts nach Trachenberg eingeladen. Sophie von Hatzfeldt verbrachte daraufhin einige Zeit in Schlesien. An der offiziellen Trauerfeier in Berlin nahm sie allerdings – aus Rücksichtnahme auf Paul! – nicht teil.

59 Hier wie auch zum folgenden Sophie von Hatzfeldt an ihren Bruder Hermann Fürst Hatzfeldt: Berlin, 26. 5. 1859 – Schloß Schönstein.

60 Sophie von Hatzfeldt an Hermann Fürst Hatzfeldt: Berlin, 30. 5. 1859 – ebd. Obwohl sie ihm das ganz entgegengesetzte Verhalten ihrer Geschwister Max, Clara und Herminie vor Augen führte, zeigte sie sich bereit, seinen Wunsch zu respektieren und keinerlei »private« Mitteilungen mehr zu machen.

61 Ferdinand Lassalle an Sophie von Hatzfeldt: Aachen, 9. 8. [1860], in: Lassalle 4, 262. Zum folgenden vgl. ebd. 256 Anm. 1.

62 Lassalle lebte über längere Zeit in einem engen Verhältnis zu Lina Duncker, von dem offensichtlich auch deren Mann Franz unterrichtet war. Zwischen ihr und der Gräfin kam es immer wieder zu Spannungen, weil sich Sophie von Hatzfeldt von der Geliebten Lassalles nicht respektiert fühlte; sie hatte Angst, von diesem wegen ihr vernachlässigt zu werden. Siehe hierzu Ferdinand Lassalle an Sophie von Hatzfeldt: Dienstag [Aachen, 14. 8. 1860]; Donnerstag [Aachen, 16. 8. 1860]; dies. an dens.: Wildbad, Sonnabend [25. 8. 1860]; ders. an dies.: [Aachen] Sonnabend, 1. 9. [1860], in: Lassalle 4, 263ff., 269f., 272. Dazu auch einen Brief Lina Dunckers an die Gräfin: Berlin, 8. 8. [1860], in: Lassalle 2, 223f. Lassalle hatte allem Anschein nach auch ein Verhältnis mit Hedwig Dohm (Na'aman, Lassalle 764f.), wofür allerdings die Beweise fehlen (J. Meißner, Mehr Stolz, Ihr Frauen! Hedwig Dohm – Eine Biographie, Düsseldorf 1987, 42). Ludmilla Assing verehrte und umwarb ihn ohne Erfolg.

63 Ferdinand Lassalle an Sophie von Hatzfeldt: Sonnabend und Sonntag [Aachen, 8. und 9. 9. 1860], in: Lassalle 4, 273–277, besonders 275ff. – Lassalle litt an einer Syphiliserkrankung im fortgeschrittenen Stadium. Mayer beispielsweise hält seinen physischen Zustand für mitverantwortlich für seinen Gemütszustand. Das erklärte vielleicht seine überaus emotionale Reaktion auf die Russin Sophie Sontzeff, die diese selbst mit Verwunderung und Unverständnis betrachtete. Siehe S. Sontzeff, Eine Liebesepisode aus dem Leben Ferdinand Lassalles, Leipzig 1878; A. Kutschbach, Sophie Sontzeff – F. Lassalle, Chemnitz 1881.

64 So u. a. W. Matull, Ferdinand Lassalle, Würzburg 1964, 10: »Gerade bei dem offenbaren Mangel an mütterlicher Wärme im Elternhaus hat Lassalle zu der viel älteren Gräfin als einem Symbol der Mütterlichkeit aufgeblickt, dem er ritterlich dienen wollte.«

65 Manuskriptbrief Lassalles aus dem Oktober 1860 an Sophie Sontzeff, in: Großmann, Lassalle 195f.

66 Na'aman, Lassalle 300f. Siehe zahlreiche Selbstzeugnisse Lassalles!

67 So Ferdinand Lassalle an seine zeitweilige Geliebte Lina Duncker, zit. nach Lassalle 4, 15.

68 Ferdinand Lassalle an Sophie von Hatzfeldt: Sonntag früh [Aachen, 9. 9. 1860], in: Lassalle 4, 274–277, hier: 276.

69 Sophie von Hatzfeldt an Emma Herwegh, zit. ohne Datum bei Haenisch 29.

Anmerkungen zu Kapitel V

1 Sophie von Hatzfeldt an ihren Sohn Paul: [Berlin] 28. 1. 1861, in: Botschafter Paul Graf von Hatzfeldt 1, 178f., hier: 178.

2 Zu Klindworth siehe A. Stern, Georg Klindworth. Ein politischer Geheimagent des 19. Jahrhunderts, in: Hist. Vierteljahresschrift NF 25 (1931) 430–458.

3 Vor allem Sophie von Hatzfeldt an Paul: Düsseldorf, 10. 2. 1854 und 14. 2. 1854, in: Botschafter Paul Graf von Hatzfeld 1, 127–134. Die Mutter hatte ihrem Sohn angesichts der drohenden Kriegsgefahr wiederholt geraten, energisch die Freistellung vom Militärdienst zu betreiben, zu dem er sich als Einjährig-Freiwilliger verpflichtet hatte.

4 Karl Marx an Friedrich Engels: [London] 29. 1. 1861, in: MEW 30, 148. Im Frühjahr desselben Jahres meinte Marx nur noch, daß »20–30.000 Taler in Verbindung mit Lassalle etc. zusammenzubringen« seien (an Engels: 7. 5. 1861, ebd. 163).

5 Ebd. 162. So soll die Gräfin dort erfahren haben, daß man in den höchsten militärischen Kreisen Engels »Po und Rhein«-Schrift (1859), die sich mit dem Krieg Frank-

reichs und Italiens gegen Österreich auseinandersetzt und dessen Folgen für die proletarische Bewegung und die europäische Demokratie, als das Produkt eines preußischen Geheimgenerals betrachtete.

6 Marx an Engels: [London] 10. 5. 1861, ebd. 168 wie auch derselbe an seine Cousine Antoinette Philips: 24. 3. 1861, 13. Bellevuestraße Berlin (Adresse: Dr. F. Lassalle), ebd. 590.

7 Marx an Engels: [London] 7. 5. 1861, ebd. 164. Unter anderem spricht Marx auch von der »Rolle des Opponenten«, welche die Gräfin gegenüber Lassalle eingenommen habe (ders. an dens.: 10. 6. 1861, ebd. 170). In Marx' Brief an seine Cousine Antoinette Philips vom 13. 4. 1861 findet sich die Wiedergabe eines »verbalen Flirts« Hatzfeldts und Marx' (ebd. 595).

8 Marx an Engels: [London] 19. 6. 1861, ebd. 176. »Die Beurteilung der Berliner offiziellen Demokratie durch die Hatzfeldt ist ganz richtig. Mit dem eigentlichen Volk kommt sie natürlich nicht zusammen und kennt natürlich auch den Ton in den Kneipen nicht, der besser ist.« – Zu den Auseinandersetzungen um die Zeitung siehe Na'aman, Lassalle 491–494.

9 Marx an seine Cousine Antoinette Philips: 24. 3. 1861, in: MEW 30, 590. – Zu einer Zusammenarbeit zwischen Marx und der Gräfin kam es u. a. im Mai des Jahres für die Person des französischen Sozialisten Blanqui, siehe Marx an Lassalle: [London] 29. 5. 1861, ebd. 605.

10 So hatte sich Jenny Marx speziell gegen eine Übersiedlung nach Berlin ausgesprochen, weil sie ihre Töchter (im heiratsfähigen Alter!) nicht in den Hatzfeldtschen Kreis eingeführt wissen wollte (Marx an Antoinette Philips: 6. 5. 1861, ebd. 601).

11 Th. Nipperdey, Deutsche Geschichte 1800–1866, München 1983.

12 Siehe Na'aman, Lassalle 305–314.

13 Marx' und Engels' Position: Gegenüber der noch starken Koalition von Bonaparte mit Rußland müsse Österreich gehalten werden, keine revolutionäre Änderung sei zu erhoffen. Eine neue Situation konnte sich ihrer Meinung nach nur aus einer kommenden sozialen Bewegung in Rußland ergeben. Siehe ebd. 317–322.

14 Sophie von Hatzfeldt an Ferdinand Lassalle: Wildbad, 14. 7. 1859, in: Lassalle 4, 255 Anm. 3. Hier, wie überhaupt häufiger, zitiert Mayer höchst wichtige Briefpassagen lediglich in Fußnoten, ohne die Briefe als solche abzudrucken. In vielen Fällen scheinen genau die interessantesten Stücke im Hinblick auf die politischen Positionen der Gräfin weggelassen zu sein. – Eine sehr preußenfreundliche Aussage zu dem Frieden findet sich in einem Brief der Gräfin an ihren Bruder, Hermann Fürst Hatzfeldt: Wildbad, 22. 7. 1859 – Schloß Schönstein.

15 Ferdinand Lassalle an Sophie von Hatzfeldt: 17. 7. 1859, ebd. »Über Napoleon sind Sie im Irrtum. Dieser Friede ist unwiderruflich sein Sturz und Verderben.« Ihre Differenzen begannen schon im Dezember 1851, kurz nach dem Staatsstreich in Frankreich: »Lassalle ist, scheint mir, verblendet durch seine allzu heftigen Wünsche, die er durchaus realisiert sehen will. Das heißt, er beurteilt richtig die Ursachen und Wirkungen dieser Katastrophe; mir scheint nur, daß er sich Illusionen über die *Dauer* macht, welche die Herrschaft dieses Landstreichers haben kann. Ich kann mich der Ansicht und Furcht nicht verschließen, daß sie *mehrere Jahre* dauern kann. Lassalle behauptet, das sei unmöglich.« Sophie von Hatzfeldt in einem Nachsatz zu einem Schreiben an Marx: Düsseldorf, Freitag, 12. 12. 1851, in: Lassalle 3, 38–43, hier: 43.

16 Sophie von Hatzfeldt an Ferdinand Lassalle: [Ems] 10. 8. 1860, ebd. 263. – Zu den italienischen Ereignissen allgemein siehe R. Lill, Geschichte Italiens vom 16. Jahrhundert bis zu den Anfängen des Faschismus, Darmstadt 1980, 157ff. W. Alt-

geld, Giuseppe Garibaldi in zeitgenössischer Sicht von der Verteidigung Roms bis zur Niederlage bei Mentana (1848–1867), in: Risorgimento 3 (1982) 169–199.

17 Sophie von Hatzfeldt an Ferdinand Lassalle: [Wildbad] 27. 8. 1860, in: Lassalle 4, 270.

18 Ferdinand Lassalle an Sophie von Hatzfeldt: [Aachen, 30. 8. 1860], ebd. 270–272, hier: 271. »Über Garibaldi können Sie ganz unbesorgt sein. Der wird sich durch die Diplomatie nicht irren lassen. Er ist bereits, wie Sie wissen, auf dem Marsche nach Neapel. Die Allianz von Teplitz hat unsrer Sache die allergünstigste Wendung gegeben. Nun ist alles für uns gewonnen! Den Aufstand in Ungarn können Sie als gesichert betrachten, sogar in Rußland gehen die merkwürdigsten Dinge vor. Es dauert nicht mehr lange, und die revolutionären Banner fliegen höher als sie je geflogen.«

19 Informationen zu Wilhelm Rüstow, seiner Biographie und seinem Werk finden sich bei P. Wiede, Wilhelm Rüstow (1821 bis 1878), Diss. München 1957, sowie bei B. Poten, in: ADB 30 (1890) 34–37. Hauptsächlich zu seinen militärpolitischen Vorstellungen siehe P. Waldburger, Friedrich Wilhelm Rüstow 1821–1878, in: Allg. Schweizerische Militärzeitschrift, Juni 1955, Heft 6, 444–451. Siehe auch C. Moos, Streiflichter auf Wilhelm Rüstows Beziehungen zu Italien, in: Quellen und Forschungen aus italienischen Archiven und Bibliotheken 65 (1985) 342–404.

20 Über den Zürichaufenthalt, der in die Zeit fiel, in der Gottfried Keller sein Amt als Stadtschreiber dort antrat, hat Adolf Muschg ein Theaterstück geschrieben. Es beschreibt den Abend vor Kellers Amtsantritt, der in einem Gelage endete, welches Keller – wütend vor allem über Lassalle – polternd und schimpfend verließ. (Theater heute 6 [1975] 39–53).

21 Ferdinand Lassalle an Georg Herwegh: Majolica, 10. 10. 1861, in: Ferdinand Lassalles Briefe an Georg Herwegh nebst Briefen der Gräfin Sophie Hatzfeldt an Frau Emma Herwegh. Hrsg. von M. Herwegh, Zürich 1896, 15. Siehe dort auch das folgende Zitat. Was den Weinkonsum anbelangt, siehe Lassalle und Rüstow an die Herweghs (Cadenabbia, 27. 9. 1861, ebd. 9f.): »Alles von uns ausgetrunken. Rüstow hat genau berechnet, daß die täglich verbrauchten Flüssigkeiten das für eine Armee von 5.738 Mann erforderliche Quantum bilden. Der Gräfin schlägt diese Art von Traubenkur vortrefflich an.«

22 Unter anderem reagierte auch Ludmilla Assing enttäuscht, denn sie hatte ein Auge auf Rüstow geworfen, siehe Wiede 77. »Ludmilla soll sich auch wieder einmal mit Mühe den Vordersitz im Wagen von Rüstow erkämpft haben.« Herwegh an Lassalle, in: Lassalle 2, 269.

23 Ferdinand Lassalle an Sophie von Hatzfeldt: [Berlin, nach dem 11. 1. 1862], in: Lassalle 4, 279–281, hier: 280. Siehe auch Mayer, ebd. 25.

24 Allem Anschein nach schickte die Gräfin ihre Briefe an eine Geheimadresse in Zürich, wahrscheinlich an Otto Lüning, den einstigen Herausgeber des »Westphälischen Dampfbootes« und demokratischen Abgeordneten von 1848, der zeitweise als Professor in Zürich lebte. Siehe Rüstow an Lassalle: 16. 11. 1861, in: Lassalle 2, 274 Anm.

25 Wiede 69, 80ff. Siehe auch den Briefwechsel der beiden Männer aus diesem Zeitraum (Lassalle 2). Zu Mazzinis Plänen vgl. u. a. Ch. F. Delzell, The Unification of Italy 1859–1861. Cavour, Mazzini or Garibaldi? New York 1965. So fest war Lassalle von einer bevorstehenden Erhebung überzeugt, daß er trotz eindringlicher Warnung seines Vaters Baissespekulationen unternahm, die ihm dann schwere Verluste brachten, als die Italiener im Frühjahr 1862 nicht losschlugen. Vgl. Heyman Lassal an seinen Sohn: [Breslau, Januar 1862], in: Lassalle 2, 276f. – Marx und Engels amüsierten sich köstlich über die Pläne der beiden, siehe vor allem Marx an Engels, 30. 7. [1862], in: MEW 30, 257–259, besonders 258.

26 Siehe Lassalle 2, 278 Anm. 3; Wilhelm Rüstow an Ferdinand Lassalle: Unterstraß, 19. 1. und 12.–14. 2. 1862, in: Lassalle 2, 278f., 285.
27 Mayer, in: Lassalle 2, 27. Was Garibaldi anbelangt, siehe Lassalle an Federigo Bellazzi: [Anf. Febr. 1862], ebd. 282.
28 H. Hirsch, Karl Ludwig Bernays, ein emigrierter Schriftsteller als US-Konsul in der Schweiz, in: Jahrbuch des Instituts für Deutsche Geschichte 4 (1975) 147–165. Das folgende Zitat bei Hirsch, Sophie von Hatzfeldt 189.
29 Mathilde Franziska Anneke an Fritz Anneke: Zürich, am 30. Dezember, in: Wagner 159f. »Wir kommen von dem feinsten Diner heim, dem ich seit 20 Jahren beigewohnt habe.«
30 So finden sich in dem Briefwechsel Hatzfeldts und Rüstows zahlreiche Stellen, an denen sie ihrer Angst Ausdruck gibt, evtl. nicht mehr den Schönheitsansprüchen des Mannes zu genügen. Dagegen M. F. Anneke, die 1861 meinte, »schönere Formen« als bei der Gräfin noch bei keinem Weibe gesehen zu haben. Siehe Wagner 159.
31 Sophie von Hatzfeldt an Ferdinand Lassalle: Zürich, 11. 1. 1862, in: Lassalle 4, 278f.
32 Mayer, in: Lassalle 4, 26.

Anmerkungen zu Kapitel VI/1

1 Selbst die langjährigen Freunde Rüstows, das Ehepaar Herwegh, beteiligten sich an den Klatschereien, was das Freundschaftsverhältnis gerade im Sommer 1862 sehr trübte.
2 Sophie von Hatzfeldt an Ferdinand Lassalle: Zürich, 11. 1. 1862; 30. 1. 1862, in: Lassalle 4, 278f., 282.
3 Wilhelm Rüstow an Ferdinand Lassalle: Zürich, 14. 2. 1862, in: Lassalle 2, 286.
4 Hatzfeldt hielt es für besser, »einige Zeit jetzt nicht hier zu sein während des erwarteten événements im Hause von R[üstow]. Es ist notwendig, ihn dabei in keine so große Verlegenheit zu setzen, denn er würde es nicht lassen können, ebensoviel zu mir zu kommen wie jetzt, und das wäre dann nicht gut.« Sophie von Hatzfeldt an Ferdinand Lassalle: Zürich, 4. 3. 1862, in: Lassalle 4, 286. Dort auch die beiden folgenden Zitate.
5 Paul kämpfte nach wie vor um seine Sicherstellung in dem kommenden Familienarrangement und brauchte wieder einmal den Rat seiner Mutter.
6 Ferdinand Lassalle an Sophie von Hatzfeldt: [Berlin] Dienstag [wohl 11. 3. 1862], in: Lassalle 4, 287.
7 Sophie von Hatzfeldt an Ferdinand Lassalle: Berlin [etwa 12. 3. 1862], ebd. 288.
8 Zu den Geschäften bzw. Rechtshändeln der Gräfin siehe ebd. 287 Anm. 1; F. Mehring, Zwei Schriftstücke Lassalles, in: Die Neue Zeit 15 (1897) 218f. – »Wildenmarie« war der Spitzname Hatzfeldts und Rüstows für Mary Booth, der in ihrem Briefwechsel immer wieder auftaucht. Zu Anneke und Booth vgl. Wagner und Henkel/Taubert 134–137.
9 Zu Anfang ihrer Bekanntschaft äußerte sich Anneke skeptisch und wenig schmeichelhaft für Hatzfeldt: »Während mir Lassalle ... als ein höchst geistreicher, interessanter, ja gutmütiger Mann erschien, fand ich die Gräfin weder schön, noch geistreich noch liberal, wie Freund Bernays sich ausdrückte – ich fand sie – wie Leichenduft, wie eine geschminkte weibliche Ruine, zu deren Besitz ich allen Männern Glück wünsche.« (Anneke an ihren Mann Fritz: Zürich, 27. 12. 1861, in: Wagner 158f.). Positiv dagegen Hatzfeldt im Sommer 1862 an Ferdinand Lassalle: [bei Zürich] 11. 6. 1862, in: Lassalle 4, 292f.

10 Ebd. 291 f. Kommentare der Gräfin zu allen drei Arbeiten.

11 Siehe Lassalles Briefe an Sophie von Hatzfeldt vom [11. 4. 1862], [Ende April 1862], 22. 6. 1862, ebd. 288 f., 290 f., 293 ff. und auch die schon vorher offenen Briefe der Gräfin an Lassalle vom 11. und 30. 1. 1862, ebd. 278 f., 281 ff. Vgl. auch Kap. V.

12 Sophie von Hatzfeldt an Ferdinand Lassalle: Berlin [etwa 12. 3. 1862], ebd. 288.

13 Zum Verfassungskonflikt siehe u. a. E. R. Huber, Deutsche Verfassungsgeschichte seit 1789, Bd. 4, Stuttgart 1964, 95 ff.; H. A. Winkler, Preußischer Liberalismus und deutscher Nationalstaat, Tübingen 1964; A. Hess, Das Parlament, das Bismarck widerstrebte, Köln 1964.

14 Der österreichische Hauptmann a. D. Ludwig Schweigert versuchte Herbst/Ende 1861 unter dem Einfluß Rüstows und in enger Verbindung mit dem Rechtsanwalt Fedor Streit in Coburg, im Rahmen des Nationalvereins namentlich in den kleineren deutschen Staaten auf eine Volksbewaffnung hinzuarbeiten. Dieselbe, aus den Turn- und Schützenvereinen hervorgehend, sollte im gegebenen Moment den Grundstock für eine deutsche Revolutionsarmee abgeben. Siehe Lassalle 2, 273 Anm. 1. Auch Wiede (61–71) äußert sich zu dem »seltsamen Zeit-Typus des heimatlos-unrastigen politischen Schwärmers und Haudegens« (S. 62), der im Sommer 1862 sogar versuchte, die nötigen Geldmittel für 3.000 Gewehre in London bei Marx und Umgebung zu erhalten.

15 Lassalles Kontakt zu den Coburgern siehe Na'aman, Lassalle 421–429. Was Rüstow anbelangt siehe Wiede 59 ff. Zum Nationalverein generell: Sh. Na'aman, Der Deutsche Nationalverein, Düsseldorf 1987.

16 Von Schweigert wissen wir, daß ihm die Beziehung zwischen Rüstow und Hatzfeldt nicht gefiel. Immer äußerte er sich Emma Herwegh gegenüber etwas spöttisch über die »gräfliche Gnade« und hielt die gemeinsame Italienreise des Paares für wenig günstig für den Oberst: »Diese Beilage [Sophie von Hatzfeldt] wird ihm in Italien keinen Gewinn bringen.« (5. 3. 1863).

17 Anfang September 1862 fragte sie den Freund in einem Brief: »Werden Sie denn nicht, [auch] wenn der Ort auch langweilig, gern eine Zeit mit Menschen sein, die es am besten auf der Welt mit Ihnen meinen? Vorzüglich nach mancher schlimmen Erfahrung, die Sie leider wieder in dieser Beziehung gemacht haben?« (Lassalle 4, 295). Zu den Mißlichkeiten des Londonbesuchs Lassalles vgl. Na'aman, Lassalle 496–499.

18 Emma Herwegh an ihren Mann Georg: Zürich, 26. 8. 1862 – Liestal BR H 2015. Rüstow, so ließ sie ihn wissen, würde im Vergleich mit Lassalle und dessen Auftreten den kürzeren ziehen.

19 Vgl. Lassalles Brief an Sophie von Hatzfeldt vom 14. 10. 1862, in: Lassalle 4, 301–309, besonders 305.

20 Sophie von Hatzfeldt an Ferdinand Lassalle: Neustadt an der Haardt, 11. 10. 1862, ebd. 299–301, hier: 300.

21 Zu Sophie Hatzfeldts Kontakten zum Nationalverein siehe dies. an Ferdinand Lassalle, ebd. Vgl. auch die Briefe Schweigerts an Emma Herwegh vom 30. 9. und 21. 10. 1862 – Liestal BR H 719–752. – Zu Lassalles eher ablehnender Haltung siehe ders. an Sophie von Hatzfeldt: 14. 10. [1862], in: Lassalle 4, 302. Dennoch brachte er seine Berliner Freunde für die Aktion auf die Beine. Hatzfeldts Absicht, selbst 250 RT für die Sammlung zu spenden, hielt er für übertrieben und trug sie daher mit nur 50 RT in die Liste ein (ebd. 309).

22 Sophie von Hatzfeldt an Ferdinand Lassalle: Neustadt an der Haardt, 11. 10. 1862, ebd. 300. Auch die drei folgenden Zitate stammen aus diesem Brief.

23 Verärgert äußerte sich Wilhelm Rüstow in einem Brief an Emma Herwegh darüber, »daß die eigene Frau mit einer Sippe guter Freunde allem Anschein nach das Haupt des Mannes mit Kot beworfen hat, der das um sie ganz gewiß nicht verdient hat, der jetzt

für alle Opfer, die er ihr gebracht, diesen Lohn erhält.« Unterstraß, 14. 8. 1862 – Liestal BR H 1133. Vgl. auch Rüstow an Lassalle: [Zürich] 25. 7. 1862, in: Lassalle 3, 44. Bis auf Andeutungen erfährt man jedoch in den vorhandenen Briefen nichts Genaueres über die Affäre, außer daß Emma Herwegh mit ihren Klatschereien beteiligt war.

24 Wilhelm Rüstow an die Herweghs: Oberhardt bei Neustadt, 11. 10. 1862 – Liestal BR H 1134. Zum folgenden siehe Rüstow an Lassalle: Oberhardt bei Neustadt, 19. 10. 1862, in: Lassalle 5, 54.

25 Siehe u. a. Na'aman, Lassalle 515. Er spricht davon, daß auch ein Familienmitglied die Gräfin direkt nach Berlin gerufen habe.

26 Die Briefe Rüstows an die Gräfin befinden sich im Nachlaß derselben, der heute auf Schloß Schönstein liegt. Kopien gibt es – wie auch von den Briefen des Ehepaares Herwegh an Sophie von Hatzfeldt – im Amsterdamer Internationalen Institut für Sozialgeschichte (Bestand ADAV/Hatzfeldt 284–286). – Was mit den Briefen Hatzfeldts an Rüstow geschah, ist fraglich. Wahrscheinlich hat der verlassene und enttäuschte Liebhaber sie in seinem Zorn vernichtet.

27 Hier wie auch im folgenden Wilhelm Rüstow an Sophie von Hatzfeldt: Unterstraß, 16. 11. 1862.

28 Wilhelm Rüstow an Sophie von Hatzfeldt: Unterstraß, 14. 11. 1862.

29 Wilhelm Rüstow an Sophie von Hatzfeldt: Unterstraß, 16. 11. 1862.

30 Zu Rüstows Angriffen auf Lassalle vgl. seine Briefe an die Gräfin vom 9., 14., 16., 17., 19. und 29. 11. 1862. Am 19. 11. steigerte er sich in einen nahezu wahnhaften Zustand hinein und behauptete, der alte Lassal sei sicher nicht tot, und Sophie würde wahrscheinlich erzählt, er, Rüstow, liebe nicht sie, sondern »die Frau« [Anna Rüstow]. In seinen antisemitischen Schimpftiraden (»Ich haße alle Juden ...«) findet sich immer wieder das klischeevolle und vorurteilsbeladene Bild vom »häßlichen Juden«: krummbeinig, alt, nach Knoblauch stinkend, intrigierend und reich etc.

31 Vor allem Wilhelm Rüstow an Sophie von Hatzfeldt: Unterstraß, 17. 11. 1862. – Na'aman betont, daß es zu Lassalles Denken gehörte, jeden Abschnitt oder Einschnitt in seinem Leben auch irgendwie äußerlich zu setzen durch eine symbolische Handlung oder ähnliches. Hier handelte es sich um den Bruch mit der italienischen Bewegung.

32 Vgl. Rüstows Briefe an die Gräfin vom 17., 18. und 19. 11. 1862 und später dann vom 21. 4. 1864. Rüstow wollte sich erschießen oder aber ins Wasser gehen. Die Angst vor dem Skandal und um die Zukunft seiner Kinder hielt ihn von diesem Schritt ab. Als unauffälligere Form des Suizids sah er gefährliche militärische Unternehmen, zu denen er sich melden wollte, an.

33 Zu diesem Zeitpunkt war Rüstow der Auflösung nahe. Es kam vor, daß er zwei Briefe unterschiedlichen Inhalts am gleichen Tag schrieb. Besonders emotionsgeladen ist das Schreiben vom 18. 11., über mehrere Stunden und wie unter Alkoholeinfluß verfaßt, fahrig und hektisch auch im Schriftbild. Lediglich in solchen Momenten höchster seelischer Anspannung wagte es Rüstow, die Gräfin in seinen Briefen zu duzen.

34 Wilhelm Rüstow an Sophie von Hatzfeldt: Unterstraß, 19. 11. 1862. Zum folgenden auch der Brief vom 22. 11. 1862.

35 Ferdinand Lassalle an Sophie von Hatzfeldt: Berlin, 4. 11. 1862, in: Lassalle 4, 311f. Gerade sein zurückhaltender und unaufdringlicher Ton mußte seine Wirkung auf Hatzfeldt zeigen: »Ist es überhaupt Ihre Absicht, in diesem Winter nach Berlin zu kommen, so wäre es freilich schön und freundlich, wenn Sie baldmögichst kämen. Aber verstehen Sie mich wohl: Ein Opfer von vier Wochen früher herzukommen, falls Sie überhaupt auch ohne Rücksicht auf mich herkommen wollen, nehme ich an. Wenn Sie aber sonst überhaupt nicht hergekommen wären, so tun Sie es beileibe nicht

meinetwegen. Es würde mich dies nur *quälen*. Sie haben nicht so viel Glück genossen, in ihrem Leben, daß Sie davon zu verschenken haben, und war es Ihre Absicht, mit Rüstow in Zürich oder sonstwo zu bleiben, so kann ich Ihnen dieses Opfer nicht ersetzen.«

36 Hierzu Sophie von Hatzfeldt an Ferdinand Lassalle: Genua, 28. 12. 1862, ebd. 317 sowie weiterhin Wilhelm Rüstow an dies.: Unterstraß, 21. 11. 1862.

37 Siehe Wilhelm Rüstow an Sophie von Hatzfeldt: 23. 11. 1862. Zum folgenden vgl. die Briefe von [20. 11.], 21., 22. und 23. 11. 1862.

38 Auskunft über die Italienreise geben die Briefe der Gräfin an Lassalle sowie die Rüstows an denselben und an die Herweghs in Zürich. Für Rüstow war diese Italienreise – trotz aller kleinen Unannehmlichkeiten – »ein Stück Seligkeit« (Rüstow an die Gräfin: 15. 5. 1863).

39 Sophie von Hatzfeldt an Ferdinand Lassalle: Genua, 24. 12. 1862, in: Lassalle 4, 314–316, hier: 314.

40 Sophie von Hatzfeldt an Ferdinand Lassalle: Genua, 28. 12. 1862, ebd. 316–318, hier: 317.

41 Vgl. u. a. Wilhelm Rüstow an Emma Herwegh: Genua, 8. 1. 1863 – Liestal BR H 1139. Zum folgenden ders. an dies.: Genua, 4. 2. 1863 – ebd. 1141.

42 Dieses wie auch die drei folgenden Zitate siehe Lassalle an Sophie von Hatzfeldt: Dienstag abend, 14. 10. 1862, in: Lassalle 4, 301–309, hier: 305.

43 Die zweite Generalversammlung des Nationalvereins hatte 1861 in Heidelberg beschlossen, den Bau einer deutschen Kriegsflotte durch Geldspenden zu betreiben. Der Hebel in der Lassalleschen Aktion in der Wehrfrage war sein Vorschlag, daß der Nationalverein diese brachliegenden Gelder der Flottenspende der Wehrbewegung zuwende, die dann durch Streit und Schweigert der Ausrüstung und Unterhaltung einer Freiwilligentruppe dienen konnten. Siehe Na'aman, Lassalle 421–429; Wiede 71. Was Rüstows Position anbelangt siehe Na'aman, Lassalle 825; Wiede 72.

44 Wilhelm Rüstow an Emma Herwegh: Genua, 27. 12. 1862 – Liestal BR H 1138.

45 Sophie von Hatzfeldt an Ferdinand Lassalle: Genua, 1. 1. 1863, 24. 12. 1862, in: Lassalle 4, 319, 314f.

46 Agostino Bertani (1812–1886), Revolutionär von 1848, war 1860 von Garibaldi zum Generalsekretär der provisorischen Regierung in Neapel gemacht worden und führte seit dem Herbst 1861 dessen Anhängerschaft in der Kammer. Filippo de Boni (1816–1870), Freund Mazzinis und Garibaldis, war der alte Botschafter der Römischen Republik in der Schweiz und Mitarbeiter der ›Unita Italiana‹. Er spielte eine wichtige politische Rolle nach 1860.

47 Sophie von Hatzfeldt an Ferdinand Lassalle: Genua, 1. 1. 1863, in: Lassalle 4, 318f. Zum folgenden dies. an dens.: Genua, 24. 12. 1862, ebd. 314f.

48 Sophie von Hatzfeldt an Ferdinand Lassalle: Genua, 1. 1. 1863, ebd. 319.

49 Wilhelm Rüstow an Emma Herwegh: Genua, Februar 1863 – Liestal BR H 1142.

50 Wilhelm Rüstow an Ferdinand Lassalle: Neapel, 16. 3. 1863, in: Lassalle 5, 115.

51 Wilhelm Rüstow an Emma Herwegh: Genua, 26. 1. 1863, 4. 2. 1863 – Liestal BR H 1140, 1141. Auf die Mitteilung Rüstows, man habe nichts von Lassalle gehört, wisse nicht, ob ihm etwas passiert sei, konnte sich Emma Herwegh der spöttischen Randbemerkung »ob die Gr[äfin] L.[assalle] trocken bekommen?« nicht enthalten.

52 Giovanni Morelli – Kunstkenner, der ein Buch über die deutsche Kunst geschrieben hatte – war unter dem Ministerium Minghetti für die Restauration der alten Kunstschätze verantwortlich. Siehe M. von Meysenbug, Der Lebensabend einer Idealistin, Berlin/Leipzig 1898, 124–126. Über die Garibaldi-Verehrung der Süditaliener schreibt Meysenbug in ihren Memoiren: »Das Volk in Neapel trägt jetzt schon sein Bild als Amulet, feiert seinen Namenstag nicht mehr um des heiligen Joseph,

sondern um seinetwillen.« (Memoiren einer Idealistin, Bd. 2, Berlin/Leipzig [4]1899, 221).

53 Wilhelm Rüstow an Emma Herwegh: Neapel, [Ende März/Anfang April] 1863 – Liestal BR H 1145. Vgl. zum Vorhergehenden auch Rüstows Briefe aus Neapel an die Herweghs vom 29. 3. und 2. 4. 1863 – ebd. 1143–1146.

54 Siehe Lassalles Briefe an Sophie von Hatzfeldt vom 8. 1., 20. 1., 5. 2., [6. 3.], [13. 4.] 1863, in: Lassalle 4, 325, 329, 337f., 338f., 343.

55 Ferdinand Lassalle an Sophie von Hatzfeldt: [Berlin, 6. 3. 1863], ebd. 339.

56 Wilhelm Rüstow an Emma Herwegh: Neapel, [Ende März/Anfang April] 1863 – Liestal BR H 1145. Dort auch das folgende Zitat.

57 Sophie von Hatzfeldt an ihren Sohn Paul: Neapel, 11. 4. 1863, in: Botschafter Paul Graf von Hatzfeldt 1, 187.

Anmerkungen zu Kapitel VI/2

1 Zu Lassalles Aktivitäten in dieser Zeit siehe Na'aman, Lassalle 461ff., 598ff.

2 Siehe seine Verteidigungsrede »Die Wissenschaft und die Arbeiter« für die Gerichtsverhandlung, die am 16. 1. 1863 begann. Ebd. 486–490.

3 Ebd. 622–634. Zu den vieldiskutierten heimlichen Unterredungen Bismarcks und Lassalles, die 1878 in das Interesse des Reichstags treten sollten, und deren Inhalt (Aufhebung der indirekten Steuern, Änderung des Wahlrechts, »soziales Königtum«) siehe u. a.: W. Mommsen, Bismarck und Lassalle, in: AfS 3 (1963) 81–86; G. Mayer, Bismarck und Lassalle. Ihr Briefwechsel und ihre Gespräche, Berlin 1928; H. Oncken, Bismarck, Lassalle und die Oktroyierung des gleichen und direkten Wahlrechts in Preußen während des Verfassungskonflikts, in: Preuß. Jahrbücher 146 (1911) 107–140; P. Grebe, Lassalle an Bismarck. Ein unbekannter Brief aus dem Nachlaß von Keudell, in: VSWG 42 (1955) 122–124. – Angeblich durch einen Prinzen des königlichen Hauses und die Vermittlung der Gräfin Hatzfeldt, so A. Bebel am 16. September 1878 im Reichstag, habe Bismarck die Verhandlungen mit Lassalle angeknüpft (Verhandlungen des Deutschen Reichstags, 4. Legislaturperiode, I. Session 1878, Bd. 1, 66ff.).

4 Wilhelm Rüstow an Sophie von Hatzfeldt: Unterstraß, 5. 5. 1863 – Schloß Schönstein. Gemeint dürfte eine der Arbeiten Rüstows aus dem Jahr 1863 bzw. von 1862 sein.

5 Na'aman, Lassalle 598ff.; Wiede 90ff. Wie falsch und vor allem illusorisch Lassalle die Haltung Rüstows zum »Offenen Antwortschreiben« einschätzte, dazu seinen Brief an die Gräfin vom [6. 3.] 1863: »Von Rüstow z. B. bin ich überzeugt, daß er das Manifest mit lebhaftestem Beifall begrüßen wird.« (Lassalle 4, 341). Ähnlich auch sein Schreiben vom [13. 4. 1863], ebd. 344. Zum folgenden Zitat siehe Liestal BR H 1148.

6 Vgl. die Briefe Rüstows an Lassalle vom 16. 3. und vom 5. 5. 1863 sowie den Brief Lassalles an Rüstow von [Anfang Mai] 1863, in: Lassalle 5, 113–115, 166–169, 169–173.

7 Daß die Gräfin dafür war, Bismarck für die eigenen politischen Zwecke auszunutzen und deshalb kurzfristig mit ihm zusammenzuarbeiten, siehe dazu B. Fürst von Bülow, Denkwürdigkeiten, Bd. 4, Berlin 1931, 121f.

8 Wilhelm Rüstow an Sophie von Hatzfeldt: 6. 6. 1863 – Schloß Schönstein. Siehe auch seine Briefe vom 5. 5., 13. 5., 21. 5. und 2. 6. 1863. Nach seinen Erfahrungen in der Jugend scheint eine solche Reaktion Rüstows nachvollziehbar.

9 Wilhelm Rüstow an Sophie von Hatzfeldt: Unterstraß, 1. 5. 1863 – ebd.

10 Vgl. Wilhelm Rüstow an Sophie von Hatzfeldt: Unterstraß, 13. 5. 1863 – ebd. Zu seiner ablehnenden Haltung siehe auch den Brief vom 3. 5. 1863.

11 Wilhelm Rüstow an Sophie von Hatzfeldt: Unterstraß, [8. 6.] 1863 – ebd. Zum folgenden vgl. seine Briefe vom 21. 5., 31. 5. und 1. 6. 1863.

12 Hierzu und auch zum folgenden siehe insbesondere Rüstows Briefe an Sophie von Hatzfeldt vom 10., 12., 14., 17. und 24. 6. 1863.

13 »Sophie, Sie haben alles Hohe und Schöne in sich, und doch Eins haben Sie nie erlebt. Sie haben niemals mit Kummer und Sorge mit Ihrem Kopf und Ihrer Hand für andre gearbeitet. *Das* habe ich Ihnen voraus.« Wilhelm Rüstow an Sophie von Hatzfeldt: Unterstraß, 17. 6. 1863. – Siehe auch die Briefe vom 14. und 24. 6.

14 Über ihren angegriffenen Gesundheitszustand und die Beschwerlichkeiten des Orts vgl. Sophie von Hatzfeldt an ihren Sohn Paul: z. Zt. Tarasp, 21. 7. 1863 – Schloß Schönstein.

15 Ferdinand Lassalle an Sophie von Hatzfeldt: Rigi-Kaltbad, 22. 7. [1864], in: Lassalle 4, 359. Dort heißt es u. a.: »Spannen Sie aber beide Pferde ein, so müssen Sie *sicher* sein, daß sie sich vertragen. Ist dies nicht der Fall, so werden Sie statt des Vergnügens, das Sie mit jedem Einzelnen von uns fänden, nur desagrément haben.«

16 Zum Verlauf des Kuraufenthaltes siehe Rüstows Briefe an Emma Herwegh: Vulpera, 26. 7. 1863; Majolica, 22. 8. 1863 – Liestal BR H 1149, 1150.

17 Na'aman, Lassalle 860. – In Zürich dagegen wurde die Nachricht verbreitet, daß die vierköpfige Reisegesellschaft in Tarasp – wahrscheinlich auf dem »Ochsencorso« – »ganz nackt angezogen umhergelaufen« sei, vgl. Rüstow an die Gräfin: Unterstraß, 16. 10. 1863 – Schloß Schönstein.

18 Sophie von Hatzfeldt an ihren Sohn Paul: z. Zt. Genua, 7. 9. 1863 – ebd.

19 Wilhelm Rüstow an Emma Herwegh: Mailand, 2. 9. 1863 – Liestal BR H 1151. In diesem Brief auch die folgenden beiden Zitate. Giaciuto Bruzzesi (1822–1900) war Oberst bei Garibaldi, Antonio Catenazzi im italienischen Feldzug von 1860 Rüstows Ordonanzoffizier gewesen und hatte sich eng an diesen angeschlossen.

20 Mazzini hatte, laut Aussage Rüstows, der Gräfin im Frühjahr 1866 geschrieben und bis zum Ende des Jahres keine Antwort erhalten. »Lebt das Frauenzimmer noch? Ich glaube, wenn sie gestorben wäre, hätte sie einen solchen Scandal gemacht, daß ich es hätte hören müssen.« Wilhelm Rüstow an Emma Herwegh: Unterstraß, 10. 11. 1866 – Liestal BR H 1174. – Unter den Papieren der Gräfin befinden sich keine Zeugnisse für ihren Kontakt mit Mazzini.

21 Wilhelm Rüstow an Sophie von Hatzfeldt: Unterstraß, 31. 10. 1863 – Schloß Schönstein.

22 Sophie von Hatzfeldt an ihren Bruder Hermann Fürst Hatzfeldt: Berlin, 8. 11. 1863 – ebd. (Original Staatsarchiv Warschau). Des weiteren dies. an Ferdinand Lassalle: Heidelberg, Hotel Schrieder, 16. 10. 1863, in: Lassalle 4, 344f.

23 Die Gräfin hatte ihren Sohn gewarnt, vor Erstellung des Ehevertrages und juristischer Sicherung der Apanage und der zu verrechnenden Kapitalabfindung in den laufenden Erb- und Vergleichsverhandlungen (Familienschluß) die Heirat zu forcieren. Paul ging auf diese Argumente seiner Mutter nicht ein. Er wollte keinen Kampf, um nicht von vornherein die freundliche Aufnahme seiner Frau in der Familie zu gefährden. Siehe Sophie von Hatzfeldt an ihren Sohn Paul am 7. 9. 1863 – Schloß Schönstein.

24 Zit. in Wilhelm Rüstow an Sophie von Hatzfeldt: Unterstraß, 25. 12. 1863 – ebd.

25 Siehe Na'aman, Lassalle 516 und natürlich insbesondere die Briefe Rüstows an die Gräfin vom Ende des Jahres 1863 und aus der ersten Hälfte des Jahres 1864.

26 Vgl. u. a. Rüstows Briefe an die Gräfin vom 5., 9., 10. und 15. 11. 1863.

27 Rüstov legte sein »Jüdisches Märchen« seinem Brief vom 9. 11. 1863 bei. Siehe auch Na'aman, Lassalle 516, 665.

28 Siehe Rüstows Brief an die Gräfin vom 10. 11. 1863.

29 Wilhelm Rüstow an Sophie von Hatzfeldt: Unterstraß, [5. bzw. 8.] und 9. 11. 1863.
30 Wilhelm Rüstow an Sophie von Hatzfeldt: Unterstraß, 15. 11. 1863. Das folgende Zitat entstammt seinem Brief vom 30. 11. 1863.
31 Zu Lassalles Agitationsreise durch das Rheinland seit Mitte September 1863 siehe Na'aman, Lassalle 656ff.
32 Emma Herwegh an ihren Mann Georg: Berlin, 18. 10., 26. 10., 4. 11., 10. 11., 20. 11., 23. 11. (2x), 3. 12., 7. 12., 16. 12. 1863 – Liestal BR H 2023–2032. Ihr Besuch galt hauptsächlich ihrem alten Vater, dem Berliner Seidenwarenhändler und Hoflieferanten Joh. Gottfr. Siegmund. Zu dem Berlinaufenthalt siehe auch Erinnerungen Reinhold Schlingmanns, zit. in Kohut, Lassalle 56f.
33 Emma Herwegh an Georg Herwegh: Berlin, 10. 11. 1863 – Liestal BR H 2026.
34 Emma Herwegh an Georg Herwegh: Berlin, 23. 11., 3. 12. 1863 – ebd. 2029, 2030. Das folgende Zitat stammt aus ihrem Brief vom 23. 11.
35 Wilhelm Rüstow an Sophie von Hatzfeldt: Unterstraß, 8. 12. 1863 sowie 2./3. 12. 1863 – Schloß Schönstein. – Schon Karl Marx benutzte den Ausdruck »Lassalles Egeria«, vgl. seinen Brief vom 13. 4. 1861 an seine Cousine Antoinette Philips, in: MEW 30, 595.
36 Wilhelm Rüstow an Sophie von Hatzfeldt am 2./3. 12. 1863.
37 Wilhelm Rüstow an Sophie von Hatzfeldt: Unterstraß, 30. 11. 1863. Das folgende Zitat aus einem Brief vom 10. 12. 1863.
38 Siehe u. a. Wilhelm Rüstow an Sophie von Hatzfeldt: Unterstraß, 10. 11. 1863. Das folgende Zitat stammt aus einem Brief vom 25. 12. 1863.
39 Über den genauen Inhalt und Ablauf der Unterredungen Rüstows ist leider weder durch den Briefwechsel mit der Gräfin noch durch die Arbeit Wiedes genauerer Aufschluß zu erhalten. Wiede erwähnt diese heimliche Aktivität Rüstows noch nicht einmal.
40 Rüstow hielt es für positiv, wenn Hatzfeldt sich mit etwas anderem beschäftigte als mit »abstracter Politik«. »... und wenn ich dann auf dem Titelblatt Sie nicht als Mitarbeiter nennen darf, so weiß ich doch, daß Sie mein Mitarbeiter sind.« Rüstow an die Gräfin: Unterstraß, 24. 12. 1863. Sophie Hatzfeldt teilte somit das Schicksal vieler anderer Frauen (vor und nach ihr), deren Arbeitskraft ungenannt in die Arbeiten der Männer mit einfloß. – Siehe auch die Briefe vom 3. 3., 6. 3., 27. 3. 1864. Was Hatzfeldts politische Informationen an Mazzini über den bevorstehenden dänischen Krieg und die außenpolitische Situation anbelangt vgl. Rüstow an die Gräfin, 10. 12. 1863.
41 Vgl. Rüstows Briefe an Sophie von Hatzfeldt vom 19. und 22. 12. 1863.
42 Das Lassallesche Konzept einer politischen Revolution in Deutschland, gefördert durch das Auftreten einer Arbeiterpartei, war mit der endgültigen Niederlage des polnischen Aufstandes und den Neuwahlen zur preußischen Kammer im Herbst 1863 erledigt. In diese Zeit fiel zudem der Vorstoß der dänischen Regierung und des dänischen Parlaments, der zum Ziel hatte, das bisher nur in Personalunion mit der dänischen Krone verbundene Herzogtum Schleswig endgültig und vollständig in den dänischen Staatsverband einzubeziehen. Die nationalen Kräfte Deutschlands organisierten sich in der Schleswig-Holstein-Bewegung, der sich ein großer Teil der deutschen Fürsten und ihrer Regierungen anschloß.
43 Hierzu wie zum vorhergehenden u. a. Wilhelm Rüstow an Sophie von Hatzfeldt: z. Zt. Gotha, Anf. Januar 1864; Unterstraß, 29. 1. 1864.
44 Wilhelm Rüstow an Sophie von Hatzfeldt: Unterstraß, 29. 1. 1864. Zum folgenden vgl. Rüstows Briefe vom 1. und 12. 2. 1864.
45 Wilhelm Rüstow an die Gräfin: Unterstraß, 29. 1. 1864.

46 Wiede 72ff. Im März 1864 berichtete der damals Lassalle und seinen Freunden offenstehende »Volksfreund für das mittlere Deutschland« in zwei Artikeln über »Rüstow und die Gothaischen«. Na'aman (Lassalle 428) gibt eine falsche Jahreszahl (1863) an, was leider öfters in diesem ansonsten so fundierten Buch vorkommt.

47 Hierzu Hatzfeldts späteren Brief an Lassalle: Wildbad, 22. 7. [1864], in: Lassalle 4, 363f. Sie sprach davon, daß Lassalle »jetzt in einer gefährlichen Lage [sei], viel mehr als früher. Alles, was irgend Geltung und Stellung hat, hat nur eine Parole, und die ist, Sie unschädlich machen, Sie beseitigen, der Bewegung, die ihnen viel zu groß geworden, den Führer, mit dem sie gänzlich fällt, zu nehmen...«. Sie riet zu äußerster Vorsicht, eventuell sogar zum Rückzug ins Ausland (Neapel). Davon, die Märtyrerrolle zu übernehmen, hielt sie nichts. – Zur Wohnungskündigung der Gräfin siehe ihren Brief an Lassalle vom 16. 10. 1863, ebd. 347.

48 Sophie von Hatzfeldt an ihren Sohn Paul: Berlin, 14. 2. 1864, in: Botschafter Paul Graf von Hatzfeldt 1, 195. Siehe auch ihren Brief vom 17. 2. 1864 (Schloß Schönstein), in dem sie ganz dezidiert auf die jüngsten Familienangelegenheiten zu sprechen kommt.

49 Siehe Rüstows Briefe an die Gräfin vom 15. 2. und 5. 4. 1864. Zu Sophie Hatzfeldts diplomatischen Aktivitäten im Falle Pauls vgl. ihre Briefe an diesen vom 14. 2., 10. 3., 8. 4. 1864, in: Botschafter Paul Graf von Hatzfeldt 1, 194ff., 196ff., 199f. U. a. hatte die Gräfin wohl Unterredungen mit Robert von Keudell, der zu dieser Zeit im Außenministerium tätig war.

50 Siehe Rüstows Brief an Sophie von Hatzfeldt: Unterstraß, 9. 4. 1864. Zum vorhergehenden vgl. Anm. 15.

51 Wilhelm Rüstow an Sophie von Hatzfeldt: Unterstraß, 21. 4. 1864.

52 Vgl. u. a. Rüstows Briefe an die Gräfin vom 27. 4., 3. 5. und 2. 6. 1864. Nicht zuletzt kam dem Geliebten wohl die Aufgabe zu, die Gräfin in ihrer ›Weiblichkeit‹ zu bestätigen, etwa in bezug auf ihr Äußeres. Siehe u. a. Rüstows Brief vom 7. 2. 1864: »Wenn Sie wissen wollen, ob Sie schön sind, müssen Sie nicht in den Spiegel schauen, sondern in meine Augen.«

53 Siehe vor allem Sophie Hatzfeldts Briefe aus den Monaten Mai bis Juli, in denen sie immer wieder betont, daß es ihr »geistig und physisch« unmöglich gehe. So u. a. am 19. 6. 1864 von Bad Ems aus an Paul (Schloß Schönstein) und Ende Juli von Wildbad aus an Lassalle, vgl. einen Brief des. an dies.: Rigi-Kaltbad, 22. 7. 1864, in: Lassalle 4, 356f.

54 Sophie von Hatzfeldt an Ferdinand Lassalle: Berlin, Dienstag mittag [10. Mai 1864], ebd. 352. Dort bietet sie Lassalle auch an, in der Webersache weiter für ihn vorzugehen.

55 Wilhelm Rüstow an Sophie von Hatzfeldt: Unterstraß, 2. 6. 1864.

56 Siehe Rüstows Briefe an die Gräfin vom 5. und 18. 7. 1864. Am 14. 6. warnte er sie vor den »Frauenzimmern aus dem Obstgarten«, die entschieden falsch gegen sie seien.

57 Wilhelm Rüstow an Sophie von Hatzfeldt: Unterstraß, 7. 6. 1864.

58 Rüstow beklagte sich der Gräfin gegenüber, daß er in einer Periode lebe, »wo der Bourgeois-Jude die Signatur der Zeit ist, mag er sich nun als solcher frech auftun und proklamieren, mag er sich als Verfolger neuer sozialer Ziele drapieren, *weil* er ganz genau weiß, daß solange er lebt nichts von diesem erreicht wird, und weil er weiß, daß er alle Vorteile des Bourgeoistums in Anspruch nehmen kann und gar keine Miene zu machen braucht, irgend schon im Sinne der neuen Zeit, die er angeblich haben will, in seinem Privatleben zu handeln, – im Gegenteil, alles in majorum gloriam der Idee – Nizza Savoyen in verschiedenen Gestalten.« Unterstraß, 18. 7. 1864.

59 Wilhelm Rüstow an Sophie von Hatzfeldt: Unterstraß, 27. 12. 1863. Siehe auch 10. 12. 1863. – Beide neigten sie zum Aberglauben, tauschten zeitweise ihre Träume

aus (27. 5., 31. 5./1. 6., 23. 10. 1863) oder legten sich, insbesondere Rüstow, die Karten. Sophie von Hatzfeldt wurde geplagt von »dunklen Ahnungen« (14. 11. 1862), Wilhelm Rüstow brachte den Stand der Sterne (24. 6. 1863), Sternschnuppen (16. 10. 1863) sowie Sonnenfinsternisse (17. 5. 1863) in direkten Bezug zu seinem Liebesverhältnis.

60 Zu dem falschen Bild, das die Wissenschaft größtenteils über das Verhältnis Lassalle –Rüstow liefert, siehe u. a. E. Silberner, Moses Hess. Geschichte seines Lebens, Leiden 1966, 514: »der Militärschriftsteller Wilhelm Rüstow, einer der intimsten Freunde Lassalles«.

Anmerkungen zu Kapitel VII

1 Vgl. hierzu vor allem I. Britschgi-Schimmer (Hrsg.), Lassalles letzte Tage. Nach den Originalbriefen und Dokumenten, Berlin 1925.

2 Kohut, Lassalle 160ff. – Karl v. Thaler, ein damaliger Bekannter Helene Dönniges, beschrieb ihr Äußeres in sehr anschaulicher Weise, Undine ist nicht weit: »Das leuchtende rothgoldene Haar faßte wie ein feuriger Rahmen das scharf gezeichnete Antlitz mit dem Perlmutter-Teint ein, und die grünlich schimmernden Augen funkelten vor Geist und Sinnlichkeit. Aber ihre ganze Erscheinung machte bei aller Feinheit der Form keinen liebenswürdigen Eindruck, und ihr Lachen klang beinahe unheimlich. Sie glich den Nixen der nordischen Sage, die aus der Meerestiefe heraufsteigen, um Sterbliche zu beglücken und zu verderben.« M. Kegel, Ferdinand Lassalle, Stuttgart 1890, 61.

3 Wilhelm von Dönniges (1814–1872), ein ausgebildeter Historiker, war erst vor kurzem zu einem persönlichen Adel gekommen, gehörte also dem neuen Geld-, Wirtschafts- und Dienstadel an. Eine der Schwestern Helenes hatte man gerade mit einem Grafen Kayserlingk verlobt.

4 Siehe hierzu einen Brief Rüstows vom 18. August an Lassalle, in welchem er diesen vor einer Einmischung der Gräfin dringend warnte. Seine Verbindung zu Sophie von Hatzfeldt sei die eigentliche Ursache für die Verweigerung der Heirat.

5 Johann Philipp Becker (1809–1886), Teilnehmer am Badischen Aufstand, lebte als Emigrant in der Schweiz und trat dort als revolutionärer demokratischer und sozialistischer Schriftsteller und Organisator an die Öffentlichkeit.

6 J. Ph. Becker, Die letzten Tage von Ferdinand Lassalle, Hamburg 1864; B. Becker, Enthüllungen über das tragische Lebensende Ferdinand Lassalle's, Schleiz 1868; H. von Racowitza, Meine Beziehungen zu Ferdinand Lassalle, Breslau ^{2}1879; A. Kutschbach, Lassalle's Tod, Chemnitz 1880; H. von Poschinger, Lassalle's Leiden, Berlin 1887. Arbeiten neueren Datums: Britschgi-Schimmer (Hrsg.); H. Kater, Das Duell des Yanko Fürst v. Racowitza, Angehöriger des Corps Neoborussia Berlin und Ferdinand Lassalle, Angehöriger der Burschenschaft der Raczeks am 28. August 1864 im Wäldchen Carrouge bei Genf, in: Einst und Jetzt 25 (1980) 29–59; M. E. Compagnon, Le duel et la mort de Ferdinand Lassalle, in: Zeitschrift für Schweizerische Geschichte 21 (1941) 79–115. Auffällig vor allem bei den älteren Arbeiten ein Zug, die Gräfin für die unglückliche Entwicklung verantwortlich zu machen. Ihr werden Eifersucht und hinterhältiges Intrigieren unterstellt!

7 Zum Düsseldorfer Aufenthalt siehe P. Lindau, Nur Erinnerungen, 2 Bde, Stuttgart/ Berlin 1917, hier: 1, 178ff.; Ders., Ferdinand Lassalles letzte Rede, Breslau 1882; Kutschbach, Lassalle's Tod 8f.

8 An dem Ausflug nahmen laut Bebel Bülow, Schweitzer und Wendelin Weißheimer teil, vgl. Aus meinem Leben, 2. Teil, 2. durchges. Aufl., Stuttgart 1911, 12.

9 Vgl. auch Sophie von Hatzfeldts Briefe an ihren Sohn Paul, u. a.: Bad Ems, 19. 6. 1864 – Schloß Schönstein.

10 Sophie von Hatzfeldt an Ferdinand Lassalle: Wildbad, 7. [8. 1864], in: Lassalle 4, 383 (wie auch Hatzfeldts und Lassalles Briefe vom 3., 4. und 5. 8. 1864, ebd. Nr. 180–183).

11 Lassalle, in der irrigen Annahme, Helene von Dönniges sei katholisch (in Wahrheit war sie Protestantin!), wollte von Bischof Ketteler die Voraussetzungen und Bedingungen für seine Konvertierung zum katholischen Glauben erfahren und ob Ketteler etwas für ihn und seine Sache tun könne. Interessant der Zusammenhang mit Hatzfeldts eigener religiöser Haltung: »Erreicht Positives habe ich nicht, das war auch durch mich in diesem speziellen Falle, wie mir mein Gefühl sehr richtig sagte, unmöglich. Ich bin Katholikin, und er konnte sich gegen mich, die in den Schoß der Kirche zurückzuführen sein erstes Bestreben sein mußte (und dies war auch der Gedanke, der sogleich in ihm aufstieg, wie es sich deutlich im Gespräch zeigte), nicht so viel vergeben ...« (Sophie von Hatzfeldt an Ferdinand Lassalle: [Mainz], 16. 8. abends, ebd. 388f., hier: 388).

12 Sophie von Hatzfeldt an J. Ph. Becker: 29. 10. 1864 – ADAV/Hatzfeldt, ohne Nummer, ASD Bonn.

13 Lassalle hatte das Duell noch 1858 »für ein unsinniges Petrefakt einer überwundenen Kulturstufe« gehalten und die Pistolenforderung des Intendanturrates Fabrice nach Beratung mit Marx und Engels abgelehnt. Vgl. Ferdinand Lassalle an Karl Marx, 4. 6. 1858, in: Lassalle 3, 128.

14 Sophie von Hatzfeldt an J. Ph. Becker, 29. 10. 1864 – ADAV/Hatzfeldt, ohne Nummer, ASD Bonn.

15 Wilhelm Rüstow an Sophie von Hatzfeldt: Unterstraß b. Zürich, 19. 9. 1864 – ADAV/Hatzfeldt 286, IISG Amsterdam. Siehe auch Bericht der Gräfin Hatzfeldt über Lassalles letzte drei Lebenstage, in: Britschgi-Schimmer (Hrsg.) 285–294.

16 Vgl. hierzu Sophie von Hatzfeldt an Rosalie Lassal (Lassalles Mutter), 19. 3. 1865, in: Intime Briefe 171.

17 Zu den Schwierigkeiten, die es bei der Durchsetzung von Lassalles letztem Willen gab, vgl. vor allem Kohut, Ferdinand Lassalles Testament und Erben, Großenhain 1889. Obwohl Mutter und Schwester Lassalles in Genf von der Existenz eines Testaments definitiv erfahren hatten, stellten sie nachträglich dessen Existenz wieder in Frage. Dies hatte ein jahrelanges Prozessieren zwischen Hatzfeldt und den übrigen Legataren auf der einen, der Familie Lassal auf der anderen Seite zur Folge.

18 Sophie von Hatzfeldt an J. Ph. Becker: [12. 9. 1864]; laut R. Rüegg (Aus Briefen an Johann Philipp Becker, in: Die Neue Zeit 6 (1888) 558–569, hier: 560) vom 11. 9. Undat. Brief der Gräfin an Becker aus dem frühen Herbst 1864 – ADAV/Hatzfeldt, ohne Nummer, ASD Bonn.

19 Daß Sophie von Hatzfeldt bei der Verfolgung Racowitzas sogar an Selbstjustiz gedacht haben mag – diesen Verdacht läßt eine Briefstelle Marx' aufkommen. Am 27. 8. 1867 unterrichtet er den New Yorker Korrespondenten Sigfried Meyer: »Ad vocem [Wilhelm] Weber. ... Er war von der Hatzfeldt ausersehn, den Killer des Lassalle zu morden. Er nahm das Geld, reiste dem prädestinierten Opfer nach bis nach Augsburg oder so. Das Herz fiel ihm dann in die Hosen. Er drückte sich dann mit dem H[atzfeldt]schen Geld (er suchte dem alten Mensch unter Drohungen noch mehr zu erpressen) von Deutschland nach Amerika.« MEW 31, 558 – Sophie von Hatzfeldt als Auftraggeberin eines »Killers« – das erscheint dann doch etwas absurd. Tatsächlich hatte sie Weber mit der Observation Racowitzas beauftragt, siehe Bernhard Beckers Schreiben an die Gräfin vom 13. und 19. 12. 1864 sowie vom 22. und 29. 1. 1865 (ADAV/Hatzfeldt 4, ASD Bonn) wie ein zusätzliches Schreiben vom 17. 12. 1864 –

Schloß Schönstein. Sophie von Hatzfeldt an J. Ph. Becker: 29. 10. 1864 – ADAV/Hatzfeldt, ohne Nummer, ASD Bonn. Was Schallmayers Aktivitäten anbelangt siehe H. Oberwinder, Von der Gräfin Sophie Hatzfeldt, in: Wiener Allgemeine Zeitung vom 1. Febr. 1881.

20 Vgl. hierzu Botschafter Paul Graf von Hatzfeldt 1, 204ff., besonders 210. – Elie Ducommun (1833–1906), der von 1862–1865 Staatskanzler in Genf war, erhielt 1902 den Friedensnobelpreis. Am 24. 8. 1864 hatte J. Ph. Becker ein erstes Zusammentreffen Lassalles und Ducommuns organisiert.

21 G. Mayer, Gräfin Sophie von Hatzfeldt, Bismarck und das Duell Lassalle–Racowitza, in: HZ 134 (1926) 47–56.

22 Hier wie auch im folgenden Sophie von Hatzfeldt an J. Ph. Becker, 29. 10. 1864 – ADAV/Hatzfeldt, ohne Nummer, ASD Bonn.

23 Nach nur einem knappen halben Jahr Ehe verstarb Yanko von Racowitza bereits. Helene, deren Verwendung im preußischen Geheimdienst zeitweilig zur Debatte stand, wurde Schauspielerin. Jahrelang lebte sie in Amerika, zum Teil als Journalistin für die deutsch-amerikanische Presse, und hielt u. a. auch Vorträge über ihr Verhältnis zu Lassalle. Am 3. 10. 1911, kurz nachdem ihr dritter Ehemann verstorben war, beging sie Selbstmord. – Erstaunlich viele Menschen aus der Lassalle-Umgebung legten Hand an sich selbst. Zu nennen wären Wilhelm Rüstow (der sich 1878 erschoß), Bernhard Becker und Helene Dönniges.

24 Zu den Vereinbarungen Hatzfeldts mit der Familie Lassalles vgl. Mehring, Sozialdemokratie 2, 171f.

25 Vgl. Sophie von Hatzfeldts undatierte Briefe an Bernhard Becker, Gustav Lewy und den Redakteur beim »Mannheimer Anzeiger«, Eichelsdörfer, verfaßt kurze Zeit nach dem Tod Lassalles – Liestal BR H 1454–1456.

26 Brief vom 12. 9. 1864, in: Lassalles Briefe an Herwegh 115f. Original in der HS-Abt. der Stadt- und Landesbibliothek Dortmund. Siehe auch den »Bericht über die Ankunft der Leiche Lassalle's auf dem Bahnhofe der Hessischen Ludwigsbahn«, in: Mainzer Anzeiger, Nr. 213 vom 13. 9. 1864, S. 2.

27 Diese Kränze hatten bei den späteren jährlichen Gedenkfeiern für Lassalle in Düsseldorf quasi Reliquiencharakter übernommen, siehe »Social-Demokrat«, Nr. 137 vom 7. 9. 1865, Bericht über eine Düsseldorfer Totenfeier. Zu den Düsseldorfer Ereignissen insgesamt H.-K. Schmitz, Anfänge und Entwicklung der Arbeiterbewegung im Raum Düsseldorf 1859–1878, Hannover 1968, 49–51.

28 Protest der Gräfin Hatzfeldt vom 12. 9. 1864 (Abschr.) – ADAV/Hatzfeldt 242, ASD Bonn. Sophie von Hatzfeldt an J. Ph. Becker, 17. 9. 1864 – ebd., ohne Nummer.

29 Peter Nothjung an Unbekannt (Abschr.), undat. 1864 – ebd. 232. Bei diesem Brief scheint es sich um ein Schreiben Nothjungs an die Gräfin selbst zu handeln, s. Sophie von Hatzfeldt an Anwalt Szarbinowski, 21. 10. 1866, wo sie einen »Brief des verstorbenen Nothjung an mich« erwähnt, »welcher über die Art und Weise der Beerdigung F. Lassalle's zu Breslau berichtet« (ebd. 223). Außerdem Szarbinowski an Aurel Holthoff (2 Abschr.), 17. 9. 1864 – ebd. 238.

30 Auch ihr letzter kalkulierter Versuch, den Leichnam zurückzugewinnen, indem sie behauptete, daß Lassalle als Christ gestorben sei, um somit die katholische Kirche auf den Plan zu rufen, scheiterte. Siehe ihren Brief vom 17. 9. 1864 an J. Ph. Becker (ebd., ohne Nummer).

31 Bernstein, Lassalle – Würdigung 298. – Nicht nur von seinen Zeitgenossen wurde der Gedanke, daß Lassalle in einer gewöhnlichen Liebesaffäre gefallen sein sollte, als sehr peinlich und unfaßbar empfunden. Dieses Phänomen griff der ehemalige SPD-Vorsitzende Willy Brandt noch 1984 auf, als er im April den Gedenkstein aufsuchte,

der in der Nähe der savoyardischen Gemeinde Bossey an den Tod von Ferdinand Lassalle 1864 erinnert. Brandt wies darauf hin, »daß Lassalle nicht im revolutionären Kampf, sondern in einem Duell umgekommen sei, in der Folge einer brennend-zerstörerischen Liebe. Eine ›wohl eher zur Prüderie neigende Sozialdemokratie hätte das Exzentrische und Amouröse‹ in seinem Leben am liebsten vergessen gemacht. Aus heutiger Sicht allerdings gebe es wohl Schlimmeres, ›als wenn leidenschaftliche und ungeheuchelte Lebensbejahung einem Menschen zum Verhängnis wird‹«. Wolfram van den Wyenbergh in der FAZ vom 12. 4. 1984.

32 H. Grote, Sozialdemokratie und Religion. Eine Dokumentation für die Jahre 1863–1875, Tübingen 1968, besonders 10–25. G. Korff, Rote Fahnen und Tableaux Vivants. Zum Symbolverständnis der deutschen Arbeiterbewegung im 19. Jahrhundert, in: A. Lehmann (Hrsg.), Studien zur Arbeiterkultur, Münster 1984, 103–140, insbesondere 118–123; Ders., Bemerkungen zum politischen Heiligenkult im 19. und 20. Jahrhundert, in: G. Stephenson (Hrsg.), Der Religionswandel unserer Zeit im Spiegel der Religionswissenschaft, Darmstadt 1976, 216–230. Korff (Rote Fahnen 120) sieht beispielsweise in den Trauerbekundungen während des Transports der Leiche Lassalles auffällige Parallelen zur Überführung der toten Preußenkönigin Luise vom mecklenburgischen Hohenzieritz nach Berlin im Jahr 1810.

33 Schon in Ronsdorf hatte sich Lassalle mit größter Genugtuung als eine Art Religionsstifter feiern lassen und selbst dafür gesorgt, daß ein die wirklichen Vorgänge noch übertreibender Bericht darüber im »Nordstern« erschien. Vgl. den Brief Ferdinand Lassalles an Sophie von Hatzfeldt vom 20. 5. 1864, in: Lassalle 4, 355 (»Ich hatte beständig den Eindruck, so müsse es bei der Stiftung neuer Religionen ausgesehen haben!«).

34 Sophie von Hatzfeldt, Gedicht, in: Freie Zeitung vom 29. 8. 1868, Doppelnr. 27.28, S. 114. – A. Trampe (Georg Herwegh, Borna/Leipzig 1910, 54 Anm. 4) behauptet, die zweite Strophe des Gedichts zitierend, es handle sich hierbei um eine von Herwegh stammende, Lassalle gewidmete Sarginschrift. Auch Theophil Zolling (Lassalle, Herwegh und die Sozialdemokratie, in: Die Gegenwart 50 [1896] 373–377, hier: 376) spricht davon – sich dabei auf Aussagen Emma Herweghs stützend –, daß es Strophen seien, die Herwegh in Genf dichtete. Dies spricht meiner Ansicht nach allerdings nicht dagegen, daß sie im Sinne (und evtl. auch Auftrag) Hatzfeldts und für ihre Person verfaßt wurden, gerade was ihre Bildlichkeit anbelangt. Grote, der die von mir angeführten beiden Belege anscheinend nicht kannte, geht ganz selbstverständlich davon aus, daß es sich um ein Gedicht der Gräfin handelt (S. 10).

35 Vgl. u. a. Marx an Engels, 18. 11. 1864, in: MEW 31, 25.

36 Undatierter Brief Sophie von Hatzfeldts an J. Ph. Becker: Herbst/Winter 1864 – ADAV/Hatzfeldt, ohne Nummer, ASD Bonn. Dort auch das folgende Zitat.

37 Siehe auch Sophie von Hatzfeldt an Emma Herwegh, 5. 10. 1864, in: Lassalles Briefe an Herwegh 118f.

38 Marx hatte ihr geantwortet, sie selbst könne es allein und hätte nichts nötig als jemand, der alles das, was sie sage, aufsetze, siehe Hatzfeldts undatierten Brief an J. Ph. Becker aus dem Herbst/Winter 1864 – ADAV/Hatzfeldt, ohne Nummer, ASD Bonn. Rüegg behauptet, entgegen ihren Selbstaussagen vom 8. 2. 1865 (ebd.), die Gräfin habe die Schrift, »welche auch darnach ausfiel«, selbst vollendet (S. 560). – Wilhelm Liebknecht will sie, laut dessen eigenen Worten, gesagt haben, »sie sei dabei leider auf Hülfe Anderer angewiesen, da sie selbst nie für die Oeffentlichkeit geschrieben und es hierbei nicht zum ersten Male thun wolle«. Vgl. K. Schilling, Die Ausstoßung des Präsidenten Bernhard Becker aus dem Allg. Deutschen Arbeiterverein und der »Socialdemokrat«, Leipzig ^{2}1869, 19.

39 Was Anneke anbelangt siehe ihren Brief vom 24. 1. 1865 aus Zürich an ihren Mann Fritz in Amerika, abgedruckt bei Wagner 214f.

40 Unter anderem Emma Herwegh an Sophie von Hatzfeldt: Zürich, 18. 10. und 2. 11. 1864 – ADAV/Hatzfeldt 284, IISG Amsterdam. Siehe auch J. Ph. Becker an Sophie von Hatzfeldt: Genf, 22. und 25. 9. 1864 – ADAV/Hatzfeldt 6, ASD Bonn.

41 Siehe Rüstows Briefe an Hatzfeldt aus dem Herbst/Winter 1864/65 (ADAV/Hatzfeldt, IISG Amsterdam, Nr. 286 sowie Schloß Schönstein). Es kam schon bald zu einem Konflikt über Lassalles angebliche »Liebesraserei«, die Hatzfeldt im Gegensatz zu Rüstow leugnete und in der Broschüre weniger wiederfinden wollte. Anscheinend unangenehm berührt von dieser Rüstowschen Sicht der Dinge, ließ sie ihm immer seltener Informationen zukommen.

42 Sophie von Hatzfeldt an J. Ph. Becker: o. D., wahrscheinlich Januar 1865; siehe auch dies. an dens. am 18. 3. 1865 – ADAV/Hatzfeldt, ohne Nummer, ASD Bonn.

43 Rüstow flüchtete zunächst – wie schon so oft zuvor – in Krankheit. Schon um die Weihnachtszeit schreibt er resigniert, daß er Hoffnungen für die Zukunft nicht mehr habe. Die letzten Briefe an Hatzfeldt aus dem Jahr 1865 (Jan., Febr.) zeigen nur noch einen gereizten, verbitterten und verzweifelt wütenden Menschen. Vgl. auch Emma Herwegh an Sophie von Hatzfeldt: Zürich, 12. 3. 1865 – ADAV/Hatzfeldt, IISG Amsterdam, Nr. 284; Sophie von Hatzfeldt an Emma Herwegh am 11. 5. 1865, in: Lassalles Briefe an Herwegh 143–148.
Noch am 29. April 1866 schrieb Rüstow an G. Herwegh: »Ich Armer habe diese ganze Geschichte ausbaden und mich noch als die Ursache von Lassalle's Tod müssen anschreien lassen. Dennoch ist vielleicht außer Ihnen Niemand, der mit mir diesen Tod gleich bedauert, und in Bezug auf das Leiden, welches aus diesem Tod hervorgegangen, stehe ich sogar einzig da.« (ebd., 130).

44 Sophie von Hatzfeldt an J. Ph. Becker: o. D., wahrscheinlich Dez. 1864 – ADAV/Hatzfeldt, ohne Nummer, ASD Bonn.

45 Vgl. hierzu folgende Schriftstücke: Reinhold Schlingmann an Wilhelm Rüstow (1865); »Verlagsvertrag« zwischen Hatzfeldt und Schlingmann (25. 11. 1864); Bemerkungen Hatzfeldts zu diesem Vertrag [Ende Nov. 1864]; Schlingmanns Bedingungen für einen Vergleich mit Hatzfeldt [30. 2. 1865] – ebd., Nr. 263–267 sowie auch B. Becker an Sophie von Hatzfeldt am 5. 12. 1864 (Schloß Schönstein). – Sophie von Hatzfeldt/Wilhelm Liebknecht, Ferdinand Lassalle: Dokumentarische Darstellung seiner letzten Lebenstage. Von Augenzeugen und Freunden. Berlin 1865 – IISG Amsterdam.

46 Vgl. hierzu den Briefwechsel zwischen Sophie von Hatzfeldt und Moses Hess im Herbst und Winter 1865, in: Moses Hess Briefwechsel, hrsg. von E. Silberner, Gravenhage 1959, 489, 508ff., 520.

47 Sophie von Hatzfeldt an Emma Herwegh, 5. 10. 1864, in: Lassalles Briefe an Herwegh 119.

48 Die Bezeichnung »Lassallekultus« wurde schon früh zu einem festen Begriff. Marx gebrauchte diesen Ausdruck bereits in einem Brief an Ludwig Kugelmann vom 23. 2. 1865, in: MEW 32, 453.

49 B. Becker, Der große Arbeiter-Agitator Ferdinand Lassalle, Frankfurt a. M. 1865, 5.

50 »Den Totenfeiern, zu denen ich den Anstoß gab, lag die vom Parteiinteresse eingegebene Absicht zugrunde, den die soziale Demokratie mit einem großen Nachteile bedrohenden Tod Lassalles als Parteikitt zu benutzen.« B. Becker, Enthüllungen 123f.
Von Genf aus leistete J. Ph. Becker den Eisenachern Schützenhilfe: »Jawohl! Ein Sozialismus mit der Hauskokarde eines neuen Abgottes, der Wachskerze eines frischen Heiligen ist eine Karikatur auf den Sozialismus.« Betrachtung, Vorbote Mai 1869, Nr. 5, 67, zit. nach Grote 23.

51 August Bebels Briefwechsel mit Friedrich Engels, hrsg. von W. Blumenberg, Den Haag 1965, 14f.
52 Als Beispiel mag folgender Abschnitt stehen: »So war denn der ›Messias des neunzehnten Jahrhunderts‹ fertig. Seine Maria Magdalena hatte Helene geheißen, anstatt am Kreuze war er durch einen Pistolenschuß gestorben, und zur Mutter Gottes fand sich in der Gräfin H. die geeignete Persönlichkeit vor.« B. Becker, Geschichte der Arbeiter-Agitation Ferdinand Lassalle's, Berlin/Bonn 1978 (Erstaufl. 1874), 307.
53 B. Becker, Enthüllungen 125. Vgl. hierzu auch J. Vahlteich, Ferdinand Lassalle und die Anfänge der deutschen Arbeiterbewegung, München 1904, 36: »Lassalle wurde zum Gott und seine Anhänger zu Gläubigen. Das war das – allerdings von Lassalle schon vorbereitete – Werk der Hatzfeldt.«
54 Zit. nach H. Schulte, Der Einfluß einer Aristokratin auf den Allgemeinen Deutschen Arbeiterverein, Diss. phil. Graz 1968, 56 Anm. 122.
55 Sophie von Hatzfeldt an Emma Herwegh, 5. 10. 1864, in: Lassalles Briefe an Herwegh 119.

Anmerkungen zu Kapitel VIII

1 Vgl. H. Hümmler, Opposition gegen Lassalle. Die revolutionäre proletarische Opposition im Allgemeinen Deutschen Arbeiterverein 1862/63–1866, Berlin 1970, 90ff. – Karl Klings (geb. 1838) war der Organisator der Arbeiterbewegung in Solingen nach 1848. Er emigrierte schon 1865 nach Amerika. Zu weiteren biographischen Einzelheiten vgl. H. Rosenthal, Die Anfänge der Arbeiterbewegung in Solingen 1849–1868, Langenfeld 1953, 8f., 14f., 39. – Sh. Na'aman weist darauf hin, daß die neuen Berufsagitatoren (wie u. a. Klings) das Feld für sich haben wollten und deshalb jemanden als Präsidenten vorzogen, der weit vom Schuß saß, wie es ja bei Marx, Hess und J. Ph. Becker der Fall war (Emanzipation und Messianismus. Leben und Werk des Moses Hess, Frankfurt/New York 1982, 356).
2 Das ganze Testament ist abgedruckt zu finden bei Kohut, Lassalles Testament 12–15.
3 Zit. nach H. Oncken, Aus dem Streit um Lassalles Erbe, in: Archiv für die Geschichte des Sozialismus und der Arbeiterbewegung 7 (1916) 95–98, hier: 97.
4 So Sophie auch in einem undat. Brief an Emma Herwegh, Lassalles Briefe an Herwegh 137. Solche Gedanken und Pläne Lassalles müssen wohl im Zusammenhang mit der zu erwartenden längeren Haftstrafe zu sehen sein. Von allen in Frage kommenden Kandidaten mußte Abstand genommen werden: Otto Dammer hatte sich angeblich als vollständig unfähig erwiesen; Hess sei zu alt und zudem in Paris gewesen, J. Ph. Becker weitab in Genf.
5 ADAV/Hatzfeldt, ohne Nummer, ASD Bonn. Auch abgedruckt in: Botschafter Paul Graf von Hatzfeldt 1, 204f. Anm. 3. – Bernhard Becker (1826–1892) trat nach dem Studium der Geschichte und der Staatswissenschaften in die öffentliche Verwaltung ein, fristete sein Leben aber schon bald mit schriftstellerischer Tätigkeit (u. a. Mitarbeiter des Meyerschen Konversationslexikon). Er nahm an der demokratischen Volkserhebung 1848 teil und mußte sich in der darauffolgenden Reaktionsperiode in London als Sprachlehrer durchbringen. Kehrte in den sechziger Jahren nach Deutschland zurück. Schrieb eine dreibändige »Geschichte der deutschen Bewegung nach 1848«. Becker schloß sich der lassalleanischen Organisation an und wurde ihr Bevollmächtigter für Frankfurt a. M. Nach seiner Präsidentschaft im ADAV lebte Becker wieder als Schriftsteller (Wien, Paris). Er trat in Dresden der Eisenacher Richtung der Sozialdemokratie bei, war Redakteur einiger sozialdemokratischer Zeitungen. Lebte ab 1872/74 (?) in der Schweiz, wo er sich 1892 das Leben nahm.

6 Zit. nach Hümmler, Opposition 97. Vgl. zum folgenden auch R. Dlubek, Johann Philipp Becker (1848–1864/65), Berlin 1964, 322f. Zur Haltung Marx' in der Präsidentschaftsfrage u. a. Karl Marx an Karl Klings, 4. 10. 1864, in: MEW 31, 417f. Siehe auch H. Hirsch/H. Pelger, Ein unveröffentlichter Brief von Karl Marx an Sophie von Hatzfeldt, Trier 1983, 14 Anm. 15.

7 Sophie von Hatzfeldt an J. Ph. Becker am [29. 10. 1864] und 10. 3. 1865 und dies. an Emma Herwegh, 7. 3. 1865, in: Lassalles Briefe an Herwegh 124. Die Vorwürfe Hatzfeldts gegen Marx kehren in verschiedenen Briefen, in zum Teil sogar ähnlichen Formulierungen, immer wieder. Marx' Leistungen im Exil reduzierten sich ihrer Meinung nach auf »einige wenige *polemische* Brochuren gegen Persönlichkeiten wie Proudhon« und das »veraltete communistische Manifest«. »Sein Styl ist derart unmöglich für weniger Gelehrte als er zu verstehen, daß er nie ein Volkslehrer sein kann.« Für seine einzige politische Tat hielt sie die ›Neue Rheinische Zeitung‹, ansonsten wisse er nur zu zerstören, niemals aufzubauen (Frühjahr 1865). Dem liegt angeblich eine Äußerung Mazzinis zugrunde, der Lassalle (und Hatzfeldt?) gegenüber während ihres Italienaufenthalts 1862 erklärt habe, Marx »sei ein zerstörendes Element, er schafft nichts, er zerstört nur«. Mitteilungen Bruhns an J. Ph. Becker, vgl. Dlubek 456 Anm. 44.

8 Sophie von Hatzfeldt an J. Ph. Becker: [19. 3. 1865]. Hermann Becker und Heinrich Bürgers gehörten eher dem linksliberalen Lager an, waren »Schulzianer« [Schulze-Delitzsch]. Bürgers hatte in Köln die Entstehung des ADAV bekämpft, vgl. Th. Parent, Der Kampf gegen eine »dreifache Koalition«. Die Anfänge des Allgemeinen Deutschen Arbeitervereins in Köln 1863–1865, in: Geschichte in Köln 4 (1979) 107–121. – Zu Peter Gerhard Röser, in: Geschichte der deutschen Arbeiterbewegung. Biograph. Lexikon. Berlin 1970, 383. – Zu Peter Nothjung siehe Kap. III.

9 Schloß Schönstein.

10 Sophie von Hatzfeldt an J. Ph. Becker: 27. 10. 1864, 27. 1. 1865, langer undat. Brief aus dem Frühjahr 1865 – ADAV/Hatzfeldt, ohne Nummer, ASD Bonn.

11 Am 27. 1. 1865 äußerte Hatzfeldt gegenüber J. Ph. Becker, daß sie niemals »irgend etwas für B. Becker gethan hätte, wenn er mir nicht die heiligsten Zusicherungen gemacht hätte, nie ein Jota von den Statuten, von der Organisation Lassalle's abzuweichen«.

12 Siehe u. a. die Beschwerde von Julius Luscher, an die Generalversammlung vom 27. 12. 1864 gerichtet, sowie eine Erklärung Bernhard Teubners – ADAV/Hatzfeldt 174, 175, ASD Bonn.

13 Julius Vahlteich (1839–1915) wurd 1863, als der ADAV zustandekam, Vorstandsmitglied und Vereinssekretär. Um die Zukunft des Vereins erfolgreicher zu gestalten, schlug Vahlteich eine Umorganisation vor, die zur finanziellen Selbständigkeit und stärkeren Demokratisierung führen sollte. Lassalles »diktatorische Allüren« und der mit ihm betriebene Personenkult mißfielen ihm besonders. Lassalle beachtete die von Vahlteich vorgebrachten Organisationsvorschläge nicht, woraufhin dieser am 1. 2. 1864 als Sekretär zurücktrat und durch Willms ersetzt wurde. Er blieb jedoch Bevollmächtigter von Dresden und setzte seine Opposition fort. Daraufhin drohte Lassalle in seinem letzten Rundschreiben, das Präsidium niederzulegen, falls Vahlteich nicht ausgeschlossen würde. Nach seinem Ausschluß wechselte Vahlteich in das Bebel-Liebknechtsche Lager und war 1869 an der Gründung der »Sozialdemokratischen Partei« in Eisenach beteiligt. Er wanderte 1881 in die USA aus. – Unter der Ausstoßung aus dem Verein scheint Vahlteich sehr gelitten zu haben, vgl. Vahlteich an seinen Freund [August Vogt], 9. 3. 1865 – ADAV/Hatzfeldt 61, ASD Bonn. Vogt hielt vor allem Hatzfeldt für die Initiatorin der Ausstoßung,

Becker sei zu Verhandlungen bereit gewesen: Vogt an [Julius Vahlteich] [1865] – ebd. Nr. 62.

14 Sophie von Hatzfeldt an J. Ph. Becker, 27. 1. 1865 – ADAV/Hatzfeldt, ohne Nummer, ASD Bonn. – Siehe auch dies. an [Otto Dammer], 30. 1. 1865 – ebd., Nr. 16.

15 Zur Haltung Lassalles in der Schleswig-Holstein-Frage vgl. Mehring, Sozialdemokratie 2, 151. Zum Inhalt der Resolution: »Alle deutschen Regierungen sind verpflichtet, die durch den Tod des Königs von Dänemark eingetretene Gelegenheit zu benutzen, um die Verbindung von Schleswig-Holstein mit der Krone Dänemark aufzulösen und endlich die Einverleibung dieser Provinzen in Deutschland, die aus nationalen Gründen längst hätte sollen bewerkstelligt werden, nötigenfalls mit Waffengewalt durchzusetzen.« – ADAV/Hatzfeldt 160, ASD Bonn.

16 »Die Gräfin Hatzfeldt«, so berichtet Liebknecht am 19. 6. 1865 vor der Berliner Oppositionsgemeinde des ADAV, »sei ganz in das Fahrwasser der Reaktion übergegangen und habe ihn aufgefordert, von Seiten der Berliner Gemeinde des Allgemeinen Deutschen Arbeitervereins eine Resolution zugunsten der Bismarckschen Annektionspolitik zu provozieren. Dies habe er entschieden verweigert.« Zit. nach K.-H. Leidigkeit, Wilhelm Liebknecht in der deutschen Arbeiterbewegung 1862–1869, 2. verb. Aufl. Berlin 1958, 48 Anm. 60.

17 Der »Social-Demokrat« und seine Helfershelfer 62f.

18 Zit. nach Lassalles Briefe an Herwegh 122. Siehe auch eine Aufzeichnung Hatzfeldts, wahrscheinlich Februar 1865 – Schloß Schönstein. Das Verhalten Beckers erboste Hatzfeldt besonders insofern, als Rosalie Lassal es war, die das Testament Lassalles angefochten und der Gräfin dadurch nicht gerade wenig Probleme bereitet hatte, siehe auch Mehring, Sozialdemokratie 2, 181f. – Zum folgenden siehe Sophie Hatzfeldt an J. Ph. Becker, undatiert [Frühjahr 1865] – ADAV/Hatzfeldt, ohne Nummer, ASD Bonn.

19 Siehe »Social-Demokrat«, Nr. 40 vom 29. 3. 1865 (Vereins Theil, Harburg/Berlin).

20 So Sophie von Hatzfeldt in einem Brief an J. Ph. Becker, zit. nach Rüegg 561.

21 Siehe dazu B. Becker an Sophie von Hatzfeldt, 18. 10. 1864 – Schloß Schönstein.

22 Siehe Zirkular B. Beckers vom 31. 1. 1865 – ADAV/Hatzfeldt 168, ASD Bonn; C. Stephan, Die Lassalleanismus-Legende, in: Protokolle und Materialien des Allgemeinen Deutschen Arbeitervereins. Nachdrucke hrsg. von D. Dowe, Berlin/Bonn 1980, IX–XX, hier: X.

23 Undatierter Brief, wahrscheinlich Frühjahr 1865 – ADAV/Hatzfeldt, ohne Nummer, ASD Bonn. Zum folgenden siehe Emma Herwegh an Sophie von Hatzfeldt, 27. 3. 1865 – ebd., Nr. 284. – Der »Nordstern«, seit 1854 erscheinend, war seit 1863 Oppositionsorgan des Hamburger Arbeiter-Bildungsvereins und wurde in 400 Exemplaren dreimal wöchentlich verkauft.

24 Zit. nach Hümmler, Opposition 114.

25 Johann Baptist von Schweitzer (1833–1875): Der in Frankfurt a. M. geborene Patriziersohn wurde in einem Jesuitenstift erzogen und studierte in Berlin und Heidelberg Rechtswissenschaften, um dann in seiner Heimatstadt Advokat zu werden. Als der Italienische Krieg 1859 auch die deutsche Frage aktuell machte, trat Schweitzer in literarischen Arbeiten als Propagandist der deutschen Einheit auf, die er am ehesten von der Initiative der Volksmassen erwartete. Er wurde Vorsitzender des von ihm mitgegründeten Arbeiterbildungsvereins in Frankfurt a. M. Verfaßte die Schrift »Der Zeitgeist und die Christenheit«. – Johann Baptist von Hofstetten (gest. 1887): ehemaliger Offizier. Journalist, der nach Erschöpfung seiner finanziellen Mittel 1868 nach Wien ging, wo er ein geschäftliches Fiasko erlebte. Wurde auf der Generalversammlung von Barmen (1869), wo er die Hälfte des Reingewinns des »Social-Demokrat«

forderte, von den Delegierten aus dem ADAV ausgestoßen. Schloß sich später der SDAP an, ohne jedoch noch weiterhin eine Rolle zu spielen in der deutschen Arbeiterbewegung.

26 Das Konzept für die zukünftige Zeitung beinhaltete drei Aspekte: »Solidarität der Völkerinteressen«, »das ganze gewaltige Deutschland – ein freier Volksstaat«, »Abschaffung der Capitalherrschaft«. Lassalle figurierte in dem von Schweitzer an Marx gesandten Programm weder mit Wort noch Namen. Vgl. Karl Marx' Austrittserklärung, abgedruckt in der »Berliner Reform« vom 19. 3. 1865.

27 So Friedrich Engels am 16. 11. 1864 an Karl Marx, vgl. MEW 31, 23.

28 SD vom 15. 12. 1864. Vieles in der Diktion des Artikels (»Titanenkraft«, »Eiche«, »Säule«, »Triumphatorbahn«, »Bannerträger der Enterbten und Besitzlosen« etc.) spricht für eine Einflußnahme Hatzfeldts. Gezeichnet wird ein Bild vom Denker, Volksmann und Menschen Lassalle, das in vielem als übertrieben und unrealistisch gelten kann, so z. B. im Hinblick auf seine Wirkung bei den »Arbeitermassen«.

29 Zu einem weiteren Streitpunkt zwischen Sophie von Hatzfeldt und Karl Marx kam es wegen dessen Blind-Erklärung, die im »Nordstern«, Nr. 287 vom 10. 12. 1864 abgedruckt wurde. Marx hatte seine Entgegnung auf die Lassalle-Attacke Blinds (»Republikanischer Protest« in: »Neue Frankfurter Zeitung« vom 29. 9. 1864, S. 3) ursprünglich für den »Stuttgarter Beobachter« geschrieben. Er fühlte sich daher mehr als düpiert, als er seine Erklärung im »Nordstern« vorfand, begleitet von einer Randbemerkung des Herausgebers Bruhn, die zu verstehen gab, dieser Aufsatz sei ihm durch eine zweite Hand (nämlich die Hatzfeldts) zugegangen und werde nur deshalb in die Zeitung aufgenommen. Marx schrieb daraufhin an die Gräfin, daß er ihre Intrigen nicht billige, zumal er die Erklärung auf ihren ausdrücklichen Wunsch nur geschrieben habe – obwohl er »mit Lassalles politischer Taktik nicht übereinstimmte«. Vgl. Hümmler, Opposition 106f.; Hirsch/Pelger 19ff.

30 Hümmler, Opposition 107. Hümmler schlußfolgert daraus, daß Hatzfeldt es wohl war, die gegenüber der preußischen Regierung die staatliche Erlaubnis für den »Social-Demokrat« erwirkte und als Gegenleistung die Agitation der Zeitung für die Ziele der Reaktion in Aussicht gestellt hatte – eine interessante Spekulation, für die Hümmler allerdings keinerlei stichhaltige Beweise aufzustellen vermag.

31 Schweitzer erhoffte sich Hilfe beim Zustandekommen seines Zeitungsunternehmens, Becker die Unterstützung bei der von ihm geplanten Statutenänderung, die ihm eine Besoldung von vereinswegen einbringen sollte. Vgl. G. Mayer, Johann Baptist von Schweitzer und die Sozialdemokratie, Jena 1909, 106.

32 Als Gründe hierfür gab Hatzfeldt an: »Weil es in Hamburg erscheint, kann es kein *politisches* Blatt sein, weil es außer dem Centrum, wo die Politik gemacht wird, liegt. Kaum wäre es am Rhein möglich, aber doch noch eher als in Hamburg, wo es die ewig wechselnden phasen und Parteistellungen der jetzigen Zeit nicht kennen, nicht beurtheilen kann. Zweitens weil Bruhn sich nicht zum Redacteur eines großen oder auch nur politischen Blattes eignet. Er würfelt alles bunt durcheinander, und wären seine Correspondenzartikel noch so gut, ohne die ordnende Hand eines gewandten Redacteur kommt keine Einheitlichkeit in eine Zeitung.« Sophie von Hatzfeldt an J. Ph. Becker, Ende März 1865 – ADAV/Hatzfeldt, ohne Nummer, ASD Bonn.

33 SD, Nr. 36 vom 19. 3. 1865.

34 Urbach an Sophie von Hatzfeldt, 7. 3. 1865 – ADAV/Hatzfeldt 60, ASD Bonn. Zur Bekanntschaft beider siehe Dowe, Aktion 281.

35 SD, Nr. 42 vom 2. 4. 1865.

36 Beckers Rede ist abgedruckt in der Beilage zum SD, Nr. 39 vom 26. 3. 1865. Er behauptete ferner, die Gräfin habe die Leichenfeierlichkeiten für Lassalle, die im

ADAV stattgefunden hatten, mit ihrem Geld erkauft, dafür geliehenes Geld zum Teil nicht zurückerstattet. Des weiteren warf er ihr und Liebknecht vor, bei der Zusammenstellung über die letzten Lebenstage Lassalles Briefe und Dokumente gefälscht und entstellt zu haben. Usw. Vgl. Schilling 16ff.; H. Laufenberg, Geschichte der Arbeiterbewegung in Hamburg, Altona und Umgebung, Bd. 1, Hamburg 1911 (Nachdruck 1977), 281f. (der fälschlicherweise vom 21. 3. spricht). Zur Auseinandersetzung Beckers mit den »Marx-Hatzfeldtschen Agenten« vgl. auch SD, Nr. 41 vom 31. 3. 1865 sowie die Erklärung der Becker nahestehenden Frankfurter Gemeinde, SD, Nr. 42 vom 2. 4. 1865.

37 SD, Nr. 45 vom 9. 4. 1865: »Ein ernstes Wort«.

38 August Vogt (wahrscheinlich) an Julius Vahlteich, o. D. [1865] – ADAV/Hatzfeldt 61, ASD Bonn.

39 Siehe »Nordstern« vom 1. 4. 1865; Auszüge abgedruckt auch in: Lassalles Briefe an Herwegh 128–132. Vor allem Rüstow bewies eine gewisse Größe, gerade über die für ihn auch so persönliche Thematik relativ objektiv, auf jeden Fall im Sinne Hatzfeldts in der Öffentlichkeit zu schreiben. Beweis für das Wohlwollen, das die Gräfin daraufhin ihm gegenüber empfand, in einem undatierten Brief an Emma Herwegh, ebd. 135–139, hier: 136.

40 Zit. nach Schilling 14.

41 Telegramm Sophie von Hatzfeldt an Emma Herwegh, Berlin [Ende März 1865], zit. nach Rüegg 566.

42 Laufenberg 1, 280ff.; Nordstern, Nr. 273, 274 [1865]. Zum vorhergehenden siehe Schilling 43.

43 Ein weiteres Beispiel dafür, wie Hatzfeldt den Kampf gegen B. Becker organisierte, ist die Mainzer Gemeinde des Vereins, wo ihr Vertrauensmann Ludwig Seegott saß, der ihr Beweisstücke gegen Becker zusandte. Am 3. 6. wurde Becker dort »einstimmig für unwürdig und unfähig erklärt«, Bruhn sofort davon in Kenntnis gesetzt. Ludwig Seegott an Sophie von Hatzfeldt, 6. 6. 1865 – ADAV/Hatzfeldt 58, ASD Bonn.

44 Sophie von Hatzfeldt an J. Ph. Becker, o. D. [Ende März/Anfang April 1865] – ebd. ohne Nummer.

45 Arndt wurde von der Gräfin seit 1864 finanziell unterstützt und führte als Gegenleistung deren Aufträge aus. Vgl. ihre Briefe an ihn vom 5. 12. 1864; 16., 27. 2., ca. 1. 4. 1865 und einige undatierte Schreiben ebenfalls aus dem Jahr 1865 – ebd. 14, ASD Bonn. Siehe auch Telegramm Friedrich Arndt an Sophie von Hatzfeldt (von Hamburg nach Berlin) vom 25. 3. 1865 – ebd. 1. Dort (Nr. 14) auch das folgende Zitat.

46 Zit. nach Hümmler, Opposition 171f.

47 Schilling 51.

48 Schilling 44, siehe vor allem aber auch zahlreiche Briefe Hatzfeldts aus dem Frühjahr 1865 an J. Ph. Becker, gerade was die Einschätzung Marx' und seiner Anhänger anbelangt. Die verwandte Diktion ist kaum zu übersehen.

49 Wie sich Hatzfeldt einen neuen Präsidenten vorstellte, siehe dazu einen ihrer Briefe an Emma Herwegh: »einen ehrlichen Mann, der ohne persönliche Eitelkeit und Neben-Absichten sich streng an die Bahn, an das durch Lassalle festgestellte Programm hält, die strenge Disziplin, die Lassalle wollte, streng handhabt innerhalb der Statuten, aber keine persönliche Willkür ausübt.« – Undatierter Brief in: Lassalles Briefe an Herwegh 140.

50 »Nordstern«, Nr. 313 vom 24. 6. 1865. Vgl. Schulte 63 Anm. 141.

51 Marx an Engels, 5. 8. 1865, in: MEW 31, 135.

Anmerkungen zu Kapitel IX/1

1 Zit. nach Lassalles Briefe an Herwegh 139f.; siehe auch einen undatierten Brief Hatzfeldts an J. Ph. Becker aus dem Frühjahr 1865 – ADAV/Hatzfeldt, ohne Nummer, ASD Bonn.

2 Zit. nach Hümmler, Opposition 186; vgl. auch Rosenthal 40f.

3 Vgl. Eduard Willms an Sophie von Hatzfeldt, 15. 12. 1865 – ADAV/Hatzfeldt 68, ASD Bonn.

4 Die Gruppe um Liebknecht besaß dort keinen Einfluß mehr. Das hängt wohl nicht zuletzt mit den persönlichen Schwierigkeiten Wilhelm Liebknechts zusammen. Dieser verlor seine gute Stellung als Hauslehrer und erhielt außerdem Anfang Juli 1865 seine Ausweisung aus Preußen. Er vermutete, daß in jedem Fall die Gräfin ihre Hände im Spiel hatte. Sie selbst hat später Liebknecht gegenüber ihre Mithilfe an seiner Ausweisung eingestanden. Vgl. Leidigkeit 57; Hümmler, Opposition 186f.; Dlubek 333. Wilhelm Liebknecht übersiedelte im August 1865 nach Leipzig und lernte dort den jungen August Bebel kennen – eine folgenreiche Begegnung für die weitere Entwicklung der deutschen Sozialdemokratie.

5 So schrieb J. Ph. Becker an Sophie von Hatzfeldt am 9. 2. 1865: »Mag es gehen, wie es will, den von Lassalle vorgezeichneten Weg wird die Geschichte doch gehen.« – ADAV/Hatzfeldt 6, ASD Bonn. In diesem Zusammenhang wirft Dlubek (S. 328f.) dem Genfer seine betonte Lassallefreundlichkeit, mit der er die Gräfin zu gewinnen oder »zu neutralisieren« gehofft haben mag, vor, insbesondere die »Überschwenglichkeit seiner Ehrenrettung« für Lassalle, die in seiner 15teiligen, von April bis Juli 1865 im »Nordstern« erscheinenden Artikelserie zum Ausdruck kam (»Ein unumwundenes Wort an die Sozialdemokratische Partei über den ›Sozialdemokrat‹, Organ des Allgemeinen Deutschen Arbeitervereins, dessen Taktik, Stifter und Beschirmer«). – Zur Präsidentenfrage siehe Sophie von Hatzfeldt an J. Ph. Becker: Berlin, 10. 3. 1865 – ADAV/Hatzfeldt, ohne Nummer, ASD Bonn.

6 Während dieses Aufenthaltes, der vor allem der Herausgabe der Übersetzung des »Bastiat-Schulze« sowie der »Letzten Lebenstage Lassalles« dienen sollte, verbrachte Hatzfeldt viel Zeit mit Sybille Hess und M. F. Anneke, die sie von ihrem Beschluß abbringen wollte, wieder nach Amerika zurückzugehen. Siehe u. a. Schily an J. Ph. Becker, 6. 8. 1865 – IISG Amsterdam. Hess Briefwechsel 527 Anm. 7. Siehe auch Anneke an Hess, 8. 7. 1865 (Hess 499) und Hatzfeldt (Berlin) an Anneke (Paris), 22. 5. 1865 (Wagner 221f.).

7 Schily an J. Ph. Becker, 12. 9. 1865 – unveröffentlicht, IISG Amsterdam, zit. nach Hess 527f.

8 »Nordstern« vom 9., 16. und 23. 9. 1865. Über diese Antwort J. Ph. Beckers schrieb Sophie von Hatzfeldt am 16. 10. 1865 an Moses Hess: »Jeder ist entrüstet über die Beantwortung Ihrer Warnung durch Ph. Becker und findet sie ganz in der Art Bernh. Beckers, ohne jede Widerlegung durch Gründe, plump und roh, sie hat ihm sehr geschadet; es war schon eine Beantwortung vom Rhein aus fertig, die eine Danksagung an Sie enthielt, als der dumme ›Nordstern‹ aufhörte zu erscheinen.« Zit. nach Hess Briefwechsel 505f.

9 Beispielhaft für ihre Art, die Agitatoren zu instruieren, vor allem ihre Briefe an Friedrich Arndt, insbesondere der letzte (undatierte) des Jahres 1865, in welchem sie ihn über die Vorgänge in Leipzig und Solingen aufklärt – ADAV/Hatzfeldt 14, ASD Bonn. – Was ihre »angeblichen« Kontakte zur preußischen Polizei anbelangt, siehe Hümmler, Opposition 193.

10 Hess Briefwechsel 505. Dort (S. 510) auch das folgende Zitat.

11 Julius Luscher war der Führer der gegen B. Becker gerichteten Opposition im ADAV in Leipzig. Vgl. seinen Artikel im »Nordstern«, Nr. 320 vom 19. 8. 1865. Was seine Kontakte zur Gräfin Hatzfeldt anbelangt, siehe seinen Brief an dieselbe: Leipzig, 22. 5. 1865 – ADAV/Hatzfeldt 34, ASD Bonn.
12 Angeblich lasse das »Manifest« einige Leitsätze aus der Inauguraladresse der IAA und aus der Arbeit Engels' über die preußische Militärfrage und die deutsche Arbeiterpartei erkennen, siehe Hümmler, Opposition 192; Dlubek 334–337.
13 Vgl. »Nordstern«, Nr. 322 vom 9. 9. 1865.
14 Zit. nach Hümmler, Opposition 192.
15 Becker beschuldigte Dammer, Lewy, Klings und Willms eines Komplottes gegen ihn, vgl. seinen Brief an Sophie von Hatzfeldt vom 18. 10. 1864 – Schloß Schönstein. Siehe auch August Vogt (wahrscheinlich) an Julius Vahlteich [1865] – ADAV/Hatzfeldt 62, ASD Bonn: Die Gräfin nehme auch mit schlechten Personen vorlieb. »Auf Wilms [sic!] hat sie z. B. alle Simpfwörter [sic!] gehäuft, die Sie wusste, jetzt ist er ihr Liebling.« – Biographische Angaben zu Willms in Rosenthal 19f., 33, 42.
16 Eduard Willms an Sophie von Hatzfeldt, 14. 9. 1865 – ADAV/Hatzfeldt 68, ASD Bonn. Man hatte in Leipzig beschlossen, Willms solle als rechtmäßiger Vereinssekretär sofort wieder sein Amt übernehmen.
17 Siehe Eduard Willms an Sophie von Hatzfeldt: 14. 9., 26. 10. und 14. 11. 1865 – ebd.
18 A. Herzig, Der Allgemeine Deutsche Arbeiter-Verein in der deutschen Sozialdemokratie. Dargestellt an der Biographie des Funktionärs Carl Wilhelm Tölcke (1817–1893), Berlin 1979, 146. Der »Nordstern«, der den Sommer über nur noch mühsam mit 400–500 Abnehmern über Wasser gehalten werden konnte, erschien erst am 1. 1. 1866 wieder und veröffentlichte das »Manifest der Sozialdemokratischen Partei«. Siehe auch die Briefe Bruhns an die Gräfin (1865–1867) – ADAV/Hatzfeldt 10, ASD Bonn.
19 Marx an Engels, 13. 2. 1865, in: MEW 31, 71.

Anmerkungen zum Exkurs

1 J. Ph. Becker an Sophie von Hatzfeldt: Genf, 22. 9. 1864 – ADAV/Hatzfeldt 6, ASD Bonn.
2 Allein aus der Zeit vom 9. September 1864 bis zum 8. März 1865 liegen achtzehn Briefe und Telegramme der Gräfin an Becker vor. Vom 10. März bis zum 1. April 1865 sind es noch einmal fünf Briefe, von denen einer eine Geldsendung von 100 Talern enthielt – Briefe siehe ADAV/Hatzfeldt, ohne Nummer, ASD Bonn.
3 Vor allem Herwegh wollte immer wieder von ihr wissen, wer an dem Projekt mitarbeitete, wer es finanzierte und welche Richtung es vertrat. Nur bei völliger Sicherheit wollte er seinen eigenen Namen zur Verfügung stellen. Siehe Emma Herwegh an Sophie von Hatzfeldt: Zürich, 18. 11. 1864; 26. 11. 1864; 7. 12. 1864 – ADAV/Hatzfeldt 284, IISG Amsterdam; Schloß Schönstein.
4 J. Ph. Becker an Sophie von Hatzfeldt, 22. 9. 1864 – ADAV/Hatzfeldt 6, ASD Bonn.
5 J. Ph. Becker an Sophie von Hatzfeldt, 11. 12. 1864 – ebd.
6 Siehe Beckers Briefe an Hatzfeldt vom 3. und 28. 3. 1865 – ebd.
7 Sophie von Hatzfeldt an J. Ph. Becker, [10.] 3. 1865 – ebd. ohne Nummer.
8 Ähnlich wie J. Ph. Becker argumentierte auch B. Becker der Gräfin gegenüber häufig mit dem Argument ihrer zu schonenden Gesundheit. Siehe u. a. derselbe an die Gräfin: Hamburg, 23. 9. 1864 – ebd. 4.
9 J. Ph. Becker an Sophie von Hatzfeldt, 28. 3. 1865; ähnlich auch am 6. 5. 1865 – ebd. 6.

10 Sophie von Hatzfeldt an J. Ph. Becker, 1. 4. 1865 – ebd. ohne Nummer.
11 J. Ph. Becker an Sophie von Hatzfeldt, 20. 6. 1865 – ebd. 6.
12 [Ende Juni] 1865 – ebd. ohne Nummer.
13 Sophie von Hatzfeldt an J. Ph. Becker: Paris, um den 16. 7. 1865 – ebd.
14 Sophie von Hatzfeldt an J. Ph. Becker, [Ende Juni] 1865 – ebd.
15 Sophie von Hatzfeldt an J. Ph. Becker: Paris, um den 16. 7. 1865 – ebd. Schon im April des Jahres hatte Hatzfeldt den kritischen Hinweis auf ihr Frausein im Zusammenhang mit dem Geschäft der Politik hinnehmen müssen. Gegen den Vorwurf der Gräfin, sich zu ihren Angreifern gesellt zu haben, wehrte sich Georg Herwegh: »Es haben viele Männer mit Frauen Politik getrieben, sie haben Unrecht gehabt, ich treibe dieses schmutzige Geschäft nun einmal mit keiner Frau ... Gegen den von allen Seiten her ertönenden Vorwurf, ›Agent der Gräfin H. zu sein‹, gab es doch keine mildere Art der Verteidigung als zu sagen: ich habe niemals mit dem *schönen Geschlecht* Politik getrieben und nicht bloß mit Ihnen nicht. Um *Sie persönlich nicht* im geringsten zu beleidigen, habe ich Ihr ganzes Geschlecht désavouiert, kann man galanter sein?« Georg Herwegh an Sophie von Hatzfeldt, notiert von Emma Herwegh, 7. 4. 1865 – ADAV/Hatzfeldt 284, Schloß Schönstein. Aussagen, die erstaunen müssen aus dem Munde eines Mannes, dessen Frau ihr Leben lang politisch interessiert war!
16 »Ich habe unter den Arbeitern hier [in Düsseldorf] einen Fanatismus der Anhänglichkeit und eine Wuth über seine Mörder gefunden, die mich tief gerührt hat, sowie einen festen Entschluß, sein Werk unverändert aufrecht zu erhalten. Aber wie lange wird das aushalten – und die Vereine in den östlichen Provinzen, werden sie Unordnung hierin bringen, jetzt wo die eiserne Hand sie nicht mehr zusammenhält?« Sophie von Hatzfeldt an J. Ph. Becker, 17. 9. 1864 – Schloß Schönstein.
17 J. Ph. Becker an Sophie von Hatzfeldt, 20. 7. 1865 – ADAV/Hatzfeldt 6, ASD Bonn. Auch die folgenden Zitate stammen aus diesem Brief.
18 J. Ph. Becker an Sophie von Hatzfeldt, 12. 8. 1865 – ebd. Im September war von irgendeiner Rücksichtnahme auf die Gräfin nichts mehr zu spüren. Becker, im »Nordstern«, Nr. 322 vom 9. 9. 1865 offen Hatzfeldt und ihre Anhänger kritisierend: »Die Frau Gräfin von Hatzfeldt, der Herr Bernhard Becker und Herr Moses Heß haben die Furcht vor und den Haß gegen Herrn Karl Marx gemein. Die Frau Gräfin von Hatzfeldt, weil sie fürchtet, das Andenken und Werk Lassalles möchte durch Marx beeinträchtigt und beschädigt werden ...« – zit. nach Dlubek 338.
19 Die Auseinandersetzung mit der Familie Lassal drehte sich neben zu zahlenden Arztkosten vor allem um die Anerkennung des Lassalleschen Testaments und die Durchführung der in ihm enthaltenen Bestimmungen. Einen Überblick über die Testamentsangelegenheit siehe H. von Poschinger, Ein Achtundvierziger. Lothar Buchers Leben und Werke, Bd. 3, Berlin 1894, 121–125. Zu dem Vergleich siehe Notariatsakte vom 31. 5. 1865 – ADAV/Hatzfeldt 248, ASD Bonn. Zur Reaktion Zürichs siehe Emma Herwegh an Sophie von Hatzfeldt, 23. 5. 1865 – ADAV/Hatzfeldt 284, IISG Amsterdam. Eine Darstellung aus der Sicht Hatzfeldts siehe ihren (bei M. Herwegh mit Anfang April) falsch datierten Brief vom Juni, spätestens Anfang Juli 1865, in: Lassalles Briefe an Herwegh 124–128.
20 Vgl. hierzu die Briefe Lothar Buchers aus dieser Zeit an Sophie von Hatzfeldt (ADAV/Hatzfeldt 213: [April 1865], 2. 6., 9. 6. 1865) wie auch den Brief Hatzfeldts an den Nationalökonom Schönberg vom 9. 7. 1865, abgedruckt in: F. Schillmann, Zum Streit um das Erbe Lassalles. Briefe aus dem Nachlasse von Gustav Schoenberg, in: Archiv für die Geschichte des Sozialismus und der Arbeiterbewegung 5 (1915) 464–470, hier: 467–470.
21 Alle drei Schreiben siehe ADAV/Hatzfeldt 250, 251, 252 – ASD Bonn. Ob das dritte

Schreiben je abgesandt wurde, ist ungeklärt. In einem Brief an Emma Herwegh (10. 10. 1865) erwähnt Hatzfeldt, daß sie diese Denunziation in Abschrift auch an Bismarck geschickt habe. »Ich glaube, die Sache ist den Leuten, dem Staatsanwalt und Bismarck, sehr unangenehm, aber was geht das mich an, unterdrücken können sie es nicht...« Lassalles Briefe an Herwegh 151.

22 Lothar Bucher an Sophie von Hatzfeldt, 2. 6. 1865 – ADAV/Hatzfeldt 213, ASD Bonn. 1865 hatte Bucher ein »Konvolut« über sein Verhältnis zu Lassalle verfaßt, dessen Adressat Bismarck war. Erstaunlicherweise kommt die Gräfin Hatzfeldt relativ gut weg. Siehe hierzu M. Busch, Tagebuchblätter, Bd. 1, Leipzig 1899, 103–126.

Anmerkungen zu Kapitel IX/2

1 Fritz Mendes Vereinsbericht vom 1. 12. 1865, vgl. kurzgefaßtes Protokoll der GV des Allgemeinen Deutschen Arbeitervereins vom 30. 11. und 1. 12. 1865, in: Protokolle und Materialien des Allgemeinen Deutschen Arbeitervereins. Nachdrucke hrsg. von D. Dowe, Berlin/Bonn 1980, 39. Am 21. 11. 1865 legte Becker das Präsidium nieder, nachdem er zuvor auch seine Hauptstütze J. B. von Schweitzer verloren hatte. Vgl. zu den Ereignissen Mayer, J. B. von Schweitzer 142f.; Herzig, Arbeiter-Verein 146ff.

2 Carl Wilhelm Tölcke (1817–1893) war vor der Revolution 1848/49 Gerichtssekretär. Seine Beteiligung an der demokratischen revolutionären Bewegung kostete ihn sein Amt. – Er betrieb in Dortmund ein Rechtsbüro und beriet »kleine Leute«, vor allem Bergleute, in Rechtsangelegenheiten. – Tölcke war mit beteiligt an der 1875 zustandegekommenen Einigung zwischen »Lassalleanern« und »Eisenachern«.

3 Siehe den Brief Willms' an die Gräfin vom 27. 10. 1865 – ADAV/Hatzfeldt 68, ASD Bonn.

4 Sie erhebt in einem Brief an Tölcke, der einen Tag nach der Unterredung (13. 3. 1866) geschrieben wurde, den Vorwurf, daß alles Geld, alle Beiträge, »daß Alles nur in die Tasche einiger Schurken wandert«. Der Brief ist in Auszügen abgedruckt in: A. Herzig/K. Rosenthal (Hrsg.), Carl Wilhelm Tölcke. Korrespondenz aus den Jahren 1848–1893, Iserlohn 1977, 51f. Siehe auch Tölcke, Zweck, Mittel und Organisation des Allgemeinen Deutschen Arbeitervereins, Berlin 1873, 40ff.; Herzig, Arbeiter-Verein 150f.

5 Tölcke, Arbeiterverein 40; Herzig, Arbeiter-Verein 150. – Willms übrigens wurde bereits im Mai des Jahres zur Landwehr eingezogen, aufgrund einer Verletzung aber schon im Juli aus dem »Deutschen Krieg« abgezogen. Bereits im Sommer 1866 scheint die Gräfin nicht mehr auf seine (»Bettel«-) Briefe geantwortet zu haben, siehe seine Briefe vom 10. 5., 8. 7., 15. 7. und 26. 9. 1866 – ADAV/Hatzfeldt 68, ASD Bonn.

6 Zit. nach Tölcke, Arbeiterverein 41. – Den Vorwurf, »unter Protection des Herrn v. Hofstetten« die Gräfin um 100 Taler angepumpt zu haben, läßt das Vorstandsmitglied E. B. Richter verlauten. Beilage des SD, Nr. 96 vom 20. 5. 1866. Tölckes abstreitende Entgegnung im SD, Nr. 98 vom 25. 5. 1866.

7 SD, Nr. 74 vom 29. 3. 1866. Siehe auch Willms Brief an Sophie von Hatzfeldt vom 14. 9. 1865 – ADAV/Hatzfeldt 68, ASD Bonn und Kap. IX/1 dieser Arbeit.

8 Hugo Hillmann (1823–1898), Brauer und Schankwirt. Gehörte 1849 zum Sicherheitsausschuß in Elberfeld, wo er sich am Mai-Aufstand beteiligte. Emigrierte nach der Niederschlagung des Aufstandes nach London, wo er dem Kommunistischen Arbeiterbildungsverein beitrat. Nach einer Amnestie kehrte er 1861 nach Deutschland zurück und gründete 1863 in Leipzig den ADAV mit. Er agitierte für diesen im Rheinland. 1866 schied er aus dem ADAV aus und schloß sich Bebel und Liebknecht

an, mit denen er 1869 in Eisenach die SDAP gründete. Während des Sozialistengesetzes emigrierte er 1880 in die USA, von wo er 1890 nach Elberfeld zurückkehrte.

9 Bereits im SD, Nr. 94 vom 16. 5. 1866 findet sich ein Protest des Barmer Vorstandsmitglieds Großenbach gegen Hillmann und dessen Übertritt zur »Hatzfeldt'schen Clique«, in dem auch das im folgenden fallende Wort vom »Schleppeträger« Willms auftaucht. – Siehe auch ein Telegramm vom ADAV an Hatzfeldt: Mülheim/Rhein, 28. 5. 1866, unterschrieben von Hillmann, Willms und Försterling – Schloß Schönstein.

10 Mehring, Sozialdemokratie 2, 232. Siehe auch Eduard Willms an Friedrich Arndt, 19. 2. 1865 – ADAV/Hatzfeldt 66, ASD Bonn. In einer Zuschrift vom 16. 5. 1866 (SD, Nr. 96 vom 20. 5. 1866) zitiert Tölcke einen langen Ausschnitt aus einem Brief der Gräfin vom 13. 3. 1866. Daraus u. a.: »Was Hillmann anbetrifft, so sind Sie nach dem strengsten Buchstaben der Statuten ermächtigt, *ihn wenigstens* sofort zu *suspendiren;* er ist in *Concurs* und *kann* das Amt nicht bekleiden, *Lassalle hat sich das Recht geglaubt,* ihn schon 1864 abzusetzen.« Als den Leidtragenden dieser schlampigen und unehrlichen Finanzverwaltung sah sie den Arbeiterstand selbst an.

11 Zit. im SD, Nr. 99 vom 27. 5. 1866.

12 Mayer, J. B. von Schweitzer 162. Zu seinen weiteren Plänen vgl. SD, Nr. 99 vom 27. 5. 1866.

13 Vgl. Hatzfeldts Brief an Schweitzer vom 23. 2. 1865, in dem sie sich in kühlem und leicht arroganten Ton gegen ein solches Verhalten ausspricht. – ADAV/Hatzfeldt 19, ASD Bonn.

14 Hierzu wie auch zum folgenden Sophie von Hatzfeldt an das Frankfurter Vorstandsmitglied F. Welcker, undat. Schreiben, wahrscheinlich Ende Mai/Anfang Juni 1866 – ebd. 22.

15 Sophie von Hatzfeldt an F. Welcker, 10. 6. 1866 – ebd.

16 Vgl. hierzu Schweitzers Artikel im SD, Nr. 91 vom 6. 5. 1866 sowie seine dreiteilige Artikelfolge in den Nr. 98–100 vom 25., 27. und 30. 5. 1866. Auch Perl hatte sich seiner Meinung nach der »gräflich-Hillmann'schen Linie« gefügt (Nr. 100).

17 Zit. nach Herzig, Arbeiter-Verein 157.

18 »Die Generalversammlung darf nach meiner Ansicht nur an einem Ort sein, wo die Gemeinde so wie die umliegenden Gemeinden treu und fest zu den Statuten, zu der Organisation und Prinzipien Lassalle's halten. Darum allein schlug ich Mülheim/R. vor, weil ich *weiß,* daß dies dort ganz und gar der Fall ist.« Sophie von Hatzfeldt an F. Welcker, [Ende Mai/Anfang Juni] 1866 – ADAV/Hatzfeldt 22, ASD Bonn. Dazu, wie sie ihre Meinung änderte, s. dies. an dens., 10. 6. 1866 – ebd. – Vgl. auch SD, Nr. 100 vom 30. 5. 1866.

19 So hatte Tölcke zwar für den 21. 5. eine Vorstandssitzung nach Hamburg einberufen, konnte dann jedoch selbst nicht teilnehmen daran, weil ihm das Geld für die Fahrkarte fehlte. Dies kostete ihn das letzte Ansehen.

20 Sophie von Hatzfeldt an F. Welcker, undatierter Brief [unmittelbar nach der Leipziger GV vom 17. 6. 1866] – ebd. 22.

21 [F. Reusche], Der »Social-Demokrat« und seine Helfershelfer, o. O. [1867], 12 [gedruckt bei Jean Gérand in Genf].

22 Sophie von Hatzfeldt an F. Welcker, 10. 6. 1866 – ADAV/Hatzfeldt 22, ASD Bonn. Zu den treuen Gemeinden zählten Dresden, Chemnitz, Großenhain, Plauenscher Grund, Grunau, Glauchau, Oderan und Langenbielau – vgl. Laufenberg 1, 313 Anm. 2.

23 Noch zur Amtszeit Tölckes hatte Paul, der von Lassalle zurückgehalten worden war, Kontakt zur Gräfin aufgenommen, die ihm ein festes Einkommen als Agitator

zusicherte. Bis 1867 finanzierte sie ihn, dann ließ sie ihn fallen. Siehe Hatzfeldts längeren Mahnbrief an F. Paul aus dem Herbst 1866 (ADAV/Hatzfeldt 17, ASD Bonn) sowie die zahlreichen Briefe Pauls an die Gräfin, insbesondere aus dem Sommer und Herbst 1866 (ebd. 39). – Sie müssen einander seit 1864 gekannt haben, denn Paul war Mitglied der bereits erwähnten Weberdeputation, vgl. Kap. VI/2.

24 Florian Paul an Sophie von Hatzfeldt, 9. 7. 1866 – ebd. Eine weitere negative schlesische Stimme siehe SD, Nr. 7 vom 10. 1. 1866.

25 Siehe U. Böttcher, Anfänge und Entwicklung der Arbeiterbewegung in Bremen. Von der Revolution 1848 bis zur Aufhebung des Sozialistengesetzes 1890, Bremen 1953, 57–63. Speziell zum Norddeutschen Arbeitertag: Laufenberg 1, 295–300.

26 Über den Zigarrenarbeiter Ernst Bernhard Richter siehe ebd. 312ff.

27 Der »Social-Demokrat« und seine Helfershelfer 1. Dort (S. 11) auch das folgende Zitat. Gerichtet waren solche Äußerungen beispielsweise gegen die im Verein existierenden Dezentralisierungs- und Demokratisierungstendenzen.

Anmerkungen zu Kapitel IX/3

1 Wenn vom allgemeinen, direkten und vor allem *gleichen* Wahlrecht die Rede ist, sollte dabei nie vergessen werden, daß das Prinzip der Gleichheit sich lediglich auf den männlichen Teil der Wähler bezog. An Frauen wurde hierbei nicht gedacht. – 1875, auf dem Gothaer Vereinigungskongreß der Sozialdemokraten Deutschlands, der auch die Frage des Frauenstimmrechts behandelte, meinte Wilhelm Liebknecht: »Eine Partei, welche die Gleichheit auf ihr Banner schreibt, schlägt sich selbst ins Gesicht, wenn sie der Hälfte des Menschengeschlechts die politischen Rechte versagt.« Zit. nach: Die ersten deutschen Sozialistenkongresse. Urkunden aus der Jugendzeit der deutschen Sozialdemokratie (1865–1875), hrsg. von der Frankfurter Volksstimme, Frankfurt 1906, 98. Die Frauen erhielten in Deutschland das Stimmrecht erst 1918, in Großbritannien 1928, in Frankreich 1945.

2 Siehe Sophie von Hatzfeldt an Ferdinand Lassalle, 11. 10. 1862, in: Lassalle 4, 301. Einen in diese Richtung gehenden Eindruck vermitteln auch einige Briefe Emma Herweghs an die Gräfin – ADAV/Hatzfeldt 284, IISG Amsterdam sowie Schloß Schönstein. Allerdings sah sie Bismarck wohl als »Mittel zum Zweck« an.

3 Zit. nach Lassalles Briefe an Herwegh 141f.

4 Mehring spricht davon, daß Hatzfeldt seit dem Anfang des Jahres 1866 »ihre niemals völlig eingeschlafenen Wühlereien« mit verzehnfachter Kraft wiederaufnahm. In ihrer Verblendung habe sie die preußische Bundesreform als die Erfüllung von Lassalles nationalem Programm aufgefaßt, und ihr demagogisches Treiben sei darauf hinausgelaufen, den ADAV zu einem Werkzeug Bismarcks zu machen. Siehe Mehring, Sozialdemokratie 2, 223. Zu ihrer Einschätzung des »allg.« gleichen direkten Wahlrechts als einem wichtigen Volksrecht siehe ihren Zirkularentwurf von 1867 mit Forderungen ihres Wahlprogramms von 1867 – ADAV/Hatzfeldt 180, ASD Bonn.

5 Zit. nach H. Oncken, Bismarck, Lassalle 124. Das Zitat stammt aus einer Artikelserie, die in den Nummern vom 5., 12. und 26. April 1866 der »Breslauer Zeitung« – dem Hauptorgan der schlesischen Liberalen – erschien. Dort wurden wichtige Informationen über die Zusammenkünfte Bismarcks und Lassalles 1863 sowie über das Oktroyierungsprojekt Bismarcks an die Öffentlichkeit gebracht, die nur die intime Vertraute Lassalles kennen konnte. Oncken hält Hatzfeldt für die »Auftraggeberin« der mit einem unbekannten Korrespondenzzeichen signierten Artikel.

6 Entwurf der Gräfin Hatzfeldt zu einem Zirkular – ADAV/Hatzfeldt 180, ASD Bonn.

7 Zu Hatzfeldts Winteraufenthalt im Norden vgl. Laufenberg 1, 314–316. Zu Hatzfeldts Bedingungen für eine Unterredung mit Perl siehe ihren undatierten Entwurf, der meiner Meinung nach in den Nov./Dez. 1866 gehört – ADAV/Hatzfeldt 179, ASD Bonn. Während ihres Aufenthaltes in Hamburg dürfte auch über die Unterstützung der von Gustav Nagel herausgegebenen Zeitung (deren Name nicht mehr zu ermitteln ist) verhandelt worden sein. Die zwei vorgelegten Nummern gefielen Hatzfeldt nicht. Sie bemängelte, daß lauter Anhänger Perls und entschiedene Gegner des Lassalleschen Vereins ohne Kritik erwähnt würden. Die Bezeichnung als »Organ der sozialdemokratischen Partei« sei zudem Stichwort der Feinde Lassalles. »Wie könnte ich mich damit einverstanden erklären, ich müßte ja selbst alle meine Prinzipien verleugnen.« Sophie von Hatzfeldt an Schlobohm, 26. 10. 1866, zit. nach Laufenberg 1, 316.

8 Für Sophie von Hatzfeldt hatte Perl die Statuten gewaltsam gebrochen, siehe: Protest gegen die GV am 27. 12. 1866 in Erfurt, Entwurf Sophie von Hatzfeldts; Protest gegen die Wahl Perls zum Präsidenten am 17. 6. 1866 in Leipzig und am »26.« [27.] 12. 1866 in Erfurt sowie gegen Statutenänderung – ebd. 181, 182. Seine Wahl, vorgenommen von wenigen Delegierten, die nur einen geringen Teil der Mitglieder vertraten und zudem kein Mandat zur Präsidentenwahl besessen hatten, ließ in ihren Augen den Verein unter die »geheime Willkürherrschaft des Presidenten« fallen. Der § 4 der Vereinsstatuten ließ sich in eher ungenauer Weise über die Wahl des Präsidenten aus. Hatzfeldts eigenen Vorstellungen lag dagegen ein ausgearbeitetes Konzept zugrunde, das stark basisdemokratische Züge aufweist.

9 Zit. nach Mayer, J. B. von Schweitzer 187.

10 So beschwerte sich Julius Röthing (Leipzig) nach der Erfurter GV, nicht in Kenntnis gesetzt worden zu sein über die Verhandlungen mit Schweitzer und dessen Konzessionsbereitschaft. Seiner Meinung nach waren die Erfurter Verhandlungen gescheitert, weil die Delegierten beider Seiten nicht informiert worden seien. Julius Röthing an Sophie von Hatzfeldt: Leipzig, 29. 12. 1866 – ADAV/Hatzfeldt 49, ASD Bonn.

11 Zit. nach Schulte 71 Anm. 170.

12 Bericht über die General-Versammlung des Allgemeinen deutschen Arbeiter-Vereins am 27. December 1866 zu Erfurt, in: SD, Nr. 192 vom 30. 12. 1866.

13 Laut eigener Aussage Deckwitz', vgl. hierzu H. Schulz in: Bremen und die Sozialdemokratie, hrsg. vom Lokalkomitee der SPD, Bremen 1904, 10. Der schon im vorigen Kap. erwähnte Deckwitz (geb. 17. 4. 1837 in Zeitz) war 1863 nach Bremen gekommen und hatte dort Anfang 1864 eine Mitgliedschaft des ADAV gegründet, zu dessen Bremer Bevollmächtigten er von Lassalle ernannt wurde. Ebd. 12f.

14 Zit. nach Mayer, J. B. von Schweitzer 187. Laufenberg (1, 317) äußert die Vermutung, daß Schweitzer mit seinem Vorgehen die Gräfin »festnageln« wollte, insbesondere im Hinblick auf die sog. »bürgerlichen Arbeiterfreunde«, welche das eher gemäßigte Programm hätten für sich nutzen können. Über das »Unwesen« der Gräfin im Norden vgl. auch Rickers (Altona) im SD, Nr. 6 vom 13. 1. 1867, der u. a. von angeblichen Brutalitäten der Hatzfeldt-Opposition spricht.

15 Schweitzer war am 5. 9. 1862 vom Mannheimer Hofgericht wegen »Erregung öffentlichen Ärgernisses durch öffentliche Verübung einer unzüchtigen Handlung« zu vierzehn Tagen bürgerlicher Gefängnisstrafe verurteilt worden. Er soll angeblich einem jungen Mann im August des Jahres im Mannheimer Schloßgarten einen ›unsittlichen‹ Antrag gemacht haben. Mit dieser Verurteilung war Schweitzer in Frankfurt, seinem politischen Wirkkreis, unmöglich geworden. Siehe Mayer, J. B. von Schweitzer 71.

16 Friedrich Reusche hatte bis Ende 1863 den demokratischen »Mainzer Anzeiger« redigiert, entzog sich dann polizeilichen Verfolgungen durch die Flucht nach Genf und

war dort zeitweise stellvertretender Vorsitzender des Volksbundes. Ende 1864 ließ er sich in Zürich nieder. Schon kurze Zeit nach dem Tod Lassalles gab er sich sehr zum Ärger Hatzfeldts als deren Sekretär und Vertrauter aus. Über Reusche erfahren wir von Marx: »Außer dem Erzlumpen B. Becker, in Wien Reusche; dieser Bummler ist dort für Hatzfeldtsches Geld (wie unser J. Ph. Becker dem Borkheim schreibt) – von ihm der beiliegende Wiener Lassallelebensartikel, um den Itzig [Ferdinand Lassalle] als Gottsohn und das alte Saumensch [Sophie von Hatzfeldt] als Mutter Gottes zu verherrlichen.« Marx an Engels, 14. 3. 1868, in: MEW 32, 43.

17 Schweitzer wehrte sich, indem er seine Anhänger vor den politischen Feinden warnte. In einem Wahlflugblatt (»Arbeiter des Wahlkreises Barmen-Elberfeld!«) vom 29. 1. 1867 heißt es: »Merkt Euch auch jene, die im Solde Eurer Feinde stehen, die so thun als gehörten sie zu Euch, die aber in Wahrheit Euch und Eure Sache *verrathen* haben.« – ADAV/Hatzfeldt 200, ASD Bonn.

18 Der »Social-Demokrat« und seine Helfershelfer 77.

19 Zit. nach J. B. von Schweitzer 194 Anm. 1.

20 Siehe Mehring, Sozialdemokratie 2, 256ff.

21 Siehe hierzu Anzeige gegen von Schweitzer und von Hofstetten bei dem Königlichen Staatsanwalt am Stadtgericht zu Berlin [nach 17. 7. 1867], Entwurf Sophie von Hatzfeldts – ADAV/Hatzfeldt 189, ASD Bonn.

22 Zit. nach Mayer, J. B. von Schweitzer 184 Anm. 1.

23 SD, Nr. 1 vom 1. 1. 1867, abgedruckt zu finden in: Protokolle und Materialien des ADAV 62–66, hier: 65. Der Vorwurf, Präsidentin im Verein spielen zu wollen, wurde der Gräfin häufiger gemacht, siehe u. a. einen Bericht aus Lübeck im SD, Nr. 6 vom 13. 1. 1867, in dem es heißt, »es gewinne den Anschein, als ob die genannte Dame Präsidentin werden wollte (Gelächter), oder einen Präsidenten haben wollte, welcher nach ihrer Flöte tanzen soll«.

24 Entwurf Sophie von Hatzfeldt, 11 S., dazu Notizen, 2 S. – ADAV/Hatzfeldt 189, ASD Bonn. Im Hinblick auf die vergangenen Wochen bemängelt Hatzfeldt, daß die Herren sich nicht gescheut haben, »mich und andere in ihrem ›Social-Demokrat‹ den Arbeitern als ihre erbittertsten Feinde darzustellen und der ›Lynchjustiz‹, der ›Volksrechts-Vollstreckung‹, direct zu bezeichnen«.

Anmerkungen zu Kapitel X

1 Ausdruck fand die gewandelte Haltung in den »Grundzügen der Bestrebungen des Allgemeinen deutschen Arbeiter-Vereins«. U. a. sprach man sich gegen die kapitalistische Produktionsweise aus und vollzog eine Annäherung an die IAA. Dem Präsidenten wurden größere Kompetenzen zugebilligt. Siehe Mayer, J. B. von Schweitzer 196ff.; Stephan, Lassalleanismus-Legende XI; Herzog, Arbeiter-Verein 161f.

2 Friedrich Wilhelm Emil Försterling (1827 in Dresden geboren, 1872 dort gestorben), von Beruf Kupferschmied, war bereits 1848/49 Vorsitzender des Arbeitervereins in Clausthal und Zellerfeld. 1858 eigene Werkstätte in Dresden. Mitarbeit am dortigen Arbeiterbildungsverein, dessen Vorsitzender er 1861 wird und dessen Mitgliederzahl er über 500 steigert. 1863 von Vahlteich für die Lassalleanische Bewegung gewonnen, wird er bald Vorstandsmitglied im ADAV. Vgl. Heilmann 52f. Über Fritz Mende (1834–1879) liegen bis auf seine Lebensdaten kaum Informationen vor. »Mende war ein Hohlkopf, der sich in den Diensten der Gräfin physisch so heruntergebracht hatte, daß er ohne eine Morphiuminjektion nicht zu reden wagte und seine Reden in der Regel mit den Worten schloß: ich habe gesprochen, was jedesmal große Heiterkeit im

Reichstag erregte.« So weit das wenig schmeichelhafte Urteil August Bebels (Aus meinem Leben 1, 175f.). Siehe auch Kap. XIII.

3 Zit. nach D. Fricke, Die deutsche Arbeiterbewegung 1869–1914, Berlin 1976, 84.

4 Im Norden hatte sich ein Teil der oppositionellen Elemente Hatzfeldt entfremdet und trat als unabhängige Opposition auf. Daraufhin kaufte die Gräfin das Hamburger Blatt der Gruppierung, die »Deutsche Volkshalle«, durch Bruhns Vermittlung dem Verleger ab. Siehe dazu Laufenberg 1, 331. Über die genauen Mitgliederzahlen geben die noch heute existierenden Mitgliederlisten Aufschluß, die sich in Ost-Berlin befinden.

5 D. Dowe, Organisatorische Anfänge der Arbeiterbewegung in der Rheinprovinz und in Westfalen bis zum Sozialistengesetz von 1878, in: J. Reulecke (Hrsg.), Arbeiterbewegung an Rhein und Ruhr, Wuppertal 1974, 51–80, hier: 72. Dowe erwähnt zudem, daß auf Grund der streikfeindlichen Haltung des LADAV in diesen Gebieten –anders als etwa in dem vom ADAV beherrschten Bergischen Land – in den sechziger und frühen siebziger Jahren kaum ein Streik ausbrach.

6 Vgl. Fritz Mende an Julius Röthing, undat. Brief [1868/69] – ebd. 37.

7 Vgl. »Freie Zeitung« (FZ), Nr. 15 vom 11. und Nr. 16 vom 18. 4. 1868. In der FZ vom 5. 3. 1870 veröffentlichte das führende LADAV-Mitglied Karl Freundschuh das »Lassalleanische Glaubensbekenntnis«:

»Ich glaube an Ferdinand Lassalle,
Den Messias des neunzehnten Jahrhunderts;
An eine sozialpolitische Wiedergeburt
Meines im Elend schmachtenden Volkes;
An die unumstößlichen Dogmen des Arbeiterstandes,
Gelehrt durch Ferdinand Lassalle,
Der geboren aus verachtetem Namen,
Gelebt im Herzen des Volkes,
Gelitten durch Bourgeoisie und Reaktion,
Gestorben durch meuchlerische Hand,
Auferstanden in dem Geist des Arbeitervolkes,
Von dannen er kommen wird, zu richten
Alle Feinde seiner Lehre.«

Zu erklären ist dieses starke Zurückgreifen des LADAV gerade auf den Vereinsgründer und die von ihm bestimmten Statuten wohl nicht nur als Versuch der Legitimierung der eigenen Position gegenüber den »Schweitzerlingen«, sondern zudem kam Lassalle eine stark bindende Funktion für die eigenen Reihen zu.

8 Mit der Organisation und Arbeitsverteilung in der Vereinsverwaltung tat man sich schwer. Bei der Besetzung beispielsweise des Sekretärspostens kämpfte man mit Schwierigkeiten. Siehe auch die Aussagen Mendes: Protokoll der am 28. Nov. 1868 zu Düsseldorf stattgefundenen Sitzung des Vorstandes des Lassalleschen Allgemeinen deutschen Arbeitervereins, abgedruckt in: Protokolle und Materialien des ADAV 569–572.

9 Nicht nur in Berlin, sondern auch an anderen Orten kam es immer wieder zu zum Teil tätlichen Auseinandersetzungen zwischen beiden Gruppierungen, die sich gegenseitig die Versammlungen zu sprengen suchten. – Die Wahl Försterlings gab zu den wildesten Vermutungen und Spekulationen Anlaß. So wurde u. a. behauptet, Försterling habe das Mandat auf irgendeinem unsauberen Weg erschlichen. F. Mehring behauptet, es seien sächsische Partikularisten gewesen, die ihn aus Haß gegen den großdeutschen Demokraten Ludwig gewählt hätten, oder Arbeiterfeinde, die den Sozialismus durch die vermutete Blamage bei seinem Auftreten im Reichstag bloßstellen wollten (Sozialdemokratie 2, 256ff.). – G. Mayer spricht von reaktionärer Hilfe

(J. B. von Schweitzer 202); dagegen E. Heilmann, Geschichte der Arbeiterbewegung in Chemnitz und dem Erzgebirge, Chemnitz 1911, 38f. Zur Wahl Försterlings siehe SD, Nr. 114 vom 27. 9. 1867. Mit besonderer Genugtuung wird betont, daß Försterling sich sogleich zum Gespött des Parlaments gemacht habe, indem er das Wort ergriffen habe »unter dem fortwährenden Gelächter des Hauses«. Schweitzers Schluß: Sophie von Hatzfeldt habe es glücklich so weit gebracht, daß in diesem Parlament von vornherein der Fluch der Lächerlichkeit auf der Sache Lassalles laste.

10 Schulte 75.

11 Vahlteich, Lassalle 36f.

12 Zit. in der FZ, Nr. 26 vom 27. 6. 1868. Vgl. hierzu auch Heilmann 42: »Wenn die Gräfin Hatzfeldt selbst zu einer Fahnenweihe oder einem der grossen sommerlichen Lassallefeste nach Chemnitz kam und im ›Römischen Kaiser‹ am Markte abstieg, dann streuten ihr wohl die Töchter der Parteigenossen Blumen auf den Weg, und ihren Wagen, ihrer in Weiss gekleideten Gestalt mit der roten Schärpe folgte zum Festplatz ein dichter Arbeiterzug, während staunend, also meist nicht unangenehm berührt, grosse Volksmengen Spalier an den Strassenseiten bildeten.« Heilmann behauptet in diesem Zusammenhang, daß das »religiöse und theatralische Wesen der Hatzfeldtschen Bewegung« dem »ausgeprägten besonderen Charakter der erzgebirgischen Arbeiterbevölkerung« entgegengekommen sei.

13 FZ, Nr. 26 vom 27. 6. 1868. Schon zu Anfang des Jahres 1867 hatten Försterling und Lewy auf einem Schlesischen Arbeitertag (8. 1. 1867) damit zu drohen versucht, »die Gräfin Hatzfeldt würde nach Frankreich gehen, wenn mit den deutschen Arbeitern durchaus nichts zu machen sei«. Heinrich Schnabel im SD, Nr. 5 vom 11. 1. 1867. In den von Hatzfeldt selbst stammenden Zeugnissen ist von einem solchen Plan nichts zu finden.

14 Siehe u. a. ein überaus pathetisches Dankschreiben der Chemnitzer Gemeinde an Sophie von Hatzfeldt in der FZ, Nr. 22 vom 30. 5. 1868.

15 Zit. nach Matull, Freiheit 36.

16 Hier wie auch beim vorhergehenden Zitat Vahlteich, Lassalle 37.

17 Zu der Aussage Röthings siehe auch Bremen und die Sozialdemokratie 19. Noch im Frühjahr 1870 habe derselbe während einer Vereinssitzung versucht, Stimmung für die Gräfin zu machen und dabei diese Geschichte erzählt. – Ein ähnliches Beispiel für die finanzielle Ausnutzung der Gräfin in der FZ, Nr. 75 vom 5. 6. 1869. Jacob Klang, allem Anschein nach ein die Fronten wechselnder »Literat« aus Chemnitz, hatte Hatzfeldt mit Bettelbriefen nahezu erpresserischen Inhalts belästigt, woraufhin diese eine ausführliche persönliche Stellungnahme öffentlich erscheinen ließ.

18 1867 hatte Schweitzer eine dreifache Machtposition erreicht: Er war Präsident des ADAV, alleiniger Herausgeber des SD und Wortführer der Partei im Norddeutschen Parlament. Sein Alleingang in der Gewerkschaftsfrage – am 26. 9. 1868 wurde er in Berlin zum Vorsitzenden des neu gegründeten Allgemeinen Deutschen Arbeiterschaftsverbandes gewählt und hatte damit die Streikbewegung einer zentralistischen Führung unterworfen – hatte die Kritik vieler Vereinsmitglieder hervorgerufen. Sie waren in Kontakt getreten mit Schweitzers gefährlichsten Konkurrenten Bebel und Liebknecht.

19 Mende wurde in einer engeren Wahl am 31. 3. 1869 mit 5.615 Stimmen gegenüber 4.488 des Konservativen von Burgsdorff gewählt, siehe A. Philipps (Hrsg.), Die Reichstagswahlen von 1867 bis 1883, Berlin 1883, 138. Er gab daraufhin das Präsidium am Nendel und das Sekretariat an Schultheiss nach Chemnitz ab, siehe Heilmann 47. – Mendes »Wahlprogramm«, das sich für freie Schulen, freie Gerichtspflege und Rechtsprechung, gleiches Stimmrecht in der Gemeinde sowie Staatshilfe und gegen Hunger,

Steuern und die »Trennung von unseren Brüdern im Süden Deutschlands« ausspricht, siehe FZ, Nr. 61 vom 5. 3. 1869.

20 „Demokratisches Wochenblatt“ vom 17. 7. 1869.

21 Zit. nach Mayer, J. B. von Schweitzer 312; siehe auch SD vom 18. 6. 1869.

22 Mende, Herr J. B. von Schweitzer 8. Der junge Schneidergeselle August Kühn, um den es sich allem Anschein nach handeln wird, lebte in Bremen, wo er als Agitator für den LADAV tätig war. Er schied 1870, nach der gescheiterten Vereinigung, aus dem Verein aus und trat zu den Eisenachern über. Siehe Bremen und die Sozialdemokratie 19.

23 Die Vereinigungsvereinbarungen siehe Mende, J. B. von Schweitzer 8f. Zur antigewerkschaftlichen Haltung des LADAV u. a. FZ, Nr. 19 vom 9. 5. 1868, Nr. 30/31 vom 12. 9. 1868, Nr. 38/39 vom 17. 10. 1868 sowie das Protokoll der GV des LADAV in Düsseldorf vom 29. Nov. 1868, in: Protokolle und Materialien des ADAV 576. Ähnlich pointiert auch Mende auf einer Versammlung in Mülheim/Ruhr, siehe FZ, Nr. 15 vom 15. 4. 1868.
Der Wortlaut des »ehernen Lohngesetzes«: »Das eherne ökonomische Gesetz, welches unter den heutigen Verhältnissen, unter der Herrschaft von Angebot und Nachfrage nach Arbeit, den Arbeitslohn bestimmt, ist dieses: daß der durchschnittliche Arbeitslohn immer auf den notwendigen Lebensunterhalt reduziert bleibt, der in einem Volke gewohnheitsgemäß zur Fristung der Existenz und zur Fortpflanzung erforderlich ist. ...« Ferdinand Lassalle, Gesammelte Reden und Schriften, vollst. Ausgabe in 12 Bden., hrsg. von E. Bernstein, Berlin 1919–20, Bd. 3, 58.

24 Siehe FZ, Nr. 78 vom 26. 6. 1869. Auch das »Chemnitzer Tageblatt« gab einen Auszug aus dem Aufruf der Lassalleaner, vgl. Heilmann 47f.

25 Siehe hierzu ein Schreiben Wilhelm Schreurs an Sophie von Hatzfeldt, 25. 7. 1869 – ADAV/Hatzfeldt 52, ASD Bonn.

26 Tölcke, Arbeiterverein 70. Vor allem die Hamburger äußerten Kritik an Hatzfeldt. Kassel, Frankfurt/M. und Mainz kamen hinzu.

27 In ihrem Programm forderten die Eisenacher die Abschaffung der Klassenherrschaft und die »Errichtung des freien Volksstaates«. Eine gesetzlich geregelte Höchstarbeitszeit, Einschränkung der Frauen- und Verbot der Kinderarbeit, allgemeine Schulpflicht, Unabhängigkeit der Gerichte und Ersetzung der indirekten Steuern durch eine progressive Einkommens- und Erbschaftssteuer, Volksentscheid und das allgemeine, gleiche, direkte Wahlrecht waren weitere Programmpunkte. Vgl. zum Programm der SDAP S. Miller/H. Potthoff, Kleine Geschichte der SPD, Bonn, 4. überarb. und erw. Aufl. 1981, 38f. Zu den Abspaltungstendenzen vieler ADAV-Mitglieder siehe u. a. Herzig, Arbeiter-Verein 179ff. Insgesamt schrumpfte der ADAV im Zeitraum von Mai 1869 bis Mai 1871 von 12.000 Mitgliedern auf 5.200.

28 Schweitzer an Sophie von Hatzfeldt: Hummelsburg bei Berlin, 27. 7. 1869 – ADAV/Hatzfeldt 53, ASD Bonn. Siehe auch Schweitzers Schreiben an die Gräfin vom 14. 7. und 24. 10. 1869 – ebd.

29 Schweitzer an Mende: Hummelsburg bei Berlin, 27. 7. 1869 – ebd. 54.

30 Bei diesen Aussagen ist zu bedenken, daß sie von Mende stammen, siehe Mende, Herr J. B. von Schweitzer 54f.

31 Ebd. 12f.

32 Die Streitschrift erschien natürlich offiziell unter dem Namen Mendes. Man wird aber davon ausgehen können, daß Hatzfeldt ihn erheblich bei der Abfassung beeinflußt hat. Grundsätzlich wurden Entwürfe zu Broschüren u. ä. von ihr überarbeitet und mit Instruktionen und Informationen versehen. Siehe die zahlreichen Entwürfe und mit Randglossen der Gräfin versehenen Schreiben im Bestand ADAV/Hatzfeldt.

33 Zit. nach Tölcke, Arbeiterverein 73. Anlaß für den endgültigen Bruch bot eine

Artikelserie Fritz Mendes über Organisationsfragen, die ab dem 23. 10. 1869 in der FZ erschien: Artikelfolge »Organisationsfragen« in FZ, Nr. 95 (23. 10. 1869), Nr. 96 (30. 10. 1869). Neben den Gewerkschaften bezog Mende auch den Rivalen Schweitzer mit in seine Kritik ein.
Mayer hält etwas ganz anderes für das eigentliche Motiv für die »Lösung des unnatürlichen Bündnisses zwischen Schweitzer und der Gräfin Hatzfeldt«, nämlich die »persönliche Ablehnung der Freundin Lassalles gegen dessen talentvollsten Jünger . . ., der sich ihre Unterstützung gefallen ließ aber an ihr Gängelband durchaus nicht gehen wollte«. (J. B. von Schweitzer 350).

34 Protokolle und Materialien des ADAV 158; dort (S. 157, 160) auch die beiden folgenden Zitate.

35 Siehe Bremen und die Sozialdemokratie 16f., wo aus einem »Sitzungsprotokoll der Gemeinde Bremen 1870« zitiert wird. – Um nicht wegen der streik- und gewerkschaftsfeindlichen Haltung weitere Anhänger zu verlieren, wurde auf Beschluß der Vorstandssitzung des LADAV in Halle eine Allgemeine Deutsche Arbeiter-Versicherungs-Genossenschaft gegründet. Sie fand bei den Arbeitern jedoch nur geringes Interesse. – Heinrich Oberwinder (führender Lassalleaner in Frankfurt und später angeblich deutscher Polizeiagent in Paris) behauptete in einem Nekrolog auf Sophie von Hatzfeldt, die von Mende veröffentlichte Broschüre »Die deutsche Arbeiterversicherungsgenossenschaft« sei ein Werk der Gräfin gewesen. Bei diesem habe auch von Lassalle hinterlassenes Material Verwendung gefunden. – »Von der Gräfin Sophie Hatzfeldt«, in: Wiener Allgemeine Zeitung vom 1. 2. 1881.

36 Mayer, J. B. von Schweitzer 351f. Hirsch, Sophie von Hatzfeldt 75. Mende trat im Dez. 1871 wohl zweimal vergeblich in Düsseldorf auf, um für eine bereits im Niedergang befindliche Organisation zu werben. Siehe N. Schloßmacher, Düsseldorf im Bismarckreich, Düsseldorf 1985, 120.

37 Bremen und die Sozialdemokratie 18. August Kühn ließ 1870 im Selbstverlag einen »Offenen Brief an die deutschen Arbeiter . . .« erscheinen, in dem er die lagerinternen Auseinandersetzungen innerhalb der deutschen Sozialdemokratie mit Bitterkeit vermerkte. An eine Besserung der Situation glaubte er nicht, »solange ein Schweitzer, ein Mende oder eine Gräfin Hatzfeldt der Arbeiterbewegung angehören« (ebd. 18f.). 140 Mitglieder verließen mit Kühn den Verein.

38 Zu nennen sind in diesem Zusammenhang u. a. die Gebiete rund um München, Rosenheim, Heidelberg, Ulm, Mannheim und Marburg. Vom 4.–15. 1. 1870 bereits unternahm Mende eine »Werbeaktion« unter den Bevollmächtigten. Ich verdanke diese Hinweise Dieter Dowe.

39 Zit. nach Mayer, J. B. von Schweitzer 439.

40 Sophie von Hatzfeldt an Julius Röthing: Franzensbad/Hotel zur Post, ohne Datum, wahrscheinlich nach dem Oktober 1869 – ADAV/Hatzfeldt 18, ASD Bonn.

41 »Mendes wie meine Ansicht ist es, daß weder Sie noch irgend ein Lassalleaner hingeht. Sie sind zu schwach in Leipzig oder es müßte eine Masse, auf die man sich absolut verlassen kann, von [?] und Zeitz herüber kommen, die nur in die Versammlung kommen, um einfach ihren Protest gegen Schweitzer abzugeben und so . . . sich mit einer Anklage gegen ihn an den Vorstand wenden werden und sich dann ohne Weiteres *zurückziehen.*« Ebd.

42 Wie wenig Mende gerade während seiner Reichstagszeit ernst genommen wurde, machen zahlreiche Anspielungen auf ihn im »Kladderadatsch« deutlich. Dort heißt es u. a. über eine Reichstagsdebatte:
»Wer bracht' es doch zum heitern Ende?
Fritz Mende, dir gebührt die Ehr'!

Schon oft hast Du gesprochen, Mende –
So Mende warst Du nie vorher!

Vor diesem Blödsinn hielt nicht weiter
Der Ernst und die Verbitt'rung Stand!
Auf allen Bänken ward es heiter,
Der böse Dämon war gebannt. ...«

Kladderadatsch, Nr. 56 vom 4. 12. 1870, 2. Beiblatt; ähnlich auch Nr. 18 vom 17. 4. 1870, Nr. 26 vom 5. 6. 1870 und Nr. 58 vom 18. 12. 1870.

43 Mayer, J. B. von Schweitzer 415.

44 So Sophie von Hatzfeldt an ihren Sohn Paul am 12. 5. 1873, in: Botschafter Paul Graf von Hatzfeldt 1, 263 Anm. 5.

45 Sophie von Hatzfeldt an Julius Röthing: Leipzig, 2. 12. 1870 – ADAV/Hatzfeldt 18, ASD Bonn.

Anmerkungen zu Kapitel XI

1 Botschafter Paul Graf von Hatzfeldt 1, 260.

2 Mayer, Bismarck und Lassalle 9f. Zu den Auskünften, die einerseits Hatzfeldt und andererseits Bismarck selbst über die Bismarck-Lassalleschen Unterredungen gaben vgl. Mehring, Sozialdemokratie 2, 114f.

3 Dieses wie alle folgenden Zitate siehe Berliner Korrespondent der »Süddeutschen Post« vom 29. 10. 1882 (also vier Jahre später!); siehe auch Poschinger, Lothar Bucher 3, 198ff. – Bei der »sehr hochstehenden Dame«, die Erwähnung findet, könnte es sich um Kronprinzessin Victoria (1840–1901) handeln. Victoria, Tochter des Prinzen Albert und der Königin Victoria von England, war seit 1858 die Gemahlin des preußischen Kronprinzen und »99 Tage«-Kaisers Friedrich Wilhelm (1831–1888). Sie gehörte von Anfang an zu den größten Feinden Bismarcks.

4 Zwei Briefe aus diesen Tagen vermitteln den Eindruck, als sei Hatzfeldt vor allem in Geschäftsangelegenheiten nach Berlin gereist – zumindest für ihre Familie. Siehe Paul von Hatzfeldt an seine Mutter: z. Zt. Aranjuez, 10. 6. 1878; Sophie von Hatzfeldt an Paul von Hatzfeldt: z. Zt. Berlin, o. D. [Juli 1878] – Schloß Schönstein.

5 Siehe Verhandlungen des Deutschen Reichstags (4. Legislaturperiode, I. Session 1878, Bd. 1) 66ff. Dort die stenographischen Berichte über die Sitzungen vom 16. und 17. 9. 1878, insbesondere der Beitrag Bismarcks. (Debatte über das »Gesetz gegen die gemeingefährlichen Bestrebungen der Socialdemokratie«). Siehe auch O. von Bismarck, in: H. Kohl (Hrsg.), Die politischen Reden des Fürsten Bismarck, Bd. 7, Stuttgart 1893, 254–270.

6 Hirsch, Sophie von Hatzfeldt 76.

7 Gustav Mayer im Vorwort zu Lassalle 1, 13.

8 Nach ihrem Testament vom 23. 7. 1869 verfügte die Gräfin, Fritz Mende solle »... eine ausführliche Geschichte meines Lebens und meiner Schicksale schreiben und diese mit den nach seinem Ermessen einschlägigen Pièцen, Urteilen, Korrespondenzen und Schriftstücken irgendwelcher Art sowie mit den Schriften und Urteilen, die in dem die Aufrechterhaltung meines Testaments betreffenden etwaigen Prozessen ergangen sein werden, durch den Druck zu veröffentlichen und so die ihm selbst wohlbekannte lange Reihe unausgesetzter Beleidigungen und beispielloser Undankbarkeit, die meine Kinder und so viele andere Personen gegen mich begangen haben, vor der Öffentlichkeit und den Gerichten zu erweisen«. (Testament der Gräfin Sophie

von Hatzfeldt vom 23. 7. 1869 – Schloß Schönstein). Das Projekt scheiterte am frühen Tod Mendes. Danach scheint Hatzfeldt ihre Biographiepläne fallengelassen zu haben.

9 Es handelt sich beim »Arbeiterprogramm« um die Rede Lassalles, die er am 12. 4. 1862 zuerst unter dem genaueren Titel »Über den besonderen Zusammenhang der gegenwärtigen Geschichtsperiode mit der Idee des Arbeiterstandes« gehalten hat. »Arbeiterprogramm«, in: Lassalle, Gesammelte Reden und Schriften 2, 147–202. Zum folgenden Schulte 38ff.

10 »Arbeiterprogramm« 186f.

11 Entwurf der Gräfin Hatzfeldt zu einem Zirkular, das Forderungen ihres Wahlprogramms für 1867 enthält – ADAV/Hatzfeldt 180, ASD Bonn.

12 »Arbeiterprogramm« 186; das folgende Zitat 198f.

13 Hierbei muß allerdings in Rechnung gestellt werden, daß Lassalle in seinem »Offenen Antwortschreiben« vom 1. 3. 1863 eine engere Definition des Arbeiterstandes vortrug und damit der Entwicklung des Klassenbewußtseins der Arbeiter einen höheren Stellenwert beimaß.

14 Der »Social-Demokrat« und seine Helfershelfer 77.

15 Zirkularentwurf der Gräfin – ADAV/Hatzfeldt 180, ASD Bonn.

16 Sophie von Hatzfeldt an J. Ph. Becker: Berlin, [Ende März/Anf. April 1865] – ebd., ohne Nummer. Dort auch das folgende Zitat.

17 Sophie von Hatzfeldt an J. Ph. Becker: Berlin, 1. 4. 1865 – ebd.

18 Siehe hierzu auch E. Leonhard-Schmid, Zur Bewußtseinsbildung der frühen Sozialdemokratie (1863–1891), Frankfurt/Bern 1982, 87.

19 Sophie von Hatzfeldt an J. Ph. Becker: Berlin, [Ende März/Anf. April 1865] – ADAV/Hatzfeldt, ohne Nummer, ASD Bonn.

20 Sophie von Hatzfeldt an J. Ph. Becker: Berlin, 1. 4. 1865 – ebd.

21 Schulte 85ff. – Schulte ist einer der ersten gewesen, dem auch die politischen Zielvorstellungen und Aktivitäten Hatzfeldts größeres Interesse abverlangten. Zur politisch-integrierenden Funktion des Lassalle-Kultes siehe auch Kap. VII.

Anmerkungen zu Kapitel XII

1 H. Grubitzsch, Théroigne de Méricourt – Revolutionärin, Minerva oder Hure der Nation? Lebenswirklichkeit und biographische Legenden einer revolutionären Frau, in: J. Dalhoff/U. Frey/I. Schöll (Hrsg.), Frauenmacht in der Geschichte, Düsseldorf 1986, 206–217, hier: 209.

2 Vahlteich, Lassalle 36.

3 Siehe u. a. B. Becker, Enthüllungen 10f., 18.

4 Bernstein, Lassalle-Würdigung 244f.

5 Mayer, J. B. von Schweitzer 186.

6 Vgl. ebd. 12f. – Was Adlige in der Arbeiterbewegung betrifft, siehe G. Beier, Das Problem der Arbeiteraristokratie im 19. und 20. Jahrhundert, in: Führende Kräfte und Gruppen in der deutschen Arbeiterbewegung, hrsg. von H. H. Hofmann, Limburg/L. 1976, 9–71, hier: 11. Außer Sophie von Hatzfeldt nennt Beier noch andere Beispiele für die »Zusammenarbeit« von feudaler Aristokratie und Arbeiterklasse, nämlich: die rheinische Familie von Westphalen, J. B. von Schweitzer, Georg von Vollmar und Adolf von Elm.

7 B. Becker, Enthüllungen 119f.

8 Der Vorwurf, vor allem ihre finanziellen Mittel zur Einflußnahme auf die Arbeiter ausgenutzt zu haben, wird Hatzfeldt später besonders massiv von Franz Mehring

gemacht. »Es ging so nicht weiter, daß ein einziger großer Geldbeutel, wie ihn die Gräfin Hatzfeldt besaß, die Arbeiterbewegung jahrelang zum Gespötte der Welt machte.« Mehring, Sozialdemokratie 2, 262; siehe auch 254. Dazu auch Mayer, J. B. von Schweitzer 186: »... bei der politischen Unerfahrenheit und Ungeschultheit der Arbeiterschaft gelang es ihr [Sophie von Hatzfeldt] vorläufig um so eher, immer von neuem Einfluß zu gewinnen, als sie an einem einzigen Tage mehr Geld auszugeben vermochte, als der noch gänzlich mittellose Verein überhaupt in seiner Kasse hatte.« – Auch der Vorwurf der Intrige hielt sich beständig. Siehe u. a. M. Schütte, Der allgemeine deutsche Arbeiter-Verein, Stralsund 1893, 6: »Die fortwährenden Reibereien unter seinen eigenen Führern, die durch die Intriguen der Gräfin Hatzfeldt genährt wurden, schädigten ihn [den ADAV] sehr.«

9 Tölcke, Arbeiterverein 31 f.

10 Schweitzer auf der 4. GV des ADAV in Erfurt am 27. 12. 1866, in: Protokolle und Materialien des ADAV 64.

11 M. Janssen-Jurreit, Sexismus. Über die Abtreibung der Frauenfrage, Frankfurt 1979, 59.

12 Zu den Kommunefrauen siehe u. a. E. Thomas, Les »pétroleuses«, Paris 1963; Frauen in der Revolution, Bd. 1: Louise Michel, Berlin 1976; H.-G. Haupt/K. Hausen, Die Pariser Kommune, Frankfurt 1979. Neueren Datums: Eugene Schulkind, Socialist Women during the 1871 Paris Commune, in: Past & Present 106 (1985) 124–163.

13 Mehring, Sozialdemokratie 2, 257. U. a. nannte man Mende auch den »Ritter der Gräfin Hatzfeldt«, ihren »Handlungs-Lehrling« (Berlin, 25. 4. 1867 – SD, Nr. 50 vom 26. 4. 1867).

14 Marx an Engels, 8. 5. 1869, in: MEW 32, 316.

15 Mayer, J. B. von Schweitzer 162.

16 Siehe u. a. B. Becker, Enthüllungen 135; Protokolle und Materialien des ADAV 67; Mayer, J. B. von Schweitzer 415; Vahlteich, Lassalle 37. Die Anhänger der Gräfin galten als »Ungeziefer« und »Evas-Brut«, wer ihr folgte, wurde zum »Spielball eines Weibes« (Gecke/Raguhn: SD, Nr. 49 vom 21. 4. 1867). Man kritisierte das sog. »lichtscheue Treiben dieser sauberen Weiberpartei« (Gottlob May: SD, Nr. 5 vom 11. 1. 1867).

17 Mehring, Sozialdemokratie 2, 342. Auch wenn diese Terminologie wahrscheinlich im Zusammenhang mit Mehrings spezieller Sicht der Dinge zu sehen ist, soll sie hier trotzdem als exemplarischer Fall stehen.

18 Becker, Enthüllungen 135.

19 Ebd. 126. So aber auch Schumann aus Limbach/Chemnitz im SD, Nr. 50 vom 26. 4. 1867.

20 Protokolle und Materialien des ADAV 165.

21 B. Becker, Enthüllungen VI. – Hatzfeldt war ja tatsächlich eine leidenschaftliche Zigarrenraucherin.

22 Ebd. 135, 11.

23 Berger 50.

24 Ebd. 76. Zur Verdeutlichung dieser Aussage sei nur eine Beschreibung Hatzfeldts von einem ihrer Zeitgenossen zitiert: »Oh, eine alte Freundin Lassalles, 60 Jahre alt. Geschminkt bis über die Möglichkeit, ..., blutegelartigen falschen Augenbrauen, einen gelb-pergamentnen, sehnigen Hals, und den ganzen Tag zwei Fuß lange Havanna-Cigarren zwischen falschen Zähnen rauchend; aber in geistiger Beziehung eine außergewöhnlich bedeutende Frau, Nationalökonomie und römisches Recht so gut kennend wie irgend ein Gelehrter, – mit einem Wort ein altes Mannweib.« Karl

Oldenberg (allerdings nach den Worten Helene von Dönniges') über Sophie von Hatzfeldt. Zit. nach Racowitza, Meine Beziehungen 31.

25 Mayer, J. B. von Schweitzer 186; ders. im Vorwort zu Lassalle 1, 12; Vahlteich, Lassalle 34; Wilhelm Liebknecht an Friedrich Engels, 4. 10. 1865, in: Wilhelm Liebknechts Briefwechsel mit Karl Marx und Friedrich Engels, hrsg. von G. Eckert, Den Haag 1963, 65; Gecke/Raguhn im SD, Nr. 49 vom 21. 4. 1867; Karl Marx an Wilhelm Liebknecht, 21. 11. 1865, in: MEW 31, 489.

26 Sie ist zu finden in einem Brief Marx' an seine Cousine Antoinette Philips vom 24. 3. 1861, in: MEW 30, 589f.

27 B. Becker, Enthüllungen 123.

28 Schilling 32.

29 Zit. nach ebd. 17.

30 Georg Wilhelm in der FZ, Nr. 97, 1869, zit. nach Mende, Herr J. B. von Schweitzer 53. Dort auch die folgenden Zitate.

31 Janssen-Jurreit 57.

32 Zit. nach Berger 27.

33 Mende, Herr J. B. von Schweitzer 39.

34 B. Becker, Arbeiter-Agitator 57.

35 Mehring, Sozialdemokratie 2, 264.

36 Berger 72.

37 Schulte 110.

38 Eine Frau (außer Cora Stephan) hat sich meines Wissens bisher noch nicht in umfassendem Maße mit Sophie von Hatzfeldt beschäftigt. In der Kölnischen Zeitung vom 13. 7. 1927 findet man einen Artikel über Hatzfeldt von Erna Buschmann, die an der negativen Bewertung der politischen Person Hatzfeldt festhält. Margarete Hartig (Frauen im Schatten großer Männer. Sophie von Hatzfeld – Helene von Dönniges. In: Gleichheit – Das Blatt der arbeitenden Frau 26 (1963), Heft 9, 337–339) negiert die politische Agitation Hatzfeldts vollkommen und zeichnet ein romantisches, gefühlstriefendes Bild der Beziehung zwischen der Gräfin und Lassalle. Cora Stephan ist die einzig mir bekannte, die auch den frauenfeindlichen Aspekt der Hatzfeldt-ADAV-Auseinandersetzungen anmerkt. Vgl. Dies., Lassalleanismus-Legende XV.

39 Na'aman, Lassalle 121.

Anmerkungen zu Kapitel XIII

1 Sophie von Hatzfeldt an ihren Sohn Paul: z. Zt. Bonn, 29. 4. 1871, in: Botschafter Paul Graf von Hatzfeldt 1, 283f. Wenn man von Hatzfeldt als einem Paria spricht, so muß man darunter eine von der Gesellschaft ausgeschlossene Person verstehen, nicht aber eine entrechtete. Die Gräfin entstammte der Oberschicht und besaß aufgrund dessen diverse Vorteile.

2 Einen kurzen Überblick über das Leben des preußischen Diplomaten Paul Graf von Hatzfeldt (abgesehen von der Edition seiner nachgelassenen Papiere) bei K. Fuchs, Neue Beiträge zum Leben und Wirken des Diplomaten Paul Graf von Hatzfeldt-Wildenburg, in: Nassauische Annalen 94 (1983) 335–340.

3 Schulte 106.

4 Sophie von Hatzfeldt an Ferdinand Lassalle: Wildbad, 10. 8. [1857], in: Lassalle 4, 169.

5 Sophie von Hatzfeldt an ihren Sohn Paul: Berlin, 7. 1. 1861, in: Botschafter Paul Graf von Hatzfeldt 1, 177.

6 Bei diesem Motto handelte es sich um ein abgewandeltes Sieyès-Zitat (Vous voulez

être libres – et ne savez pas d'être justes!), das Lassalle ihr in seinem Brief vom 13. 8. 1857 (Lassalle 4, 170) entgegenhielt, als sie sich wieder einmal unzufrieden mit ihrem gesellschaftlichen Umgang zeigte.
7 Sophie von Hatzfeldt an Ferdinand Lassalle: Wildbad, 30. 8 [1857], in: Lassalle 4, 178.
8 Sophie von Hatzfeldt an ihren Sohn Paul: Berlin, 20. 10. 1866, in: Botschafter Paul Graf von Hatzfeldt 1, 225.
9 Sophie von Hatzfeldt an ihren Sohn Paul: Düsseldorf, 24. 4. 1868 – Schloß Schönstein.
10 Siehe hierzu vor allem Kap. III.
11 Sophie von Hatzfeldt an ihre Tochter Melanie: Düsseldorf, 10. 8. 1851, an meinem Geburtstage, in: Botschafter Paul Graf von Hatzfeldt 1, 114.
12 Sophie von Hatzfeldt an ihren Sohn Paul: Düsseldorf, 27. 12. 1853 – ebd. 126.
13 Die Gräfin sammelte Photographien der französischen und italienischen Revolutionäre ihrer Zeit in einem besonderen Album. Siehe Lassalle 3, 362 Anm. 1.
14 Sophie von Hatzfeldt an Ferdinand Lassalle: Genua, 1. 1. 1863, in: Lassalle 4, 318. Ihr politisches Auftreten in dieser Zeit siehe Kap. V und VI.
15 So u. a. Ferdinand Lassalle am 6. 8. [1858] an die Gräfin, in: Lassalle 4, 225. Dort nennt er sie »mein liebes, gutes Kind, meine beste Freundin, mein einziger Freund!«.
16 Siehe u. a. Hatzfeldts Briefe an Lassalle vom 28. 7. 1860, 10. 8. 1860, 11. 10. 1862, 24. 12. 1862, in: Lassalle 4, 256ff., 262f., 299ff., 314ff.
17 Siehe oben Kap. VI/2.
18 Sophie von Hatzfeldt an Ferdinand Lassalle: Wildbad, 22. 7. [1864], in: Lassalle 4, 362–364.
19 Zit. nach H. Oncken, Lassalles Erbe 97. Oncken spricht dort fälschlicherweise von »Udo« anstatt von »Otto« Dammer. Auch die folgenden Zitate entstammen diesem Brief. – Zu ihrem Gefühl, von Lassalle kurz vor dessen Tod vergessen worden zu sein, siehe Sophie von Hatzfeldt an Emma Herwegh, unvollständiger Briefentwurf von [1865] – ADAV/Hatzfeldt 287, ASD Bonn.
20 Sophie von Hatzfeldt an Rosalie Lassal: 19. 3. [1865], in: Intime Briefe 171. Ähnlich die Gräfin auch an das Vorstandsmitglied F. Welcker in Frankfurt/M. [Ende Mai/Anfang Juni 1866]: »Ich bitte Sie, geehrter Herr, überzeugt zu sein, daß niemals *Eigensinn* oder die Verfolgung irgend welcher *persönlicher* Absichten von mir zu befürchten ist, denn ich habe und *kann* gar keine *persönlichen* Zwecke haben... – ADAV/Hatzfeldt 22, ASD Bonn. Im SD, Nr. 6 vom 13. 1. 1867 stellte man fest, »es gewinne den Anschein, als ob die genannte Dame Präsidentin werden wollte (Gelächter), oder einen Präsidenten haben wollte, welcher nach ihrer Flöte tanzen soll«.
21 Janssen-Jurreit 71.
22 Schulte 63.
23 Erst das neue Reichsvereinsgesetz von 1908 erlaubte es Frauen, Mitglied einer Partei zu werden. Zehn Jahre später erhielten sie das aktive und passive Wahlrecht. Siehe hierzu u. a. H. Schröder, Die Rechtlosigkeit der Frau im Rechtsstaat. Dargestellt am Allgemeinen Preußischen Landrecht, am Bürgerlichen Gesetzbuch und an J. G. Fichtes Grundlage des Naturrechts, Frankfurt/New York 1979; Dies., Die Eigentumslosigkeit und Rechtlosigkeit der Frau im 19. Jahrhundert, in: Frauen und Wissenschaft. Beiträge zur Berliner Sommeruniversität für Frauen, Juli 1976. Berlin [2]1977, 378–394.
24 Sophie von Hatzfeldt an Theodor Wegmann, Bevollmächtigter der Solinger Gemeinde. Entwurf [1866] – ADAV/Hatzfeldt 21, ASD Bonn.
25 Hermann Fürst Pückler an Paul Graf Hatzfeldt: Branitz, 31. 7. 1848 – Schloß Schönstein.
26 Siehe vor allem Kap. IX/3.
27 Sophie von Hatzfeldt an ihren Sohn Paul: Berlin, 6. 8. 1868, in: Botschafter Paul Graf

von Hatzfeldt 1, 238f. Dies. an dens. auch schon vorher ähnlich: Düsseldorf, 24. 4. 1868 – Schloß Schönstein.

28 In der Kampagne der Gräfin gegen B. Becker, bei der ihr u. a. J. Röthing zur Seite stand, siehe ADAV/Hatzfeldt 269–281, ASD Bonn. Dort auch ihre Korrespondenz mit den juristischen Behörden. Zum Vorwurf, Becker sei ein »Agent« Österreichs siehe ihre Denunziation beim Staatsanwalt am Berliner Stadtgericht – ebd. 278. »Freilich ist dies derselbe Bernhard Becker, welcher in Leipzig verschiedene Broschüren, in denen er Österreich als den Träger aller Kultur und Zivilisation in Deutschland hinstellte, veröffentlichte.«

29 Sophie von Hatzfeldt an ihren Sohn Paul: [Leipzig, Ende August 1868], in: Botschafter Paul Graf von Hatzfeldt 1, 245f. Siehe auch Kap. X.

30 Ebd. 246.

31 Siehe Sophie von Hatzfeldt an ihren Sohn Paul: z. Zt. Leipzig, 14. 4. [18]69, ebd. 256; dies. an dens.: z. Zt. Berlin, 27. 5. 1870 – Schloß Schönstein. U. a. hatte die Gräfin eine Lähmungserscheinung an der Hand zurückbehalten.

32 Paul von Hatzfeldt an seine Mutter, Berlin, 13. 10. 1868, in: Botschafter Paul Graf von Hatzfeldt 1, 249.

33 Sophie von Hatzfeldt an ihren Sohn Paul: [Leipzig, Ende August 1868], ebd. 245.

34 Zu Familie, Karriere und Position des Neffen der Gräfin siehe W. Kisky, Generalfeldmarschall Freiherr von Loë (1828–1908), Euskirchen 1939.

35 Franziska von Loë an ihren Vetter Paul: z. Zt. Zell a. See, 16. 8. 1873; z. Zt. Bonn, 30. 5. 1874 – Schloß Schönstein.

36 Franziska von Loë an Paul von Hatzfeldt: Bonn, 25. 1. 1874 – ebd.

37 So berichtet Bernhard von Bülow, wie Sophie von Hatzfeldt 1867 »in exzentrischer Toilette, eine große Zigarre im Munde, mit rotgefärbten Haaren durch die Leipziger Straßen und Wirtshäuser zog am Arme eines weit jüngeren Sozialisten, der, wenn ich mich nicht irre, Mendel [sic!] hieß und den genialeren Ferdinand Lassalle bei ihr als Liebhaber ersetzt hatte«. Bülow 4, 121. Siehe auch Schorn 1, 230: »In den siebziger Jahren lebte sie längere Zeit in Bonn mit einem Sozialdemokraten Mende, einem schwindsüchtigen Menschen von wenig einnehmendem Aeußern und ordinären Manieren, stets in Begleitung von allerlei großen und kleineren Hunden.«

38 Sophie von Hatzfeldt an ihren Sohn Paul (Madrid): Sommerberg, 28. 11. 1874 – Schloß Schönstein. Siehe hierzu auch G. Wedel, Bemerkungen zum Altwerden und Altsein von Frauen im 19. Jahrhundert als Themen in ihren autobiographischen Schriften, in: Ch. Conrad/H.-J. von Kondratowitz (Hrsg.), Gerontologie und Sozialgeschichte, Berlin 1983, 105–119. Wedel geht davon aus, daß ledige und alleinstehende Frauen das Alter in weit stärkerem Maße als eine problembelastete Lebensphase erfahren als verheiratete oder in die Familie integrierte Frauen (S. 119).

39 Sophie von Hatzfeldt an ihren Sohn Paul (z. Zt. Paris): Bonn, 11. 5. 1874, Montagabend – Schloß Schönstein. Zu ihrem Bedürfnis nach Beschäftigung auch schon Jahre früher an Lassalle: Düsseldorf 19. 10. 1856; 12. 7. 1857, in: Lassalle 4, 86, 163.

40 Siehe Sophie von Hatzfeldt an ihren Sohn Paul (Madrid): Heddernheim, Donnerstag 27. 9. 1877 – Schloß Schönstein. Dort auch Hinweise auf ihre äußerst großzügigen Erziehungsvorstellungen. Über das Zusammensein mit der Großmutter auch Hermann an seinen Vater, Graf Paul: Heddernheim, Sept. 1877 – ebd.

41 Paul von Hatzfeldt an seine Mutter (z. Zt. Bonn): Berlin, 28. 2. 1874 – Schloß Schönstein. Mit sehr viel Häme im Hinblick auf seine Schwester hatte Hermann Fürst Hatzfeldt die Erhebung seines Neffen in den Fürstenstand kommentiert: »Deine Frau Mutter wird eine herrliche Freude über die Verleihung der Fürstenwürde an Alfred

haben! Ich möchte das mit ansehen, es muß wundervoll sein.« Hermann Fürst Hatzfeldt an seinen Neffen, Graf Paul, 13. 5. 1870 – ebd.

42 Sophie von Hatzfeldt an ihren Sohn Paul: z. Zt. Leipzig, 14. 4. 1869, in: Botschafter Paul Graf von Hatzfeldt 1, 256f.

43 Sophie von Hatzfeldt an Sohn Paul (Konstantinopel): z. Zt. Schlangenbad, 20. 10. 1879 – Schloß Schönstein.

44 Paul von Hatzfeldt war durch seine hohe Verschuldung vollkommen abhängig von seinem Bankier Bleichröder geworden. Siehe F. Stern, Gold und Eisen. Bismarck und sein Bankier Bleichröder, Frankfurt/Berlin 1978. – Seine Ehe mit Hélène Moulton, die von Anfang an als Mesalliance betrachtet worden war, sollte er durch Scheidung beenden. Es war offenkundig – auch der alten Gräfin –, daß die junge Gräfin ihren nahezu ständig abwesenden Gatten betrog. Die Scheidung wurde tatsächlich ausgesprochen; allerdings heiratete das Paar 1884 ein zweites Mal. Siehe Ebel, in: Botschafter Paul Graf von Hatzfeldt 1, XXIIIff., XXXVff.

45 So u. a. Alfred von Hatzfeldt an seinen Vetter Walter von Loë: Calcum, 2. 4. 1880 – Schloß Schönstein. Sophie von Hatzfeldt an ihren Sohn Paul, [ca. 4.–12. 3. 1880] – ebd. Herbert von Bismarck stand insofern in einer Beziehung zur Familie Hatzfeldt, als er mit der – verheirateten – Elisabeth, Fürstin zu Carolath-Beuthen (einer Tochter Hermann von Hatzfeldts und somit Nichte der Gräfin) jahrelang ein Verhältnis hatte.

46 Sophie von Hatzfeldt an ihren Sohn Paul: Berlin, 9. 7. 1871 – Schloß Schönstein.

47 Schon 1865, kurze Zeit nach dem Tod Lassalles, sprach die Gräfin davon, daß sie »wie ein Proletarier ohne Häuslichkeit in meublierten Zimmern« lebe. Sophie von Hatzfeldt an Emma Herwegh, unvollst. Entwurf [1865] – ADAV/Hatzfeldt 287, IISG Amsterdam; Schloß Schönstein. Bekannte aus vergangenen Zeiten, die ihr zumindest bis 1875 geblieben waren, stellten das Ehepaar Herwegh dar, das zu Anfang der 70er Jahre von Zürich nach Baden-Baden übergesiedelt war. Allerdings sahen die Herweghs in der Gräfin wohl vor allem die Retterin aus ihren ständigen finanziellen Nöten. Der Briefwechsel bricht ab nach dem Tod Georg Herweghs 1875 – ADAV/Hatzfeldt 284, IISG Amsterdam; Schloß Schönstein.

48 Sophie von Hatzfeldt an ihren Sohn Paul (Paris): z. Zt. Schlangenbad, 3. 9. 1874 – Schloß Schönstein.

49 Sophie von Hatzfeldt an ihren Sohn Paul (Konstantinopel): z. Zt. Schlangenbad, 8. 9. 1879 – Schloß Schönstein. So hatte die Gräfin bereits in ihrem Testament vom 23. Juli 1869 (Schloß Schönstein) ihre beiden ältesten Kinder Alfred und Melanie enterbt und ihren Sohn Paul als Alleinerben eingesetzt. Neben ihm sollte Fritz Mende den Hauptteil ihrer Hinterlassenschaft (insbesondere auch ihre Papiere!) erhalten. – Der Vergleich zwischen dem Schicksal einzelner Menschen und dem Schicksal ganzer Völker taucht schon – auch im Hinblick auf ihre eigene Person – in den 50er Jahren in den Briefen der Gräfin auf.

50 Sterberegister 1881, Eintragung 108 – Stadtarchiv Wiesbaden. Am 28. 1. 1881, vormittags 11 Uhr, fanden in einer katholischen Notkirche die Exequien statt (»Todten-Messe«, Wiesbadener Tageblatt, Nr. 24 vom 29. 1. 1881). Siehe auch »Rheinischer Kurier«, Nr. 22 vom 26. 1. 1881. Aller Wahrscheinlichkeit nach starb die Gräfin im Hotel »Zum Adler« und nicht in einer Privatwohnung (Sonnenberger Str. 6) – Sterbebuch des Standesamts Wiesbaden, Nr. 93 vom 26. 1. 1881. Beerdigt wurde die Gräfin auf eigenen Wunsch auf dem Friedhof bei Frauenstein.

51 Gustav Mayer, in: Lassalle 4, 32.

52 Sophie von Hatzfeldt an ihren Sohn Paul: Berlin, 20. 10. 1866, in: Botschafter Paul Graf von Hatzfeldt 1, 230.

53 Sophie von Hatzfeldt an Rosalie Lassal: Berlin, 19. 3. [1865], Kanonierstraße 41, in:

Intime Briefe 171. Ihr Wunsch, neben Lassalle in einem gemeinsamen Grabgewölbe begraben zu liegen, ging nicht in Erfüllung (Testament vom 23. 7. 1869 – Schloß Schönstein). Lassalle wurde in Breslau, die Gräfin in der Nähe Wiesbadens beigesetzt.

Quellen- und Literaturverzeichnis

Claudia von Alemann/Dominique Jallamion/Bettina Schäfer, Das nächste Jahrhundert wird uns gehören. Frauen und Utopie 1830 bis 1840, Frankfurt 1981

Wolfgang Altgeld, Giuseppe Garibaldi in zeitgenössischer Sicht von der Verteidigung Roms bis zur Niederlage bei Mentana (1848–1867), in: Risorgimento 3 (1982) 169–199

Der »andere Blick« – feministische Wissenschaft? Sondernummer der Zeitschrift Alternative XI/120–121 (1978)

Karl Anders, Die ersten hundert Jahre. Zur Geschichte einer demokratischen Partei, Hannover 1963

Bert Andréas, Ferdinand Lassalle – Allgemeiner Deutscher Arbeiterverein: Bibliographie ihrer Schriften und der Literatur über sie 1840–1975, mit einer Einleitung von Cora Stephan, Trier 1981 (AfS, Beiheft 9)

Ders., Zur Agitation und Propaganda des Allgemeinen Deutschen Arbeiter-Vereins 1863/64, in: AfS (1963) 297–423

Anonym, Die Geschichte der sozialdemokratischen Partei in Deutschland seit dem Tode Ferdinand Lassalles (zusammengestellt und aktenmäßig belegt aus den beiden Organen der Partei, dem »Socialdemokrat« in Berlin und dem »Nordstern« in Hamburg), Berlin Ende 1865 (Verf. Eugen Richter oder Hugo Weise)

Frolinde Balser, Sozial-Demokratie 1848/49 bis 1863, Stuttgart 1962

August Bebels Briefwechsel mit Friedrich Engels, hrsg. von Werner Blumenberg, Den Haag 1965 (Quellen und Untersuchungen zur Geschichte der deutschen und Österreichischen Arbeiterbewegung, 6)

August Bebel, Aus meinem Leben. Erster und zweiter Teil, 2. durchges. Aufl. Stuttgart 1911

Ders., Aus dem Anfang der Arbeiterbewegung, in: Die Gründung der deutschen Sozialdemokratie. Eine Festschrift der Leipziger Arbeiter zum 23. Mai 1903, Leipzig 1903

Bernhard Becker, Geschichte der Arbeiter-Agitation Ferdinand Lassalle's. Nach authentischen Aktenstücken. Mit einer Einleitung zum Nachdruck der 1874 erschienenen 1. Aufl. von Toni Offermann. Berlin/Bonn 1978 (Reprints zur Sozialgeschichte)

Ders., Enthüllungen über das tragische Lebensende Ferdinand Lassalle's, Schleiz 1868

Ders., Der große Arbeiter-Agitator Ferdinand Lassalle. Denkschrift für die Totenfeier des Jahres 1865, [Frankfurt a. M.] 1865

Johann Philipp Becker, Die letzten Tage von Ferdinand Lassalle. Ein wahrheitsgetreuer Bericht von einem Augenzeugen, Hamburg 1864

Gerhard Beier, Das Problem der Arbeiteraristokratie im 19. und 20. Jahrhundert, in: Führende Kräfte und Gruppen in der deutschen Arbeiterbewegung, hrsg. von H. H. Hofmann, Limburg/L. 1976, 9–71 (Deutsche Führungsschichten in der Neuzeit, Bd. 9)

Eduard Bernstein, Ferdinand Lassalle. Eine Würdigung des Lehrers und Kämpfers, Berlin 1919

Ders., Sophie Hatzfeld[t] und Ferdinand Lassalle. In Briefen Sophie Hatzfeld[t]s an Emma Herwegh, in: Der Zeitgeist, Beiblatt zum »Berliner Tageblatt«, 15. Jan., Nr. 3, 1–2; 22. Jan., Nr. 4, 2–3; 29. Jan., Nr. 5, 2–3

Ders., Die Geschichte der Berliner Arbeiter-Bewegung. Erster Teil: Vom Jahre 1848 bis

zum Erlaß des Sozialistengesetzes. Nachdruck der 1907 erschienenen 1. Aufl. Glashütten/Ts. 1972
Ders., Ferdinand Lassalle und seine Bedeutung für die Arbeiterklasse, Berlin 1904
Ders., Ferdinand Lassalle und Georg Herwegh, in: Die Neue Zeit 14 (1896) 585–589
Weibliche Biographien. Dokumentation der Tagung in Bielefeld, Oktober 1981, München 1982 (Beiträge zur feministischen Theorie und Praxis, 7)
Dirk Blasius, Ehescheidung in Deutschland 1794–1945. Scheidung und Scheidungsrecht in historischer Perspektive, Göttingen 1987 (Kritische Studien zur Geschichtswissenschaft, Bd. 74)
Ders., Scheidung und Scheidungsrecht im 19. Jahrhundert, in: HZ 241 (1985) 329–360
Hans Peter Bleuel, Ferdinand Lassalle oder der Kampf wider die verdammte Bedürfnislosigkeit, München 1979
Anna Blos, Frauen der deutschen Revolution 1848, Dresden 1928
Dies., Frauen im Leben berühmter Männer. Gräfin Sophie Hatzfeldt, die Freundin Lassalles, in: Rheinische Zeitung, Nr. 141 vom 19. 6. 1925, Beilage Kunst – Unterhaltung – Wissen 1
Wilhelm Blos, Denkwürdigkeiten eines Sozialdemokraten, Bd. 1, München 1914
Gisela Bock, Historische Frauenforschung: Fragestellungen und Perspektiven, in: Karin Hausen (Hrsg.), Frauen suchen ihre Geschichte. Historische Studien zum 19. und 20. Jahrhundert, München 1983, 22–60
Ulrich Böttcher, Anfänge und Entwicklung der Arbeiterbewegung in Bremen von der Revolution 1848 bis zur Aufhebung des Sozialistengesetzes 1890, Bremen 1953
Fritz Böttger, Frauen im Aufbruch. Frauenbriefe aus dem Vormärz und der Revolution von 1848, Darmstadt 1979
C. A. Bräuer, Zur Aufklärung. Die Wirren im Allgemeinen Deutschen Arbeiter-Verein, hrsg. von Hamburger Mitgliedern obigen Vereins, Hamburg 1873
Georg Brandes, Ferdinand Lassalle. Eine kritische Darstellung seines Lebens und seiner Werke, Leipzig/Berlin ^{4}1900
Bremen und die Sozialdemokratie. Festschrift zum Parteitag der Sozialdemokratischen Partei Deutschlands, Bremen 1904
Ina Britschgi-Schimmer (Hrsg.), Lassalles letzte Tage. Nach den Originalbriefen und Dokumenten, Berlin 1925
Karl Friedrich Brockschmidt, Die deutsche Sozialdemokratie bis zum Fall des Sozialistengesetzes, Stuttgart 1929 (Diss. an der Universität Frankfurt. Erschien unter dems. Titel, aber mit dem Verfassernamen Kurt Brandis, Leipzig 1931; Neudruck: Der Anfang vom Ende der Sozialdemokratie, Berlin 1975)
Wolfgang Büttner, Georg Herwegh – ein Sänger des Proletariats. Der Weg eines bürgerlich-demokratischen Poeten zum Streiter für die Arbeiterbewegung, Berlin 1970, ^{2}1976
Moritz Busch, Tagebuchblätter, Bd. III, Leipzig 1899
Erna Buschmann, Sophie von Hatzfeldt, in: Kölnische Zeitung vom 13. 7. 1927

Eckard Colberg, Die Erlösung der Welt durch Ferdinand Lassalle, München 1969
Marcel E. Compagnon, Le Duel et la Mort de Ferdinand Lassalle, in: Zeitschrift für Schweizerische Geschichte 21 (1941) 79–115
Werner Conze/Ulrich Engelhardt (Hrsg.), Arbeiterexistenz im 19. Jahrhundert. Lebensstandard und Lebensgestaltung deutscher Arbeiter und Handwerker, Stuttgart 1981
Ders./Dieter Groh, Die Arbeiterbewegung in der nationalen Bewegung. Die deutsche Sozialdemokratie vor, während und nach der Reichsgründung, Stuttgart 1966

Anton Dang, Die sozialdemokratische Presse Deutschlands, Darmstadt 1928
Natalia Z. Davis, Women's History in Transition: The European Case, in: Feminist Studies III 3–4 (1976) 2–103
Carl N. Degler, What ought to be and what was: Women's Sexuality in the Nineteenth Century, in: AHR 79 (1974) 1476–1490
Charles F. Delzell, The Unification of Italy 1859–1861. Cavour, Mazzini or Garibaldi? New York 1965
Elias Diaconide, Ferdinand Lassalle. Sa vie et son œuvre, in: Revue internationale de sociologie 46 (1938) 227–279
Rolf Dlubek, Johann Philipp Becker. Vom radikalen Demokraten zum Mitstreiter von Marx und Engels in der I. Internationale (1848–1864/65). Diss. phil. Berlin 1964
Dokumente der revolutionären deutschen Arbeiterbewegung zur Frauenfrage. 1848–1974. Auswahl, Leipzig 1975
Dieter Dowe, Organisatorische Anfänge der Arbeiterbewegung in der Rheinprovinz und in Westfalen bis zum Sozialistengesetz von 1878, in: Jürgen Reulecke (Hrsg.), Arbeiterbewegung an Rhein und Ruhr. Beiträge zur Geschichte der Arbeiterbewegung in Rheinland-Westfalen, Wuppertal 1974, 51–80
Ders., Aktion und Organisation. Arbeiterbewegung, sozialistische und kommunistische Bewegung in der preußischen Rheinprovinz 1820–1852, Hannover 1970
Ernst Drahn, Ein Brief der Gräfin Hatzfeldt an Moses Hess, in: Die Glocke 2 (1916) 302–304
Düsseldorf 1848. Bilder und Dokumente, hrsg. vom Stadtarchiv Düsseldorf, Düsseldorf 1948
Hermann Duncker, Die Lassalle-Legende, in: Die Internationale 8 (1925) 242–247

Willi Eichler, Hundert Jahre Sozialdemokratie, Bonn 1962
Christiane Eisenberg, Frühe Arbeiterbewegung und Genossenschaften. Theorie und Praxis der Produktivgenossenschaften in der deutschen Sozialdemokratie und den Gewerkschaften der 1860er/1870er Jahre, Bonn 1985
Ernst Engelberg, Die Rolle von Marx und Engels bei der Herausbildung einer selbständigen deutschen Arbeiterpartei (1864–1869), in: ZfG 2 (1954) 509–537, 637–665
Günther Engelbert, Schloß Kalkum bei Düsseldorf. Ein Beitrag zu seiner Baugeschichte, in: Düsseldorfer Jahrbuch, Bd. 47, Düsseldorf 1955, 199–234
Ulrich Engelhardt, »Nur vereinigt sind wir stark«. Die Anfänge der deutschen Gewerkschaftsbewegung 1862/63 bis 1869/70, 2 Bde, Stuttgart 1977
Werner Ettelt/Hans-Dieter Krause, Der Kampf um eine marxistische Gewerkschaftspolitik in der deutschen Arbeiterbewegung 1868 bis 1878, Berlin 1975
Richard J. Evans, Sozialdemokratie und Frauenemanzipation im deutschen Kaiserreich, Berlin/Bonn 1979

Theodor Fontane, Christian Friedrich Scherenberg und das literarische Berlin von 1840–1860, Berlin 1885
David John Footman, Ferdinand Lassalle. Romantic Revolutionary, New Haven 1947 (erstmalig erschienen unter dem Titel »The Primrose Path. A Life of Ferdinand Lassalle.« London 1946)
John C. Fout (Hrsg.), German Women in the Nineteenth Century. A Social History, New York/London 1984
Frau und Gewerkschaft. Mit Beiträgen von Ida Altmann, Anna Blos, Gertrud Hanna, Emma Ihrer, Paula Thiede u. a. Hrsg. und eingel. von Gisela Losseff-Tillmanns, Frankfurt 1982 (Die Frau in der Gesellschaft. Frühe Texte)

Frauenemanzipation und Sozialdemokratie. Mit Beiträgen von Ottilie Baader, Lily Braun, Käte Duncker, Clara Zetkin, Luise Zietz u. a. Hrsg. und eingel. von Heinz Niggemann, Frankfurt 1981 (Die Frau in der Gesellschaft. Frühe Texte)

Ute Frevert, Frauen-Geschichte. Zwischen bürgerlicher Verbesserung und neuer Weiblichkeit, Frankfurt 1986

Dieter Fricke, Die deutsche Arbeiterbewegung, 1869–1914. Ein Handbuch über ihre Organisation und Tätigkeit im Klassenkampf, Berlin 1976

Hans Jürgen Friederici, Zum 100. Jahrestag der Gründung des Allgemeinen Deutschen Arbeitervereins, in: Beiträge zur Geschichte der deutschen Arbeiterbewegung 5 (1963) 437–450

Ders., Zur Einschätzung Lassalles und des Lassalleanismus in der bürgerlichen und rechtssozialdemokratischen Geschichtsschreibung, in: Beiträge zur Geschichte der deutschen Arbeiterbewegung 2 (1960) 294–313

Friedrich-Ebert-Stiftung, Ferdinand Lassalle 1825–1975, Bonn/Bad Godesberg 1975

Konrad Fuchs, Neue Beiträge zum Leben und Wirken des Diplomaten Paul Graf von Hatzfeldt-Wildenburg, in: Nassauische Annalen 94 (1983) 335–340

Werner Fuchs, Biographische Forschung. Eine Einführung in Methode und Praxis, Opladen 1984

Lothar Gall, Bismarck. Der weiße Revolutionär, Frankfurt/Berlin/ Wien 1980

Peter Gay, Erziehung der Sinne. Sexualität im bürgerlichen Zeitalter, München 1986

Ute Gerhard, Verhältnisse und Verhinderungen. Frauenarbeit, Familie und Rechte der Frauen im 19. Jahrhundert. Mit Dokumenten, Frankfurt 1978

Paul Grebe, Lassalle an Bismarck. Ein unbekannter Brief aus dem Nachlaß von Keudell, in: VSWG 42 (1955) 122–124

Helga Grebing, Geschichte der deutschen Arbeiterbewegung. Ein Überblick, München 1966, ^{6}1975

Reinhold Grimm/Jost Hermand (Hrsg.), Vom Anderen und vom Selbst. Beiträge zu Fragen der Biographie und Autobiographie, Königstein/Ts. 1982

Stefan Grossmann, Lassalle und die Hatzfeldt, in: Das Tage-Buch 5 (1924) 71–74

Ders., Ferdinand Lassalle, Berlin 1919

Heiner Grote, Sozialdemokratie und Religion. Eine Dokumentation für die Jahre 1863–1875, Tübingen 1968

Waldemar von Grumbkow, Ferdinand Lassalle, in: Vier ostdeutsche Biographien – Unvergängliche Spuren, Düsseldorf/Köln [1952], 63–85

Eberhard Hackethal, Der Allgemeine Deutsche Arbeiterverein unter dem Einfluß der Pariser Kommune, in: ZfG 16 (1968) 443–461

Handbuch der sozialdemokratischen Parteitage von 1863 bis 1909, bearb. von Wilhelm Schröder, München 1910. Unveränderter fotomechanischer Nachdruck der Originalausgabe Leipzig 1971

Joseph Hansen (Hrsg.), Rheinische Briefe und Akten zur Geschichte der politischen Bewegung 1830–1850, Bd. II/2, bearb. von Hans Boberach, Köln/Bonn 1976

Bernhard Harms, Ferdinand Lassalle und seine Bedeutung für die deutsche Sozialdemokratie, Jena 1909

Ders., Ferdinand Lassalle, Jena 1903

Margarete Hartig, Frauen im Schatten großer Männer. Sophie von Hatzfeld – Helene von Dönniges. In: Gleichheit – Das Blatt der arbeitenden Frau 26 (Sept. 1963), Nr. 9, 337–339

Botschafter Paul Graf von Hatzfeldt, Nachgelassene Papiere, 1838–1901, hrsg. von

Gerhard Ebel in Verbindung mit Michael Behnen, 2 Bde, Boppard/Rh. 1976 (Deutsche Geschichtsquellen des 19. und 20. Jahrhunderts, Bd. 51)
Karin Hausen (Hrsg.), Frauen suchen ihre Geschichte. Historische Studien zum 19. und 20. Jahrhundert, München 1983
Ernst Heilmann, Geschichte der Arbeiterbewegung in Chemnitz und dem Erzgebirge, Chemnitz 1911
Rudolf Heinze, Über Lassalle's Briefe an Sophie Sonzeff, in: Unsere Zeit 1 (1881) 292–304
Martin Henkel/Rolf Taubert, Das Weib im Conflict mit den socialen Verhältnissen. Mathilde Franziska Anneke und die erste deutsche Frauenzeitung, Bochum 1976
Hans Wolfram von Hentig, Sophie Josepha Ernestine Gräfin, geb. Gräfin von Hatzfeldt-Trachenberg, in: NDB 8, 67 f.
Barbara Heppe-Nolden, Moses Hess – Der »wahre Sozialismus« als Philosophie der Tat, Köln 1983
Wilhelm Herchenbach, Düsseldorf und seine Umgebung in den Revolutionsjahren von 1848–49, Düsseldorf o. J. [1882]
Gerhard F. Hering/Vita Huber, Ein großer Herr. Das Leben des Fürsten Pückler, Düsseldorf/Köln 1968
Albert Herrmann, Gräber auf den Wiesbadener Friedhöfen, Wiesbaden 1928
Emma Herwegh, Wie Lassalle starb, in: Berliner Tageblatt, Nr. 494 vom 18. 10. 1925, Beiblatt S. 1
Marcel Herwegh, Guillaume Rustow. Un grand soldat – un grand caractère (1821–1878), Paris/Neuchatel 1935
Arno Herzig, Der Lassalle-Kult als säkularisierter Kult eines politischen Heiligen, in: Überlieferung, Frömmigkeit, Bildung als Leitthemen der Geschichtsforschung. Vorträge beim Wiss. Kolloquium aus Anlaß des 80. Geb. von Otto Meyer, hrsg. von Jürgen Petersohn, Wiesbaden 1987, 114 ff.
Ders., Der Allgemeine Deutsche Arbeiter-Verein in der deutschen Sozialdemokratie. Dargestellt an der Biographie des Funktionärs Carl Wilhelm Tölcke (1817–1893), Berlin 1979 (Beihefte zur Internationalen wissenschaftlichen Korrespondenz zur Geschichte der deutschen Arbeiterbewegung, 5)
Ders./Konrad Rosenthal (Hrsg.), Carl Wilhelm Tölcke, Korrespondenz aus den Jahren 1848–1893, Iserlohn 1977 (Beiträge zur Geschichte Iserlohns)
Ders., Die Entwicklung der Sozialdemokratie in Westfalen bis 1894, in: Westfälische Zeitschrift 121 (1971) 97–172
Adalbert Hess, Das Parlament, das Bismarck widerstrebte, Köln 1964
Moses Hess Briefwechsel, hrsg. von Edmund Silberner, unter Mitwirkung von Werner Blumenberg, Gravenhage 1959 (Quellen und Untersuchungen zur Geschichte der deutschen und österreichischen Arbeiterbewegung, 5)
H. Heyendahl, Nachruf auf den am 31. 8. 1864 zu Genf im Duell gefallenen Agitator und Präsident des allgemeinen Deutschen Arbeitervereins Herrn F. Lassalle, 1864
Stefan Heym, Lassalle. Eine Biographie, München/Esslingen 1969
Helmut Hirsch, Zur Problemehe Edmund und Sophie von Hatzfeldts. Revision eines geschichtlichen Urteils, in: Heimat-Jahrbuch Wittlaer 1988, 28–33
Ders., Sophie von Hatzfeldt (1805–1881), in: Rheinische Lebensbilder, Bd. 10, Köln 1985, 121–140
Ders./Hans Pelger, Ein unveröffentlichter Brief von Karl Marx an Sophie von Hatzfeldt. Zum Streit mit Karl Blind nach Ferdinand Lassalles Tod, Trier 1983 (Schriften aus dem Karl-Marx-Haus, 27)
Ders., Gräfin als Modell. Wie Sophie von Hatzfeldt auf 2 Wandgemälde in Schloß Heltorf kam. In: Heimat-Jahrbuch Wittlaer 1982, Düsseldorf 1981, 35–41

Ders., Sophie von Hatzfeldt in Selbstzeugnissen, Zeit- und Bilddokumenten, Düsseldorf 1981
Ders., Eine Prinzessin verbündet sich mit Bürgern, Kleinbürgern und Proletariern, in: Düsseldorfer Familienkunde 2 (1981) 79–81
Ders., Zuflucht auf Schloß Trachenberg. Eine Episode aus dem Leben der Gräfin Sophie von Hatzfeldt, in: Schlesien, Heft 4 (1981) 216–221
Ders., Dreißigjähriger Ehekrieg hinter himbeerfarbenen Mauern, in: Westdeutsche Zeitung (Beilage) vom 24. 2. 1979
Ders., Sophie Gräfin von Hatzfeldt und Ferdinand Lassalle – ein Ehekrieg hinter Kalkumer Schloßmauern, in: Heimat-Jahrbuch Wittlaer 1980, Düsseldorf 1979, 27–30
Ders., August Bebel in Selbstzeugnissen und Bilddokumenten, Reinbek 1979
Ders., Freiheitsliebende Rheinländer. Neue Beiträge zur deutschen Sozialgeschichte, Düsseldorf 1977
Ders., Karl Ludwig Bernays, ein emigrierter Schriftsteller als US-Konsul in der Schweiz, in: Jahrbuch des Instituts für Deutsche Geschichte 4 (1975) 147–165
Johann Baptist von Hofstetten, Mein Verhältnis zu Herrn von Schweitzer und zum »Social-Demokrat«, Berlin 1869
Ernst Rudolf Huber, Deutsche Verfassungsgeschichte seit 1789, Bd. 4, Stuttgart 1969
Heinz Hümmler, Geschichte der deutschen Arbeiterbewegung. Biographisches Lexikon, Berlin 1970
Ders., Geschichte der deutschen Arbeiterbewegung, Bd. 1: Von den Anfängen der deutschen Arbeiterbewegung bis zum Ausgang des 19. Jahrhunderts, Berlin 1966
Ders., Opposition gegen Lassalle. Die revolutionäre proletarische Opposition im Allgemeinen Deutschen Arbeiterverein 1862/63–1866, Berlin 1963

Doris Ingrisch, Die Rolle der Frau in den Schriften der Frühsozialisten unter besonderer Berücksichtigung in ihren Auswirkungen auf August Bebels »Die Frau und der Sozialismus«, Diss. Wien 1984

Ph. Jamin, Lassalle et Helene von Doenniges, Genf [o. D.] 1912

Paul Kampffmeyer, Lassalle. Ein Erwecker der Arbeiterkultur-Bewegung, Berlin 1925
Herbert Kater, Das Duell des Yanko Fürst v. Racowitza, Angehöriger des Corps Neoborussia Berlin, und Ferdinand Lassalle, Angehöriger der Burschenschaft der Raszeks am 28. Aug. 1864 im Wäldchen Carrouge bei Genf, in: Einst und Jetzt, Bd. 25 (1980) 29–59
Paul Kauhausen, Ferdinand Lassalle – und Gräfin Sophie von Hatzfeldt – Briefe im Düsseldorfer Stadtarchiv, in: Düsseldorfer Heimatblätter 20 (1954) 215–218
Karl Kautsky, Lassalle und die Gräfin Hatzfeldt, in: Die Gesellschaft 1 (1924) 384–399
Max Kegel, Ferdinand Lassalle. Gedenkschrift zu seinem 25jährigen Todestag, Stuttgart 1889 (zuerst erschienen unter dem Namen A. Aaberg, Leipzig 1883)
Robert von Keudell, Fürst und Fürstin Bismarck. Erinnerungen aus den Jahren 1846–1872, Stuttgart/Berlin 1901
Hans Kisky, Schlösser und Herrensitze im Rheinland. Nach alten Stichen und Vorlagen, Frankfurt 1960
Wilhelm Kisky, Generalfeldmarschall Freiherr von Loë (1828–1908), Euskirchen 1939
Grete Klingenstein/Heinrich Lutz/Gerald Stourzh (Hrsg.), Biographie und Geschichtswissenschaft. Aufsätze zu Theorie und Praxis biographischer Arbeit, Wien 1979
Arno Klönne, Die deutsche Arbeiterbewegung. Geschichte – Ziele – Wirkungen. Unter Mitarbeit von Barbara Klaus, Karl Theodor Stiller, Düsseldorf/Köln 1980

Jürgen Kocka, Struktur und Persönlichkeit als methodologisches Problem der Geschichtswissenschaft, in: Michael Bosch (Hrsg.), Persönlichkeit und Struktur in der Geschichte, Düsseldorf 1977, 152–169

Gottfried Kößler, Mädchenkindheiten im 19. Jahrhundert, Gießen 1979

Horst Kohl (Hrsg.), Die politischen Reden des Fürsten Bismarck, Bd. 7, Stuttgart 1893

Erwin Kohn, Lassalle. Der Führer, Leipzig/Wien/Zürich 1926

Adolph Kohut, Ferdinand Lassalles Testament und Erben. Mit ungedruckten Briefen der Gräfin Sophie Hatzfeldt, Wilhelm Rüstow, Aurel Holthoff u. a. Ein Erinnerungsblatt zum 25jährigen Todestage Lassalles am 31. Aug. 1889, Großenhain 1889

Ders., Ferdinand Lassalle. Sein Leben und Wirken, Leipzig 1889

Walter Kordt, Ferdinand Lassalles Düsseldorfer Jahre, in: Düsseldorfer Heimatblätter 20 (1954) 158–163, 185–192

Gottfried Korff, Rote Fahnen und Tableaux Vivants. Zum Symbolverständnis der deutschen Arbeiterbewegung im 19. Jahrhundert, in: Albrecht Lehmann (Hrsg.), Studien zur Arbeiterkultur. Beiträge der 2. Arbeitstagung der Kommission »Arbeiterkultur« in der Deutschen Gesellschaft für Völkerkunde in Hamburg vom 8. bis 12. Mai 1983, Münster 1984, 103–140

Ders., Bemerkungen zum politischen Heiligenkult im 19. und 20. Jahrhundert, in: Gunther Stephenson (Hrsg.), Der Religionswandel unserer Zeit im Spiegel der Religionswissenschaft, Darmstadt 1976, 216–230

Annette Kuhn, Das Geschlecht – eine historische Kategorie? In: Ilse Brehmer/Juliane Jacobi-Dittrich/Elke Kleinau/ Annette Kuhn (Hrsg.), »Wissen heißt leben...« Beiträge zur Bildungsgeschichte von Frauen im 18. und 19. Jahrhundert, Düsseldorf 1983, 29–50 (Frauen in der Geschichte IV)

Albin Kutschbach, Sophie Solutzeff – F. Lassalle: Eine Liebesepisode aus dem Leben Ferdinand Lassalle's. Tagebuch-Briefwechsel-Bekenntnisse. Eine kritische Studie, Chemnitz 1881

Ders., Lassalle's Tod, Chemnitz 1880

Horst Lademacher, Moses Hess in seiner Zeit, Bonn 1977

Ders., Zu den Anfängen der deutschen Sozialdemokratie, in: International Review of Social History, Bd. 4 (1959) 239–260, 367–393

Friedrich Wilhelm Lange, Opposition gegen die verwerflichen Bestrebungen des Herrn Bernhard Becker (und seines Bevollmächtigten Fritzsche), gewesen Präsident des Allgemeinen deutschen Arbeiter-Vereins zu Leipzig, Leipzig 1865

Ferdinand Lassalle. Eine Auswahl für unsre Zeit, hrsg. von Helmut Hirsch, Bremen 1963 und Frankfurt/Wien/Zürich 1963

Ferdinand Lassalle, Nachgelassene Briefe und Schriften, hrsg. von Gustav Mayer, 6 Bde, Stuttgart/Berlin 1921–1925, fotomechanischer Nachdruck Oldenburg 1967 (Deutsche Geschichtsquellen des 19. Jahrhunderts 4–8, 12)

Bd. I: Briefe von und an Lassalle bis 1848 (1. Aufl. 1921)

Bd. II: Lassalles Briefwechsel von der Revolution bis zum Beginn seiner Arbeiteragitation (1. Aufl. 1923)

Bd. III: Der Briefwechsel zwischen Lassalle und Marx nebst Briefen von Friedrich Engels und Jenny Marx an Lassalle und von Karl Marx an Gräfin Sophie Hatzfeldt (1. Aufl. 1922)

Bd. IV: Lassalles Briefwechsel mit Gräfin Sophie von Hatzfeldt (1. Aufl. 1924)

Bd. V: Lassalles Briefwechsel aus den Jahren seiner Arbeiteragitation 1862–64 (1. Aufl. 1925)

Bd. VI: Ferdinand Lassalle. Die Schriften des Nachlasses und der Briefwechsel mit Karl Rodbertus (1. Aufl. 1925)
Ferdinand Lassalles Reden und Schriften/Tagebuch/Seelenbeichte. In Auswahl hrsg. nebst einer Darstellung seines Lebens und Wirkens von Hans Feigl, Wien 1920
Ferdinand Lassalle, Gesammelte Reden und Schriften, hrsg. und eingel. von Eduard Bernstein, 12 Bde, Berlin 1919–20
Intime Briefe Ferdinand Lassalles an Eltern und Schwester, hrsg. von Eduard Bernstein, Berlin 1905
Ferdinand Lassalles Briefe an Georg Herwegh. Nebst Briefen der Gräfin Sophie Hatzfeldt an Frau Emma Herwegh. Hrsg. von Marcel Herwegh, Zürich 1896
Ferdinand Lassalles Tagebuch, hrsg. von Paul Lindau, Breslau 1891
Ferdinand Lassalle, Briefe an Hans von Bülow (1862–1864), Dresden/Leipzig 1885
Heinrich Laufenberg, Geschichte der Arbeiterbewegung in Hamburg, Altona und Umgebung, 2 Bde, Hamburg 1911, 1931 (Nachdruck Berlin/Bonn 1977)
Karl-Heinz Leidigkeit, Wilhelm Liebknecht und August Bebel in der deutschen Arbeiterbewegung 1862–1869, 2. verb. Aufl., Berlin 1958
Christine Lemmon, Todestag der Sozialistin Sophie Josefa Gräfin von Hatzfeldt-Trachenberg. Zeit-Zeichen, Stichtag heute: 25. Jan. 1881 (schriftliche Aufzeichnung der Hörfunksendung von WDR 2, 25. 1. 1986)
Elke Leonhard-Schmid, Zur Bewußtseinsbildung der frühen Sozialdemokratie (1863–1891), Frankfurt/Bern 1982
Gerda Lerner, Eine feministische Theorie der Historie, in: Die ungeschriebene Geschichte. Historische Frauenforschung. Dokumentation des 5. Historikerinnentreffens in Wien, 16. bis 19. April 1984, hrsg. von den Wiener Historikerinnen, Wien 1985, 404–411
Dies., The Majority finds its Past: Placing Women in History, New York/Oxford 1979
Lexikon des Sozialismus, hrsg. von Thomas Meyer, Karl-Heinz Klär, Susanne Miller, Klaus Novy und Heinz Timmermann, Köln 1986
Wilhelm Liebknecht, Briefwechsel mit Karl Marx und Friedrich Engels, Den Haag 1963 (Quellen und Untersuchungen zur Geschichte der deutschen und österreichischen Arbeiterbewegung, 5)
Ders., Karl Marx zum Gedächtnis. Ein Lebensabriß und Erinnerungen, Nürnberg 1891
Paul Lindau, Nur Erinnerungen, 2 Bde, Stuttgart/Berlin 1917
Ders., Ferdinand Lassalle's letzte Rede, Breslau 1882
Richard Lipinski, Die Sozialdemokratie von ihren Anfängen bis zur Gegenwart, Bd. 1: Die Jugendzeit der sozialistischen Bewegung in Deutschland bis zur Gründung der Sozialistischen Arbeiterpartei Deutschlands 1875 in Gotha, Berlin 1927
Gisela Losseff-Tillmanns, Frauenemanzipation und Gewerkschaften (1800–1975), Diss. Bochum 1975
Georg Lukács, Die neue Ausgabe von Lassalles Briefen, in: Archiv für die Geschichte des Sozialismus und der Arbeiterbewegung 11 (1925) 401–423

Karl Marx/Friedrich Engels, Werke, hrsg. vom Institut für Marxismus-Leninismus beim ZK der SED
Bd. 29: Briefe Januar 1856 – Dezember 1859 (Berlin 1963)
Bd. 30: Briefe Januar 1860 – September 1864 (Berlin 1964)
Bd. 31: Briefe Oktober 1864 – Dezember 1867 (Berlin 1965)
Bd. 32: Briefe Januar 1868 – Mitte Juli 1870 (Berlin 1965)
Wilhelm Matull, Der Freiheit eine Gasse. Geschichte der Düsseldorfer Arbeiterbewegung, Bonn 1980
Ders., Ferdinand Lassalle, Würzburg 1964 (Der Göttinger Arbeitskreis, 70)

Gustav Mayer, Bismarck und Lassalle. Ihr Briefwechsel und ihre Gespräche, Berlin 1928
Ders., Die Vorfahren Ferdinand Lassalles, in: Die Gesellschaft 5 (1928) 469–472
Ders., Der Deutsche Arbeiterverein und die Krisis 1866, in: Archiv für Sozialwissenschaft und Sozialpolitik 57 (1927) 167–175 (Reprint New York/London 1971)
Ders., Gräfin Sophie von Hatzfeldt, Bismarck und das Duell Lassalle-Racowitza, in: HZ 134 (1926) 47–56
Ders., Aus dem Briefwechsel Hans von Bülows und Ferdinand Lassalles, in: Der Neue Merkur 7 (1923/24) 433–456
Ders., Briefe Ferdinand Lassalles an Ferdinand Freiligrath, in: Archiv für die Geschichte des Sozialismus und der Arbeiterbewegung 7 (1916) 431–445
Ders., Die Trennung der proletarischen von der bürgerlichen Demokratie in Deutschland 1863–1870, in: Archiv für die Geschichte des Sozialismus und der Arbeiterbewegung 2 (1912) 1–67
Ders., Johann Baptist von Schweitzer und die Sozialdemokratie. Ein Beitrag zur Geschichte der deutschen Arbeiterbewegung, Jena 1909
Ders., Die Lösung der deutschen Frage im Jahre 1866 und die Arbeiterbewegung, in: Festgaben für Wilhelm Lexis, Jena 1907, 221–268
Franz Mehring (Hrsg.), Politische Aufsätze und Reden von J. B. von Schweitzer, Berlin 1912
Ders., Geschichte der deutschen Sozialdemokratie. Erster Teil: Von der Julirevolution bis zum preußischen Verfassungsstreit 1830 bis 1863; zweiter Teil: Von Lassalles »Offenem Antwortschreiben« bis zum Erfurter Programm 1863 bis 1891, Berlin 1960 (F. M., Gesammelte Schriften, Bde 1 und 2, Ersterscheinung Stuttgart 1897/98)
Ders., Der Bund der Kommunisten, in: Die Neue Zeit 29 (1911) 65–71
Ders., Graf Paul Hatzfeldt, in: Die Neue Zeit 20 (1901) 193–197
Ders., Vor dreißig Jahren, in: Die Neue Zeit 15 (1897) 705–709
Ders., Lassalles Anfänge, in: Die Neue Zeit 15 (1897) 395–405
Ders., Zur Geschichte der Sozialdemokratie, in: Die Gartenlaube (1879) 280, 351 f., 415
Jutta Meißner, Mehr Stolz, Ihr Frauen! Hedwig Dohm – Eine Biographie, Düsseldorf 1987
Fritz Mende, Herr J. B. von Schweitzer und die Organisation des Lassalle'schen Allg. deutschen Arbeitervereins. Ein Antrag an den Vorstand, Leipzig 1869
Ders., Die Allgemeine Deutsche Arbeiter-Versicherungs-Genossenschaft, Leipzig 1870
Mario Menghini, Ferdinando Lassalle in Italia, in: Nuova Antologia, Rom, 16. 3. 1935, 265–274
Mechthild Merfeld, Die Emanzipation der Frau in der sozialistischen Theorie und Praxis, Reinbek 1972
Robert Michels, Die deutsche Sozialdemokratie I. Parteimitgliedschaft und soziale Zusammensetzung, in: Archiv für Sozialwissenschaft und Sozialpolitik 23 (1906) 471–556
Susanne Miller/Heinrich Potthoff, Kleine Geschichte der SPD. Darstellung und Dokumentation 1848–1980, Bonn, 4. überarb. und erw. Aufl. 1981
Susanne Miller, Frauenfrage und Sexismus in der deutschen Sozialdemokratie, in: Sozialismus in Theorie und Praxis. Festschrift für Richard Löwenthal zum 70. Geburtstag am 15. April 1978. Hrsg. von Hannelore Horn, Alexander Schwan und Thomas Weingartner, Berlin/New York 1978, 542–571
Dies., Frauenrecht ist Menschenrecht. Zur Frauenprogrammatik der Sozialdemokratie von den Anfängen bis Godesberg, in: Willy Brandt (Hrsg.), Frauen heute – Jahrhundertthema Gleichberechtigung, Köln/Frankfurt 1978, 52–72
Dies., Das Problem der Freiheit im Sozialismus. Freiheit, Staat und Revolution in der

Programmatik der Sozialdemokratie von Lassalle bis zum Revisionismusstreit, Frankfurt 1964
I. Molzberger, Trauerrede auf die hochgeborene Frau Reichsgräfin Sophie von Hatzfeldt-Wildenburg, gehalten am 29. Januar d. J. in der Pfarrkirche zu Frauenstein, als Ms. gedruckt (Rüdesheim a. Rh. 1881)
[Isidor Momma], Erzählung einer höchst komischen Geschichte, welche vorgefallen sein soll, nach dem uns zugegangenen Berichte, im Jahre achtzehn hundert vierzig und neun. Worin eine bekannte Gräfin Hatzfeldt, für ein Paar lumpichte Thaler Geld sich von ihrem Factotum, genannt Lassalle, Blamiren läßt über und überall. [o. O. 1849]
[Ders.], Die Gräfin Sophie von Hatzfeldt und der Professor Isidor Momma, Düsseldorf 1848
Hans Mommsen, Lassalle, in: Sowjetsystem und Demokratische Gesellschaft, Bd. 3, Sp. 1331–1373, Freiburg i. Br./Berlin/Wien 1969
Wilhelm Mommsen, Bismarck und Lassalle, in: AfS 3 (1963) 81–86
Carlo Moos, Streiflichter auf Wilhelm Rüstows Beziehungen zu Italien, in: Quellen und Forschungen aus italienischen Archiven und Bibliotheken 65 (1985) 342–404
Ders., Garibaldi e l'ambiente zurighese, in: Garibaldi generale della libertà, Rom 1984, 235–294
Roger Morgan, The German Social Democrats and the First International 1864–1872, Cambridge 1965
Otto Most, Geschichte der Stadt Düsseldorf, Bd. 2, Düsseldorf 1921
Hermann Müller, Geschichte der deutschen Gewerkschaften bis zum Jahre 1878, Berlin 1918
Klaus-Jürgen Müller, Einheit und Freiheit im Denken Wilhelm Rüstows, in: Jahrbuch des Instituts für Deutsche Geschichte 3 (1974) 119–151
Otto Müller, Der Sozialismus in Deutschland, Bd. 1, Mönchen-Gladbach 1919
Adolf Muschg, Kellers Abend, ein Stück aus dem 19. Jahrhundert, in: Theater heute 6 (1975) 40–53

Shlomo Na'aman, Der Deutsche Nationalverein, Düsseldorf 1987
Ders., Emanzipation und Messianismus. Leben und Werk des Moses Heß, Frankfurt/New York 1982 (Quellen und Studien zur Sozialgeschichte, 3)
Ders., Moses Hess in der deutschen Arbeiterbewegung, in: Jahrbuch des Instituts für Deutsche Geschichte 5 (1976) 247–297
Ders., unter Mitwirkung von H.-P. Harstick, Die Konstituierung der deutschen Arbeiterbewegung 1862/63. Darstellung und Dokumentation, Assen 1975 (Quellen und Untersuchungen zur Geschichte der deutschen und österreichischen Arbeiterbewegung, N. F. 5)
Ders., Lassalle, Hannover 1970 (Veröffentlichungen des Instituts für Sozialgeschichte Braunschweig)
Ders., Demokratische und soziale Impulse in der Frühgeschichte der deutschen Arbeiterbewegung der Jahre 1862/63, Wiesbaden 1969
Ders., Ferdinand Lassalle – Deutscher und Jude. Eine sozialgeschichtliche Studie, Hannover 1968
Ders., Lassalle-Demokratie und Sozialdemokratie, in: AfS 3 (1963) 21–80
Ders., Lassalles Beziehungen zu Bismarck – Ihr Sinn und Zweck, in: AfS 2 (1962) 55–85
Siegfried Nestriepke, Die Gewerkschaftsbewegung, Bd. 1, Stuttgart 1925
Dietmar Niemann, Die Düsseldorfer demokratische Bewegung und Arbeiterbewegung in den Revolutionsjahren 1848/49, maschinenschr. Ms., Diss. Düsseldorf 1979
Alois Nießner, Rheinland und Westfalen während der Sturmjahre 1848–49. Stimmungsbilder aus der deutschen Revolution, Aachen 1906

Heinz Niggemann, Emanzipation zwischen Sozialismus und Feminismus. Die sozialdemokratische Frauenbewegung im Kaiserreich, Wuppertal 1981
Thomas Nipperdey, Deutsche Geschichte 1800–1866. Bürgerwelt und starker Staat, München 1983

Heinrich Oberwinder, Von der Gräfin Sophie Hatzfeldt, in: Wiener Allgemeine Zeitung vom 1. Febr. 1881
Hermann Oncken, Lassalle. Eine politische Biographie. 3., vollständig durchgearb. und erw. Aufl. Stuttgart/Berlin 1920
Ders., Aus dem Streit um Lassalles Erbe. Zwei Briefe der Gräfin Hatzfeldt aus dem Oktober 1864, in: Archiv für die Geschichte des Sozialismus und der Arbeiterbewegung 7 (1916) 95–98
Ders., Der Nationalverein und die Anfänge der deutschen Arbeiterbewegung 1862–63. Aus den Papieren des Nationalvereins, in: Archiv für die Geschichte des Sozialismus und der Arbeiterbewegung 2 (1912) 120–127
Ders., Bismarck, Lassalle und die Oktroyierung des gleichen und direkten Wahlrechts in Preußen während des Verfassungskonflikts, in: Preußische Jahrbücher 146 (1911) 107–140. Auch in: Hist.-pol. Aufsätze und Reden 1914, Bd. 2, 157–192
Ders., Briefe Ferdinand Lassalles an Otto Dammer, in: Archiv für die Geschichte des Sozialismus und der Arbeiterbewegung 2 (1912) 380–422
Claudia Opitz, Der »andere Blick« der Frauen in die Geschichte – Überlegungen zu Analyse- und Darstellungsmethoden feministischer Geschichtsforschung, in: Methoden der Frauenforschung. Symposium an der Freien Universität Berlin vom 30. 11.–2. 12. 1983, Frankfurt 1984, 76–93
Franz Osterroth, Biographisches Lexikon des Sozialismus. Bd. I: Verstorbene Persönlichkeiten, Hannover 1960

Thomas Parent, Der Kampf gegen eine »dreifache Koalition«. Die Anfänge des Allgemeinen Deutschen Arbeitervereins in Köln 1863–1865, in: Geschichte in Köln 4 (1979) 107–121
Otto Pflanze (Hrsg.), Innenpolitische Probleme des Bismarck-Reiches, München/Wien 1983 (Schriften des Historischen Kollegs, Kolloquien 2)
A. Philipps (Hrsg.), Die Reichstags-Wahlen von 1867–1883. Statistik der Wahlen zum Konstituierenden und Norddeutschen Reichstage, zum Zollparlament sowie zu den fünf ersten Legislatur-Perioden des Deutschen Reichstages, Berlin 1883
Ludwig Pietsch, Wie ich Schriftsteller wurde. Erinnerungen aus den fünfziger Jahren, Berlin 1893
Ernst von Plener, Lassalle, in: ADB 17 (1883) 740–780 (Separatdruck Leipzig 1884)
Heinrich von Poschinger, Ein Achtundvierziger. Lothar Buchers Leben und Wirken, 3 Bde, Berlin 1890/91–94
Ders., Lassalles Leiden, dargestellt auf Grund einer verloren geglaubten Handschriftensammlung, Berlin 1887
B. Poten, Wilhelm Rüstow, in: ADB 30 (1890) 34–37
Protokolle und Materialien des Allgemeinen Deutschen Arbeitervereins (inkl. Splittergruppen). Nachdrucke hrsg. von Dieter Dowe. Mit einer Einleitung von Cora Stephan, Berlin/Bonn 1980 (Reprints zur Sozialgeschichte)

Helene von Racowitza (Frau von Schlewitsch), Von Anderen und mir. Erinnerungen aller Art, Berlin 1909
Dies., Meine Beziehungen zu Ferdinand Lassalle, Breslau [2]1879

Fritz J. Raddatz, Karl Marx. Der Mensch und seine Lehre, München ⁴1975
Johannes Rau, Ansprache zur Einweihung einer Gedenktafel für Gräfin Sophie von Hatzfeldt am 8. Mai 1982 auf Schloß Kalkum, Kopie des maschinenschr. Ms.
T. Rechtlieb, Der Kölner Kassettendiebstahl und die Kriminalprozedur gegen Oppenheim, Köln 1847
[Friedrich Reusche], Der »Social-Demokrat« und seine Helfershelfer, o. O. [1867] [gedr. bei Jean Gérand in Genf]
Adolf Richter, Bismarck und die Arbeiterfrage im preußischen Verfassungskonflikt, Stuttgart 1933
Julius Rodenberg, Erinnerungen aus der Jugendzeit, 2 Bde, Berlin 1899
Heinz Rosenthal, Die Anfänge der Arbeiterbewegung in Solingen 1849–1868, Langenfeld 1953
Hans Rothfels, Lassalle und die Gräfin Hatzfeldt, in: Preußische Jahrbücher 198 (1924) 185–192
Reinhold Rüegg, Aus Briefen an Johann Philipp Becker, in: Die Neue Zeit 6 (1888) 558–569
Otto Runkel, Die Gräfin v. Hatzfeldt, in: Hinterländer Geschichtsblätter 26 (1937) o. S.

S. Saenger, Ferdinand Lassalle und Sophie von Hatzfeldt, in: Die Neue Rundschau 35 (1924) 173–180
Robert Samulski, Wo wurde die Gräfin Sophie von Hatzfeldt (1805–1881) geboren? In: Zeitschrift für Ostforschung (1979) 648–653
Barbara Schaeffer-Hegel, Brigitte Wartmann (Hrsg.), Mythos Frau. Projektionen und Inszenierungen im Patriarchat, Berlin 1984
Barbara Schaeffer-Hegel (Hrsg.), Frauen und Macht. Der alltägliche Beitrag der Frauen zur Politik des Patriarchats, Berlin 1984
Helmut Scheuer, Biographie. Studien zur Funktion und zum Wandel einer literarischen Gattung vom 18. Jahrhundert bis zur Gegenwart, Stuttgart 1979
Wolfgang Schieder, Das Scheitern des bürgerlichen Radikalismus und der sozialistischen Parteibildung in Deutschland, in: Hans Mommsen (Hrsg.), Sozialdemokratie zwischen Klassenbewegung und Volkspartei, Frankfurt 1974, 17–34
Karl Schilling, Die Ausstoßung des Präsidenten Bernhard Becker aus dem Allg. Deutschen Arbeiterverein und der »Socialdemokrat«. Bericht über die am 27. und 30. März 1865 in der Berliner Gemeinde abgehaltenen Versammlungen, Leipzig ²1869 (1. Aufl. 1865)
Fritz Schillmann, Zum Streit um das Erbe Lassalles. Briefe aus dem Nachlasse von Gustav Schoenberg, in: Archiv für die Geschichte des Sozialismus und der Arbeiterbewegung 5 (1915) 464–470
M. Schippel, Sozialdemokratisches Reichstagshandbuch, Berlin 1902
Therese Schlesinger, Lassalle und die Frauen, in: Der Kampf 17 (1924) 329–334
Norbert Schloßmacher, Düsseldorf im Bismarckreich. Politik und Wahlen, Parteien und Vereine, Düsseldorf 1985
Carlo Schmid, Tätiger Geist. Gestalten aus Geschichte und Politik, Hannover 1964
Ders., Ferdinand Lassalle und die Politisierung der deutschen Arbeiterbewegung, in: AfS 3 (1963) 5–20
Heinrich-Karl Schmitz, Anfänge und Entwicklung der Arbeiterbewegung im Raum Düsseldorf 1859–1878, Hannover 1968
Karl Schorn, Lebenserinnerungen. Ein Beitrag zur Geschichte des Rheinlands im 19. Jahrhundert. Bd. 1 (1818–1848), Bonn 1898
Ernst Schraepler, Linksliberalismus und Arbeiterschaft in der preußischen Konfliktzeit, in:

Forschungen zu Staat und Verfassung. Festgabe für Fritz Hartung, Berlin 1958, 385–401
Hannelore Schröder, Die Rechtlosigkeit der Frau im Rechtsstaat. Dargestellt am Allgemeinen Preußischen Landrecht, am Bürgerlichen Gesetzbuch und an J. G. Fichtes Grundlage des Naturrechts, Frankfurt/New York 1979
Dies., Die Eigentumslosigkeit und Rechtlosigkeit der Frau im 19. Jahrhundert, in: Frauen und Wissenschaft. Beiträge zur Berliner Sommeruniversität für Frauen, Juli 1976, Berlin [2]1977, 378–394
Wilhelm Schröder, Geschichte der sozialdemokratischen Parteiorganisation in Deutschland, Dresden 1912
Max Schütte, Der Allgemeine deutsche Arbeiterverein. Historisches Gedenkblatt, Stralsund 1893
Hans Schulte, Der Einfluß einer Aristokratin auf den Allgemeinen Deutschen Arbeiterverein, Diss. phil. Graz 1968
Wilhelm Schulte, Mathilde Franziska Anneke, in: Westfälische Lebensbilder, Bd. 8, Münster 1959, 120–138
Hagen Schulze, Die Biographie in der »Krise der Geschichtswissenschaft«, in: GWU 29 (1978) 508–518
Jutta Seidel, Wilhelm Bracke. Vom Lassalleaner zum Marxisten, Berlin 1966
Edmund Silberner (Hrsg.), Sophie von Hatzfeldts Brief an Johann Philipp Becker vom 16. Juli 1865, Genf 1985
Ders., Moses Hess. Geschichte seines Lebens, Leiden 1966
Monika Simmel, Erziehung zum Weibe. Mädchenbildung im 19. Jahrhundert, Frankfurt 1980
Sophie Sontzeff, Eine Liebesepisode aus dem Leben Ferdinand Lassalles, Leipzig 1878
Die ersten deutschen Sozialistenkongresse. Urkunden aus der Jugendzeit der deutschen Sozialdemokratie (1865–1875). Hrsg. von der Frankfurter Volksstimme, Frankfurt 1906
Fritz Specht, Die Reichstags-Wahlen von 1867 bis 1897, Berlin 1898
Der Spiegel Nr. 35 (1976), 130
Carl Stegmann und C. Hugo, Handbuch des Sozialismus, Zürich [1893–1897] (Reprintausgabe Leipzig 1972)
Hans Stein, Der Kölner Arbeiterverein, Köln 1921
Stenographische Berichte über die Verhandlungen des Deutschen Reichstags, Bd. 51 (1878)
Cora Stephan, Hatzfeldt, Sophie von, in: E. Jacoby (Hrsg.), Lexikon linker Leitfiguren, Frankfurt/Olten/Wien 1988
Dies., Die Lassalleanismus-Legende, in: Protokolle und Materialien des Allgemeinen Deutschen Arbeitervereins (inkl. Splittergruppen). Nachdrucke hrsg. von Dieter Dowe, Berlin/Bonn 1980
Dies., »Genossen, wir dürfen uns nicht von der Geduld hinreißen lassen!« Aus der Urgeschichte der Sozialdemokratie, 1862–1878, Frankfurt 1977
Alfred Stern, Georg Klindworth. Ein politischer Geheimagent des 19. Jahrhunderts, in: Hist. Vierteljahresschrift NF 25 (1931) 430–458
Fritz Stern, Gold und Eisen. Bismarck und sein Bankier Bleichröder, Frankfurt/Berlin 1978

Werner Thönnessen, Frauenemanzipation. Politik und Literatur der deutschen Sozialdemokratie zur Frauenbewegung 1863–1933, Frankfurt 1969
Dorothy Thompson, Women and 19th Century Radical Politics: A Lost Dimension, in: Juliet Mitchell/Ann Oakley (Hrsg.), The Rights and Wrongs of Women, Harmondsworth 1976, 112–138 (übers. in: Listen der Ohnmacht 160–187)
[TodtenMesse], in: Wiesbadener Tageblatt, Nr. 24 vom 29. 1. 1881

Carl Wilhelm Tölckes Presseberichte zur Entwicklung der deutschen Sozialdemokratie 1848–1893. Quellen zur Geschichte der deutschen Arbeiterbewegung, bearb. von Arno Herzig, München 1976 (Dortmunder Beiträge zur Zeitungsforschung, Bd. 22)
Carl Wilhelm Tölcke, Zweck, Mittel und Organisation des Allgemeinen Deutschen Arbeitervereins. Ein Leitfaden für die Agitatoren, Bevollmächtigten und Mitglieder des Vereins, Berlin 1873
Adolf Trampe, Georg Herwegh, Borna/Leipzig 1910
Joh. von Trostorff, Beiträge zur Geschichte des Niederrheins, Bd. 2, Jüchen 1898
Margit Twellmann-Schepp, Die deutsche Frauenbewegung. Ihre Anfänge und erste Entwicklung 1843–1889, Meisenheim/Glan 1972

Gösta von Uexküll, Ferdinand Lassalle in Selbstzeugnissen und Bilddokumenten, Reinbek 1974

Julius Vahlteich, Ferdinand Lassalle und die Anfänge der deutschen Arbeiterbewegung, München 1904
Ders., Der Parteikampf zwischen den Sozialisten in Deutschland, Chemnitz o.J. [um 1870] (Separatdruck aus der »Chemnitzer Freie Presse«)
Veit Valentin, Lassalle und die Gräfin Hatzfeldt, in: Die Weltbühne 21 (1925) 547–551
»Vaterlandslose Gesellen«. Kurze Biographien der verstorbenen hervorragenden Sozialisten des 19. Jahrhunderts, Stuttgart 1901

Hedwig Wachenheim, Die deutsche Arbeiterbewegung 1844 bis 1914, Köln/Opladen 1967
Maria Wagner, Mathilde Franziska Anneke in Selbstzeugnissen und Dokumenten, Frankfurt 1980
P. Waldburger, Friedrich Wilhelm Rüstow, 1821–1878, in: Allg. Schweizerische Militärzeitschrift 1955, 446–451
Rolf Weber, Kleinbürgerliche Demokraten in der deutschen Einheitsbewegung 1863–1866, Berlin 1962
Ingeborg Weber-Kellermann, Frauenleben im 19. Jahrhundert, München 1983
Gudrun Wedel, Bemerkungen zum Altwerden und Altsein von Frauen im 19. Jahrhundert als Themen in ihren autobiographischen Schriften, in: Christoph Conrad/Hans-Joachim von Kondratowitz (Hrsg.), Gerontologie und Sozialgeschichte. Wege einer historischen Betrachtung des Alters, Berlin 1983, 105–119
Hans-Ulrich Wehler, Sozialdemokratie und Nationalstaat. Nationalitätenfragen in Deutschland 1840–1914, Göttingen 1971
Weiblichkeit in geschichtlicher Perspektive. Fallstudien und Reflexionen zu Grundproblemen der historischen Frauenforschung, hrsg. von Ursula A. J. Becher und Jörn Rüsen, Frankfurt 1988
Hugo Weidenhaupt, Gräfin Sophie von Hatzfeldt und Ferdinand Lassalle, in: Schloß Kalkum, hrsg. von W. Bader, Köln 1968, 249–260
Paul Wentzcke, Ferdinand Lassalles Lehrjahre am Niederrhein (1846–1857), in: Düsseldorfer Jahrbuch 45 (1951) 241–262
Peter Wiede, Wilhelm Rüstow (1821 bis 1878). Ein Militärschriftsteller der deutschen Linken, Diss. München 1957
Heinrich August Winkler, Preußischer Liberalismus und deutscher Nationalstaat, Tübingen 1964
Alfred Wurzbach, Ferdinand Lassalle, Wien/Pest/Berlin 1876

Theophil Zolling, Lassalle, Herwegh und die Sozialdemokratie, in: Die Gegenwart, Nr. 50 (1896) 373–377

Ungedruckte Akten, Nachlässe und Einzelbriefe

Nachlässe Paul von Hatzfeldt/Sophie von Hatzfeldt sowie Bestand ADAV/Hatzfeldt:
- Familienarchiv der Grafen Hatzfeldt (Schloß Schönstein)
- Archiv der Sozialen Demokratie Bonn (ASD Bonn)
- Internationales Institut für Sozialgeschichte Amsterdam (IISG Amsterdam)

Reg. Düsseldorf, Präs., Nos. 200, 203, 800, 802, 803, 831, Rep. 4-128-II, 128-IV, 128-V, 129-IX, 131a, 131 Bd. III Rep. 2139 und 2140 (Hauptstaatsarchiv Düsseldorf, Schloß Kalkum)

Akte der Königl. Polizei-Direktion zu Düsseldorf betr. die Gräfin Sophie von Hatzfeldt 1855–1858, II, 1333 (Stadtarchiv Düsseldorf)

Sophie Gräfin von Hatzfeldt, Briefe und Urkunden 1846–1881 (Stadtarchiv Düsseldorf)

Herwegh – Archiv im Dichtermuseum Liestal (Liestal BR H)

Sophie von Hatzfeldt an Baron Johann Friedrich von Cotta: Köln, 18. Jan. 1848 (Cotta-Archiv, Schiller-Nationalmuseum Marbach a. N.)

Dies. an Hofrat [Karl Ewald Hasse, Göttinger Pathologe], Heidelberg, undat. [1854–56?], aus Nachlaß K. E. Hasse (Handschriftenabteilung Niedersächsische Staats- und Universitätsbibliothek, Göttingen)

Dies. an [Christian Friedrich] Scherenberg, Taubenstr. 48, undat. Montag, Weihnachtsmorgen (Stadt- und Landesbibiliothek Dortmund, Handschriftenabteilung)

Dies. an dens., undat. (nach Lassalles Tod) ebd.

Dies. an Emma [Herwegh], 12. Sept. [1864] auf dem Dampfschiff, ebd.

Abkürzungen

ADB	Allgemeine Deutsche Biographie
AfS	Archiv für Sozialgeschichte
AHR	American Historical Review
FZ	»Freie Zeitung«
GV	Generalversammlung
GWU	Geschichte in Wissenschaft und Unterricht
HZ	Historische Zeitschrift
Lassalle	Ferdinand Lassalle, Nachgelassene Briefe und Schriften, hrsg. von Gustav Mayer, Stuttgart/Berlin 1921–1925
MEW	Karl Marx/Friedrich Engels, Werke, hrsg. vom Institut für Marxismus-Leninismus beim ZK der SED, Berlin 1963–1965
NDB	Neue Deutsche Biographie
SD	»Social-Demokrat«
VSWG	Vierteljahresschrift für Sozial- und Wirtschaftsgeschichte
ZfG	Zeitschrift für Geschichtsforschung

Verzeichnis der Abbildungen

Personenregister

Kursiv gesetzte Seitenzahlen beziehen sich auf Anmerkungen, fett gesetzte auf Abbildungen

Dank der Autorin

Bei der Abfassung dieses Buches habe ich vielfältige Hilfe erfahren. Für ihre Kooperationsbereitschaft und Unterstützung möchte ich besonders danken Professor Dr. Eberhard Kolb, Hermann Graf Hatzfeldt, Dr. Dieter Dowe, Professor Dr. Helmut Hirsch, Dr. Susanne Miller sowie der Friedrich-Ebert-Stiftung.

Ch. K.-M.

Die Autorin

Christiane Kling-Mathey, geb. 1957, Studium der Geschichte und Germanistik in Köln, Promotion bei Prof. Dr. Eberhard Kolb, arbeitet als wissenschaftliche Mitarbeiterin am Historischen Seminar der Universität zu Köln.

CIP-Titelaufnahme der Deutschen Bibliothek

Kling-Mathey, Christiane:
Gräfin Hatzfeldt : 1805–1881 ; eine Biographie / Christiane Kling-Mathey. – Bonn : Dietz, 1989
ISBN 3-8012-0142-2